de Gruyter Lehrbuch
Kruschwitz · Investitionsrechnung

Lutz Kruschwitz

Investitionsrechnung

3., bearbeitete Auflage

Walter de Gruyter · Berlin · New York 1987

Dr. Lutz Kruschwitz
Professor für Betriebswirtschaftslehre,
Investition und Finanzierung an der Hochschule Lüneburg

Mit 38 Abbildungen und 116 Tabellen

CIP-Kurztitelaufnahme der Deutschen Bibliothek

Kruschwitz, Lutz:
Investitionsrechnung / Lutz Kruschwitz. – 3.,
bearb. Aufl. – Berlin ; New York : de Gruyter,
1987.
    (De-Gruyter-Lehrbuch)
    ISBN 3-11-011415-1

Vorwort zur ersten Auflage

Investitionsrechnungen sind Methoden, mit denen Investitionsentscheidungen auf objektiver Grundlage getroffen werden können.

Die Zahl der Lehrbücher und Fachaufsätze zu diesem Thema ist groß. Für den Anfänger, der damit beginnt, diese Literatur zu studieren, sind insbesondere zwei Dinge verwirrend. Zum ersten zeichnet sich die Theorie der Investitionsrechnung durch eine erhebliche Methodenvielfalt aus. Zum zweiten ist die Qualität einiger Verfahren heftig umstritten. Hinzu kommt die Tatsache, daß einige wichtige Veröffentlichungen auf dem Gebiet der Investitionstheorie in einer recht abstrakten, für den Anfänger nicht immer leicht verständlichen Sprache geschrieben sind.

Zur inhaltlichen Konzeption des Buches

Das Buch besteht aus drei Teilen.

(1) Im ersten Teil werden die Grundlagen der Investitionsrechnung skizziert. Dabei geht es neben den notwendigen Begriffsklärungen vor allem um die Frage, welche Bedeutung die Investitionsrechnungen im Rahmen des gesamten Investitionsentscheidungsprozesses besitzen.

(2) Im zweiten Teil werden die wichtigsten Methoden der Investitionsrechnung beschrieben. Dieser Teil ist in drei Kapitel gegliedert, da es drei wichtige Arten von Entscheidungen über Investitionen gibt:

– Wahlentscheidungen
  (Soll das Projekt A oder B oder ... usw. durchgeführt werden?)
– Investitionsdauerentscheidungen
  (Soll eine Investition 1 oder 2 oder ... usw. Jahre lang genutzt werden?)
– Programmentscheidungen
  (Soll das Investitionsprogramm I oder II oder ... usw. durchgeführt werden?)

Alle drei Kapitel beruhen auf der (unrealistischen) Annahme, daß die Unternehmensleitung unter Sicherheit entscheidet, also genau weiß, welche Konsequenzen eintreten werden, wenn sie die eine oder andere Investitionsalternative realisiert.

Um die Vielfalt der Investitionsrechnungen für den Leser überschaubar zu machen und um ihn gleichzeitig in die Lage zu versetzen, die richtige Investitionsrechnung für die richtige Entscheidungssituation auszuwählen, wird immer folgende Vorgehensweise angewandt:

a) Welches Entscheidungsproblem soll gelöst werden?
b) Welches Ziel verfolgt die Unternehmensleitung?
c) Wie sieht die Umwelt der Unternehmung aus?

d) Wie muß man rechnen, um das Entscheidungsproblem in bezug auf das Entscheidungsziel und unter Berücksichtigung der jeweiligen Umweltsituation optimal zu lösen (= formale Ableitung der jeweils zweckmäßigen Investitionsrechnungsmethode)?

e) Wie funktioniert die entsprechende Methode, wenn man sie auf ein konkretes Zahlenbeispiel anwendet?

Eines der wichtigsten Ziele dieses Buches ist folgendes: Der Leser soll lernen, wie man methodisch vorgehen muß, um in einer bestimmten Entscheidungssituation eine angemessene Form der Investitionsrechnung auszuwählen oder selbst zu entwickeln. Man hüte sich davor, irgendwelche Methoden auswendig zu lernen und sie unreflektiert anzuwenden.

(3) Im dritten Teil des Buches wird die Annahme aufgehoben, daß Investitionsentscheidungen unter Sicherheit getroffen werden. Damit entsteht die Frage, wie Investitionsrechnungen aussehen müssen, wenn man nicht genau weiß, was geschehen wird, falls man die eine oder andere Investition durchführt. Es geht um das Problem, optimale Investitionsentscheidungen unter Risiko zu treffen. Dabei wird prinzipiell die gleiche Vorgehensweise gewählt wie im zweiten Teil.

In seinen theoretischen Grundlagen beruht das Buch vor allem auf den ausgezeichneten Werken von Hax (1976a) und D. Schneider (1975).

Zur didaktischen Konzeption des Buches

Jedes Kapitel ist nach folgendem Schema aufgebaut:

(1) Am Anfang werden die Lernziele genannt. Lesen Sie die Lernziele bitte aufmerksam durch und prägen Sie sich gut ein, welche Kenntnisse und Fähigkeiten von Ihnen erwartet werden, wenn Sie das Kapitel durchgearbeitet haben.

(2) Danach wird der Stoff des jeweiligen Kapitels dargestellt. Wichtige Stellen sind im Text durch Kursivschrift oder Merksätze hervorgehoben. Wenn Sie auf Zahlenbeispiele stoßen, so nehmen Sie bitte Papier und Bleistift zur Hand und versuchen Sie, den Rechengang in allen seinen Einzelheiten genau nachzuvollziehen.

(3) Am Ende jedes Kapitels finden Sie Fragen und Aufgaben.

(4) Abgeschlossen wird ein Kapitel immer mit gezielten Hinweisen auf ergänzende und vertiefende Literatur.
Die Lektüre dieser Literatur empfiehlt sich dann, wenn Sie die Absicht haben, in den Stoff des Kapitels intensiver einzudringen als dies mit dem vorliegenden Buch möglich ist. Um Ihnen die Auswahl und den Einstieg in das Schrifttum zu erleichtern, habe ich mich auf besonders wichtige Texte beschränkt und in den meisten Fällen kommentierende Bemerkungen angebracht.

Ein ausführliches Literaturverzeichnis finden Sie auf den letzten Seiten dieses Buches. Ergänzend sei auf die umfassenden Quellensammlungen bei Albach (1975) und Lüder (1977) aufmerksam gemacht.

Viele haben dazu beigetragen, daß dieses Buch entstehen konnte: Die inhaltliche Konzeption war Gegenstand von Vorlesungen und Übungen im Fach „Investition und Finanzierung" an der Technischen Universität Berlin. Durch ihre kritischen Fragen haben mich die Studenten auf viele didaktische, aber auch auf inhaltliche Mängel und Irrtümer aufmerksam gemacht. Aus dem Kreise meiner Mitarbeiter haben sich die Herren Dipl.-Kfm. Dipl.-Hdl. Joachim Fischer und Dipl.-Kfm. Edgar Stoll die Mühe gemacht, die Manuskripte durchzuarbeiten, zu kritisieren und zu verbessern. Herrn Fischer verdanke ich viele wertvolle fachliche Ratschläge und Diskussionen sowie das Zahlenbeispiel zur Risikoanalyse. Herr Stoll bewahrte mich aus der Sicht des kritischen Lesers vor zahlreichen Mängeln in der Verständlichkeit des Textes. Die Abbildungen hat Herr cand. ing. Gernot Meißner gezeichnet und Frau Marianne Ludwig bewies erstaunliche Geduld und großes Einfühlungsvermögen beim Schreiben meiner meist nur schwer lesbaren Manuskripte. Ihnen allen sei herzlich gedankt.

Berlin, im April 1978   Lutz Kruschwitz

Vorwort zur zweiten Auflage

Seit dem Erscheinen der ersten Auflage sind sechs Jahre vergangen. Die Grundkonzeption des Buches hat Anerkennung gefunden. Sie blieb daher unverändert. Bei der Neubearbeitung habe ich mich auf das zweite und das fünfte Kapitel konzentriert. Dabei wurden folgende Schwerpunkte gesetzt:

(1) Die *allgemeinen Rechenregeln* zur Ermittlung des Endwertes und des Entnahmeniveaus einer Investition unter beliebigen Kapitalmarktbedingungen wurden vereinfacht. Die Darstellung konnte entsprechend gestrafft werden.

(2) Es wurde ein Abschnitt über die Berechnung der Endwerte und Barwerte von *Renten* eingefügt.

(3) Der Abschnitt über das Verfahren der *internen Zinsfüße* wurde umgearbeitet und neu formuliert. An meiner Ansicht, daß interne Zinsfüße für die Beurteilung von Investitionsalternativen ungeeignet sind, hat sich aber nichts geändert.

(4) In einem neuen Abschnitt wird ausführlich auf die *Berücksichtigung der Steuern* in der Investitionsrechnung eingegangen. Dabei habe ich mich nicht auf Darstellung und Kritik des Standardmodells beschränkt. Vielmehr versuche ich, anhand eines exemplarischen Modellansatzes zu zeigen, wie man Erfolg- und Substanzsteuern detailliert in Investitionsrechnungen einbeziehen kann.

(5) Das fünfte Kapitel über Investitionsrechnungen bei unsicheren Erwartungen wurde vollständig überarbeitet. Die Abschnitte über *Entscheidungen unter Risiko,* *sequentielle Investitionsentscheidungen* und die *Theorie der Portefeuille-Auswahl* wurden neu geschrieben.

(6) Herkömmliche Lehrbücher über Investitionsrechnung enthalten Auszüge finanzmathematischer Tabellenwerke, deren Benutzung im Zusammenhang mit den dynamischen Investitionsrechnungen empfohlen wird. Meiner Meinung nach sind solche Tabellen beim heutigen Entwicklungsstand der elektronischen Taschenrechner überflüssig geworden. Für künftige Studenten wird der Umgang mit Heim- und Personal-Computern eine Selbstverständlichkeit sein. Deswegen habe ich für wichtige Verfahren der Investitionsrechnung und einige Berechnungsprozeduren im Zusammenhang mit der Portefeuille-Theorie *BASIC-Programme* angegeben.

Herr Dr. Joachim Fischer, Herr Dipl.-Ing. Rainer Schöbel und meine Sekretärin, Frau Jutta Breiksch, haben mich in dankenswerter Weise bei der Vorbereitung dieser Auflage unterstützt. Mein Dank gilt ferner allen Lesern, die mich auf Schwächen und Fehler in der ersten Auflage aufmerksam gemacht haben.

Berlin, im Oktober 1984   Lutz Kruschwitz

Vorwort zur dritten Auflage

Bei der Neuauflage habe ich mich auf die Steuern und die Übungsaufgaben konzentriert.

In das Kapitel über die Berücksichtigung der Steuern in der Investitionsrechnung wurde ein neuer Abschnitt eingefügt, in dem gezeigt wird, wie Substanzsteuern in das Standardmodell einzubeziehen sind. Die Sammlung der Fragen und Übungsaufgaben wurde völlig überarbeitet und beträchtlich erweitert. Zu den Übungsaufgaben habe ich Musterlösungen angefertigt, die der gebundenen Ausgabe des Buches als Anhang beigefügt sind.

Der Gesetzgeber zwang mich dazu, der Änderung des Einkommensteuertarifs Rechnung zu tragen. Das Literaturverzeichnis ist auf den neuesten Stand gebracht worden.

Lüneburg, im August 1987   Lutz Kruschwitz

Inhalt

Erster Teil   Grundlagen... 1

1. Investitionsentscheidungen 3
  1.1 Investitionsbegriff.. 3
    1.1.1 Investitionsobjekt und Investitionshandlung 3
    1.1.2 Investition und Finanzierung als Zahlungsreihen 4
  1.2 Investitionen als Entscheidungsproblem 5
    1.2.1 Klassifikation der Investitionsentscheidungen 6
    1.2.2 Phasen des Entscheidungsprozesses.............................. 7
  1.3 Zielsetzungen des Investors.. 10
    1.3.1 Monetäre und nicht-monetäre Ziele 11
    1.3.2 Langfristiges Gewinnstreben.................................... 12
      1.3.2.1 Vermögensstreben und Einkommensstreben................. 12
      1.3.2.2 Problem der Bewertung des Endvermögens 14
    1.3.3 Kritische Bemerkungen zum Rentabilitätsstreben................... 15
  1.4 Handlungsmöglichkeiten des Investors 16
  1.5 Beurteilung der Handlungsmöglichkeiten 17
    1.5.1 Prognose der Handlungskonsequenzen............................ 17
    1.5.2 Bewertung der Handlungsmöglichkeiten........................... 20
      1.5.2.1 Investitionsrechnungen als Entscheidungsmodelle 20
      1.5.2.2 Imponderabilien 22

Zweiter Teil   Verfahren der Investitionsrechnung....................... 27

2. Verfahren zur Lösung von Wahlentscheidungen......................... 29
  2.1 Zurechnungsproblem und Einzelentscheidungen 30
  2.2 Statische Verfahren... 31
    2.2.1 Einperiodige Verfahren 32
      2.2.1.1 Gewinnvergleichsrechnung............................... 33
      2.2.1.2 Kostenvergleichsrechnung 35
      2.2.1.3 Rentabilitätsvergleichsrechnung 36
    2.2.2 Amortisationsrechnung 37
    2.2.3 Zusammenfassende Kritik der statischen Verfahren 41
  2.3 Dynamische Verfahren... 43
    2.3.1 Grundsätzliche Vorüberlegungen 44
      2.3.1.1 Gemeinsame Merkmale der dynamischen Verfahren.......... 44
      2.3.1.2 Vollständiger Finanzplan 46
      2.3.1.3 Pauschalannahmen über die Welt des Investors 51
      2.3.1.4 Verzeichnis der Symbole und weitere Annahmen 55
    2.3.2 Verfahren für den Fall des Vermögensstrebens
          (Endwertmodelle)... 57
      2.3.2.1 System allgemeiner Rechenregeln 58

2.3.2.2 Endwertberechnung bei unvollkommenem und
beschränktem Kapitalmarkt............................... 62
2.3.2.3 Endwertberechnung bei vollkommenem und
unbeschränktem Kapitalmarkt
(oder: die Kapitalwertmethode)........................... 64
   2.3.2.3.1 Endwert und Kapitalwert bei konstantem
   Kalkulationszinssatz............................. 65
   2.3.2.3.2 Endwert und Kapitalwert bei variablem
   Kalkulationszinssatz............................. 68
   2.3.2.3.3 Endwert und Kapitalwert bei konstanten
   Rückflüssen (Renten)............................ 70
2.3.3 Verfahren für den Fall des Einkommensstrebens
(Entnahmemodelle) 74
   2.3.3.1 Allgemeine Rechenregeln............................... 75
   2.3.3.2 Einkommensberechnung bei unvollkommenem und
   unbeschränktem Kapitalmarkt 77
   2.3.3.3 Einkommensberechnung bei vollkommenem und
   unbeschränktem Kapitalmarkt
   (oder: die Annuitätenmethode)........................ 80
   2.3.3.4 Ein Wort zur Einkommensberechnung bei beschränktem
   Kapitalmarkt.. 85
2.3.4 Verfahren der internen Zinsfüße
(oder: ein Kapitel, das man eigentlich nicht lesen sollte) 85
   2.3.4.1 Einperiodenfall 86
   2.3.4.2 Zweiperiodenfall 88
   2.3.4.3 Berechnung interner Zinsfüße bei mehr als zwei Perioden 89
2.4 Berücksichtigung der Steuern 93
   2.4.1 Exkurs: Die wichtigsten deutschen Steuern 94
      2.4.1.1 Einkommensteuer..................................... 94
      2.4.1.2 Kirchensteuer.. 97
      2.4.1.3 Körperschaftsteuer 97
      2.4.1.4 Gewerbeertragsteuer.................................. 101
      2.4.1.5 Gewerbekapitalsteuer 102
      2.4.1.6 Vermögensteuer...................................... 103
   2.4.2 Ein exemplarischer Ansatz zur detaillierten Steuerberücksichtigung mit Hilfe der Veranlagungssimulation................... 104
      2.4.2.1 Spezielle steuerliche Annahmen und Verzeichnis
      zusätzlicher Symbole................................. 104
      2.4.2.2 Erweiterung des Systems der allgemeinen Rechenregeln 109
      2.4.2.3 Anwendung der modifizierten Rechenregeln................ 119
   2.4.3 Standardmodell zur Berücksichtigung einer allgemeinen und
   proportionalen Gewinnsteuer.................................. 123
      2.4.3.1 Annahmen des Standardmodells....................... 124
      2.4.3.2 Herleitung der Kapitalwertformel...................... 126
   2.4.4 Standardmodell unter Einbeziehung von Substanzsteuern 129
      2.4.4.1 Zusätzliche Annahmen 130
      2.4.4.2 Herleitung der Kapitalwertformel 131

3. Verfahren zur Lösung von Investitionsdauerentscheidungen 143
   3.1 Vorbemerkungen.. 144
   3.2 Nutzungsdauerprobleme 145
      3.2.1 Einmalige Investitionen 146
      3.2.2 Mehrmalige Investitionen 150
         3.2.2.1 Investitionsketten und Planungszeiträume................... 151
         3.2.2.2 Endlicher Planungszeitraum 152
         3.2.2.3 Unendlicher Planungszeitraum 156
   3.3 Ersatzprobleme... 159

4. Verfahren zur Lösung von Programmentscheidungen.................. 169
   4.1 Grundlegende Probleme und Konzepte................................ 170
      4.1.1 Zur Anzahl der Programmalternativen........................... 170
      4.1.2 Zurechnungsproblem und Programmentscheidungen 171
      4.1.3 Klassifikation der Lösungsansätze................................ 173
   4.2 Simultane Investitions- und Finanzplanung 176
      4.2.1 Prämissen, Symbole und vollständiger Finanzplan 177
      4.2.2 Einperiodenfall 180
         4.2.2.1 Spezielle Prämissen 180
         4.2.2.2 Lösungsansatz 180
         4.2.2.3 Endogener Kalkulationszinsfuß........................... 186
      4.2.3 Mehrperiodenfall 187
         4.2.3.1 „Lösung" von Dean 187
         4.2.3.2 Lösung mit Hilfe der linearen Programmierung.............. 190
            4.2.3.2.1 Allgemeines zur linearen Programmierung 190
            4.2.3.2.2 Modell für den Fall des Vermögensstrebens 196
            4.2.3.2.3 Modell für den Fall des Einkommensstrebens 203
            4.2.3.2.4 Endogene Kalkulationszinsfüße 206
                4.2.3.2.4.1 Endogene Kalkulationszinsfüße
                     als „Abfallprodukte" der linearen
                     Programmierung 207
                4.2.3.2.4.2 Zur praktischen Bedeutung der
                     endogenen Kalkulationszinsfüße......... 210
            4.2.3.2.5 Lösungen mit Hilfe der gemischt-
                ganzzahligen Programmierung 212
   4.3 Simultane Investitions- und Produktionsplanung 215
      4.3.1 Grundsätzliches... 216
      4.3.2 Einfaches Mehrperiodenmodell 217
         4.3.2.1 Prämissen, Symbole und vollständiger Finanzplan 217
         4.3.2.2 Formulierung des Modells................................ 220
            4.3.2.2.1 Modell für den Fall des Vermögensstrebens 220
            4.3.2.2.2 Modell für den Fall des Einkommensstrebens 224
         4.3.2.3 Konkretisierung des Modells............................. 226
         4.3.2.4 Kritik des Modells 231

Dritter Teil   Investitionsentscheidungen unter Unsicherheit.............. 241

5. Investitionsrechnungen bei unsicheren Erwartungen................... 243
   5.1 Entscheidungen unter Risiko 243
       5.1.1 Grundmodell der Entscheidungstheorie 243
       5.1.2 Dominanzprinzipien.. 245
       5.1.3 Klassische Entscheidungsprinzipien............................ 248
             5.1.3.1 Entscheidungen auf der Grundlage des Erwartungswerts
                     (oder: das μ-Prinzip)..................................... 249
             5.1.3.2 Entscheidungen auf der Grundlage von Erwartungswert
                     und Streuung (oder: das μ-σ-Prinzip)...................... 249
       5.1.4 Bernoulliprinzip 252
             5.1.4.1 Beschreibung des Prinzips 253
             5.1.4.2 Bestimmung der Risikonutzenfunktion 254
             5.1.4.3 Typen der Risikoeinstellung.............................. 258
             5.1.4.4 Axiomatik des Bernoulliprinzips......................... 259
             5.1.4.5 Zur Verträglichkeit des Bernoulliprinzips mit
                     klassischen Entscheidungsregeln 260
   5.2 Spezielle Verfahren zur Investitionsbeurteilung bei Unsicherheit........... 262
       5.2.1 Korrekturverfahren 264
             5.2.1.1 Darstellung der Konzeption.............................. 265
             5.2.1.2 Kritik 266
       5.2.2 Sensitivitätsanalysen... 266
             5.2.2.1 Darstellung der Konzeption.............................. 267
                     5.2.2.1.1 Sensitivitätsanalysen in bezug auf eine
                               Inputgröße................................... 267
                     5.2.2.1.2 Sensitivitätsanalysen in bezug auf mehrere
                               Inputgrößen.................................. 269
             5.2.2.2 Kritik 270
       5.2.3 Risikoanalysen 271
             5.2.3.1 Darstellung der Konzeption.............................. 271
             5.2.3.2 Konkretisierung des Verfahrens.......................... 274
             5.2.3.3 Kritik 280
       5.2.4 Sequentielle Investitionsentscheidungen 280
             5.2.4.1 Ein Zahlenbeispiel als Argumentationsgrundlage............ 281
             5.2.4.2 Problemlösung bei starrer Planung........................ 283
             5.2.4.3 Problemlösung bei flexibler Planung 285
             5.2.4.4 Kritik am Konzept der flexiblen Planung 290
       5.2.5 Theorie der Portefeuille-Auswahl (Portfolio Selection)............. 291
             5.2.5.1 Klassische Problemstellung 291
             5.2.5.2 Rendite und Risiko eines Wertpapiers..................... 292
             5.2.5.3 Rendite und Risiko eines Portefeuilles aus zwei
                     Wertpapieren 293
                     5.2.5.3.1 Systematische Variation der
                               Anteilsprozentsätze........................... 297
                     5.2.5.3.2 Risikominimales Portefeuille.................... 300
                     5.2.5.3.3 Effiziente Portefeuilles und
                               optimales Portefeuille........................ 300

5.2.5.4 Rendite und Risiko eines Portefeuilles aus mehr als
zwei Wertpapieren.................................... 302
5.2.5.5 Kritik der Theorie der Portefeuilleauswahl................. 312

Literaturverzeichnis...................................... 321
Stichwortverzeichnis 341

Erster Teil
Grundlagen

Investitionsentscheidungen sind wichtige Entscheidungen,
- weil es regelmäßig um viel Geld geht (hohe Kapitalbindung),
- weil Investitionsentscheidungen nicht kurzfristig revidiert werden können (langfristige Kapitalbindung),
- weil Investitionsentscheidungen meistens Folgewirkungen für andere Planungsbereiche der Unternehmung (Finanzen, Fertigung, Personal, Absatz usw.) mit sich bringen (Interdependenz).

Hohe Kapitalbindung, Langfristigkeit und Interdependenz sind die drei Gründe, welche dazu zwingen, Investitionsentscheidungen besonders aufmerksam vorzubereiten. Das erfordert einen gut durchdachten Entscheidungsprozeß, bei dem es darauf ankommt, die späteren Konsequenzen der sich heute bietenden Investitionsmöglichkeiten genau zu beurteilen und sorgfältig gegeneinander abzuwägen.

Investitionsentscheidungen werden von Menschen getroffen. Sie beziehen sich auf *Investitionsalternativen*, deren erwartete *Konsequenzen* auf der Grundlage von *Zielen* oder Interessen beurteilt werden. Es gibt nicht zwei Menschen, die absolut gleiche Ziele verfolgen; ihre Interessen sind teils privater Natur und teils durch das Gesellschaftssystem bedingt, in dem sie leben. Manche dieser Interessen lassen sich in Geld ausdrücken oder quantifizieren (etwa Streben nach Gewinn oder Umsatz) und manche nicht (etwa Streben nach Ansehen oder Macht). Bei einer Entscheidung über Investitionen sind die Konsequenzen in bezug auf alle Ziele zu beurteilen, seien sie nun quantifizierbar oder nicht.

Investitionsrechnungen sind Mittel zum Zweck. Der Zweck besteht darin, Entscheidungen zu treffen, die dem Zielsystem der entscheidenden Personen möglichst gut entsprechen. Das Mittel beschränkt sich darauf, einen Teil der Informationen, nämlich die quantifizierbaren Daten, adäquat auszuwerten. Rechnen kann man nur mit Zahlen. Daher:

> Investitionsrechnungen sind Methoden, mit denen die erwarteten Konsequenzen von Investitionen in bezug auf quantifizierbare Interessen beurteilt werden können.

Daraus folgt, daß Investitionsentscheidungen durch Investitionsrechnungen nicht ersetzt, sondern immer nur ergänzt werden können. Nicht alle Aspekte, die für Investitionsentscheidungen wichtig sind, lassen sich im Rahmen der Investitionsrechnung berücksichtigen.

1. Investitionsentscheidungen

Die kritische Lektüre dieses Kapitels soll Sie dazu anregen und befähigen,

- den Begriff „Investition" zu definieren,
- drei Typen von Investitionsentscheidungen voneinander abzugrenzen, die wir als
  - Wahlentscheidungen
  - Investitionsdauerentscheidungen und als
  - Programmentscheidungen bezeichnen,
- die Zielsetzung „langfristige Gewinnmaximierung" kritisch und differenziert zu betrachten,
- sich einen Überblick über verschiedene Investitionsarten zu verschaffen,
- Probleme und Techniken der Gewinnung zukunftsbezogener Informationen zu begreifen,
- den Stellenwert der Investitionsrechnungen im Rahmen von Investitionsentscheidungsprozessen zu bestimmen.

1.1 Investitionsbegriff

Bedauerlicherweise stellt sich nicht jeder das gleiche vor, wenn er das Wort „Investition" hört. Der eine mag sofort an den Erwerb einer Drehbank oder einer Fertigungsstraße denken; ein anderer hält den Kauf des vorliegenden Buches für eine Investition; ein dritter denkt an den Kauf eines Aktienpakets. Bei so unterschiedlichen Gedankeninhalten müssen wir uns auf eine bestimmte Vorstellung einigen, um Mißverständnisse zu vermeiden. Dabei gehen wir davon aus, daß kein Investitionsbegriff richtig oder falsch ist; Begriffe können immer nur unter Zweckmäßigkeitsgesichtspunkten beurteilt werden.

1.1.1 Investitionsobjekt und Investitionshandlung

Das Wort „Investition" kann sowohl eine Handlung – die Tätigkeit des Investierend – als auch ein Objekt – das Ergebnis des Investierens – kennzeichnen. Wir wollen im folgenden unter Investition immer nur eine Investitionshandlung verstehen und an einem Beispiel deutlich machen, daß diese Begriffsfassung für unsere Zwecke vorteilhafter ist als die andere.

Wenn Sie das vorliegende Buch bei einem Buchhändler gekauft haben, so sind Sie jetzt um x DM ärmer. Sie haben Ihr Geld investiert. Auf die Frage, wieviel diese Investition eigentlich wert ist, gibt es zwei mögliche Antworten:

(1) „Die Investition ist x DM wert."

Bei dieser Antwort versteht man unter Investition das *Investitionsobjekt* (das Buch) und nennt als Wert seinen Anschaffungspreis.

(2) „Die Investition ist folgendes für mich wert:

Ich kann mich über Investitionsrechnungen informieren. Zwar hätte ich das Buch aus der Bibliothek holen können, aber im eigenen Buch kann ich Randnotizen machen und muß mich nicht um Rückgabetermine kümmern. Außerdem kann ich das Buch nach Beendigung meines Studiums wieder verkaufen."
Bei dieser Antwort versteht man unter Investition die *Investitionshandlung* (das Kaufen und Benutzen des Buches) und bewertet sie anhand ihrer erwarteten Konsequenzen.
Investitionsentscheidungen beziehen sich immer auf Handlungsalternativen. Der Student, der sich ein Buch kauft, muß abwägen, ob er diese Handlung durchführt oder sein Geld für andere nützliche Dinge ausgibt. Bei Investitionsentscheidungen und folglich auch bei Investitionsrechnungen kommt es immer auf die Beurteilung von Tätigkeiten an.

Über Investitionen entscheiden heißt stets, über Investitionshandlungen zu urteilen.

Mit einer Bewertung von Vermögensgegenständen hat das nichts zu tun.

1.1.2 Investition und Finanzierung als Zahlungsreihen

In der betriebswirtschaftlichen Literatur sind unterschiedliche Investitionsbegriffe vorgeschlagen worden, die wir hier nicht im einzelnen analysieren, weil eine solche Auseinandersetzung für das Verständnis von Investitionsrechnungen keine große Bedeutung hätte. Zunehmende Verbreitung hat der sogenannte *zahlungsorientierte Investitionsbegriff* und ein dazu analog gebildeter *zahlungsorientierter Finanzierungsbegriff* gefunden. Diesen Begriffsbestimmungen wollen wir uns anschließen:

> Investition ist eine betriebliche Tätigkeit, die zu unterschiedlichen Zeitpunkten t Ausgaben und Einnahmen ($z_t < 0$, $z_t > 0$) verursacht, wobei dieser Vorgang immer mit einer Ausgabe beginnt. (Beispiel: $- 100, 80, 70$)
> Finanzierung ist eine Handlung, die zu unterschiedlichen Zeitpunkten t Einnahmen und Ausgaben verursacht, wobei dieser Vorgang immer mit einer Einnahme beginnt (etwa: $200, - 110, - 110$).

Die *Vor- und Nachteile* des zahlungsorientierten Investitionsbegriffs (Finanzierungsbegriffs) bedürfen einer kurzen Erläuterung.

(1) Die *Vorteile* sind folgende:

a) Der Begriff ist sehr einfach.
b) Er knüpft direkt an diejenigen Rechengrößen an, die für eine ökonomische

Beurteilung in bezug auf quantifizierbare Interessen (Gewinnziel) von Bedeutung sind.

(2) Diesen Vorteilen stehen folgende *Nachteile* gegenüber:

a) Der zahlungsorientierte Investitionsbegriff läßt alle Investitionseigenschaften unbeachtet, die nicht direkt zu Zahlungsvorgängen führen. Im einzelnen ist hier etwa an Lärm, Geruchsbelästigungen, Zuwachs von Macht und ähnliche Aspekte zu denken, die mit Investitionsvorgängen verbunden sein können.

b) Es gibt Investitionen, die aufgrund entsprechend gestalteter Vertragsbedingungen mit den Marktpartnern (Kunden, Lieferanten) mit Einnahmen beginnen.

c) Es gibt Investitionen, für die sich Ausgaben- und Einnahmenreihen nicht oder nur schwer ermitteln lassen.

d) Die Zahlungen von Investitionen (und Finanzierungen) erfolgen nicht stoßweise zu bestimmten Zeitpunkten, sondern kontinuierlich über die Zeit verteilt.

Da trotz aller dieser Nachteile und Gegenargumente an dem zahlungsorientierten Investitions- und Finanzierungsbegriff festgehalten werden soll, ist zu den einzelnen Punkten der Kritik Stellung zu nehmen:

Zu (2a): Dieses Argument ist im Rahmen von Investitionsrechnungen bedeutungslos, da die im Investitionsbegriff vermißten Investitionseigenschaften ohnehin außerhalb der Rechnung berücksichtigt werden müssen.

Zu (2b): Wenn Investitionen mit einer Einnahme beginnen, so sind es im Sinne unserer obigen Definition keine Investitionen, sondern allenfalls kombinierte Finanzierungs-/Investitionsvorgänge. Im übrigen stört uns die Existenz solcher Phänomene nicht, da sie sich prinzipiell mit dem gleichen investitionsrechnerischen Instrumentarium beurteilen lassen wie „reine" Investitionen.

Zu (2c): Mit dem sogenannten Zahlungszurechnungsproblem der Investitionsrechnung (vgl. hierzu die Abschnitte 2.1 und 4.1.2) hat diese Frage nichts zu tun. Hier geht es lediglich um die Unfähigkeit, überhaupt Zahlungsströme angeben zu können (Prognoseproblem). – Investitionen, für die sich Zahlungsreihen nicht ermitteln lassen, entziehen sich der rechnerischen Beurteilung. Daß es solche Investitionen gibt (z. B. Einrichtung eines Betriebskindergartens), läßt sich kaum bestreiten. Aber wo kein fester Punkt ist, kann man eben auch keinen Hebel ansetzen.

Zu (2d): Diesem Argument läßt sich durch eine genügend feine Zeiteinteilung begegnen.

1.2 Investitionen als Entscheidungsproblem

Investitionsentscheidungen müssen ständig getroffen werden. Es handelt sich um eine Daueraufgabe von äußerster Komplexität, weil alle diese Entscheidungen voneinander abhängen und sich gegenseitig beeinflussen.

1.2.1 Klassifikation der Investitionsentscheidungen

Eine Klassifikation der Investitionsentscheidungen dient dem *Zweck*, die zunächst sehr unübersichtliche Vielfalt von Investitionsentscheidungen grob zu ordnen. Das Ordnungsschema, mit dem wir arbeiten wollen, ist in Abb.1/1 skizziert.

Auf der ersten Ebene dieses Schemas wird mit Hilfe des Merkmals *Alternative* zwischen Einzel- und Programmentscheidungen unterschieden. Alternativen sind in diesem Zusammenhang als sich gegenseitig vollständig ausschließende Handlungsmöglichkeiten zu interpretieren.

Einzelentscheidungen sind daher immer durch die Fragestellung „entweder Investition A oder Investition B" bzw. „entweder Investition A oder Nicht-Investition" geprägt. Ein Taxiunternehmer überlegt, ob er sich für das Kraftfahrzeug vom Typ x oder vom Typ y entscheiden soll; bzw. ein Mineralölkonzern hat zu entscheiden, ob eine Bohrinsel in der Nordsee gebaut werden soll oder nicht.

Bei *Programmentscheidungen* geht es dagegen immer um die Frage „entweder Investition A und B gemeinsam oder Investition C, D und E gemeinsam", wobei A und B bzw. C, D und E sich offenkundig nicht gegenseitig ausschließen, denn sonst könnte man sie nicht gemeinsam realisieren. Ein Elektrokonzern überlegt, ob es günstiger ist, das Motorenwerk in M-Stadt auszubauen, das Versandlager in N-Dorf zu modernisieren und ein Freizeit-Zentrum für die Mitarbeiter in O-Stadt zu errichten, oder ob es vorteilhafter ist, eine Mehrheitsbeteiligung an der

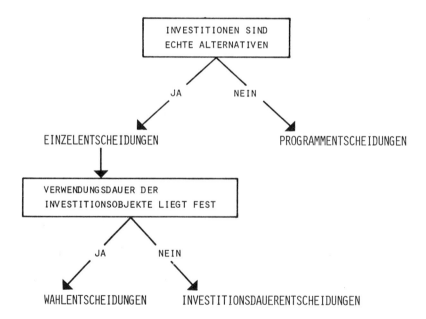

Abb. 1/1. Klassifikation der Investitionsentscheidungen

seit langem lästigen Konkurrenzfirma zu erwerben und die Fertigungsstätten des Werkes in P-Stadt zu automatisieren.

Es empfiehlt sich, die Menge der *Einzelentscheidungen* mit Hilfe des Merkmals der *Verwendungsdauer* weiter aufzuspalten in solche, bei denen die zeitliche Dauer fest vorgegeben ist, und in solche, bei denen die zeitliche Erstreckung der Investition selbst zum Entscheidungsproblem erhoben wird. Im ersten Fall wird von reinen *Wahlentscheidungen* gesprochen, wobei regelmäßig mindestens zwei Investitionsobjekte zur Diskussion stehen; im zweiten Fall spricht man von *Investitionsdauerentscheidungen*. Letztere können sich auf ein und dasselbe Investitionsobjekt beziehen, z.B. bei der Frage, ob ein Lkw drei, vier oder fünf Jahre lang genutzt werden soll. Auch diese Entscheidungen gehören zu den Einzelentscheidungen, weil sich die Alternativen der drei- und der vierjährigen Nutzung gegenseitig vollständig ausschließen. Dies gilt zumindest dann, wenn im Zusammenhang mit Investitionsdauerentscheidungen Fragen der Betriebserweiterung ausgeschlossen werden. Lautet dagegen das Entscheidungsproblem: Investitionsdauer des Objekts A t_1 Jahre und gleichzeitig Durchführung der Investition B oder Investitionsdauer des Objekts A t_2 Jahre, so liegt ein Problem der Programmplanung vor.

Die Klassifikation der Investitionsentscheidungen ist in zweierlei Hinsicht wichtig: Erstens soll sie den Leser befähigen, typische Fragestellungen der Investitionsplanung schnell und sicher einzuordnen. Zweitens soll ihm – weil unterschiedliche Entscheidungssituationen unterschiedliche Formen der Investitionsbeurteilung und Investitionsrechnung erforderlich machen – verdeutlichen:

> Es gibt keine Methode der Investitionsrechnung, die in allen Situationen die beste ist.

Der Leser muß also lernen, daß jede Variante von Investitionsrechnung für unterschiedliche Entscheidungssituationen unterschiedlich gut geeignet ist.

Der zweite Teil dieses Buches, in dem die Verfahren der Investitionsrechnung beschrieben werden, ist dieser Klassifikation der Investitionsentscheidungen entsprechend gegliedert. Die Wahlentscheidung wird im 2. Kapitel behandelt; auf die Investitionsdauerentscheidung gehen wir im 3. Kapitel ein; Programmentscheidungen sind Gegenstand des 4. Kapitels.

1.2.2 Phasen des Entscheidungsprozesses

Jeder Entscheidungsprozeß ist ein dynamischer Vorgang, der bei idealtypischer Betrachtung aus den in Abb. 1/2 dargestellten Phasen besteht.

Die Analyse des Phasenschemas ist geeignet, die Bedeutung von Investitionsrechnungen für Investitionsentscheidungen deutlich zu machen. Dabei werden wir die Phasen des Investitionsentscheidungsprozesses zunächst nur grob skizzieren und einzelne Aspekte dieser Phasen später genauer analysieren.

(1) *Problemstellungsphase.* In diesem ersten Schritt wird die Idee geboren, eine Investition durchzuführen. Voraussetzung für eine solche Anregung ist, daß der Investor eine Mangellage erkennt und glaubt, diesen Zustand beseitigen zu können. Zu diesem Zweck muß der Investor zunächst seine Ausgangssituation sorgfältig analysieren. Außerdem muß er sich über die *Ziele* seiner Investitionstätigkeit Klarheit verschaffen, um die Entscheidungskriterien ableiten zu können, die es ihm gestatten, eine der Investitionsalternativen als zweckmäßigste (oder optimale) Handlungsweise zu bestimmen. Auf die Analyse der Ziele des Investors werden wir in Abschnitt 1.3 genauer eingehen.

(2) *Suchphase.* Im nächsten Schritt gilt es, die *Handlungsmöglichkeiten* des Investors zusammenzustellen (vgl. unten Abschnitt 1.4) und die *Konsequenzen* der Handlungsmöglichkeiten zu ermitteln (siehe Abschnitt 1.5.1). Diese Aufgabe erfordert, da es sich bei den Handlungskonsequenzen immer um zukünftige Ergebnisse handelt, den Einsatz von *Prognose- und Schätzverfahren.* Weil der Mensch aber grundsätzlich nur sehr beschränkte Möglichkeiten besitzt, heute zu wissen, was morgen geschehen wird, sind dabei gegebenenfalls alternative Zukunftsentwicklungen zu erkennen und zu berücksichtigen.

(3) *Beurteilungsphase.* Diese Phase dient der unmittelbaren Entscheidungsvorbereitung. Jetzt kommt es darauf an, die Konsequenzen der Handlungsmöglich-

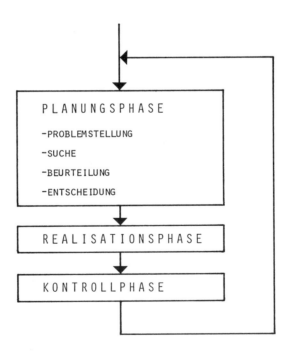

Abb. 1/2. Phasen des Entscheidungsprozesses

keiten in bezug auf die Ziele des Investors zu bewerten. Sofern es sich um quantifizierbare Ziele und Daten handelt, wird hier das Instrument der *Investitionsrechnung* eingesetzt. In bezug auf nicht-quantifizierbare Ziele und Daten muß man zu anderen Methoden der *Beurteilung und Bewertung* greifen. Beide Beurteilungsschritte sind miteinander zu verknüpfen, wenn die letzte Phase der Planung erreicht wird.

(4) *Entscheidungsphase.* Mit diesem Schritt erfolgt die Festlegung der zu realisierenden Handlungsmöglichkeit, indem die bewerteten Alternativen miteinander verglichen werden und der Investor einen Entschluß faßt.

(5) *Realisierungsphase.* Die Investition wird entsprechend dem Beschluß durchgeführt.

(6) *Kontrollphase.* Hier werden die erwarteten Konsequenzen, die zur Entscheidung für eine bestimmte Alternative geführt haben, mit den später tatsächlich eintretenden Konsequenzen verglichen. Auf diese Weise kann man bei Abweichungen von den Planungswerten rechtzeitig geeignete Korrekturmaßnahmen einleiten. Auch in dieser Phase werden mitunter *Investitions(kontroll)-rechnungen* eingesetzt. Das eigentliche Anwendungsgebiet der Investitionsrechnungen ist aber in der Beurteilungsphase zu sehen.

Wir haben hier das idealtypische Bild eines Entscheidungsprozesses über eine Investition gezeichnet. In der Praxis läuft er durchaus nicht immer nach diesem starren Schema ab. Vor allen Dingen ist es nicht notwendig, daß alle Phasen genau und vollständig in der angegebenen Reihenfolge stattfinden. Häufig springt man in frühere Phasen zurück, ohne daß der Prozeß bis zum Schluß abgewickelt worden ist. Beispielsweise wird man zur Suchphase zurückkehren, wenn man feststellt, daß keine der bisher berücksichtigten Investitionen das Zielsystem befriedigt.

Analysiert man das Phasenschema des Investitionsentscheidungsprozesses, so ergibt sich folgende wesentliche Erkenntnis: *Investitionsrechnungen* stellen nur einen Baustein im gesamten Entscheidungsprozeß dar. Sie *sind geeignet, bereits vorhandene Informationen über Handlungskonsequenzen in bezug auf vorgegebene quantitative Ziele auszuwerten.* Es wird also nur der Teil der Information berücksichtigt, der sich quantifizieren läßt und damit Gegenstand rechnerischer Operationen sein kann. Mehr können Investitionsrechnungen nicht leisten, und mehr sollte von ihnen auch nicht verlangt werden. Es dürfte zweckmäßig sein, sich an diese begrenzte Leistungsfähigkeit der Investitionsrechnungen zu erinnern, wenn man sich später im zweiten Teil dieses Buches mit teilweise sehr komplizierten Methoden auseinandersetzt.

Von den Fragen, die sich bei der Analyse der Phasen des Entscheidungsprozesses ergeben haben, sollen in den nächsten Abschnitten des Kapitels folgende noch vertieft werden:

(1) *Zielsetzungen* des Investors: „Was will der Investor erreichen?" (Abschnitt 1.3).

(2) *Handlungsmöglichkeiten* des Investors: „Welche Investitionen können durchgeführt werden?" (Abschnitt 1.4).

(3) *Konsequenzen* der Handlungsmöglichkeiten: „Welche Folgen sind zu erwarten, wenn eine Investition realisiert wird?" (Abschnitt 1.5.1).

(4) *Bewertung* der Investitionen: „Wie sind die Konsequenzen der Alternativen in bezug auf die Zielsetzungen des Investors zu beurteilen?" (Abschnitt 1.5.2).

1.3 Zielsetzungen des Investors

In vielen Lehrbüchern und Aufsätzen zum Thema Investitionsrechnung wird über die Zielsetzungen des Investors geschwiegen. Das ist deshalb erstaunlich und auch kritikwürdig, weil man ohne eine präzise Beschreibung des angestrebten Ziels nicht ableiten kann, welche von verschiedenen Investitionsmöglichkeiten die *optimale* ist.

Als optimal bezeichnet man diejenige Handlungsweise, mit der der Investor seine Ziele am besten erreicht.

Ziele müssen auf jeden Fall *operational* definiert sein. Das heißt, sie dürfen nicht in verschiedener Weise interpretiert werden können. Daß mit nicht-operationalen Zielsetzungen praktisch nicht gearbeitet werden kann, soll nachfolgendes Beispiel demonstrieren: „Man suche nach möglichst ‚vorteilhaften' Investitionen". Was heißt „vorteilhaft"? Geht es um das Interesse der Eigentümer des Unternehmens an möglichst hohen und gleichbleibenden Dividenden, oder sucht man Maschinen, die eine Garantie für möglichst große Unfallsicherheit bieten, oder sollen vielleicht durch entsprechend gezielte Investitionen möglichst viele Arbeitsplätze geschaffen werden?
Der Ausdruck ‚vorteilhaft' sagt nichts aus. Benötigt werden aber klare, bei genügend differenzierter Beschreibung für jedermann eindeutig verständliche – kurz: operationale – Zielkriterien.
Da in den Unternehmungen der Realität sehr verschiedene und höchst individuelle Ziele verfolgt werden, erhebt sich die Frage:

Von welchen Zielsetzungen soll man bei der Entwicklung von Verfahren der Investitionsrechnung ausgehen?

Jede Investitionsrechnung, die wir im zweiten Teil dieses Buches beschreiben werden, beruht auf einer bestimmten Zielsetzung, die man aus moralischen oder anderen Gründen ablehnen oder akzeptieren kann. Umso mehr muß der Investor genau darüber nachdenken, welche Zielvorstellung er selbst verfolgen will, und danach ein adäquates Investitionsrechnungsverfahren auswählen oder notfalls selbst ein angemessenes Verfahren entwickeln.

1.3.1 Monetäre und nicht-monetäre Ziele

Unternehmungen verfolgen regelmäßig nicht nur ein einziges Ziel (etwa Gewinnstreben), sondern ein ganzes Bündel von Zielen gleichzeitig (etwa Streben nach Einkommen, Ansehen, ökonomischer Macht und Marktanteilen). Solche Zielbündel nennt man *Zielsysteme*.

Zwischen den Zielen eines Zielsystems herrschen bestimmte *Beziehungen*, die man als indifferent, konkurrierend oder komplementär bezeichnet. Zwei Ziele Z_1 und Z_2 sind zueinander *indifferent*, wenn die Erfüllung von Z_1 das Ausmaß der Erfüllung von Z_2 weder beeinträchtigt noch fördert. Von *konkurrierenden* Zielen spricht man, wenn Z_1 umso besser erfüllt ist, je schlechter Z_2 realisiert wird. Man denke etwa an das Verhältnis der Ziele „Schaffung menschenwürdiger Arbeitsbedingungen" und „kurzfristige Gewinnmaximierung". *Komplementäre* Ziele liegen dagegen vor, wenn die Erreichung von Z_1 die Erfüllung von Z_2 fördert. Zumindest partiell mag solche Komplementarität in bezug auf die Ziele „Schaffung menschenwürdiger Arbeitsplätze" und „langfristige Gewinnmaximierung" gegeben sein.

Betrachtet man die Unternehmung als Organisation, so ist es zweckmäßig, neben den eben genannten logischen Zielbeziehungen der Indifferenz, Konkurrenz und Komplementarität Mittel-Zweck-Beziehungen zwischen Zielen zu unterscheiden. Man gelangt so zu einer Einteilung in *Ober- und Unterziele*, die den verschiedenen hierarchischen Ebenen der Organisation zugewiesen werden können. Die ideale Voraussetzung für eine vollkommen harmonische *Zielhierarchie* wäre die totale Komplementarität zwischen den Zielen.

Inhaltlich lassen sich die Ziele eines Zielsystems in monetäre und nicht-monetäre Interessen einteilen. Dabei handelt es sich um *monetäre Ziele*, wenn die Zielgrößen sich in Geld messen lassen, also etwa Gewinn-, Umsatz- oder Rentabilitätsstreben. *Nicht-monetäre Ziele* sind dagegen etwa das Streben nach Prestige, Ansehen, Macht, Marktanteilen, Unabhängigkeit oder das Interesse nach Verwirklichung ethisch-sozialer Ansprüche. Monetäre Ziele haben gegenüber nicht-monetären Motiven den formalen Vorteil, daß sie sich stets quantifizieren lassen.

Investitionsrechnungen orientieren sich immer an monetären Zielen. Nicht-monetäre Ziele müssen grundsätzlich außerhalb der Investitionsrechnung berücksichtigt werden.

Von den drei erwähnten monetären Zielen werden wir nun zunächst das *langfristige Gewinnstreben* behandeln. Auf die Umsatzmaximierung werden wir nicht eingehen, weil dieses Ziel als organisatorisches Unterziel für das Oberziel Gewinnstreben angesehen werden kann und mit diesem auch partiell komplementär ist. Zum Abschluß unserer Überlegungen über die Zielsetzungen des Investors werden wir uns kritisch mit dem *Rentabilitätsstreben* auseinandersetzen.

1.3.2 Langfristiges Gewinnstreben

Die Zielsetzung „Gewinnstreben" ist ohne die Angabe präzisierender Erläuterungen nicht operational. Zu einer operationalen Definition des Gewinnziels gehören zwei Dinge, nämlich der *Zielinhalt* und eine *Zielerreichungsvorschrift*.
Ein bestimmter Zielinhalt kann *maximiert, minimiert* oder genügend groß gemacht *(satisfiziert)* werden. Wir werden uns in diesem Buch nur mit *Extremvorschriften* beschäftigen und zwar aus zwei Gründen. Erstens wird die Form einer Investitionsrechnung durch die Verwendung von Satisfizierungsvorschriften nicht oder nur ganz unwesentlich geändert. Zweitens können wir uns schwerlich vorstellen, daß ein Investor sich mit einem angemessenen Gewinn zufrieden gibt, wenn er genau weiß, daß er auch einen maximalen Erfolg erreichen kann. Häufig wird zwar eingewandt, die *Gewinnmaximierung* scheitere daran, daß der Investor nicht alle seine Alternativen kennt. Das ist sicherlich richtig, nur dürfte es den Investor kaum daran hindern, die gewinnmaximale unter den ihm bekannten Alternativen auszuwählen. Alternativen, die man nicht kennt, kann man selbstverständlich nicht auswählen.
Weit interessanter ist aber die Frage, welcher *Zielinhalt* eigentlich maximiert werden soll. *Was ist der Gewinn?*
Ist es der Handelsbilanzgewinn, der Steuerbilanzgewinn, die Breite des Stroms der Ausschüttungen an die Anteilseigner, die Differenz zwischen Kosten und Leistungen im Sinne der Betriebsbuchhaltung? Jede dieser Größen und zusätzlich weitere, die hier nicht genannt wurden, kann als Gewinn definiert werden. Daher muß man sich auf bestimmte Gewinndefinitionen einigen. Anderenfalls besteht die Gefahr des ständigen Aneinander-Vorbeiredens und die Möglichkeit, daß der eine Investor die eine Alternative und der andere Investor eine andere Alternative als gewinnmaximal bezeichnet.

1.3.2.1 Vermögensstreben und Einkommensstreben

Von allen denkbaren Gewinndefinitionen werden wir in diesem Buch nur zwei verwenden, die als Vermögensstreben und als Einkommensstreben bezeichnet werden sollen. Mit Ausnahme des kurzen Abschnitts über die statischen Investitionsrechnungen (siehe unten Abschnitt 2.2) werden wir stets mit diesen beiden Varianten des Gewinns arbeiten.

> Jede Investitionsrechnung, die in diesem Buch dargestellt wird, läßt sich entweder auf das Ziel Vermögensmaximierung oder auf das Ziel Einkommensmaximierung zurückführen.

Unsere Vorgehensweise basiert auf Überlegungen, die vor allem von Fisher (1930), Hirshleifer (1958), Moxter (1964a), D. Schneider (1968a) und Koch (1970) in die neuere Investitions- und Finanzierungstheorie eingebracht worden sind. Diese Überlegungen beruhen auf dem Grundgedanken, den *Haushalt des Investors* und dessen Konsumbedürfnisse in das Zentrum der Betrachtungen zu stellen und den Betrieb des Investors oder die Unternehmung nur mehr als Mittel zum Zweck der privaten Einkommenserzielung zu betrachten. Allgemein formuliert und für Zwecke der Investitionsrechnung noch in keiner Weise operational, läuft das Ziel der Gewinnmaximierung nach dieser Konzeption darauf hinaus, die private Lebensqualität des Investors (als Firmeninhaber oder Anteilseigner) zu maximieren. Da sich die Lebensqualität an den Gütern, die der Investor für sein Geld erwirbt, nur sehr schlecht eindeutig messen läßt, knüpft man an die Zahlungsströme selbst an und unterstellt damit, daß mehr Geld für den Investor die Chance zu mehr privater Lebensqualität eröffnet.

Das Entscheidungsproblem des Investors besteht bei mehrperiodiger Betrachtung darin, den Strom der Konsumentnahmen sowohl in seiner zeitlichen Struktur als auch bezüglich seiner Breite zu optimieren.

Dies ist die allgemeinste Formulierung des konsumorientierten Gewinnziels. Sie sei als *Wohlstandsstreben* bezeichnet. Diese Variante der Gewinnmaximierung ist allerdings reichlich unzweckmäßig, wenn man praktische Entscheidungsprobleme lösen will. Sie besitzt nämlich mehrere *Freiheitsgrade*, die den Investor dazu zwingen, seine *zeitbezogenen Einkommenspräferenzen* zu offenbaren. Der Investor muß in der Lage sein mitzuteilen, auf wieviel Einkommen im Zeitpunkt $t = t_1$ zugunsten von Mehr-Einkommen im Zeitpunkt $t = t_2$ er zu verzichten bereit wäre. Da die Fähigkeit eines Investors, seine persönliche Austauschregel (Einkommens-Indifferenzkurve) präzise anzugeben, als außerordentlich gering eingeschätzt werden muß, liegt es nahe, das Ziel Wohlstandsstreben so umzuformulieren und zu vereinfachen, daß nur noch ein einziger Freiheitsgrad übrigbleibt. Diese *Vereinfachung* gelingt mit Hilfe von zwei Kunstgriffen. Erstens gehen wir dazu über, die gewünschte *zeitliche Struktur* der Entnahmen als fest und *unveränderlich* zu betrachten; zweitens wollen wir unterstellen, daß der *Planungszeitraum* des Investors *endlich* und begrenzt ist, also etwa 4, 7 oder 9 Jahre beträgt. Auf der Basis dieser beiden Vereinfachungen geht das Ziel Wohlstandsstreben in die beiden Varianten Einkommensstreben und Vermögensstreben über, die sich wesentlich leichter handhaben lassen.

Einkommensstreben (oder Entnahmemaximierung): In diesem Fall werden das Endvermögen (= Vermögen am Ende des Planungszeitraums) und die zeitliche Struktur der Entnahmen von Beginn an und für alle Investitionsalternativen identisch vorgegeben. Der Investor hat hier nur noch das Ziel, die Breite oder das Niveau seiner jährlichen Entnahmen zu maximieren. Es ist deutlich zu erkennen, daß diese Zielsetzung nur einen einzigen Freiheitsgrad, das *Niveau der Entnahmen*, kennt. Das Konzept ist flexibel genug, um den Wunsch nach steigenden, gleichbleibenden oder gar sinkenden Einnahmen zu berücksichtigen. Der Investor kann also die Zeitstruktur seiner Entnahmen so festlegen, daß sie in jedem Jahr um 10 Prozent (bezogen auf den Vorjahreswert) ansteigt, oder er kann verlangen, daß das Einkommen in den ersten beiden Jahren jeweils doppelt so hoch sein soll wie in den kommenden drei Jahren. Er muß sich aber in jedem Fall auf eine bestimmte Zeitstruktur festlegen, die dann für die Beurteilung sämtlicher Investitionsalternativen Gültigkeit besitzt.

Vermögensstreben (oder Endwertmaximierung): In diesem Fall wird sowohl die Zeitstruktur als auch das Niveau der Entnahmen für alle Investitionsalternativen identisch festgelegt. Einziger Freiheitsgrad ist jetzt das *Endvermögen* des Investors im Planungshorizont. Auch hier lassen sich selbstverständlich die unterschiedlichsten Zeitstrukturen, also gleichbleibende oder variable Entnahmen, berücksichtigen.

1.3.2.2 Problem der Bewertung des Endvermögens

Die Verwendung der Ziele Vermögensstreben und Einkommensstreben hat gegenüber anderen Gewinndefinitionen, besonders gegenüber den Interpretationen des Gewinns als Handels- oder Steuerbilanzgewinn, zwei Vorteile. Erstens greift man auf die Konsumsphäre der Kapitaleigner zurück; zweitens kann man bei der laufenden Gewinnermittlung auf jede bilanzielle Bewertung verzichten. Bekanntlich bereitet die Bewertung der Vermögensgegenstände am Abschlußstichtag ganz erhebliche Probleme, und die meisten Wertansätze sind insofern als außerordentlich zweifelhaft anzusehen, als sie mit dem Konsumnutzen der Kapitaleigner wenig oder nichts zu tun haben. Das Recht und die Praxis sowohl der Handels- als auch der Steuerbilanz sind von völlig anderen Bewertungsvorstellungen geprägt (Prinzip des sicheren Einblicks in die Vermögens- und Ertragslage, Prinzip der gleichmäßigen und gerechten Besteuerung, Prinzip der Überprüfbarkeit von Wertansätzen). Für die Gewinnermittlung auf der Grundlage von Einkommensströmen des Investors entfallen alle diese Bewertungsschwierigkeiten, weil direkt an die Zahlungsströme angeknüpft wird.

Das Problem der Bewertung von Vermögensgegenständen geht aber leider nicht völlig verloren, weil wir oben aus Vereinfachungsgründen einen endlichen Planungszeitraum eingeführt haben.

Um die Problematik der Endvermögensbewertung deutlich zu machen, ist es zweckmäßig, zwei Fälle zu unterscheiden: die Unternehmung auf Zeit und die Unternehmung auf Dauer.

Eine *Unternehmung auf Zeit* wird am Ende des Planungszeitraums aufgelöst; alle Vermögensgegenstände werden „versilbert", so daß das gesamte Endvermögen in Form von Banknoten verfügbar ist. Eine derartige auf Zeit eingerichtete Unternehmung besitzt aus der Sicht der Investitionsrechnung den großen Vorteil, daß es für das Endvermögen einen klaren und eindeutigen Maßstab gibt, nämlich das Geld.

Üblicherweise werden aber die meisten *Unternehmungen auf unbestimmte Zeit oder Dauer* gegründet. Dann ist das Endvermögen in Form von Geld, gebrauchten Anlagen, Grundstücken, Außenständen usw. verfügbar. *Wie soll das Endvermögen nun bewertet werden?* Folgende Möglichkeiten stehen zur Verfügung:

(1) Man kann den Planungszeitraum bis ins unendliche verlängern, denn irgendwann wird jede Unternehmung liquidiert. Dieser Weg ist nicht praktikabel.

(2) Man kann die Vermögenswerte mit ihren Einzelveräußerungspreisen bewerten. Das läuft auf die Fiktion einer *Unternehmung auf Zeit* hinaus.

(3) Man kann mit dem Gesamtveräußerungspreis für die ganze Unternehmung oder mit ihrem Ertragswert arbeiten.

(4) Man könnte auch alle Vermögensgegenstände mit Null DM bewerten.

Für welchen der unter (2) bis (4) genannten Wege man sich auch immer entscheidet, keiner von ihnen ist überzeugend. Will man aber einen unendlichen Planungszeitraum vermeiden – und dieser Wunsch ist nur allzu vernünftig – so muß man einen der genannten Wege beschreiten. Wir werden in diesem Buch regelmäßig von der unter (2) skizzierten Möglichkeit Gebrauch machen, also eine Unternehmung auf Zeit unterstellen.

1.3.3 Kritische Bemerkungen zum Rentabilitätsstreben

Mitunter wird vorgeschlagen, neben dem Streben nach Einkommen und Vermögen auch das Streben nach Rentabilität zu berücksichtigen. Viele Investoren hätten das Ziel, nicht den absoluten Gewinn, sondern den Gewinn im Verhältnis zum eingesetzten Eigenkapital (Eigenkapitalrendite) zu maximieren.

Ohne bestreiten zu wollen, daß es tatsächlich Investoren geben mag, die nach einer maximalen Eigenkapitalrentabilität streben, halten wir eine derartige Zielsetzung in Übereinstimmung mit Hax (1963) nicht für vernünftig und werden sie in diesem Buch nicht berücksichtigen. Diese Vorgehensweise bedarf der Begründung. Die Eigenkapitalrendite ist das Verhältnis von Gewinn (Einkommen, Endvermögen) zum eingesetzten Eigenkapital. Als Bezugsbasis könnte man das Anfangskapital, das durchschnittlich gebundene Kapital oder das Eigenkapital zu irgendeinem beliebig gewählten Zeitpunkt des Planungszeitraums wählen. Wenn es allerdings darum geht, mehrperiodige Entscheidungsprobleme zu lösen, so scheint uns aus Gründen der Vergleichbarkeit von Alternativen einzig und allein das Anfangskapital eine sinnvolle Bezugsgröße zu sein.

Bezogen auf einen Investor, Alleininhaber einer Unternehmung oder Anteilseigner, ist das Startkapital aber keine variable, sondern eine absolut feste und unveränderliche Größe. Ob man nun aber den Gewinn selbst oder aber den „Gewinn dividiert durch eine konstante Zahl" maximiert, ist genau dasselbe. Daraus folgt:

> Das Streben nach Rentabilität ist keine selbständig sinnvolle Zielsetzung eines Investors.

Dem Einwand, daß in einer Kapitalgesellschaft mit mehreren Anteilseignern das anfängliche Eigenkapital offensichtlich variabel sei, da der Vorstand die Aktionäre auffordern könne, zusätzliches Eigenkapital bereitzustellen, ist entgegenzuhalten: Wenn eine solche Kapitalerhöhung im Interesse der Anteilseigner liegen soll, so lohnt sie sich für diese nur, solange dadurch ihr absoluter Gewinn (Einkommen/Endvermögen) steigt; anderenfalls wäre es aus der Sicht der Eigentümer besser, Fremdfinanzierung zu betreiben oder auf die Kapitalerhöhung ganz zu verzichten.

Man muß also das in der Unternehmung steckende und das privat verfügbare Kapital der Anteilseigner als Einheit betrachten; und dann ist es wiederum nicht mehr variabel, sondern fix.

1.4 Handlungsmöglichkeiten des Investors

Die Handlungsmöglichkeiten des Investors erstrecken sich auf alle denkbaren Investitionsobjekte. Da das äußere Erscheinungsbild der Investitionen außerordentlich vielschichtig ist, empfiehlt es sich – insbesondere im Interesse der Schaffung von Ordnung und Übersicht –, verschiedene *Investitionsarten* voneinander zu unterscheiden.

Um *Ordnungen* bilden zu können, braucht man Ordnungsmerkmale. Dabei kann es sich entweder um *Klassifikationsmerkmale* handeln, die eindeutige Zuordnungen nach dem Ja-Nein-Prinzip erlauben, oder um *Typisierungsmerkmale*, die nur abstufende Ordnungen (etwa groß-mittel-klein) zulassen. Wendet man mehrere Ordnungsmerkmale gleichzeitig an, so lassen sich differenzierte Ordnungen bilden.

In der Investitionsliteratur sind zum Zwecke der Gewinnung von Investitionsarten zahlreiche Gliederungsmerkmale vorgeschlagen worden, die hier vollständig wiederzugeben überflüssig erscheint. Für die Zwecke, die wir in diesem Buch verfolgen, kann man sich auf zwei Gliederungsmerkmale beschränken, und zwar die Art des Vermögensgegenstandes und die Wirkung der Investition auf die Kapazität des Betriebes. (Tab. 1–1)

Tab. 1-1. Investitionsarten

Gliederungsmerkmal	Gliederungsform	Investitionsart
1. Art des Vermögens- gegenstandes	Finanzvermögen Sachvermögen Immaterielles Vermögen	Finanzinvestitionen Real- oder Sachinvestitionen Immaterielle Investitionen
2. Kapazitätswirkung	keine Kapazitätserhöhung Kapazitätserhöhung	Ersatzinvestitionen Rationalisierungs- und Erweiterungsinvestitionen

(1) *Art des Vermögensgegenstandes.* Entsprechend der Gliederung des Vermögens in der Bilanz kann man hier zwischen Finanz-, Sach- und immateriellen Investitionen unterscheiden.

Beispiele für *Finanzinvestitionen* im Anlagevermögen sind Beteiligungen und langfristige Darlehen; Beispiele für den gleichen Investitionstyp im Umlaufvermögen sind dagegen Kassenhaltung, Bank- und Postscheckguthaben. Auch bei den *Sachinvestitionen* kann man zwischen solchen des Anlagevermögens (etwa Grundstücke, Gebäude, Maschinen) und solchen des Umlaufvermögens (etwa

Werkstoffe, kurzfristig gehaltene Wertpapiere) unterscheiden. Zur Gruppe der *immateriellen Investitionen* gehören schließlich die nicht bilanzierungsfähigen Güter wie etwa Organisation, Ausbildung der eigenen Mitarbeiter usw. und nicht-materielle Vermögensgegenstände wie Patente und Lizenzen.

Damit zeigt sich deutlich, daß der Investitionsbegriff wesentlich mehr umfaßt als das, woran man spontan denkt, wenn man das Wort „Investition" in der Umgangssprache verwendet.

(2) *Kapazitätswirkung.* Mit Hilfe dieses Klassifikationsmerkmals lassen sich insbesondere die Sachinvestitionen im Produktionsbereich von Industriebetrieben feiner untergliedern.

Bleibt die *Kapazität unverändert,* so spricht man von (reinen) *Ersatzinvestitionen.* Dieser Fall liegt vor, wenn man eine alte gegen eine neue technisch identische Anlage austauscht. Solche Investitionen haben aus der Sicht der Investitionsrechnung den Vorteil, daß man bei einer Analyse der Gewinnwirkungen auf die positiven Erfolgselemente (Einnahmen, Ertrag) weitgehend verzichten und sich auf eine Betrachtung der negativen Erfolgskomponenten (Ausgaben, Aufwand) beschränken kann. Durch *Erweiterungs-* und durch *Rationalisierungsinvestitionen* hingegen wird die *Kapazität* im allgemeinen *verändert,* so daß eine Erfassung der positiven Erfolgskomponenten hier unabdingbar ist.

1.5 Beurteilung der Handlungsmöglichkeiten

Dem Phasenschema des Entscheidungsprozesses entsprechend erfolgt die Beurteilung der Handlungsmöglichkeiten in zwei Schritten. Im ersten Schritt sind die Konsequenzen der Investitionshandlungen zu ermitteln, im zweiten Schritt die Handlungsmöglichkeiten aufgrund dieser Konsequenzen in bezug auf das vorgegebene Ziel des Investors zu bewerten.

1.5.1 Prognose der Handlungskonsequenzen

Da die Konsequenzen von Handlungen – vom Entscheidungszeitpunkt aus betrachtet – immer in der *Zukunft* liegen, muß man sich zum Zwecke ihrer Ermittlung eines *Prognoseverfahrens* bedienen. In der Regel sind die Fähigkeiten des Menschen, bereits heute zu wissen, was in der Zukunft geschehen wird, außerordentlich beschränkt. Nach Ansicht von Praktikern liegt die eigentliche Problematik der Investitionsrechnung gar nicht in der Rechnung selbst, sondern in der Beschaffung der Daten für die Rechnung. Die Prognose der Handlungskonsequenzen ist daher ein zentrales Problem der Investitionsplanung.

Aus dem oben genannten Grunde seien nachfolgend einige der bekanntesten Prognosemethoden vorgestellt, wobei es allerdings im Rahmen eines Buches über Investitionsrechnung bei einer übersichtsartigen Darstellung bleiben muß. Die Abb. 1/3 zeigt eine Grobeinteilung der Verfahren in qualitative und in quantitative Methoden der Voraussage, die auf der nachgelagerten Gliederungsebene eine weitere Verfeinerung erfährt.

(1) *Qualitative Prognoseverfahren sind solche Methoden, die sich auf die subjektive Einschätzung von Personen stützen und ohne die Verwendung mathematischer Operationen auskommen.* Innerhalb dieser Gruppe kann man weiter zwischen *Befragungstechniken* einerseits und *Verfahren des strukturierten Nachdenkens* andererseits unterscheiden. Die Tatsache, daß die qualitativen Prognosemethoden alle nicht auf Vergangenheitswerten aufbauen und sich ferner keines mathematischen Instrumentariums bedienen, verführt manchen dazu, sie als primitive Verfahren oder „Kaffeesatz-Methoden" abzuqualifizieren. Eine derartige Einschätzung ist nicht gerechtfertigt, da es in vielen Prognosesituationen an den Voraussetzungen für den Einsatz anderer Prognoseverfahren fehlt.

Befragungen. Bei Befragungen macht man sich entweder die Intuition und das Erfahrungswissen von Sachverständigen zunutze oder man befragt die Personen, deren Verhalten man voraussagen will, direkt nach ihren geplanten Verhaltensweisen. Werden Personen aus der Unternehmung selbst befragt, etwa die *Geschäftsleitung,* Mitarbeiter der *Verkaufs-* oder der *Produktionsabteilungen,* so handelt es sich um *interne Befragungen,* die den Vorteil einer relativ raschen Durchführbarkeit und eines geringen Kostenaufwandes haben. *Externe Befragungen* liegen dagegen vor, wenn man sich mit seinen Fragen an *Kunden* oder an *Experten* wendet. Solche Befragungen sind relativ teuer und kosten mehr Zeit. Kundenbefragungen kann man entweder selbst durchführen oder einem Marktforschungs-Institut übertragen. Das gleiche gilt für Expertenbefragungen. Bei der *Delphi-Methode* z. B. handelt es sich um eine Expertenbefragung, die in zwei Stufen durchgeführt wird. Zunächst werden isolierte Expertengespräche geführt, bei denen der Experte nichts über seine Mit-Sachverständigen und deren Ansichten er-

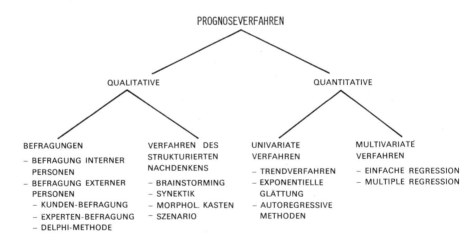

Abb. 1/3. Übersicht der wichtigsten Prognoseverfahren

fährt. In einer zweiten Befragungsrunde werden die Ergebnisse der ersten Gesprächsrunde zusammengefaßt und die Experten aufgefordert, ihre ursprünglichen Meinungen angesichts dieser Ergebnisse zu überprüfen.

Methoden des strukturierten Nachdenkens. Bei diesen Verfahren wird versucht, das eigene Erfahrungswissen und die eigene Intuition systematisch zu entfalten und für Prognosezwecke nutzbar zu machen. *Brainstorming* (oder auch Brainwriting) ist dabei diejenige Methode, die als Basis anderer damit verwandter Verfahren und Techniken angesehen werden kann. Der Sinn des Verfahrens besteht darin, durch Herstellung geeigneter Teamstrukturen und -prozesse ein Klima zu schaffen, in dem es gelingt, eine Fülle kreativer Ideen zu produzieren. Brainstorming und die mit ihm verwandten Techniken *(Synektik, Methode des morphologischen Kastens)* werden deswegen häufig nicht als eigentliches Prognoseverfahren, sondern als Methode zur Ingangsetzung von anderen qualitativen Prognosemethoden (Befragungen) angesehen. Das *Szenario* ist eine spezielle Technik zur Entwicklung von sehr langfristigen Prognosen. Sie setzt sich insbesondere als Denkhilfe bei der Erarbeitung visionärer Zukunftsvorstellungen im Bereich der Futurologie durch. Erwähnung verdient das Szenario im vorliegenden Lehrbuch vor allem deswegen, weil es bei unternehmungspolitisch-strategischen Investitionsentscheidungen (z. B. bei Entscheidungen über den Bau einer Großforschungsanlage) durchaus auf solche weitreichenden Zukunftsvorstellungen ankommen kann.

(2) *Quantitative Prognoseverfahren. Diese Verfahren greifen immer auf vorhandene Zeitreihen von Vergangenheitswerten (z. B. Umsatzstatistiken der vergangenen x Jahre) zurück.* Sie werden regelmäßig in Lehrbüchern über schließende Statistik beschrieben und lassen sich in univariate und multivariate Methoden untergliedern.

Univariate Verfahren. Bei den univariaten Prognosemethoden wird der Versuch unternommen, aus *einer* bestimmten Zeitreihe in der Vergangenheit eine Gesetzmäßigkeit abzuleiten, die dann auch für die Zukunft als gültig unterstellt wird. Die vorauszusagende Größe wird bei diesen Verfahren als autonom angesehen, da sachliche Einflußgrößen (Ursachen) auf die Entwicklung der Prognosegrößen unberücksichtigt bleiben. Zu den wohl bekanntesten Verfahren dieser Gruppe gehören die Methode der *Trendextrapolation* und das *Verfahren der exponentiellen Glättung.* Beim Trendverfahren geht man von der Erwartung aus, daß sich die bisher beobachtete Regelmäßigkeit in gleicher Weise in der Zukunft fortsetzt. Man versucht eine (mathematisch möglichst einfache) Funktion zu finden, die den Vergangenheitswerten der Zeitreihe gut angepaßt ist. Das Verfahren der exponentiellen Glättung (exponential smoothing) stellt eine Weiterentwicklung des reinen Trendverfahrens dar und erlaubt es, mit Hilfe von Gewichtungsfaktoren nahe zurückliegende Werte stärker zu berücksichtigen als weiter zurückliegende. Dies geschieht jedoch noch nach einem starren Schema. Bei den *autoregressiven Methoden* verläßt man dieses starre Prinzip und versucht, die Gewichtungsfaktoren individuell zu optimieren. Besonderen Bekanntheitsgrad haben das Box-Jenkins-Verfahren und das Verfahren des adaptiven Filters erlangt.

Multivariate Verfahren. Das charakteristische Kennzeichen der multivariaten Prognosemethoden besteht darin, daß die zu prognostizierende Größe als abhängige Variable von einer oder mehreren sachlichen Einflußgrößen (Ursachen) angesehen wird. Man verwendet also immer *mindestens zwei* Zeitreihen. Die wichtigsten Verfahren dieser Gruppe sind die *einfache Regression* und die *multiple Regression*. Bei der einfachen Regression greift man auf zwei Zeitreihen zurück, und zwar die Zeitreihe der Prognosegröße und die Zeitreihe einer einzigen Einflußgröße. Dann versucht man – formal ebenso wie beim Trendverfahren –, wiederum eine mathematische Funktion zu finden, die den Wertepaaren beider Zeitreihen möglichst gut angepaßt ist. Eine Prognose der interessierenden Größe setzt dann weiter voraus, daß man den zukünftigen Wert der Einflußgröße voraussagen kann. Das gegenüber den univariaten Methoden kompliziertere Regressionsverfahren empfiehlt sich also nur dann, wenn man die Einflußgröße sicherer prognostizieren kann als die Prognosegröße selbst oder wenn beide Größen zeitlich verzögert miteinander korreliert sind. Im Gegensatz zur einfachen Regression versucht man bei der multiplen Regression, die Abhängigkeit der Prognosegröße von mehreren Einflußgrößen zu bestimmen und mit Hilfe von (linearen) Funktionen auszudrücken. Die multiple Regression gehört damit zu den besonders anspruchsvollen Prognoseverfahren.

1.5.2 Bewertung der Handlungsmöglichkeiten

In der Beurteilungsphase werden die Handlungsmöglichkeiten anhand ihrer erwarteten Konsequenzen in bezug auf ein vorgegebenes Zielsystem bewertet. *Die Bewertung erfolgt in drei Stufen.*
Stufe 1. Die quantifizierten Konsequenzen sind in bezug auf monetäre Ziele zu bewerten. Das ist die Aufgabe der Investitionsrechnung.
Stufe 2. Die nicht quantifizierten Konsequenzen sind in bezug auf monetäre und nicht-monetäre Ziele zu beurteilen.
Stufe 3. Die Ergebnisse der ersten und der zweiten Stufe sind miteinander zu verknüpfen. Will man sich hierbei einer systematischen Methode bedienen, so kommt etwa die *Nutzwertanalyse* (Zangemeister 1973) in Frage, ein Verfahren zur Ordnung von Entscheidungsalternativen in bezug auf ein mehrdimensionales Zielsystem.
In den folgenden beiden Abschnitten wenden wir uns den ersten beiden Stufen des Bewertungsaktes zu.

1.5.2.1 Investitionsrechnungen als Entscheidungsmodelle

Investitionsrechnungen wurden oben mehrfach als Methoden charakterisiert, mit denen man quantitative Konsequenzen von Investitionshandlungen in bezug auf monetäre Ziele bewerten kann. In einer anderen (für die theoretische Betriebswirtschaftslehre typischen) Terminologie kann man auch sagen:

Investitionsrechnungen sind symbolische Entscheidungsmodelle.

Was heißt das? Eine Analyse dieses für manche Leser vielleicht etwas anspruchsvollen Satzes vermag zusätzliche Einsichten in die generelle Leistungsfähigkeit von Investitionsrechnungen zu liefern. Bei einer solchen Analyse knüpft man zweckmäßigerweise an die Begriffe

(1) Modell

(2) Entscheidung

(3) symbolisch

an und unterzieht sie einer Einzeluntersuchung.

(1) Unter einem *Modell* versteht man eine abstrahierende Abbildung der Realität. Sein Vorteil besteht prinzipiell darin, daß man an ihm leichter Erkenntnisse sammeln oder Manipulationen vornehmen kann als an der sehr viel komplexeren Realität selbst.
Damit man nun auf der Grundlage von Modellbetrachtungen tatsächlich zu Erkenntnissen gelangt, die auf den abgebildeten Gegenstandsbereich übertragen werden können, muß ein Modell in seiner Struktur diesem Gegenstandsbereich entsprechen. Man fordert, daß das Modell *isomorph* sein muß und versteht unter Isomorphie Gleichgestaltigkeit zwischen Abbild (Modell) und Abzubildendem (Gegenstandsbereich). Allerdings wird man im Interesse der Beherrschbarkeit des Modells immer Vereinfachungen vornehmen; d.h. man wird sich mit *partieller Isomorphie* begnügen. Dies bedeutet allerdings, daß man die Ergebnisse solcher Modellbetrachtungen immer nur bedingt in die Realität umsetzen kann. Auch *Investitionsrechnungen* sind immer nur *partiell isomorph*; d.h. sie betrachten einen mehr oder minder unvollständigen Ausschnitt aus der betrieblichen Wirklichkeit und sie beschränken sich auf die Betrachtung derjenigen Elemente und Zusammenhänge, die man für besonders wichtig oder auch für besonders gut abbildungsfähig hält. Das wird insbesondere durch folgende Überlegung deutlich: In Investitionsrechnungen wird der Betrieb immer nur als „Zahlungssystem", nie aber als „Sozialsystem" gesehen. Soziale, politische, rechtliche, medizinische und andere – unter Umständen entscheidende – Implikationen der Investitionshandlungen werden von der Investitionsrechnung als partiell isomorphes Modell völlig außer acht gelassen oder finden höchstens dann Berücksichtigung, wenn sie sich in Einnahmen und Ausgaben niederschlagen. Aus diesem Grunde muß jede Investitionsrechnung – und sei sie noch so vollkommen – durch zusätzliche Überlegungen ergänzt werden, die alle nicht in der Rechnung berücksichtigten Tatbestände und Zusammenhänge mit einbeziehen. Erst dann läßt sich ein wirklich begründeter Entschluß fassen.

(2) Nach der *Funktion* der Modelle unterscheidet man Beschreibungs-, Erklärungs- und Entscheidungsmodelle. Ein typisches Beispiel für ein Beschreibungsmodell wäre eine Landkarte. Demgegenüber könnte man das physikalische Fallgesetz als Erklärungsmodell bezeichnen. Ein *Entscheidungsmodell* schließlich ist die (partiell isomorphe) Abbildung einer Entscheidungssituation. Seine charakteristi-

schen *Elemente* sind *Ziele, Alternativen, Handlungskonsequenzen* (und evtl. Handlungsbeschränkungen). Entscheidungsmodelle können damit im Gegensatz zu den anderen Modelltypen direkt der Entscheidungsvorbereitung nutzbar gemacht werden.

(3) Nach der *Modellsprache* ist zwischen anschaulichen, verbalen und symbolischen Modellen zu unterscheiden. Ein anschauliches (Beschreibungs-)Modell ist beispielsweise ein Stadtplan; unter einem verbalen Modell könnte man dagegen die Menge aller in englischer Sprache abgegebenen Erklärungen eines Londoners verstehen, der uns beschreibt, wie man vom Trafalgar Square zum Picadilly Circus kommt. Investitionsrechnungen sind *symbolische* Modelle. Sie bedienen sich der Symbolsprache der Mathematik. Alle solche symbolischen Modelle stellen sogenannte *Kalküle* dar. Hierunter ist die Verbindung eines abstrakten Zeichensystems mit mathematischen Algorithmen zu verstehen. Der *Algorithmus* setzt die Symbole miteinander in Beziehung und gibt syntaktische Regeln an, in welcher Weise eine gegebene symbolische Zeichenreihe Z_1 in eine andere Zeichenreihe Z_2 transformiert werden kann, ohne daß sich an ihrem Wahrheitswert etwas ändert. Im einfachsten Falle handelt es sich bei diesen Algorithmen um arithmetische *Rechenverfahren*. Der entscheidende Vorteil der Kalküle gegenüber allen Modellen, die die Symbolsprache nicht verwenden, ist darin zu sehen, daß es mit Hilfe der Algorithmen möglich ist, logisch vollkommen einwandfreie Datentransformationen vorzunehmen. Daraus folgt:

Das Ergebnis der Investitionsrechnung ist genauso richtig (bzw. falsch) wie die Ausgangsinformationen, die man in das Modell eingegeben hat.

1.5.2.2 Imponderabilien

Aus der Tatsache, daß Investitionsrechnungen lediglich dazu geeignet sind, quantifizierte Handlungskonsequenzen in bezug auf monetäre Ziele zu bewerten, folgt die Notwendigkeit, eine Reihe von Informationen außerhalb der Investitionsrechnungen zu berücksichtigen. Diese zusätzlich zu verarbeitenden Daten nennen wir Imponderabilien, d. h.:

Imponderabilien sind alle diejenigen Informationen über die Konsequenzen von Investitionshandlungen, die außerhalb der Investitionsrechnung verarbeitet werden.

Diese Definition ist insofern zweckmäßig, als sie beinhaltet, daß tatsächlich *alle* verfügbaren Informationen über die Handlungskonsequenzen in die Investitionsentscheidung eingehen. Mit der weit verbreiteten Vorstellung, daß Imponderabilien „Unwägbarkeiten" sind, die nicht genau abgeschätzt werden können, läßt sich unsere Definition nicht vollständig vereinbaren. Aber Begriffsdefinitionen sind niemals falsch oder richtig, sondern immer nur zweckmäßig oder unzweckmäßig.

Die Menge der Imponderabilien läßt sich in mehrere Untermengen aufspalten (vgl. Abb. 1/4), die im folgenden inhaltlich zu präzisieren sind.

(1) *Imponderabilien als quantifizierte Informationen* über Handlungskonsequenzen: Hier handelt es sich um sämtliche numerisch erfaßten Handlungskonsequenzen in bezug auf *nicht-monetäre Ziele* des Investors, die entweder quantifizierbar sind oder nicht. (Investitionsrechnungen sind strikt auf monetäre Ziele ausgerichtet.) Beispiele für nicht-monetäre, aber durchaus *quantifizierbare Ziele* sind das Streben nach Marktanteilen, das Streben nach Wachstum oder das Bemühen um eine geringe Fluktuation in der Unternehmung. Die Wirkungen von Investitionen in bezug auf diese drei Elemente des Zielsystems können durchaus in quantitativer Form ausgedrückt werden; dennoch lassen sie sich in Investitionsrechnungen nicht vollständig erfassen, weil sie die Erreichung des monetären Ziels (etwa Gewinnstreben) nur indirekt oder gar nicht beeinflussen.

Beispiele für nicht-monetäre und gleichzeitig *nicht quantifizierbare Ziele* sind das Streben nach Prestige, Macht, Ansehen oder technischer Betriebssicherheit. Die Tatsache etwa, daß die Installation einer Anlage die zu erwartende Anzahl der Betriebsunfälle um 5% senken kann, ist im Rahmen des Strebens nach technischer Sicherheit von großer Bedeutung. Sie muß deswegen außerhalb der Investitionsrechnung berücksichtigt werden, weil sie sich dort allenfalls in höheren Anschaffungsausgaben und in geringeren Zahlungen an die Berufsgenossenschaft nieder-

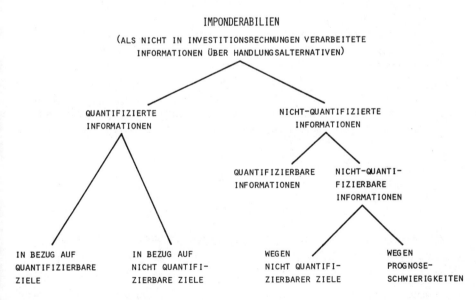

Abb. 1/4. Arten von Imponderabilien

schlägt. Die Betriebssicherheit als eigene Wertkategorie des Zielsystems eines sozialverantwortlichen Investors wird davon nicht berührt.

(2) *Imponderabilien als nicht-quantifizierte Informationen* über Handlungskonsequenzen: Hier ist zunächst zu unterscheiden zwischen Informationen, die man quantifizieren könnte und Informationen, bei denen die Quantifizierung unmöglich ist.

Quantifizierbare Imponderabilien sind solche, bei denen man auf die numerische Bestimmung verzichtet, ohne es grundsäztlich nötig zu haben, z. B. weil die Quantifizierung allzu viel Aufwand verursacht oder weil das benutzte Investitionsrechnungsmodell Schwierigkeiten bereitet, die betreffende Information quantitativ zu verarbeiten. Ein Beispiel hierfür ist die Liquidität (Zahlungsbereitschaft) des Investors, eine Größe, die grundsätzlich zweifellos quantifizierbar ist, aber im Rahmen etwa der Kapitalwertmethode (einer speziellen Form der Investitionsrechnung) dennoch nicht erfaßt werden kann (vgl. E. Schneider 1973).

Die *nicht-quantifizierbaren* Imponderabilien – sie werden mitunter auch als echte Imponderabilien bezeichnet – zerfallen wiederum in zwei Gruppen.

Um Handlungskonsequenzen in bezug auf *nicht-quantitative Ziele* handelt es sich in folgendem Fall: Die Tatsache, daß es sich bei einem Investitionsobjekt „um das technisch modernste in ganz Europa" handelt, kann wegen des damit verbundenen Prestigevorteils von ausschlaggebender Bedeutung für die Entscheidung sein; in der Investitionsrechnung läßt sich dieser Fakt nicht berücksichtigen.

Um Informationen, die aufgrund von *Prognoseschwierigkeiten* derart unbestimmt sind, daß man sie nicht numerisch erfassen kann, handelt es sich z. B., wenn man infolge einer Investitionsmaßnahme ein Ansteigen der Fluktuation in der Unternehmung erwartet, ohne deren Ausmaß beziffern zu können.

Es bleibt zu überlegen, wie die Verarbeitung der imponderablen Faktoren methodisch bewältigt werden soll. Auch hier kann man sich des oben erwähnten Instrumentariums der *Nutzwertanalyse* bedienen. In der Praxis arbeitet man häufig mit naiven Punktbewertungsverfahren. Entsprechend der jeweiligen Punktzahl, die man dabei einem imponderablen Faktor zuordnet, und dem relativen Gewicht aller berücksichtigten Faktoren zueinander, erscheint dann diejenige Investition als besonders günstig, die die maximale Punktsumme auf sich vereinigt.

Fragen und Probleme

1. Was versteht man in zahlungsorientierter Betrachtung unter Investition, was unter Finanzierung?
2. Welche Unterschiede bestehen zwischen Wahlentscheidungen, Investitionsdauerentscheidungen und Programmentscheidungen?
   Bilden Sie Beispiele, und gehen Sie darauf ein, welche Bedeutung diese Klassifikation besitzt.
3. In welchen Phasen des Entscheidungsprozesses lassen sich Investitionsrechnungen einsetzen?

4. Begründen Sie, daß ein Investitionsentscheidungsproblem oft mehr als ein „rein rechnerisches Problem" ist.
5. Unter welchen Voraussetzungen bezeichnet man eine Investition als optimal?
6. Was versteht man unter Vermögensstreben (Endwertmaximierung), was unter Einkommensstreben (Entnahmemaximierung)?
7. Weshalb sind Investitionsentscheidungen in einer Unternehmung auf Dauer schwieriger zu treffen als in einer Unternehmung auf Zeit?
8. Welches Problem entsteht, wenn man eine Investitionsrechnung in einer Unternehmung auf Dauer durchzuführen hat, und wie kann man es lösen?
9. Warum ist Rentabilitätsmaximierung keine selbständig sinnvolle Zielsetzung eines Investors?
10. Welcher Unterschied besteht zwischen Klassifikationen und Typologien?
11. Welche Arten von Investitionen lassen sich unterscheiden, wenn man Ordnungen
    a) nach der Art des zu beschaffenden Vermögensgegenstandes,
    b) nach dem Einfluß auf die Kapazität im Produktionsbereich bildet?
12. Um Investitionspläne aufstellen zu können, müssen künftige Daten prognostiziert werden. Dafür stehen verschiedene Verfahren zur Verfügung. Welche quantitativen Prognoseverfahren gibt es, und was ist der Unterschied zwischen univariaten und multivariaten Verfahren?
13. Wie läßt sich der Begriff Modell definieren, und welche Arten von Modellen kann man nach ihrer Funktion unterscheiden?
14. Erläutern Sie die Aussage: „Investitionsrechnungen sind partiell isomorphe Entscheidungsmodelle".
15. Was ist im Rahmen von Investitionsentscheidungen unter Imponderabilien zu verstehen, und welche Arten von Imponderabilien gibt es?

Literatur

Der Investitionsbegriff, den wir in diesem Buch verwenden, geht auf Hållsten (1966: 17–18) zurück. Eine prägnante Auseinandersetzung mit den Begriffen Investition und Finanzierung finden Sie bei D. Schneider (1980: 147–152).
Über die Klassifikation der Investitionsentscheidungen vermittelt Kern (1974: 28–36) einen informativen Überblick.
Die Zielsetzungen Wohlstands-, Einkommens- und Vermögensstreben werden besonders klar von D. Schneider (1980: 158–171) beschrieben. Zur Kritik des Rentabilitätsstrebens ist der Aufsatz von Hax (1963) lesenswert.
Gute Einführungen in die Prognoseverfahren bieten Schütz (1975), Mertens (1981) und Hansmann (1983).
Als vertiefende Literatur über die Imponderabilien sind Hartner (1968: 77–95) und Krause (1973: 40–55) empfehlenswert.

Zweiter Teil
Verfahren der Investitionsrechnung

Der folgende zweite Hauptabschnitt dieses Buches ist entsprechend der oben dargestellten *Klassifikation der Investitionsentscheidungen* (siehe Abschnitt 1.2.1) in drei Kapitel gegliedert und unterscheidet:

– Verfahren zur Lösung von *Wahlentscheidungen* (2. Kapitel),
– Verfahren zur Lösung von *Investitionsdauerentscheidungen* (3. *Kapitel*),
– Verfahren zur Lösung von *Programmentscheidungen* (4. Kapitel).

Alle Darstellungen des zweiten Teils beruhen auf den nachfolgend genannten Grundsätzen, die beim Durcharbeiten der einzelnen Kapitel immer zu beachten sind:

Grundsatz Nr. 1. Ziele des Investors
Wir gehen immer davon aus, daß der Investor seinen *Gewinn maximieren* will. Mit Ausnahme des Abschnitts über die statischen Investitionsrechnungen (Abschnitt 2.2) werden wir stets zwei Varianten der langfristigen Gewinnmaximierung berücksichtigen, nämlich *Entnahmemaximierung* und *Endwertmaximierung.*

Grundsatz Nr. 2. Datenbeschaffung
Wir gehen immer davon aus, daß der Investor die zur Lösung seines Problems erforderlichen Informationen vollständig beschaffen kann. Investitionsrechnungen sind Methoden zur Auswertung vorhandener Daten. Probleme und Methoden der Datenbeschaffung (vgl. hierzu oben Abschnitt 1.5.1) werden daher im folgenden nicht erörtert.

Grundsatz Nr. 3. Sicherheit
Wir gehen immer davon aus, daß der Investor keinerlei Unsicherheit kennt. Alle Probleme, die sich für die Investitionsrechnung daraus ergeben mögen, daß der Investor nicht genau weiß, was in der Zukunft geschehen wird, bleiben in den folgenden drei Kapiteln vollkommen unbeachtet. Sie sind Gegenstand des dritten Teils dieses Buches (5. Kapitel).

2. Verfahren zur Lösung von Wahlentscheidungen

Die kritische Lektüre dieses Kapitels soll Sie dazu anregen und befähigen,

- zu erkennen, daß das Zurechnungsproblem der Investitionsrechnung in bezug auf Wahlentscheidungen und Investitionsdauerentscheidungen ein Scheinproblem ist,
- die Grundzüge der statischen Investitionsrechnungen kennenzulernen,
- die statischen Investitionsrechnungen systematisch zu kritisieren und ihre beschränkten Anwendungsmöglichkeiten zu erkennen,
- das Konzept des vollständigen Finanzplans als Basis der dynamischen Investitionsrechnungen nachzuvollziehen,
- die Zweckmäßigkeit eines Systems von vereinfachenden Annahmen über die komplexe Welt des Investors zu beurteilen,
- vollkommene, unvollkommene und beschränkte Kapitalmärkte voneinander zu unterscheiden,
- das Endvermögen einer Investition unter beliebigen Kapitalmarktbedingungen zu berechnen,
- das Entnahmeniveau einer Investition unter beliebigen Kapitalmarktbedingungen zu berechnen,
- Wahlentscheidungen zwischen Investitionen unter der Zielsetzung Vermögensstreben zu treffen,
- Wahlentscheidungen zwischen Investitionen unter der Zielsetzung Einkommensstreben zu treffen,
- Barkapitalwerte, Annuitäten und interne Zinsfüße zu berechnen,
- die Anwendbarkeit der drei klassischen dynamischen Investitionsrechnungen (Barkapitalwert, Annuität, interner Zinsfuß) sicher zu beurteilen,
- zu begreifen, warum Vermögensstreben und Einkommensstreben bei vollkommenem Kapitalmarkt komplementäre Zielsetzungen sind,
- zu verstehen, daß der Barkapitalwert bei vollkommenem Kapitalmarkt sowohl für Vermögens- als auch für Einkommensmaximierer ein vernünftiges Entscheidungskriterium ist, obwohl der Kapitalwert weder mit dem Endvermögen noch mit dem Entnahmeniveau übereinstimmt,
- zu verstehen, daß die Annuität bei vollkommenem Kapitalmarkt genau dieselbe Funktion erfüllt wie der Kapitalwert,
- zu begründen, warum es Investitionen gibt, die keinen oder einen oder sogar mehrere interne Zinsfüße haben,
- zu begründen, warum der interne Zinsfuß für Wahlentscheidungen unter der Zielsetzung Vermögens- oder Einkommensstreben ein ungeeignetes Entscheidungskriterium ist,
- sich Grundkenntnisse über die wichtigsten für Investitionsentscheidungen rele-

vanten Steuerarten (Einkommensteuer, Körperschaftsteuer, Gewerbesteuer, Vermögensteuer) anzueignen,
– die eben genannten Steuerarten bei Wahlentscheidungen zwischen Investitionen zu berücksichtigen.

In diesem Kapitel geht es immer nur um *Wahlentscheidungen*. Die Fragestellung lautet stets:

Soll die Investition A oder die Investition B oder die Investition C oder... verwirklicht werden, oder ist es besser, auf Investitionen ganz zu verzichten?

2.1 Zurechnungsproblem und Einzelentscheidungen

Gelegentlich wird auch heute noch behauptet, die gesamte Investitionsrechnung mache den Fehler vorauszusetzen, Einnahmen und Ausgaben von einzelnen Investitionen ließen sich diesen einwandfrei zurechnen; in Wirklichkeit sei diese Voraussetzung nie oder nur selten gegeben (vgl. Klinger 1964, Scheffler 1965, Adam 1966, Hilgert 1966). Aus diesem Grunde soll das Thema Zahlungszurechnungsproblem an dieser Stelle kurz behandelt werden, obwohl es von der Investitionsliteratur kaum noch erörtert wird. Zu beantworten sind die Fragen:

(1) Gibt es ein (unlösbares) Zahlungszurechnungsproblem?

(2) Wenn ja, ist es auch in bezug auf Investitionseinzelentscheidungen gültig?

Für die Existenz des Zurechnungsproblems werden folgende Argumente vorgetragen: Investitionen, vor allem Sachinvestitionen im Fertigungsbereich von Industrieunternehmungen, finden auf der Basis von schon vorhandenen Anlagen statt. Ein investierender Betrieb besitzt schon *vor* Durchführung der Investition eine bestimmte Menge von arbeitsfähigen Betriebsmitteln (Gebäude, Maschinen, Aggregate). Er besitzt auch *danach* eine – durch die Investition allerdings veränderte – arbeitsfähige Betriebsmittelkombination. Die Investition stellt somit nur einen Teil der gesamten Betriebsmittelkombination dar.
Durch die Investition ändert sich aber nicht nur die Betriebsmittelkombination; es ändern sich ebenfalls die Ausgaben und Einnahmen des Betriebes. Wenn nun z. B. die Einnahmen eines Betriebes aufgrund einer Investition steigen, so ist das *Mehr* nicht allein auf die Investition zurückzuführen. Auch die bereits vorhandenen Teile der Betriebsmittelkombination haben zu dem besseren Ergebnis beigetragen. Daraus folgt:

Es ist nicht feststellbar, welcher Anteil der Einnahmen dem neuen Investitionsobjekt und welcher Anteil den bereits vorhandenen Betriebsmitteln zuzurechnen ist.

Mit dieser Aussage, die für produktionstechnisch voneinander abhängige Investitionen vollkommen zutrifft, ist aber noch nicht die Frage beantwortet, ob man ihrer überhaupt bedarf, wenn man Investitionseinzelentscheidungen zu treffen hat. Zur Begründung: Bei Investitionsentscheidungen kommt es immer auf die Bewertung von *Investitionshandlungen* und der aus diesen Tätigkeiten folgenden Veränderungen von Zahlungsreihen und nie auf die Bewertung von Investitionsobjekten an (vgl. oben Abschnitt 1.1.1). Einem Fuhrunternehmer, der in seinen einzigen Lkw ein neues Getriebe einbauen lassen muß, stellt sich nicht das für ihn unlösbare Problem, welcher Anteil des Fuhrlohnes den einzelnen Teilen des Lkw (Getriebe, Motor, Karosserie etc.) zuzurechnen ist. Sein Entscheidungsproblem lautet vielmehr „ersetze das Getriebe und nutze den alten Lkw weiter" oder „ersetze das Getriebe nicht und kaufe Dir einen neuen Lkw" oder „nimm die Reparatur nicht vor und setze Dich zur Ruhe". Es sind also Tätigkeiten zu bewerten und nicht Einnahmen „verursachungsgerecht" auf einzelne Teile der neuen Betriebsmittelkombination zu verteilen. Daraus ziehen wir den Schluß:

Es ist nicht notwendig festzustellen, welcher Anteil der Einnahmen dem neuen Investitionsobjekt und welcher Anteil der bereits vorhandenen Betriebsmittelkombination zuzurechnen ist.

Diese Aussage gilt zumindest dann, wenn die Investitionshandlungen sich gegenseitig ausschließende Tätigkeiten (Alternativen) sind, ein Merkmal aller *Investitionseinzelentscheidungen* (Wahlentscheidungen, Investitionsdauerentscheidungen). Anders liegen die Dinge im Falle der *Programmentscheidungen*, wenn das Problem in unserem Beispiel lautet: „Ersetze das Getriebe" oder „ersetze den Motor" oder „ersetze Getriebe und Motor". Daher werden wir bei der Behandlung der Programmentscheidungen nochmals auf das Zurechnungsproblem zurückkommen müssen (vgl. unten Abschnitt 4.1.2).
In bezug auf Investitionseinzelentscheidungen (2. und 3. Kapitel) fassen wir abschließend noch einmal zusammen: *Das Zurechnungsproblem ist hier nicht lösbar, aber auch nicht lösungsbedürftig.*

2.2 Statische Verfahren

Zu den statischen Methoden der Investitionsrechnung zählt man in der Fachliteratur regelmäßig die Gewinnvergleichsrechnung, die Kostenvergleichsrechnung, die Rentabilitätsvergleichsrechnung und die Investitionsbeurteilung auf der Basis von Amortisationsdauern. Alle diese Verfahren erfreuen sich in der Praxis großer Beliebtheit, was allerdings wenig über ihre Qualität aussagt. Für die weiteren Überlegungen ist es zweckmäßig, die in Tabelle 2-1 skizzierte Einteilung zu verwenden.
Betrachtet man die statischen Verfahren insgesamt und vergleicht man sie mit den später darzustellenden dynamischen Methoden (vgl. Abschnitt 2.3), so lassen sich *zwei Gemeinsamkeiten* erkennen:

(1) *Zielsetzung des Investors.* Keine der statischen Investitionsrechnungen orientiert sich an den Zielsetzungen der Einkommens- oder Vermögensmaximierung. Statt-

Tab. 2-1. Arten der statischen Investitionsrechnung

Einperiodige Verfahren	Mehrperiodige Verfahren
Gewinnvergleichsrechnung Kostenvergleichsrechnung Rentabilitätsrechnung	Amortisationsrechnung

dessen arbeitet man mit Zielsetzungen wie Gewinnmaximierung, Kostenminimierung und Rentabilitätsmaximierung, die sich von den oben in Abschnitt 1.3.2.1 diskutierten Zielen vor allem dadurch unterscheiden, daß die *zeitliche Struktur der Erfolgsströme unberücksichtigt* bleibt. Die statischen Investitionsrechnungen klammern den Zeitbezug der Zielsetzung eines Investors vollständig aus, indem sie sich an *durchschnittlichen Erfolgsgrößen* orientieren.

(2) *Vergleichbarkeit der Investitionsalternativen.* Alle statischen Investitionsrechnungen sind problematisch, wenn es darum geht, alternative Investitionen so zu definieren, daß sie tatsächlich miteinander vergleichbar sind. Wenn z. B. ein Investor DM 100000 bereitstellt und zu entscheiden hat, ob er die Investition A oder die Investition B durchführen soll, deren Anschaffungsausgaben $z_{0A} = -90000$ und $z_{0B} = -80000$ sein mögen, so muß er im Interesse der Vergleichbarkeit mitteilen, was er mit den Restbeträgen von DM 10000 bzw. DM 20000 zu tun gedenkt.

Vergleichbar sind Investitionsalternativen nur dann, wenn sie sich gegenseitig vollständig ausschließen; tun sie das nicht, so sind sie falsch formuliert.

Das Risiko, falsche Alternativen zu formulieren, ist bei statischen Rechnungen besonders groß. Man könnte auch sagen, die statischen Rechnungen versuchen, *Investitionsobjekte* (Maschinen) zu vergleichen, obwohl alternative *Investitionshandlungen* zu beurteilen sind.

2.2.1 Einperiodige Verfahren

Zur Gruppe der einperiodigen statischen Investitionsrechnungen gehören die Gewinn-, die Kosten- und die Rentabilitätsvergleichsrechnung. Sie besitzen zwei weitere *gemeinsame Merkmale*:

(1) *Bezugszeitraum.* Ein Investor trifft seine Dispositionen regelmäßig für einen längeren *Planungszeitraum* von 3, 4, 7 oder (allgemein) T Jahren.

Für die einperiodigen Verfahren der Investitionsrechnungen ist typisch, daß sie als Bezugszeitraum nicht den Planungszeitraum selbst, sondern die klassische Abrechnungsperiode der Buchhaltung (*ein Jahr*) verwenden. Hier erhebt sich die Frage, welches Jahr der gesamten Planungsperiode man den Berechnungen zugrunde legen soll, denn die Ausgaben und Einnahmen fallen nicht etwa über den ganzen Planungszeitraum gleichmäßig verteilt an. Den hohen Anschaffungsausgaben zu Anfang folgen später niedrigere Betriebsausgaben. Die Einnahmen aus dem Erlös von Produkten sind im Zeitablauf ebenfalls nicht konstant. Sie können wachsen (Preisanstieg, Absatzzunahme) oder auch sinken (Absatzrückgang); schließlich können sie wellenförmig einem Konjunkturzyklus folgen. Mit der Beschränkung der Rechnung auf ein einziges Jahr des Planungszeitraumes aber kann man den zeitlich unterschiedlichen Anfall der Einnahmen und Ausgaben zwangsläufig nicht berücksichtigen, d. h. keines der Jahre kann als repräsentativ für die Rechnung herangezogen werden. Die einzige „Lösung" des Problems besteht deshalb in der Wahl eines fiktiven Durchschnittsjahres als Bezugsbasis.

(2) *Erfolgsrechnungsgrößen.* Legt man der Investitionsrechnung nicht den gesamten Planungszeitraum des Investors zugrunde, sondern eine einzige Jahresabrechnungsperiode, so kann man den Erfolg (Gewinn) des Investors nicht mit Hilfe von *Zahlungen* (Einnahmen minus Ausgaben) messen. Man muß zu *periodisierten Erfolgsgrößen* (etwa Umsatz minus Kosten) übergehen. Es ist beispielsweise nicht mehr mit den tatsächlichen Anschaffungsausgaben für eine Investition zu rechnen, sondern mit periodisierten Anschaffungsausgaben, also mit Abschreibungen. Ebenso kann man nicht die tatsächlich erwarteten Umsatzeinnahmen der einzelnen Jahre des Planungszeitraumes in die Investitionsrechnung einsetzen, von denen man vielleicht ein Ansteigen im Zeitablauf erwartet, sondern nur durchschnittliche Erlöse.

Zusammenfassend läßt sich also folgendes sagen:

> Statische einperiodige Investitionsrechnungen sind Rechnungen, die sich auf eine fiktive Jahres-Abrechnungsperiode beziehen und mit periodisierten Erfolgsgrößen (Kosten/Erlöse) arbeiten.

2.2.1.1 Gewinnvergleichsrechnung

Das Entscheidungskriterium bei dieser Variante der einperiodigen statischen Investitionsrechnung lautet:

> Wähle die Investition mit dem maximalen (durchschnittlichen) Gewinn!

Der durchschnittliche Gewinn ist als Differenz zwischen den durchschnittlichen Erlösen und den durchschnittlichen Kosten definiert. Dabei sind außer Lohnkosten, Kosten für den Verbrauch von Roh-, Hilfs- und Betriebsstoffen, Energiekosten, Kosten für Instandhaltung und Wartung, Raumkosten, Werkzeugkosten auch die üblicherweise als fix geltenden kalkulatorischen Abschreibungen und kalkulatorischen Zinsen in die Rechnung aufzunehmen. Dies ist notwendig, weil beschäftigungsfixe Kosten in bezug auf (langfristige) Investitionsentscheidungen variablen Charakter haben und der Grundsatz gilt:

Es sind alle Kosten zu berücksichtigen, die sich aufgrund einer Entscheidung ändern (Prinzip der relevanten Kosten). Entsprechendes gilt für die Erlöse.

Ein Investor besitzt einen Planungszeitraum von $T = 5$ Jahren und steht vor der Wahl zwischen zwei Investitionen A und B, die das gleiche Produkt in der gleichen Qualität herstellen können. Unterschiede bestehen hinsichtlich der Produktionsgeschwindigkeit, der Anschaffungs- und der Betriebskosten. Auch die erwartete Nutzungsdauer der Automaten ist nicht gleich. Aufgrund von Markterhebungen rechnet der Investor mit einem maximalen Absatz von 100000 Stück je Jahr und einem Netto-Preis von 10 DM für das Produkt. Weiter stehen die in Tab. 2-2 dargestellten Daten zur Verfügung.

Tab. 2-2.

Investition	A	B
Anschaffungspreis	500000 DM	600000 DM
erwartete Nutzungsdauer	5 Jahre	4 Jahre
Produktionsmenge je Jahr	60000 Stück	80000 Stück
beschäftigungsvariable Kosten je Stück	6 DM	5 DM
beschäftigungsfixe Kosten (ohne Abschreibung und Zinsen) je Jahr	70000 DM	170000 DM

Mit Hilfe der Gewinnvergleichsrechnung ist zu prüfen, welche der beiden Investitionen günstiger ist.

Außer den beschäftigungsvariablen und beschäftigungsfixen Kosten der Übersicht sind als weitere entscheidungsrelevante Kosten die kalkulatorischen Abschreibungen beider Objekte sowie kalkulatorische Zinsen zu verrechnen. Der Investor setzt lineare Abschreibungen an und ermittelt die kalkulatorischen Zinsen auf der Basis eines Zinssatzes von 10% auf das durchschnittlich gebundene Kapital. Die Gewinnvergleichsrechnung sieht dann so aus, wie es Tabelle 2-3 zeigt.

Da der durchschnittliche Jahresgewinn mit 50000 DM bei Investition B höher ist als bei Investition A mit 45000 DM, müßte man sich auf der Grundlage dieser Rechnung für das Projekt B entscheiden.

Die Rechnung scheint einfach und unproblematisch zu sein. Sie beruht aber auf zwei höchst fragwürdigen Prämissen.

(1) Ein Investor, der über den Betrag von DM 600000 zur Anschaffung von Projekt B verfügt, sich aber für Projekt A entscheidet, behält einen Restbetrag von DM 100000 übrig. Vermutlich wird der Investor hierfür eine gewinnbringende Verwendung finden. Die Gewinnvergleichsrechnung läßt das aber völlig unberücksichtigt und unterstellt damit, daß der Investor reine Kassenhaltung betreibt.

Tab. 2-3. Gewinnvergleichsrechnung für zwei Investitionen

Investition	A	B
1. (entscheidungsrelevante) Erlöse	600 000 DM	800 000 DM
2. (entscheidungsrelevante) Kosten		
a) beschäftigungsvariable Kosten	360 000 DM	400 000 DM
b) beschäftigungsfixe Kosten		
– Abschreibungen	100 000 DM	150 000 DM
– Zinsen	25 000 DM	30 000 DM
– sonstige fixe Kosten	70 000 DM	170 000 DM
Summe der Kosten	555 000 DM	750 000 DM
3. Gewinne (Erlöse – Kosten)	45 000 DM	50 000 DM

(2) Wenn der Investor wirklich Projekt B realisiert, so erhebt sich die Frage, was er nach Ablauf des letzten Nutzungsjahres, also im fünften Jahre, mit seinem Vermögen macht. In diesem Jahr wirft Projekt A noch Erträge ab. Die Gewinnvergleichsrechnung unterstellt, daß der Jahresgewinn auch nach Beendigung der Nutzungsdauer bei DM 50 000 liegt. Sonst wäre es nämlich besser, das scheinbar ungünstige Projekt A zu wählen, da 5 × 45000 DM besser als 4 × 50000 DM sind.

Aus alledem folgt:

Eine Gewinnvergleichsrechnung ist nur dann brauchbar, wenn es sich um Investitionen mit gleicher Nutzungsdauer und gleichem Kapitaleinsatz handelt; andernfalls sind Fehlentscheidungen sehr wahrscheinlich.

2.2.1.2 Kostenvergleichsrechnung

Bei der Beurteilung von Investitionen auf der Grundlage von Kostenvergleichen verzichtet man auf eine Erfassung der positiven Erfolgskomponente (Erlöse) und konzentriert sich auf die negative Erfolgskomponente (Kosten). Das Entscheidungskriterium lautet daher:

Wähle die Investition mit den minimalen (durchschnittlichen) Kosten!

Eine Vernachlässigung der Erlöskomponente ist unter der Bedingung zulässig, daß die Erlöse in bezug auf jede zu untersuchende Alternative in ihrer Höhe identisch sind. Das ist der Fall, wenn die zur Wahl stehenden Investitionen keine unterschiedlichen Auswirkungen auf die Absatzmarktchancen haben. Solche Bedingungen sind regelmäßig bei reinen Ersatzinvestitionen, häufig aber auch bei Rationalisierungsinvestitionen gegeben. Sie gelten auch für Erweiterungsinvestitionen, sofern für die alternativen Investitionen Umsatzsteigerungen in gleicher Höhe zu erwarten sind. Die in den meisten Lehrbüchern vertretene Ansicht, die Kostenvergleichsrechnung sei bei Erweiterungsinvestitionen wegen der Erlösänderungen nicht anzuwenden, trifft deshalb für den genannten Fall nicht zu. Im übrigen sind gegen die Kostenvergleichsrechnung die gleichen Vorbehalte anzumelden wie gegen die Gewinnvergleichsrechnung.

Abschließend sei jedoch noch auf eine Konsequenz hingewiesen, die der Verzicht auf die Erfassung von Erlösen mit sich bringt: Man kann nicht einmal bei der kostengünstigsten Investitionsalternative sicher sein, daß sie einen Gewinn abwirft, denn die Ermittlung eines Gewinns ist ohne Einbeziehung der Erlöse unmöglich.

2.2.1.3 Rentabilitätsvergleichsrechnung

Im Gegensatz zur Gewinn- und zur Kostenvergleichsrechnung berücksichtigt die Rentabilitätsvergleichsrechnung, daß Investitionsobjekte unterschiedlich viel Kapital binden. Sie versucht, diesem Tatbestand dadurch gerecht zu werden, daß sie die Gewinne der Investitionsobjekte zu ihrem Kapitaleinsatz ins Verhältnis setzt. Würde man bei der Berechnung der Gewinne nun aber ebenso vorgehen wie bei der Gewinnvergleichsrechnung, nämlich kalkulatorische Zinsen gewinnmindernd verrechnen, so erhielte man eine Rentabilitätsziffer, die sich schlecht mit der vom Investor geforderten Mindestverzinsung (dem kalkulatorischen Zinssatz) vergleichen ließe. Aus diesem Grunde ist nicht mit Gewinnen „nach Zinsen", sondern mit Gewinnen „vor Zinsen" zu rechnen. So erhält man das relative Entscheidungskriterium

$$\text{Rentabilität} = \frac{\text{Gewinn vor Zinsen}}{\text{Kapitaleinsatz}}.$$

Unterschiedliche Standpunkte werden in der Literatur darüber vertreten, ob man auf den ursprünglichen oder auf den durchschnittlichen Kapitaleinsatz zurückgreifen soll. Diese Frage ist aber von nur geringer Bedeutung, weil Einigkeit darüber herrscht, daß man bei allen Investitionsalternativen jeweils nur mit einer der beiden Möglichkeiten arbeiten darf; d. h. für alle alternativen Objekte nur die ursprüngliche oder nur die durchschnittliche Kapitalbindung. Die Streitfrage ändert also nichts an der relativen Vorteilhaftigkeit der einzelnen Investitionen zueinander. Betroffen wird nur die absolute Höhe der Rentabilitätsziffer. Das Entscheidungskriterium der Rentabilitätsrechnung lautet:

Wähle die Investition mit der maximalen (durchschnittlichen) Rentabilität!

Die Rentabilitätsrechnung kann nur bei unterschiedlichem Kapitaleinsatz zu anderen Entscheidungen führen als die Gewinnvergleichsrechnung. Um dies zu demonstrieren, greifen wir auf das bei der Gewinnrechnung verwendete Zahlenbeispiel zurück und benutzen als Bezugsbasis den durchschnittlichen Kapitaleinsatz (also Anschaffungspreis dividiert durch 2). Die Rechnung hat dann das in Tabelle 2-4 gezeigte Aussehen.

Anders als bei der Gewinnvergleichsrechnung müßte man sich jetzt wegen des niedrigeren Kapitaleinsatzes für Projekt A entscheiden.

Doch auch die Rentabilitätsvergleichsrechnung beruht auf zwei sehr fragwürdigen Annahmen.

Tab. 2-4. Rentabilitätsvergleich für zwei Investitionen

	A	B
Gewinn nach Zinsen	45 000 DM	50 000 DM
+ Zinsen	25 000 DM	30 000 DM
= Gewinn vor Zinsen	70 000 DM	80 000 DM
Durchschnittlicher Kapitaleinsatz	250 000 DM	300 000 DM
Rentabilität	28,0 %	26,7 %

(1) Wir nehmen wieder an, der Investor verfügt über DM 600 000 zur Anschaffung von Projekt B, realisiert aber Projekt A. Worauf beruht die Annahme einer Verzinsung von 28 % für den nicht verbrauchten Restbetrag von DM 100 000? Bei der Gewinnvergleichsrechnung wurde angenommen, daß der Investor mit diesem Geld überhaupt nicht arbeitet.

(2) Vorausgesetzt der Investor realisiert Projekt A. Worauf stützt sich die Annahme, daß die Anschlußinvestition für Projekt B im fünften Jahr nur 26,7 % Verzinsung bringt? Könnte sie nicht eine Rendite erwirtschaften, die so hoch liegt, daß Investition A eine Fehlentscheidung gewesen wäre?
Wir folgern daraus:

Die Rentabilitätsvergleichsrechnung ist ebenso wie die Gewinnvergleichsrechnung nur dann brauchbar, wenn die Nutzungsdauern und der Kapitaleinsatz der miteinander zu vergleichenden Investitionen identisch sind.

Wenn aber ein identischer Kapitaleinsatz Voraussetzung für einigermaßen brauchbare Aussagen der Renditerechnung ist, so liefert die Rechnung logischerweise immer die gleichen Ergebnisse wie die Gewinnvergleichsrechnung. Für Investitionsalternativen jedenfalls führt die Rentabilitätsvergleichsrechnung zu keinen besseren Entscheidungsergebnisse als die Gewinnvergleichsrechnung (vgl. hierzu auch oben Abschnitt 1.3.3).

2.2.2 Amortisationsrechnung

Amortisationsrechnungen (sie sind auch als pay-off-Rechnungen, pay-back-Rechnungen, Kapitalrückfluß- oder Kapitalwiedergewinnungsrechnungen bekannt) erfreuen sich in der Praxis besonders großer Beliebtheit. Der wichtigste Grund dafür ist sicher die dieser Rechnungsform zugrundeliegende Idee, die ebenso einfach wie „überzeugend" ist.
Die Fragestellung lautet: *Nach wieviel Jahren macht sich die Investition von selbst bezahlt?* Man fragt also, zu welchem Zeitpunkt die bis dahin angefallenen Ausgaben für das Investitionsobjekt durch objektbezogene Einnahmen ausgeglichen sind. Für den nachfolgenden Zeitraum gilt die Hypothese, daß die Einnahmen größer als die (laufenden) Ausgaben sind, d.h. das „eigentliche Verdienen" be-

ginnt. Im Gegensatz zu den bisher dargestellten statischen Investitionsrechnungen knüpft also die statische Amortisationsrechnung nicht an Kosten und Erlöse, sondern an Ausgaben und Einnahmen an. Sie arbeitet nicht mit periodisierten Erfolgsgrößen; und der Betrachtungszeitraum ist gegebenenfalls länger als ein Jahr. Aus diesem Grunde gehört die Amortisationsrechnung nicht zu den einperiodigen statischen Verfahren. Ihr Entscheidungskriterium lautet:

Wähle die Investition mit der relativ kürzesten Amortisationsdauer!

Es gibt zwei Varianten der Amortisationsrechnung, und zwar die Kumulationsmethode und die Durchschnittsmethode.

Kumulationsmethode. Dieses Verfahren ist generell anwendbar und muß als die ursprüngliche Version der Amortisationsrechnung betrachtet werden. Bei ihr wird die Amortisationsdauer eines Investitionsobjektes in einem sukzessiven Rechnungsverfahren ermittelt. Mit dem Investitionszeitpunkt (t = 0) beginnend werden die Ausgaben und Einnahmen schrittweise (t = 1, t = 2, ...) aufaddiert, bis die kumulierten Einnahmen die kumulierten Ausgaben erreicht haben.

Ein Fabrikant überlegt, ob er entweder die Investition A durchführen soll, mit der er ein Produkt produzieren kann, dessen Lebenszyklus sich in den nächsten Jahren zum Ende neigt, oder die Investition B, durch die er Erzeugnisse mit steigenden Marktchancen herstellen kann. Tab. 2–5 zeigt die ihm zur Verfügung stehenden Informationen.
Die Entscheidung soll auf der Grundlage der Amortisationsdauer getroffen werden.

Tab. 2-5. Ausgangsdaten für ein mit der Amortisationsrechnung zu lösendes Entscheidungsproblem

Investition	A	B
Anschaffungspreis	200 000 DM	150 000 DM
erwartete Nutzungsdauer	8 Jahre	8 Jahre
erwartete lfd. Ausgaben Jahr 1 2 3 4 5 6 7 8	9 000 DM 9 000 DM 10 000 DM 17 000 DM 11 000 DM 12 000 DM 12 000 DM 10 000 DM	10 000 DM 11 000 DM 11 000 DM 15 000 DM 12 000 DM 15 000 DM 20 000 DM 22 000 DM
erwartete lfd. Einnahmen Jahr 1 2 3 4 5 6 7 8	80 000 DM 70 000 DM 60 000 DM 50 000 DM 40 000 DM 30 000 DM 20 000 DM 15 000 DM	40 000 DM 40 000 DM 40 000 DM 40 000 DM 40 000 DM 60 000 DM 80 000 DM 80 000 DM

Tab. 2-6. Berechnung der Amortisationsdauer (Kumulationsmethode)

	Investition A			Investition B		
	Kumulierte Ausgaben	Kumulierte Einnahmen	Überschuß	Kumulierte Ausgaben	Kumulierte Einnahmen	Überschuß
Jahr 0	−200000	0	−200000	−150000	0	−150000
1	−209000	80000	−129000	−160000	40000	−120000
2	−218000	150000	− 68000	−171000	80000	− 91000
3	−228000	210000	− 18000	−182000	120000	− 62000
4	−245000	260000	15000	−197000	160000	− 37000
5	−256000	300000	44000	−209000	200000	− 9000
6	−268000	330000	62000	−224000	260000	36000
7	−280000	350000	70000	−244000	340000	96000
8	−290000	365000	75000	−266000	420000	154000

Die Ermittlung der Amortisationsdauer nach der Kumulationsmethode ist in Tabelle 2-6 dargestellt.

Die Wiedergewinnungszeit der Investition A liegt zwischen 3 und 4 Jahren, die der Investition B zwischen 5 und 6 Jahren. Seinem Entscheidungskriterium entsprechend müßte sich der Investor zugunsten von Projekt A entscheiden.

Nimmt man an, daß Einnahmen und Ausgaben gleichmäßig über das Jahr verteilt anfallen, so kann man die Amortisationszeiten noch genauer ausrechnen, und zwar

$$\text{Investition A:} \quad 3 + \frac{18000}{18000 + 15000} = 3{,}55 \text{ Jahre}$$

$$\text{Investition B:} \quad 5 + \frac{9000}{9000 + 36000} = 5{,}20 \text{ Jahre}$$

Solche exakteren Rechnungen sind aber nur dann erforderlich, wenn die Amortisationsdauern zweier miteinander konkurrierender Investitionen sehr dicht beieinander liegen.

Durchschnittsmethode. Fallen die Rückflüsse der Investition (= laufende Einnahmen minus laufende Ausgaben) in jedem Jahr etwa in gleicher Höhe an, so läßt sich die Amortisationsdauer einfacher mit Hilfe des Durchschnittsverfahrens feststellen. Dabei gilt die Formel

$$\text{Amortisationszeit} = \frac{\text{ursprünglicher Kapitaleinsatz}}{\text{durchschnittlicher Rückfluß je Jahr}}$$

Der durchschnittliche Jahresrückfluß ist nicht mit dem durchschnittlichen Jahresgewinn der Gewinnvergleichsrechnung identisch; beim Rückfluß handelt es sich um die Differenz zwischen laufenden Einnahmen und Ausgaben, während der Jahresgewinn die Differenz zwischen durchschnittlichen Erlösen und durchschnittlichen Kosten darstellt. Ist jedoch zu erwarten, daß die Erlöse eines Jahres

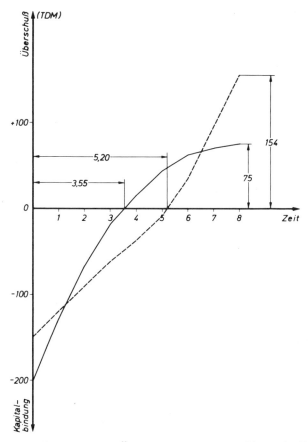

Abb. 2/1. Kumulierte Überschüsse zweier Investitionen im Zeitablauf

im gleichen Jahr zu Einnahmen werden und daß alle Kosten mit Ausnahme der kalkulatorischen Abschreibungen und der kalkulatorischen Zinsen auch gleichzeitig Ausgaben repräsentieren, kann man folgende vereinfachende Beziehung zwischen Jahresgewinnen und Jahresrückflüssen aufstellen:

Jahresgewinn
+ kalkulatorische Abschreibung
+ kalkulatorische Zinsen
––––––––––––––––––––––––––––––
= Jahresrückfluß
––––––––––––––––––––––––––––––

Die Formel für die Amortisationszeit kann unter den genannten Bedingungen entsprechend abgeändert werden.

Auch hier müssen wir aber die Frage stellen, ob eine Entscheidung auf der Basis von Amortisationszeiten sinnvoll ist. Wenn der Investor einen möglichst großen Gewinn erwirtschaften will, so kann es absolut falsch sein, Entscheidungen auf der Grundlage von Amortisationsdauern zu treffen. Das zeigt sich auch deutlich an unserem Zahlenbeispiel. Tabelle 2-6 und die daraus abgeleitete Abb. 2/1 demonstrieren ganz klar, daß man bei einer Entscheidung zugunsten von Investition A (deren Überschußkurve in Abb. 2/1 ausgezogen ist) auf die Chance verzichtet, einen wesentlich größeren Verdienst bei allerdings auch längerer Amortisationsdauer zu erzielen.

Die Amortisationsrechnung ist aber sehr wohl eine Methode, die zusammen mit anderen Verfahren der Investitionsrechnung nützliche Informationen liefern kann, denn:

Die Amortisationszeit einer Investition ist die kritische Nutzungsdauer, welche mindestens erreicht werden muß, damit ein Überschuß in Höhe von Null (nicht-negativer Überschuß) erreicht wird.

Insofern kann die Amortisationsmethode als spezielle Variante der *Sensitivitätsanalyse* (vgl. hierzu unten Abschnitt 5.2.2) bezeichnet werden. Die Eigenart von Sensitivitätsanalysen läßt allerdings nicht die Behauptung zu, daß Entscheidungen auf der Grundlage von Amortisationsdauern eine besonders vernünftige Risikopolitik des Investors garantieren. Hierzu gehört mehr. Vor allem zeichnet sich eine rationale Risikopolitik dadurch aus, daß die Höhe der Gewinnchancen und deren Risiken sorgfältig gegeneinander abgewogen werden. Über die Höhe der möglicherweise nur mit großem Risiko erzielbaren Gewinne liefert die Amortisationsrechnung aber nicht die geringsten Informationen. Daher:

Amortisationsüberlegungen können die Investitionsrechnung immer nur ergänzen und niemals ersetzen.

Es muß also davor gewarnt werden, Investitionen einzig und allein unter – nicht näher reflektierten – Risikoaspekten zu beurteilen.

2.2.3 Zusammenfassende Kritik der statischen Verfahren

Betriebswirtschaftliche Entscheidungsmodelle zu kritisieren heißt immer, ihre Prämissen in Frage zu stellen. Diese Methode der Kritik ist grundsätzlich anwendbar, wobei es gleichgültig ist, um was für Entscheidungsmodelle es sich handelt.

Auf die *einperiodigen statischen Investitionsrechnungen* übertragen bedeutet das folgendes:

(1) *Zielsetzung des Investors.* Obwohl es sich bei Investitionsentscheidungen immer um mehrperiodige Entscheidungsprobleme handelt, bleibt die zeitliche Struktur der Erfolgsströme des Investors unberücksichtigt. Gewinnmaximierung,

Kostenminimierung und Rentabilitätsstreben erfahren keine zeitbezogene Präzisierung. Die statischen Rechnungen arbeiten mit durchschnittlichen Erfolgsgrößen.

Diese Vorgehensweise der einperiodigen statischen Rechnungen führt dazu, daß im Zeitablauf steigende Gewinne einer Investition A nicht zu einer anderen Beurteilung als sinkende Gewinne einer Investition B führen, solange die Durchschnittsgewinne beider Projekte gleich groß sind. Nimmt man beispielsweise an, daß in bezug auf zwei Projekte A und B folgende zeitliche Gewinnverteilung vorliegt,

Jahr	1	2	3	4
Investition A	60	70	80	90
Investition B	90	80	70	60

so würden die statischen Rechnungen beide Investitionen als gleich vorteilhaft bezeichnen (Durchschnittsgewinn 75).

Die zeitliche Struktur der Einnahmen und Ausgaben bleibt bei den statischen Investitionsrechnungen unberücksichtigt.

Tatsächlich dürfte es dem Investor aber nicht völlig gleichgültig sein, ob er seine Gewinne früher oder später erzielt.

(2) *Vergleichbarkeit der Investitionsalternativen.* Wendet man statische Rechnungen an, so kann man nur dann einigermaßen sicher sein, tatsächlich Alternativen miteinander zu vergleichen, wenn sich die Investitionen weder in ihrem Kapitaleinsatz (Anschaffungsausgabe) noch in ihrer Nutzungsdauer voneinander unterscheiden. Daraus folgt:

Statische Investitionsrechnungen behindern das Denken in sich gegenseitig ausschließenden Handlungsalternativen.

Nehmen wir das Beispiel zweier Investitionsobjekte (Maschinen) mit unterschiedlich hohen Anschaffungspreisen. Diese Tatsache wird in den statischen Rechnungen lediglich durch die Verrechnung unterschiedlich hoher Abschreibungen berücksichtigt. Das aber reicht nicht aus, wenn man wirklich Alternativen miteinander vergleichen will. Wenn der Investor von einem – bezogen auf beide Maschinen – gleich hohen Startkapital auszugehen hat, so bedeuten unterschiedlich hohe Anschaffungspreise auch unterschiedlich hohe Restkapitalien, und wir müssen danach fragen, was mit diesen Restbeträgen geschehen wird. Die statischen Rechnungen fordern aber den Investor gar nicht dazu heraus, über solche Fragen auch nur nachzudenken. Wenn jedoch keine Informationen dieser Art verarbeitet werden, so läuft man Gefahr, „Alternativen" miteinander zu vergleichen, die gar keine sind.

Die Kritik an der *Amortisationsrechnung* muß darüber hinaus noch in eine andere Richtung gehen. Hier lautet die Fragestellung völlig anders, so daß Vergleiche mit den anderen an Gewinn- oder Rentabilitätsmaßstäben orientierten Verfahren fehl am Platze wären. Amortisationsbetrachtungen sind eine spezielle Variante der Sensitivitätsanalysen (vgl. hierzu Abschnitt 5.2.2) und versuchen als solche, der Unsicherheit des Investors bei der Datenprognose Rechnung zu tragen. Amortisationsrechnungen sollten daher im Rahmen von Investitionsentscheidungen nur als Hilfs- und Ergänzungsrechnungen angesehen werden.

In der Praxis wendet man die statischen Investitionsrechnungen trotz ihrer gravierenden Mängel sehr gern an.

Gibt es vielleicht doch Gründe, die für die statischen Rechnungen sprechen? Zwei Vorteile sind vor allem zu nennen:

(1) Statische Investitionsrechnungen sind recht einfach zu handhaben. Mathematische Anforderungen, die über die vier Grundrechenarten hinausgehen, werden nicht gestellt.

(2) Statische Investitionsrechnungen verlangen nur einen verhältnismäßig geringen Aufwand bei der Beschaffung von Informationen. Diese Aussage bezieht sich vor allem auf alle in die Rechnung eingehenden zukunftsbezogenen Daten (Absatzerwartungen, Preiserwartungen, Erwartungen über künftige Betriebsausgaben). Die in die Rechnung einfließenden Durchschnittserlöse und Durchschnittskosten kann man auf zwei Wegen erhalten. Entweder man schätzt die Ausgangsdaten für jeden Zeitpunkt der Planungsperiode und bildet danach aus den Einzelwerten die arithmetischen Mittel (indirekter Weg) oder aber man schätzt ganz grob die Durchschnittswerte direkt und vermeidet die Prognose zeitlich differenzierter Daten. Dieser direkte Weg wird in der Praxis besonders häufig beschritten, weil man entweder nicht über geeignete Prognosetechniken verfügt, der Rechnung in Anbetracht wichtiger Imponderabilien keine überragende Bedeutung im gesamten Entscheidungsprozeß zumißt oder weil man einfach sehr schnell Entscheidungen treffen muß und keine Zeit hat, sorgfältig differenzierte Daten zu erheben.

2.3 Dynamische Verfahren

Zu den klassischen dynamischen Verfahren der Investitionsrechnung gehören die Kapitalwertmethode, die Annuitätenmethode und die Methode der internen Zinsfüße. Diese Verfahren zu beschreiben und zu erläutern ist zwar notwendig, kann uns aber nicht genügen. Wir werden die Methoden vielmehr in einen größeren Rahmen zu stellen haben, und das aus folgenden Gründen:

(1) Die *Kapitalwertmethode* ist ein *Spezialfall der Endwertmaximierungsmodelle*.

(2) Die *Annuitätenmethode* ist ein *Spezialfall der Entnahmemaximierungsmodelle*.

(3) Die *Methode der internen Zinsfüße* ist für Wahlentscheidungen, die unter der

Zielsetzung Vermögens- oder Einkommensmaximierung getroffen werden sollen, prinzipiell *ungeeignet.*

Daraus ergeben sich die weiteren Schritte unseres Vorgehens:

(1) Grundsätzliche Vorüberlegungen zum Problem der Vergleichbarkeit von sich gegenseitig vollständig ausschließenden Investitionsalternativen, die unter dem Aspekt Vermögens- oder Einkommensstreben beurteilt werden sollen (Abschnitt 2.3.1).

(2) Entwicklung eines *allgemeinen Modells für den Fall des Vermögensstrebens* (*Endwertmaximierung*), das die Kapitalwertmethode als Sonderfall einschließt (Abschnitt 2.3.2).

(3) Entwicklung eines *allgemeinen Modells für den Fall des Einkommensstrebens* (*Entnahmemaximierung*), das die Annuitätenmethode als Sonderfall enthält (Abschnitt 2.3.3).

(4) Darstellung und Kritik der Methode der internen Zinsfüße (siehe unten Abschnitt 2.3.4).

2.3.1 Grundsätzliche Vorüberlegungen

Die dynamischen Investitionsrechnungen versuchen, die typischen Mängel zu überwinden, die den statischen Rechnungen eigen sind. Nachfolgend wollen wir daher zunächst die prinzipielle Konzeption darstellen, mit deren Hilfe die Überwindung dieser Fehler (vgl. dazu nochmals Abschnitt 2.2.3) vorgenommen wird.

2.3.1.1 Gemeinsame Merkmale der dynamischen Verfahren

Alle hier darzustellenden Methoden der Investitionsrechnung haben eine Reihe gemeinsamer Eigenschaften. Diese wollen wir zur Vorbereitung auf die folgenden Abschnitte skizzieren und damit die Möglichkeit schaffen, die wesentlichsten Unterschiede zwischen den statischen und den dynamischen Verfahren genau zu erkennen. Wir knüpfen an drei Tatbestände an, die uns im Rahmen der statischen Investitionsrechnungen als Basis der Kritik gedient haben, und die mit den Stichworten charakterisiert sind:

– Zielsetzung des Investors
– Investitionen als echte Handlungsalternativen
– Zeitliche Struktur der Zahlungsreihen.

(1) *Zielsetzung des Investors.* Die dynamischen Rechnungen orientieren sich im Gegensatz zu den statischen Rechnungen grundsätzlich an mehrperiodig definierten Zielsetzungen, z. B. Wohlstandsstreben, *Vermögensstreben* oder *Einkommensstreben.* Wir berücksichtigen hier nur die beiden zuletzt genannten Varianten der langfristigen Gewinnmaximierung.

Eng damit verknüpft ist die Frage, welche *Erfolgsmaßstäbe* in den Rechnungen verarbeitet werden. Alle dynamischen Methoden der Investitionsrechnung verarbeiten Zahlungsvorgänge als Rechengrößen. Sie operieren stets mit *Einnahmen und Ausgaben* im Sinne von kassen- oder liquiditätswirksamen Prozessen. Während also im Rahmen der statischen Investitionsrechnungen die Anschaffungsauszahlung für eine Investition indirekt dadurch erfaßt wird, daß man die (periodisierte) Erfolgsgröße Abschreibungen betrachtet, greift man in den dynamischen Rechnungen auf die Anschaffungsausgabe selbst zurück und verzichtet auf die Verteilung dieses Betrages auf den Nutzungszeitraum. Im Gegensatz zu den statischen Methoden, bei denen man mit periodisierten Erfolgsgrößen (Kosten/Erlöse) rechnet, arbeitet man in den dynamischen Modellen ausschließlich mit zahlungswirksamen Erfolgskategorien (Einnahmen/Ausgaben).

(2) *Investitionen als echte Handlungsalternativen.* Wir hatten schon mehrfach deutlich gemacht, daß Investitionstätigkeiten nur dann sinnvoll miteinander verglichen werden können, wenn sie als echte, sich gegenseitig ausschließende Alternativen formuliert wurden. Diese elementare Forderung wird, wie schon wiederholt nachgewiesen, von den statischen Investitionsrechnungen kaum erfüllt. Für die dynamischen Rechnungen gilt das Gegenteil. Sie arbeiten alle mit echten vergleichbaren Investitionsalternativen.

Wie man im Rahmen der dynamischen Rechnungen dafür sorgt, daß die miteinander konkurrierenden Investitionen vollständige Alternativen bilden, wird im nächsten Abschnitt (siehe unten 2.3.1.2) bei der Analyse des *vollständigen Finanzplans* dargestellt.

(3) *Zeitliche Struktur der Zahlungsreihen.* Die mit einer Investition verbundenen Einnahmen und Ausgaben sind im Zeitablauf nicht konstant, sondern sie unterliegen teilweise beträchtlichen Schwankungen. So ist es beispielsweise für Sachinvestitionen charakteristisch, daß am Anfang hohe Ausgaben anfallen und später Einnahmen in wechselnder Höhe (steigend, sinkend, wellenförmig) zu erwarten sind. Die dynamischen Investitionsrechnungen bemühen sich sämtlich, diesem Sachverhalt gerecht zu werden. Informierte Leser, werden an dieser Stelle die Aussage erwarten:

> Die dynamischen Investitionsrechnungen erfassen die Zeitstruktur der Einnahmen und Ausgaben dadurch, daß sie die zu unterschiedlichen Zeitpunkten anfallenden Zahlungen mit Hilfe der Zinseszinsrechnung auf einen gemeinsamen Vergleichszeitpunkt abzinsen (diskontieren) oder aufzinsen.

Diese Aussage ist allerdings nur bedingt richtig, da sie sich auf die klassischen Methoden der dynamischen Investitionsrechnung (Kapitalwert-, Annuitäten, Interne-Zinsfuß-Methode) bezieht und auf die in diesem Buch zusätzlich dargestellten allgemeinen Modelle nicht vollkommen übertragen werden kann. Allgemein gilt: Die dynamischen Rechnungen unterstellen nicht, daß eine Einnahme, die man heute bekommt, genau das gleiche wert ist wie eine Einnahme, die man erst drei Jahre später erhält. *Man kann einfach mit einer früheren Einnahme „an-*

dere Dinge tun" *als mit einer späteren.* Nur auf diesen sehr naiven Sachverhalt kommt es an dieser Stelle unserer Überlegungen an. (Das gleiche gilt natürlich mit umgekehrtem Vorzeichen auch für frühere bzw. spätere Ausgaben).

2.3.1.2 Vollständiger Finanzplan

Eine rationale Wahl zwischen mehreren miteinander konkurrierenden Investitionsprojekten ist nur dann möglich, wenn sie echte, sich gegenseitig vollständig ausschließende Alternativen sind. So kann ein Investor, der liquide Mittel von M_0 = 100 (Geldeinheiten) besitzt, nicht zwischen den Projekten A (Anschaffungsausgaben $z_0 = -100$) und B (Anschaffungsausgaben $z_0 = -70$) wählen, ohne sich Gedanken darüber zu machen, was er im Falle der Realisierung des Projektes B mit dem Restvermögen ($M_0 + z_0 = 100 - 70 = 30$) tut.

Reale Investitionen stellen in der Regel von sich aus keine echten Alternativen dar.

Sie unterscheiden sich meist nicht nur in der Höhe ihrer Anschaffungsausgaben voneinander, sondern auch in der Höhe ihrer Rückflüsse und darüber hinaus in der zeitlichen Verteilung ihrer Einnahmen und Ausgaben. Häufig ist darüber hinaus die Nutzungsdauer der miteinander zu vergleichenden Investitionen unterschiedlich lang.
Die Tatsache, daß die tatsächlichen Investitionen von sich aus keine vollständigen Alternativen bilden, macht zwei Möglichkeiten deutlich: Entweder man kümmert sich einfach nicht darum oder man nimmt diesen Sachverhalt so ernst wie er ist.

Daher bleibt nichts anderes übrig, als die unvollständigen Investitionsalternativen in geeigneter Weise zu echten Alternativen zu vervollständigen.

Wir wollen zeigen, daß man das mit Hilfe sogenannter vollständiger Finanzpläne erreichen kann. Wie ein solcher Plan aussieht, werden wir im folgenden für die beiden Zielsetzungen Vermögensstreben und Einkommensstreben an einem Beispiel zeigen.

Tab. 2-7.

Zeitpunkt t	0	1	2	3
Projekt A	− 1000	0	0	1525
Projekt B	− 1300	800	900	0

Ein Investor habe einen Planungszeitraum von 3 Jahren und besitze heute liquide Mittel in Höhe von M_0 = 1100. Er könne entweder das Projekt A oder das Projekt B realisieren, für die er die in Tab. 2–7 genannten Ausgaben und Einnahmen schätzt.

Vermögensstreben. Der Investor habe die Absicht, vom Zeitpunkt t = 0 ab 100 Geldeinheiten aus dem Betrieb zu entnehmen und im übrigen sein Vermögen am Ende des dritten Jahres zu maximieren.

Mit den bis jetzt verfügbaren Informationen kann der Investor nur unvollständige Finanzpläne aufstellen (vgl. Tab. 2-8).

Tab. 2-8. Unvollständige Finanzpläne für zwei Investitionen

Zeitpunkt t	0	1	2	3
Liquide Mittel	1100			
Projekt A	− 1000	0	0	1525
Überschuß	100	0	0	1525
Liquide Mittel	1100			
Projekt B	− 1300	800	900	0
Überschuß	− 200	800	900	0

Beide Investitionen sind so nicht miteinander vergleichbar. Betrachtet man Projekt B, so muß der Investor im Zeitpunkt t = 0 unter Berücksichtigung seiner Entnahmewünsche offenbar Schulden in Höhe von mindestens 300 machen; im Zeitpunkt t = 1 kann er 800 und im Zeitpunkt t = 2 kann er 900 verbrauchen. Das entspricht aber gar nicht seinen Absichten. Er will in jedem der vier Zeitpunkte 100 konsumieren und im übrigen in t = 3 möglichst viel Geld besitzen. Der Investor muß sich also überlegen, wie er den Kredit in Höhe von mindestens 300 finanzieren und die Überschüsse am Ende des ersten und des zweiten Jahres (abzüglich seiner Konsumausgaben) anlegen will. Der Investor sammelt Informationen und teilt uns danach folgendes mit:

(1) In t = 0 könnte ein Kredit bis zu maximal 400 aufgenommen werden. Die Zinsen belaufen sich auf 20% je Jahr. Die Tilgung müßte in drei gleichbleibenden Raten erfolgen.

(2) In t = 2 könnte abermals ein Kredit (maximal 300) aufgenommen werden. Zinsen 15%, Laufzeit 1 Jahr.

(3) In t = 0 könnte eine weitere Sach-Investition erfolgen. Diese hätte die Zahlungsreihe (− 200, 150, 100).

(4) In t = 2 könnte ein Finanzinvestition in beliebigem Umfang erfolgen. Zinsen 12%, Laufzeit 1 Jahr.

(5) Weitere Investitionsmöglichkeiten gibt es nicht. Der Investor kann aber überschüssige Finanzmittel jederzeit auch in der Kasse aufbewahren.

Unter Benutzung dieser Zusatz-Informationen über ergänzende Investitions-

Tab. 2-9A. Vollständiger Finanzplan (Vermögensstreben) für Investition A

Zeitpunkt t	0	1	2	3
Liquide Mittel	1100			
Projekt A	−1000	0	0	1525
Kredit (20%)	286	−136	−136	− 136
Zusatzinvestition	− 200	150	100	
Kassenhaltung	− 86	86		
Kredit (15%)			136	− 156
Entnahmen	100	100	100	100
Endvermögen				1133

Tab. 2-9B. Vollständiger Finanzplan (Vermögensstreben) für Investition B

Zeitpunkt t	0	1	2	3
Liquide Mittel	1100			
Projekt B	−1300	800	900	
Kredit (20%)	300	−142	− 142	− 142
Kassenhaltung		−558	558	
Finanzinvestition (12%)			−1216	1362
Entnahmen	100	100	100	100
Endvermögen				1120

und Finanzierungsmöglichkeiten könnte der Investor für das Projekt A einen vollständigen Finanzplan gemäß Tab. 2-9A aufstellen.
Wenn der Investor also sein Projekt durch einen 20%-igen Kredit in Höhe von 286 in t = 0, die Zusatzinvestition in t = 0, Kassenhaltung in Höhe von 86 in t = 0 und einen weiteren 15%-igen Kredit in Höhe von 136 in t = 2 ergänzt, so kommt er auf die gewünschten jährlichen Entnahmen in Höhe von 100 und auf ein Endvermögen von 1133.
Für das Projekt B könnte der vollständige Finanzplan so aussehen, wie es Tab. 2-9B zeigt.
Wenn also der Investor das Projekt B durch einen 20%-igen Kredit in Höhe von 300 in t = 0, Kassenhaltung in Höhe von 558 in t = 1 und eine Finanzinvestition in Höhe von 1216 in t = 2 ergänzt, so erhält er die gewünschten jährlichen Entnahmen und ein Endvermögen von 1120.
Der Investor dürfte sich danach für Projekt A (einschließlich der damit verbundenen Ergänzungs-Investitionen und -Finanzierungen) entscheiden.

Einkommensstreben. Der Investor habe die Absicht, am Ende des dritten Jahres genau 1000 zu besitzen und außerdem jährlich gleichbleibende, aber möglichst hohe Entnahmen aus dem Betrieb zu ziehen. Im übrigen sollen die gleichen Daten gelten wie vorher.

Wiederum erkennt der Investor anhand der unvollständigen Finanzpläne, daß er die Projekte A und B um Ergänzungs-Investitionen und -Finanzierungen vervollständigen muß, wenn er ein Endvermögen von 1000 und gleichbleibende Entnahmen wünscht.

Der Investor könnte dabei etwa die in Tab. 2-10 angegebenen vollständigen Finanzpläne aufstellen.

Tab. 2-10. Vollständige Finanzpläne (Einkommensstreben) für zwei Investitionen

Zeitpunkt t	0	1	2	3
Liquide Mittel	1100			
Projekt A	−1000	0	0	1525
Kredit (20%)	400	−189	−189	− 189
Zusatzinvestition	− 200	150	100	
Kassenhaltung	− 180	180		
Kassenhaltung		− 21	21	
Kredit (15%)			188	− 216
Entnahmen	120	120	120	120
Endvermögen				1000

Zeitpunkt t	0	1	2	3
Liquide Mittel	1100			
Projekt B	−1300	800	900	
Kredit (20%)	325	−154	− 154	− 154
Kassenhaltung		−521	521	
Finanzinvestition (12%)			−1142	1279
Entnahmen	125	125	125	125
Endvermögen				1000

Anders als im Fall des Vermögensstrebens müßte sich der Investor jetzt für Projekt B (einschließlich der damit verbundenen Ergänzungs-Investitionen und -Kredite) entscheiden.

Mit Hilfe des vollständigen Finanzplans gelingt es, sich nicht vollständig gegenseitig ausschließende Investitionsprojekte zu echten Alternativen zu komplettieren.

Dies wird erreicht, indem man in die Zahlungsreihe des eigentlich zu beurteilenden Projektes die Zahlungsreihen von *Ergänzungs-Investitionen* und *Ergänzungs-Finanzierungen* einfügt, so daß in den beiden letzten Zeilen des Finanzplans Überschüsse stehenbleiben, die dem Entnahmestrom des Investors und seinem Endvermögen entsprechen. Wenn der Investor sein Einkommen maximieren will, kann er aus der vorletzten Zeile („Entnahmen") direkt ablesen, welche Alternative besser ist; falls er dagegen nach maximalem Endvermögen bei gegebenem Einkommen

strebt, kann er die entsprechende Zielgröße direkt aus der letzten Zeile („Endvermögen") ablesen.
Wenn man in der Lage ist, vollständige Finanzpläne aufzustellen, so ist die Entscheidung über Investitionsalternativen einfach. Es gilt die in Tab. 2-11 angegebene Entscheidungslogik.

Tab. 2-11. Entscheidungslogik vollständiger Finanzpläne

Ziel: Vermögensstreben	Ziel: Einkommensstreben
Identische Entnahmen *Unterschiedlich hohe Endvermögen*	*Unterschiedlich hohe Entnahmeniveaus* *Identische Endvermögen*

Benutzt man das Konzept des vollständigen Finanzplans als Methode, um aus
unvollständig formulierten Alternativen sich gegenseitig vollständig ausschließende Investitionshandlungen zu machen, so tritt ein Problem auf, das wir bisher
übergangen haben:

In bezug auf ein und dasselbe Investitionsprojekt lassen sich mehrere zulässige
vollständige Finanzpläne aufstellen.

So kann man z. B. in bezug auf das Projekt A unter der Zielsetzung des Vermögensstrebens auch einen vollständigen Finanzplan formulieren, der der Tab. 2-12
entspricht.

Tab. 2-12. Alternativer vollständiger Finanzplan (Vermögensstreben) für Investition A

Zeitpunkt t	0	1	2	3
Liquide Mittel	1100			
Projekt A	− 1000	0	0	1525
Kredit (20%)	400	− 190	− 190	− 190
Kassenhaltung	− 400	400		
Kassenhaltung		− 110	110	
Kredit (15%)			180	− 207
Entnahmen	100	100	100	100
Endvermögen				1028

Damit erhebt sich die Frage: Welche möglichen vollständigen Finanzpläne sollen
als Basis für die Wahlentscheidung zwischen mehreren Investitionsprojekten herangezogen werden?
Eine naheliegende Antwort besteht darin, den jeweils *optimalen* vollständigen
Finanzplan zu benutzen, also denjenigen Plan, der in bezug auf ein vorgegebenes
Projekt und die real existierenden Ergänzungs-Investitionen und -Finanzierungen
das maximale Endvermögen oder das maximale Einkommensniveau verspricht.

Das aber würde bedeuten: Will man Wahlentscheidungen über konkurrierende Investitionsprojekte auf der Grundlage von optimalen vollständigen Finanzplänen mit real existierenden Ergänzungs-Investitionen und -Finanzierungen vornehmen, so muß man immer Investitionsprogrammentscheidungen treffen; denn der optimale vollständige Finanzplan ergibt sich dann stets aus einem Investitionsprogramm, in dem das zu betrachtende Projekt und eine hierzu optimale Kombination aus Ergänzungs-Investitionen und -Finanzierungen enthalten ist. Der Investor besitzt in der Realität aber eine sehr große Menge möglicher Ergänzungs-Investitionen und Ergänzungs-Finanzierungen. Soweit es sich dabei um Maßnahmen handelt, die er heute (im Zeitpunkt $t = 0$) starten kann, so wird er sie vielleicht noch ziemlich gut kennen. Je weiter er aber mit seinen Überlegungen in die Zukunft hineingerät, um so weniger Konkretes wird er über diese Möglichkeiten wissen. Neben die große Menge von Ergänzungs-Investitionen und -Finanzierungen tritt eine noch viel größere Menge von Kombinationsmöglichkeiten zwischen den Ergänzungsmaßnahmen, die ihrerseits den Einbau neuer Ergänzungs-Investitionen und Ergänzungs-Finanzierungen erforderlich machen. Das bedeutet aber, daß die Zahl möglicher vollständiger Finanzpläne, die ein Investor in bezug auf ein Projekt aufstellen kann, außerordentlich groß ist. Daraus folgt:

> Die Aufstellung (optimaler) vollständiger Finanzpläne unter Berücksichtigung *realer* Ergänzungs-Investitionen und -Finanzierungen ist methodisch so aufwendig, daß es sich empfiehlt, mit *fiktiven* Ergänzungs-Investitionen und -Finanzierungen zu arbeiten.

Um die Aufstellung (optimaler) vollständiger Finanzpläne für Wahlentscheidungen methodisch zu vereinfachen, sind wir gezwungen, die (komplizierte) Welt des Investors mehr oder weniger drastisch zu vereinfachen. Diese notwendige Vereinfachung erreichen wir durch die Einführung einer Reihe von pauschalen Annahmen über die tatsächlichen Ergänzungs-Investitionen und Ergänzungs-Finanzierungen.

2.3.1.3 Pauschalannahmen über die Welt des Investors

Wir brauchen vereinfachende Annahmen über Ergänzungs-Investitionen und -Finanzierungen, weil wir sich gegenseitig ausschließende Investitionsalternativen beurteilen wollen, ohne bei der Ermittlung optimaler vollständiger Finanzpläne in große methodische Schwierigkeiten zu geraten. Welche Pauschalannahmen soll man aber einführen?
Hier sind wir im Grunde vollkommen frei und können so stark vereinfachen, wie wir wollen. Je stärker allerdings die Vereinfachung, um so unrealistischer sind die auf den Annahmen aufbauenden Überlegungen. Soll aber die Einführung von vereinfachenden Annahmen überhaupt einen Sinn haben, so gilt folgendes:

> Die Pauschalannahmen über Ergänzungs-Investitionen und -Finanzierungen

müssen geeignet sein, optimale vollständige Finanzpläne in bezug auf einzelne Investitionsprojekte schnell und methodisch einfach aufzustellen.

Wir wollen deshalb ein System von Annahmen über Ergänzungs-Investitionen und -Finanzierungen einführen, das genau diese Eigenschaft besitzt. Die Annahmen, von denen wir ausgehen wollen, sind in Tab. 2–13 zusammengestellt und werden im folgenden erläutert.

Tab. 2–13. Pauschalannahmen über Ergänzungs-Investitionen und -Finanzierungen

Annahme über	Ergänzungs-Investitionen	Ergänzungs-Finanzierungen
(1) Laufzeit	Die Laufzeit beträgt genau eine Periode.	Die Laufzeit beträgt genau eine Periode.
(2) Teilbarkeit	Ergänzungs-Investitionen sind beliebig teilbar.	Ergänzungs-Finanzierungen sind beliebig teilbar.
(3) Limitierung	Ergänzungs-Investitionen können in unbeschränktem Umfang durchgeführt werden.	a) Ergänzungs-Finanzierungen stehen in unbeschränktem Umfang zur Verfügung. b) Die Aufnahme von Ergänzungs-Finanzierungen ist mengenmäßig limitiert.
(4) Rendite/Kosten	Mit Ergänzungs-Investitionen wird ein vom Investitionsumfang völlig unabhängiger Haben-Zins verdient, der im Zeitablauf variabel oder konstant sein kann.	Die Kapitalgeber von Ergänzungs-Finanzierungen verlangen einen vom Finanzierungsvolumen unabhängigen Soll-Zins, der im Zeitablauf variabel oder konstant sein kann.

(1) *Laufzeit.* Eine erste Überlegung bezieht sich auf die Form des Vermögens am Ende des Planungszeitraumes. In der Realität besitzt eine Unternehmung, die auf unbestimmte Zeit betrieben wird (*Unternehmung auf Dauer*), am Ende der Planperiode Geld (Kasse, Bank, Postscheck), Forderungen, Waren, angefangene und fertige Erzeugnisse, neuwertige und gebrauchte Anlagen, Beteiligungen, Wertpapiere, mehr oder minder erfahrene Mitarbeiter, ein bestimmtes Image bei ihren Kunden usw. Dies erschwert unsere Investitionsüberlegungen sehr. Wir müssen nämlich das Vermögen am Ende der Planungsperiode in Geld bewerten und wissen nicht genau, wie wir das tun sollen. Viel angenehmer wäre es, wenn am Ende nur noch Geld vorhanden wäre (*Unternehmung auf Zeit*).
Wenn wir an einer solchen Vereinfachung interessiert sind, hat das folgende Konsequenzen: In bezug auf die Investitionen müssen wir annehmen, daß sie eine beliebig lange (oder kurze) Nutzungsdauer haben, denn sie müssen sich in jedem Fall am Ende der Planungsperiode vollständig in Geld zurückverwandelt haben.

Wir werden aus diesem Grunde die Vereinbarung treffen, daß alle Ergänzungs-Investitionen des Investors eine Laufzeit von genau einer Periode (einem Jahr) haben. In bezug auf die Ergänzungs-Finanzierungen soll dasselbe gelten. So umgehen wir die Schwierigkeit, den „heutigen Wert" von später fällig werdenden Schulden feststellen zu müssen.

(2) *Teilbarkeit*. Abgesehen von Kontokorrentkrediten ist es praktisch nicht möglich, Kredite in beliebigen Portionen aufzunehmen. Keine Aktiengesellschaft in Deutschland kann beispielsweise eine Obligation über den Gesamtbetrag von DM 438 760,41 begeben. Aufgrund der Börsenzulassungsbedingungen müßte man sich entschließen, mindestens eine halbe oder eine ganze Million DM aufzunehmen. Trotzdem werden wir generell annehmen, daß Ergänzungs-Finanzierungen in beliebigen Portionen aufgenommen werden können, denn das erleichtert unsere weiteren Überlegungen sehr. Außerdem ist es insofern nicht gänzlich unrealistisch, weil sich in der Praxis natürlich immer mehrere Finanzierungsarten so miteinander kombinieren lassen, daß auch sehr „krumme" Gesamtbeträge aufgebracht werden können.
Investitionen sind noch viel schlechter teilbar als Finanzierungen. Man kann schließlich keine halben Produktionsanlagen kaufen. Sach-Investitionen sind vollkommen unteilbar. Bei Finanz-Investitionen sieht das anders aus. Man kann beispielsweise Aktien in fast jeder Portionierung kaufen und auf jeden Fall beliebige Beträge auf einem Sparkonto anlegen. Wir werden daher generell annehmen, daß Ergänzungs-Investitionen beliebig teilbar sind.

(3) *Limitierung*. Es ist sehr unrealistisch zu unterstellen, daß ein Investor sich unbegrenzt verschulden kann. Wenn man dies trotzdem tut, so nimmt man gleichzeitig an, daß ein Investor niemals Konkurs machen kann. Es gibt dann keinerlei Liquiditätsprobleme mehr. Erstaunlicherweise geht der überwiegende Teil der Fachliteratur im Rahmen der dynamischen Verfahren von dieser äußerst weltfremden Hypothese aus. Wir werden sowohl den Fall der Limitierung von Finanzierungen als auch den der Nicht-Limitierung berücksichtigen.
Bei den Ergänzungs-Investitionen wäre es unrealistisch, wenn man nicht annehmen würde, daß der Investor beliebig große Beträge anlegen kann. Auf jeden Fall besteht ja hier immer die Möglichkeit der Kassenhaltung.

(4) *Rendite und Kosten*. Finanzierungen „kosten" etwas. Mit Investitionen „verdient" man etwas, vom Fall der reinen Kassenhaltung abgesehen. Wie soll man nun pauschale Annahmen über die „Kosten" von Ergänzungs-Finanzierungen und über die „Renditen" von Ergänzungs-Investitionen treffen?
Finanzierungen sind unterschiedlich teuer. Das hängt davon ab, zu welchem Zeitpunkt man die Finanzierung durchführt, wie Nachfrage und Angebot auf den Geld- und Kapitalmärkten sich gerade entwickeln, für wie riskant die Financiers ihre Engagements halten, wie es um die Bonität des Investors bestellt ist, von der Rechtsform, in der er seine Unternehmung betreibt und von hundert anderen Dingen. Investitionen werfen unterschiedliche Renditen ab. Der Investor kann

seine Überschüsse in den eigenen Betrieb stecken oder außerhalb des Betriebes
arbeiten lassen, indem er Beteiligungen erwirbt, Wertpapiere kauft oder sein Geld
einfach zur Sparkasse trägt. Man kann riskante Investitionen mit extrem hohen
Verdienstmöglichkeiten in Angriff nehmen oder sehr risikoarme Anlagen mit be-
scheidenen Renditeaussichten suchen. Man kann sein Geld langfristig anlegen
und hohe Renditen verlangen oder sein Geld kurzfristig investieren und dafür nur
schmale Einkünfte bekommen.

Wir wollen grob vereinfachend annehmen, daß eine Finanzierung einen bestimmten Soll-Zinssatz kostet und daß eine Investition einen bestimmten Haben-Zinssatz abwirft. Dabei stellen wir uns unter den Soll-Zinsen die *durchschnittlichen
künftigen Finanzierungskosten* vor, die der Investor während des Planungszeitraums erwartet. Bei den Haben-Zinsen denken wir an die *durchschnittliche künftige Rendite* von Ergänzungs-Investitionen, die der Investor erwirtschaften zu können glaubt.

Die Haben-Zinsen und die Soll-Zinsen können als im Zeitablauf gleichbleibend
angenommen werden oder nicht. Von variablen Zinssätzen auszugehen, erscheint
dann gerechtfertigt, wenn die Renditen der späteren Ergänzungs-Investitionen
fallen oder steigen werden oder die Finanzierungskosten in der Zukunft gesenkt
oder erhöht werden.

Bisher haben wir offengelassen, in welchem Verhältnis Soll- und Haben-Zinssätze
zueinander stehen. Drei Möglichkeiten sind denkbar:

- Soll-Zins = Haben-Zins,
- Soll-Zins > Haben-Zins,
- Soll-Zins < Haben-Zins.

Die dritte Möglichkeit wollen wir nicht weiter beachten, da sie vor dem Hintergrund der getroffenen Pauschalannahmen nicht realitätsnah ist. Wenn nämlich
die Möglichkeit bestehen würde, finanzielle Mittel zum Soll-Zins von 4% aufzunehmen und diese Mittel gleichzeitig zum Haben-Zins von 5% wieder anzulegen,
so könnte ein Investor durch die bloße Vornahme von gleichzeitigen Ergänzungs-
Finanzierungen und -Investitionen beliebig reich werden. Diese Vorstellung steht
im Widerspruch zur Realität. Dagegen könnte man zwar vorbringen, daß es
durchaus Finanzierungsgelegenheiten gibt, die besonders attraktiv sind, z.B.
Gründungshilfen für junge Unternehmer. Zweifellos stehen solche günstigen Finanzierungsmöglichkeiten mitunter zur Verfügung. Aber sie sind dann mengenmäßig limitiert und es gibt weitere womöglich ebenfalls limitierte Finanzierungs-
instrumente mit weniger günstigen Konditionen. In jedem Fall sind die Kosten
solcher Spezial-Kredite kaum als „durchschnittliche künftige Finanzierungskosten" anzusehen und genau diese Interpretation hatten wir dem Soll-Zinssatz
oben gegeben.

Wem unsere Vereinfachung zu weit geht, der muß sich darüber klar werden, wie
die Alternative aussieht. An die Stelle der Pauschalannahmen treten wieder reale
Ergänzungs-Finanzierungen. Die Aufstellung optimaler vollständiger Finanzpläne bleibt wegen dieser mangelnden Bereitschaft zur Vereinfachung ein schwer zu

lösendes kombinatorisches Problem. Genau das aber wollten wir vermeiden. Leser, die trotzdem nicht vereinfachen wollen, seien auf das vierte Kapitel dieses Buches (insbesondere Abschnitt 4.2) verwiesen.

Kombiniert man nun das Merkmal der *Limitierung* von Finanzierungsmöglichkeiten und das Merkmal der *Identität* von Soll- und Haben-Zinsen miteinander, so entsteht eine Vierfeldertafel (Tab. 2–14), in der vier verschiedene Kapitalmarktarten unterschieden werden. Jedes Feld dieser Tabelle hat einen in der Literatur über Investitionsrechnung gebräuchlichen Namen. Auch wir werden diese Bezeichnungen verwenden.

Tab. 2–14. Kapitalmarktarten

	Soll-Zins = Haben-Zins	Soll-Zins > Haben-Zins
Kein Finanzierungslimit	vollkommener, unbeschränkter Kapitalmarkt	unvollkommener, unbeschränkter Kapitalmarkt
Finanzierungslimit	vollkommener, beschränkter Kapitalmarkt	unvollkommener, beschränkter Kapitalmarkt

Das System von Pauschalannahmen über Ergänzungs-Investitionen und -Finanzierungen erlaubt es, auf einfache Weise eindeutige vollständige Finanzpläne für Investitionen aufzustellen, die in bezug auf das Ziel des Investors nicht von vornherein echte Alternativen darstellen. Dabei ist es gleichgültig, ob der Investor Vermögensmaximierung oder Einkommensmaximierung betreibt.

Wie im einzelnen vorzugehen ist, um die vollständigen Finanzpläne aufzustellen, werden wir für den Fall des Vermögensstrebens in Abschnitt 2.3.2 und für den Fall des Einkommensstrebens in Abschnitt 2.3.3 beschreiben. Zuvor sind aber noch einige Vorbereitungen zu treffen.

2.3.1.4 Verzeichnis der Symbole und weitere Annahmen

Bei den Betrachtungen in den folgenden Abschnitten wird es sich als notwendig erweisen, mit (einfachen) mathematischen Formeln zu arbeiten. Dafür brauchen wir eine Reihe von Symbolen, die jetzt zu definieren sind:

C_t Finanzmittelüberschuß bzw. -fehlbetrag im Zeitpunkt t
f_t Element des Einkommensstruktur-Vektors im Zeitpunkt t
h_t Haben-Zinssatz für Ergänzungs-Investitionen im Zeitraum $t-1$ bis t
LIM   Finanzierungslimit
M_t Basiszahlung im Zeitpunkt t
s_t Soll-Zinssatz für Ergänzungs-Finanzierungen im Zeitraum $t-1$ bis t
t   Zeitindex
T   Planungshorizont

Y   Einkommensniveau

z_t Zahlung, die ein Investitionsprojekt im Zeitpunkt t verursacht

Im Anschluß an die Definition der Symbole wollen wir vier weitere Annahmen einführen, die für alle unten beschriebenen Entscheidungsmodelle Gültigkeit besitzen.

(1) *Einkommensstruktur.* Wer die Liste der Symbole aufmerksam gelesen hat, wird sich fragen, zu welchem Zweck wir sowohl einen Einkommensstruktur-Vektor $\bar{f}$ = $\{f_0, f_1, \ldots, f_T\}$ als auch ein Einkommensniveau Y benötigen. Dafür gibt es eine einfache Erklärung.

Die Konsumeinnahmen, die ein Investor während des Planungszeitraums aus seiner Unternehmung bezieht, müssen im Zeitablauf nicht konstant sein.

Wenn man etwa an Geldentwertung und Inflation denkt, so ist es verständlich, daß ein Investor nach Konsumeinnahmen strebt, die in jedem Jahr um einen bestimmten Prozentsatz steigen. Wenn ein Investor in jedem Jahr 10 % mehr Einkommen haben will und für einen Zeitraum von 4 Jahren plant, so können wir die in Tab. 2–15 dargestellte Reihe von Einkommensstrukturfaktoren aufschreiben.

Tab. 2–15.

Zeitpunkt t	0	1	2	3	4
Einkommensstrukturfaktor f_t	1.0000	1.1000	1.2100	1.3310	1.4641

Bei einem Einkommensniveau von Y = 1500 führt das zu den in Tab. 2–16 angegebenen Entnahmen.

Tab. 2–16.

Zeitpunkt t	0	1	2	3	4
Entnahmen $f_t Y$	1500	1650	1815	1997	2196

(2) *Basiszahlungen.* Wenn ermittelt werden soll, ob ein Investor zu einem bestimmten Zeitpunkt t eine Ergänzungs-Finanzierung durchzuführen hat oder ob er eine Ergänzungs-Investition vornehmen kann, so müssen *alle* Zahlungen erfaßt werden, die beim Investor zufließen oder abfließen. Diese lassen sich in zwei Klassen teilen, nämlich in *entscheidungsunabhängige* und *entscheidungsabhängige* Zahlungen.

Als Basiszahlungen (M_t) bezeichnen wir jene Zahlungen, die in jedem Fall entscheidungsunabhängig sind. Das sind also diejenigen Zahlungen, mit denen heute und künftig zu rechnen ist, wenn nur die bisherigen Pläne und Aktivitäten des Investors realisiert werden, auf die zu beurteilende Investition verzichtet wird, sozusagen also „alles beim alten bleibt". Bei der Basiszahlung im Zeitpunkt t = 0 handelt es sich, wenn sie positiv ist ($M_0 > 0$), um die liquiden Mittel des Investors, wenn sie negativ ist, um sein gegenwärtiges Finanzmitteldefizit.

Zu den entscheidungsabhängigen Zahlungen zählen immer die Investitionszahlungen (z_t) und die Zahlungen im Zusammenhang mit Ergänzungs-Maßnahmen. Die Ausgaben für Konsumentnahmen ($f_t Y$) sind im Falle des Vermögensstrebens entscheidungsunabhängig, im Falle des Einkommensstrebens entscheidungsabhängig.

(3) *Vergleichsinvestition.* Um entscheiden zu können, welche von mehreren Investitionsalternativen optimal ist, braucht man eine Vergleichsbasis. Man muß einen Bezugspunkt haben, an dem man alle anderen Alternativen messen kann.

Als Vergleichsbasis für Investitionsalternativen benutzt man die Unterlassensalternative (Nicht- oder Null-Investition).

Diese Unterlassensalternative läßt sich dadurch kennzeichnen, daß es keinerlei entscheidungsabhängige Investitionszahlungen gibt. Die Null-Investition hat daher die Zahlungsreihe $\bar{z} = \{0, 0, \ldots, 0\}$.

(4) *Unternehmung auf Zeit.* Am Ende des Planungszeitraums muß das Vermögen des Investors bewertet werden. Dies ist eine recht schwierige Aufgabe, wenn man nicht mit vereinfachenden Annahmen arbeitet (vgl. oben Abschnitt 1.3.2.2). Wir benutzen im folgenden durchgängig die Fiktion einer Unternehmung auf Zeit. Es wird also unterstellt, daß die Unternehmung des Investors spätestens am Ende des Planungszeitraums liquidiert wird. Formal werden die Liquidationserlöse des Investitionsprojekts in dessen Zahlungsreihe berücksichtigt. Die übrigen Liquidationseinnahmen sind Teil der Basiszahlungen.

2.3.2 Verfahren für den Fall des Vermögensstrebens (Endwertmodelle)

Der Investor, den wir jetzt zu betrachten haben, hat die Absicht, bestimmte Entnahmen ($f_t Y$) zu realisieren und am Ende des Planungszeitraumes ein möglichst großes Vermögen (C_T) zu besitzen. Das Ziel heißt also

$$C_T = Max!$$

und die Entscheidungsregel für den Investor lautet immer:

Realisiere diejenige Investition, die das maximale Endvermögen verspricht!

Wir müssen daher herausfinden, wie man das Endvermögen C_T eines Investors berechnen kann, der bestimmte Basiszahlungen $\bar{M} = \{M_0, M_1, \ldots, M_T\}$ erwartet, bestimmte Konsumentnahmen $\bar{f}Y = \{f_0 Y, f_1 Y, \ldots, f_T Y\}$ verwirklicht, eine Investition mit der Zahlungsreihe $\bar{z} = \{z_0, z_1, \ldots, z_T\}$ durchführt, Ergänzungs-Investitionen mit dem Haben-Zinsvektor $\bar{h} = \{h_1, h_2, \ldots, h_T\}$ vornimmt und Ergänzungs-Finanzierungen zu den Bedingungen des Soll-Zinsvektors $\bar{s} = \{s_1, s_2, \ldots, s_T\}$ in Aussicht nimmt.

2.3.2.1 System allgemeiner Rechenregeln

Um die allgemeine Form einer dynamischen Investitionsrechnung für den Fall des Vermögensstrebens zu entwickeln, empfiehlt es sich, einige Feststellungen zu treffen, die sich aus den oben beschriebenen Annahmen ergeben. Diese Feststellungen werden wir in Form von *vier Thesen* formulieren. Aus den Thesen folgt dann unmittelbar, wie man das mit einer Investition erreichbare Endvermögen C_T unter beliebigen Kapitalmarktbedingungen errechnen kann.

These 1. Der Finanzmittelüberschuß bzw. -fehlbetrag C_t eines beliebigen Zeitpunktes des Planungszeitraums ergibt sich immer als Summe folgender vier Arten von Zahlungen:
   (1) Basiszahlungen
   (2) Entnahmen
   (3) Investitionszahlungen
   (4) Einnahmen aus Ergänzungs-Investitionen oder Ausgaben für Ergänzungs-Finanzierungen des vorangehenden Zeitpunktes.
   Im Zeitpunkt t = 0 entfallen Zahlungen der Kategorie (4).

These 2. Der Finanzmittelüberschuß bzw. -fehlbetrag des Zeitpunktes t = T entspricht dem gesuchten Endvermögen C_T.
   Die Richtigkeit dieser These ergibt sich aus der Unterstellung einer Unternehmung auf Zeit und der Vereinbarung, daß die Ergänzungs-Maßnahmen eine Laufzeit von einer Periode haben.

These 3. Wenn der Kapitalmarkt vollkommen ist, so bleibt die gleichzeitige Durchführung von Ergänzungs-Finanzierungen und Ergänzungs-Investitionen ohne jede finanzielle Konsequenz. Ist der Kapitalmarkt dagegen unvollkommen (Soll-Zinssätze größer als Haben-Zinssätze), so ist die gleichzeitige Durchführung von Ergänzungs-Maßnahmen im Interesse der Vermögensmaximierung unbedingt zu vermeiden.

Tab. 2–17 zeigt die Folgen eines Verstoßes gegen die in These 3 aufgestellte Regel unter der Bedingung, daß die gleichzeitige Durchführung von Ergänzungsmaßnahmen in jedem Zeitpunkt des Planungszeitraumes auf dem Niveau von einer Geldeinheit stattfindet.

Man erkennt, daß die Mißachtung der in These 3 aufgestellten Regel laufend vermeidbare Ausgaben in Höhe von $h_t - s_t$ erzeugt. Ist der Kapitalmarkt dagegen vollkommen ($h_t = s_t$), so bleibt der Verstoß ohne finanzielle Folgen. Aus These 1 und These 3 folgt nun noch

These 4. Solange das Ende des Planungszeitraums noch nicht erreicht ist (t < T), sind Finanzmittelüberschüsse ($C_t > 0$) als Ergänzungs-Investitionen anzulegen und Finanzmitteldefizite ($C_t < 0$) in Form von Ergänzungs-Finanzierungen auszugleichen.

Tab. 2–17. Gleichzeitige Durchführung von Ergänzungsmaßnahmen

Zeitpunkt t	0	1	...	T − 1	T
Ergänzungs-Finanzierung	+1	$-(1+s_1)$			
Ergänzungs-Investition	−1	$+(1+h_1)$			
Ergänzungs-Finanzierung		+1	...	$-(1+s_{T-1})$	
Ergänzungs-Investition		−1	...	$+(1+h_{T-1})$	
Ergänzungs-Finanzierung				+1	$-(1+s_T)$
Ergänzungs-Investition				−1	$+(1+h_T)$
Summen	0	$h_1 - s_1$	...	$h_{T-1} - s_{T-1}$	$h_T - s_T$

Um das Endvermögen C_T zu berechnen, kann man daher allgemein wie folgt vorgehen:

verbale Beschreibung	formale Schreibweise
Wir beginnen mit dem Zeitpunkt t = 0 und berechnen den Finanzmittelüberschuß bzw. -fehlbetrag des Investors aus den Basiszahlungen, den Entnahmen sowie den Investitionszahlungen	*t = 0* $C_0 = M_0 - f_0 Y + z_0$
Wenn liquide Mittel übrig bleiben, dann ist eine Ergänzungs-Investition vorzunehmen, die im Zeitpunkt t = 1 zu Einnahmen in Höhe von $(1 + h_1) C_0$ führt. Der Finanzmittelüberschuß bzw. -fehlbetrag im Zeitpunkt t = 1 ergibt sich dann aus den Basiszahlungen, den Entnahmen, der Investitionszahlung sowie den Einnahmen aus der Ergänzungs-Investition.	*t = 1* wenn $C_0 > 0$ dann $C_1 = M_1 - f_1 Y + z_1 + (1 + h_1) C_0$
Ergibt sich dagegen im Zeitpunkt t = 0 ein Finanzmitteldefizit, dann muß mit einer Ergänzungs-Finanzierung ausgeglichen werden, die die Kasse des Investors im Zeitpunkt t = 1 mit Ausgaben in Höhe von $(1 + s_1) C_0$ belastet.	wenn $C_0 < 0$ dann $C_1 = M_1 - f_1 Y + z_1 + (1 + s_1) C_0$
Ist das Ende des Planungszeitraums erreicht, so hat man (wegen These 2) das Endvermögen bereits errechnet. Sonst ist analog weiterzurechnen.	*t = 2* wenn $C_1 > 0$ dann $C_2 = M_2 - f_2 Y + z_2 + (1 + h_2) C_1$ wenn $C_1 < 0$ dann $C_2 = M_2 - f_2 Y + z_2 + (1 + s_2) C_1$

verbale Beschreibung	formale Schreibweise
Sollte es sich ergeben, daß in irgendeinem Zeitpunkt des Planungszeitraums Ergänzungs-Finanzierungen vorgenommen werden müssen, die das Limit übersteigen, so ist das Projekt nicht durchführbar.	wenn $-C_t > LIM$ $(t = 1, \ldots, T)$ dann: Projekt nicht finanzierbar

Die vollständige Berechnungsprozedur läßt sich übersichtlich auch mit Hilfe eines Flußdiagramms (Abb. 2/2) darstellen. Auf der Grundlage dieses Flußdiagramms ist es leicht, ein entsprechendes Computer-Programm zu entwickeln, das die Berechnung des Endvermögens C_T automatisch ausführen kann. Mit Hilfe des im folgenden angegebenen Programms können solche Berechnungen auf jedem handelsüblichen BASIC-Rechner vorgenommen werden.

```
100     INPUT TT
110     DIM M(TT), F(TT), Z(TT), H(TT), S(TT)
120     FOR T = 0 TO TT
130     INPUT M(T), F(T), Z(T)
140     NEXT T
150     FOR T = 1 TO TT
160     INPUT H(T), S(T)
170     NEXT T
180     INPUT LIM

300     INPUT Y
310     GOSUB 500
320     FOR T = 0 TO TT
330     IF -C(T) < = LIM THEN 360
340     PRINT "IN T = "T" NICHT FINANZIERBAR"
350     GOTO 380
360     NEXT T
370     PRINT C(TT)
380     END

500     C(0) = M(0) - F(0)*Y + Z(0)
510     FOR T = 1 TO TT
520     IF C(T-1) < 0 THEN 550
530     C(T) = M(T) - F(T)*Y + Z(T) + (1 + H(T))*C(T-1)
540     GOTO 560
550     C(T) = M(T) - F(T)*Y + Z(T) + (1 + S(T))*C(T-1)
560     NEXT T
570     RETURN
```

Wenn nur wenige Investitionen zu beurteilen sind, so kann man die Endwerte auf

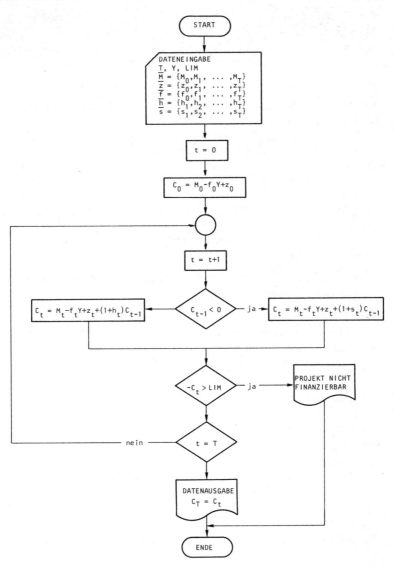

Abb. 2/2. Flußdiagramm zur Ermittlung des Endwerts einer Investition.

der Grundlage unserer allgemeinen Rechenregeln ohne weiteres auch manuell berechnen. Dies werden wir gleich am Zahlenbeispiel sehen.

2.3.2.2 Endwertberechnung bei unvollkommenem und beschränktem Kapitalmarkt

Wir betrachten jetzt einen Investor, der die Absicht hat, sein Vermögen (bei gegebenen Konsumentnahmen) zu maximieren, und dabei einem unvollkommenen und beschränkten Kapitalmarkt gegenübersteht. Wie sieht dieser Kapitalmarkt aus?

Der Investor kann mengenmäßig beliebige Mittel in Form von Ergänzungs-Investitionen anlegen, aber nur in beschränkter Höhe Geldmittel in Form von Ergänzungs-Finanzierungen beschaffen. Mit einer Ergänzungs-Investition verdient er Haben-Zinsen in Höhe von h_t, und eine Ergänzungs-Finanzierung kostet den Soll-Zins s_t. Die Haben-Zinssätze sind aber immer kleiner als die Soll-Zinssätze.

Die Beurteilung miteinander konkurrierender Investitionsprojekte kann man nun auf der Basis der oben entwickelten *allgemeinen Rechenregeln* durchführen. Das wollen wir an einem Zahlenbeispiel zeigen.

Ein Investor hat einen Planungszeitraum von T = 3 Jahren. Er hat es mit den Bedingungen eines unvollkommenen und beschränkten Kapitalmarkts zu tun. Die Zinssätze für Ergänzungs-Investitionen und -Finanzierungen sind Tab. 2-18 zu entnehmen.

Tab. 2-18

Zeitpunkt t	1	2	3
s_t	0.12	0.10	0.10
h_t	0.05	0.07	0.07

Ergänzungs-Finanzierungen dürfen maximal im Umfang von LIM = 350 aufgenommen werden. Der Investor hat die Wahl zwischen den Investitionsprojekten A, B und C, deren Zahlungsreihen in Tab. 2-19 zusammengestellt sind. Außerdem gibt es die Unterlassensalternative 0.

Tab. 2-19.

Zeitpunkt t	0	1	2	3
z_t^A	−500	−400	800	400
z_t^B	−300	−800	1200	200
z_t^C	−900	800	360	−10
z_t^0	0	0	0	0

Aufgrund früher eingeleiteter Maßnahmen, an denen gegenwärtig nichts mehr geändert werden kann, rechnet der Investor mit entscheidungsunabhängigen Basiszahlungen in Höhe von $\bar{M} = \{600, 100, -200, 800\}$. Er hat die Absicht, sein Endvermögen zu maximieren, will aber in jedem Fall Entnahmen in Höhe von $\bar{Y} = \{20, 22, 24, 26\}$ realisieren. Welche Investition ist optimal?

Wendet man die allgemeinen Rechenregeln auf Projekt A an, so lautet die Rechnung wie folgt:

$t = 0$ $\quad C_0^A = M_0 - f_0 Y + z_0^A$
$\qquad\qquad = 600 - 20 - 500$
$\qquad\qquad = 80 \qquad$ (also Ergänzungs-Investition erforderlich)

$t = 1$ $\quad C_1^A = M_1 - f_1 Y + z_1^A + (1 + h_1) C_0^A$
$\qquad\qquad = 100 - 22 - 400 + 1.05 \cdot 80$
$\qquad\qquad = -238 \qquad$ (also Ergänzungs-Finanzierung erforderlich und in diesem Umfang auch möglich)

$t = 2$ $\quad C_2^A = M_2 - f_2 Y + z_2^A + (1 + s_2) C_1^A$
$\qquad\qquad = -200 - 24 + 800 - 1.1 \cdot 238$
$\qquad\qquad = 314{,}20 \qquad$ (also Ergänzungs-Investition erforderlich)

$t = 3$ $\quad C_3^A = M_3 - f_3 Y + z_3^A + (1 + h_3) C_2^A$
$\qquad\qquad = 800 - 26 + 400 + 1.07 \cdot 314.2$
$\qquad\qquad = 1510{,}19 \qquad$ (Endvermögen)

Geht man in der gleichen Weise in bezug auf Projekt B vor, so erkennt man, daß diese Investition wegen des Finanzierungslimits nicht durchführbar ist, denn man erhält:

$t = 0$ $\quad C_0^B = M_0 - f_0 Y + z_0^B$
$\qquad\qquad = 600 - 20 - 300$
$\qquad\qquad = 280 \qquad$ (also Ergänzungs-Investition erforderlich)

$t = 1$ $\quad C_1^B = M_1 - f_1 Y + z_1^B + (1 + h_1) C_0^B$
$\qquad\qquad = 100 - 22 - 800 + 1.05 \cdot 280$
$\qquad\qquad = -428 \qquad$ (also Ergänzungs-Finanzierung erforderlich, aber in diesem Umfang nicht möglich)

Die Rechnung kann abgebrochen werden.
Ermittelt man die Endwerte aller vier Projekte nach den gleichen allgemeinen Rechenregeln, so kommt man schließlich auf folgende Ergebnisse:

Projekt A: 1510,19
Projekt B: nicht finanzierbar
Projekt C: 1504,41
Projekt 0: 1320,87 .

Danach ist es vernünftig, sich für Projekt A zu entscheiden. Die vollständigen

Tab. 2-20. Vollständige Finanzpläne für drei Investitionsalternativen bei unvollkommenem und beschränktem Kapitalmarkt

Zeitpunkt t	0	1	2	3
Basiszahlungen	600,00	100,00	−200,00	800,00
Projekt A	−500,00	−400,00	800,00	400,00
Ergänzungs-Inv. (5%)	− 80,00	84,00		
Ergänzungs-Fin. (10%)		238,00	−261,80	
Ergänzungs-Inv. (7%)			−314,20	336,19
Entnahmen	20,00	22,00	24,00	26,00
Endvermögen				1510,19
Basiszahlungen	600,00	100,00	−200,00	800,00
Projekt C	−900,00	800,00	360,00	−10,00
Ergänzungs-Fin. (12%)	320,00	−358,40		
Ergänzungs-Inv. (7%)		−519,60	555,97	
Ergänzungs-Inv. (7%)			−691,97	740,41
Entnahmen	20,00	22,00	24,00	26,00
Endvermögen				1504,41
Basiszahlungen	600,00	100,00	−200,00	800,00
Projekt 0	0,00	0,00	0,00	0,00
Ergänzungs-Inv. (5%)	−580,00	609,00		
Ergänzungs-Inv. (7%)		−687,00	735,09	
Ergänzungs-Inv. (7%)			−511,09	546,87
Entnahmen	20,00	22,00	24,00	26,00
Endvermögen				1320,87

Finanzpläne für die drei (durchführbaren) Projekte sind in Tab. 2-20 zusammengestellt.

2.3.2.3 Endwertberechnung bei vollkommenem und unbeschränktem Kapitalmarkt (oder: die Kapitalwertmethode)

Wir betrachten wieder einen Investor, der die Absicht hat, sein Vermögen bei gegebenen Entnahmen zu maximieren. Er operiert an einem vollkommenen und unbeschränkten Kapitalmarkt, der sich durch folgende Eigenschaften auszeichnet:

Der Investor kann in unbeschränkter Höhe Finanzmittel in Form von Ergänzungs-Investitionen anlegen und mengenmäßig beliebige Mittel in Form von Ergänzungs-Finanzierungen beschaffen. Im Gegensatz zum unvollkommenen Kapitalmarkt ist der Haben-Zinssatz (h_t) für Ergänzungs-Investitionen immer genauso groß wie der Soll-Zinssatz (s_t) für Ergänzungs-Finanzierungen.

Auf dem vollkommenen Kapitalmarkt gilt also ein Einheits-Zinssatz für Ergänzungs-Investitionen und -Finanzierungen, den wir mit dem Symbol i_t bezeichnen wollen:

$$h_t = s_t = i_t.$$

Der für den vollkommenen Kapitalmarkt charakteristische einheitliche Zinssatz für Ergänzungs-Investitionen und -Finanzierungen heißt *Kalkulationszinssatz*.

2.3.2.3.1 Endwert und Kapitalwert bei konstantem Kalkulationszinssatz

Ein Spezialfall des vollkommenen Kapitalmarkts liegt vor, wenn der Einheits-Zinssatz sich im Zeitablauf nicht ändert, also in jedem Zeitpunkt des Planungszeitraums die gleiche Höhe hat. In diesem Fall können wir die Zeitindizes bei den Zinssätzen fortlassen, also:

$$h = s = i.$$

Bei unseren folgenden Überlegungen wollen wir genau von diesem Spezialfall ausgehen, weil in der Literatur meist nur diese Situation betrachtet wird und weil durch diese Vorgehensweise die Berechnung von Endwerten ganz besonders erleichtert wird.

Die Berechnung des Endvermögens einer Investition kann auf dem vollkommenen Kapitalmarkt grundsätzlich nach dem System der allgemeinen Rechenregeln erfolgen. Auf dem vollkommenen Kapitalmarkt gelten keine besonderen Rechenregeln.

Weil es aber auf dem vollkommenen Kapitalmarkt keinen Unterschied zwischen Soll- und Haben-Zinssatz gibt, kann man sich die lästige Abfrage ersparen, ob am Ende einer Periode ein Finanzmittelüberschuß ($C_t > 0$) oder ein Finanzmittelfehlbetrag ($C_t < 0$) vorliegt. Der Finanzmittelbestand im Zeitpunkt $t = 0$ beläuft sich wie immer auf

$$C_0 = M_0 - f_0 Y + z_0.$$

In den späteren Zeitpunkten kann man aber wegen des einheitlichen Zinssatzes einfach nach der Formel

$$C_t = M_t - f_t Y + z_t + (1 + i) C_{t-1} \qquad (t = 1, \dots, T)$$

rechnen. Verfolgen wir nun, wie sich der Finanzmittelbestand eines Investors entwickelt, wenn wir schrittweise vom Zeitpunkt $t = 0$ über die Zeitpunkte $t = 1, 2, \dots$ bis zum Zeitpunkt $t = T$ voranschreiten.

$t = 1$ $\begin{aligned} C_1 &= M_1 - f_1 Y + z_1 + (1 + i) C_0 \\ &= M_1 - f_1 Y + z_1 + (1 + i)(M_0 - f_0 Y + z_0) \end{aligned}$

$t = 2$ $\begin{aligned} C_2 &= M_2 - f_2 Y + z_2 + (1 + i) C_1 \\ &= M_2 - f_2 Y + z_2 + (1 + i)(M_1 - f_1 Y + z_1) + (1 + i)^2 (M_0 - f_0 Y + z_0) \end{aligned}$

$t = 3$
$$C_3 = M_3 - f_3 Y + z_3 + (1 + i)C_2$$
$$= M_3 - f_3 Y + z_3 + (1 + i)(M_2 - f_2 Y + z_2) + (1 + i)^2 (M_1 - f_1 Y + z_1)$$
$$+ (1 + i)^3 (M_0 - f_0 Y + z_0)$$

oder unter Verwendung des Summenoperators

$$= \sum_{t=0}^{3} (1 + i)^{3-t}(M_t - f_t Y + z_t)$$

$t = T$
$$C_T = \sum_{t=0}^{T} (1 + i)^{T-t}(M_t - f_t Y + z_t)$$

oder nach geeigneter Umformung

$$= (1 + i)^T \left[\sum_{t=0}^{T} (M_t - f_t Y)(1 + i)^{-t} + \sum_{t=0}^{T} z_t(1 + i)^{-t} \right]$$

Mit Hilfe dieser Gleichung läßt sich das Endvermögen einer Investition unter den Bedingungen eines vollkommenen Kapitalmarkts immer eindeutig berechnen, ohne daß man auf das System allgemeiner Rechenregeln zurückgreifen muß.

Wenn wir uns aber die eben entwickelte Formel zur Berechnung des Endvermögens aufmerksam ansehen, so stellen wir fest, daß in bezug auf jedes der miteinander konkurrierenden Projekte

i	der Kalkulationszinsfuß
$\bar{f}Y = \{f_0 Y, f_1 Y, \ldots, f_T Y\}$	die Entnahmen des Investors
$\bar{M} = \{M_0, M_1, \ldots, M_T\}$	die Basiszahlungen
T	der Planungshorizont

vollkommen identisch sind. Daher haben auch die Größen $(1 + i)^T$ und $\sum(M_t - f_t Y)(1 + i)^{-t}$ bei jedem der miteinander zu vergleichenden Projekte genau dieselbe Höhe. Unterschiede können einzig und allein in bezug auf den Ausdruck $\sum z_t(1 + i)^{-t}$ auftreten. Diesen Ausdruck nennen wir den *(Bar-) Kapitalwert* einer Investition:

$$BKW = \sum_{t=0}^{T} z_t(1 + i)^{-t}.$$

Der Kapitalwert (BKW) einer Investition ist die Summe aller mit dem Kalkulationszinsfuß auf den Zeitpunkt $t = 0$ diskontierten Investitionszahlungen.

Der Kapitalwert ist die entscheidende Größe. *Nur* auf ihn kommt es wirklich an, wenn ein Investor unter den Bedingungen eines vollkommenen Kapitalmarkts nach maximalem Vermögen strebt. Maximierung des Endvermögens und Maximierung des Kapitalwerts sind auf dem vollkommenen Kapitalmarkt dasselbe. Wir können ferner sagen:

Unter den Bedingungen eines vollkommenen Kapitalmarkts braucht ein Investor weder seine Basiszahlungen zu kennen noch eine Vorentscheidung hinsichtlich seiner Konsumentnahmen zu treffen, um die optimale Investition bestimmen zu können. Er muß nur nach der Maxime handeln: Realisiere die Investition mit dem maximalen Kapitalwert!

Der Kapitalwert der Vergleichsalternative (Nicht- oder Null-Investition) mit der Zahlungsreihe $\bar{z} = \{0, 0, \ldots, 0\}$ ist null. Daraus ergibt sich zwingend:

Realisiere niemals eine Investition mit negativem Kapitalwert!

Die Funktionsweise der Kapitalwertmethode sei an einem Beispiel verdeutlicht. Wir verwenden zu diesem Zweck das gleiche Beispiel wie oben zur Demonstration

Tab. 2-21. Endwertberechnung für drei Investitionen unter Bedingungen eines vollkommenen, unbeschränkten Kapitalmarkts

Projekt A

t	$(1+i)^{-t}$	$M_t - f_t Y$	$(M_t - f_t Y)(1+i)^{-t}$	z_t	$z_t(1+i)^{-t}$
0	1,0000	580	580,00	-500	$-500,00$
1	0,9217	78	71,89	-400	$-368,66$
2	0,8495	-224	$-190,28$	800	679,56
3	0,7829	774	605,97	400	313,16
			1067,58		BKW = 124,06

$C_3^A = 1,2773 \cdot (1067,58 + 124,06) = 1522,08$

Projekt B

t	$(1+i)^{-t}$	$M_t - f_t Y$	$(M_t - f_t Y)(1+i)^{-t}$	z_t	$z_t(1+i)^{-t}$
0	1,0000	580	580,00	-300	$-300,00$
1	0,9217	78	71,89	-800	$-737,33$
2	0,8495	-224	$-190,28$	1200	1019,35
3	0,7829	774	605,97	200	156,58
			1067,58		BKW = 138,60

$C_3^B = 1,2773 \cdot (1067,58 + 138,60) = 1540,64$

Projekt C

t	$(1+i)^{-t}$	$M_t - f_t Y$	$(M_t - f_t Y)(1+i)^{-t}$	z_t	$z_t(1+i)^{-t}$
0	1,0000	580	580,00	-900	$-900,00$
1	0,9217	78	71,89	800	737,33
2	0,8495	-224	$-190,28$	360	305,80
3	0,7829	774	605,97	-10	$-7,83$
			1067,58		BKW = 135,30

$C_3^C = 1,2773 \cdot (1067,58 + 135,30) = 1536,43$

des Systems der allgemeinen Rechenregeln unter Bedingungen eines unvollkommenen und beschränkten Kapitalmarkts (vgl. Tab. 2-19) mit folgendem Unterschied. Soll- und Haben-Zinssätze seien konstant und miteinander identisch, s = h = i = 0.085. Außerdem sei die Aufnahme von Ergänzungs-Finanzierungen in unbeschränkter Höhe möglich.

Berechnet man die Höhe des Endvermögens für die vier Projekte mit Hilfe des Systems allgemeiner Rechenregeln, so kommt man auf folgende Endwerte:

Projekt A:	1522,08
Projekt B:	1540,64
Projekt C:	1536,43
Projekt 0:	1363,61 .

Danach ist Projekt B optimal, da es den höchsten Endwert verspricht. Die gleichen Ergebnisse erhält man auch, wenn man anstelle der allgemeinen Rechenregeln die Endwertformel benutzt, die wir eben für Bedingungen des vollkommenen Kapitalmarkts abgeleitet haben.

Der Rechengang ist für die Projekte A, B und C in Tab. 2-21 dargestellt. Die Form der Berechnung sollte noch einmal ganz deutlich machen, daß es tatsächlich nur auf die Kapitalwerte der Projekte ankommt.

Um den Kapitalwert einer Investition zu berechnen, hat man die Investitionszahlungen z_t mit den *Abzinsungsfaktoren* $(1 + i)^{-t}$ zu multiplizieren und die Ergebnisse zu addieren. Viele Lehrbücher über Investitionsrechnung enthalten Tabellen, denen man solche Abzinsungsfaktoren für alternative Zinssätze i und Laufzeiten t entnehmen kann. Nach unserer Meinung sind solche finanzmathematischen Tabellen im Zeitalter der Taschenrechner überflüssig geworden. Wer allerdings viele Kapitalwerte zu berechnen hat, der mag sich des nachstehenden BASIC-Programms bedienen.

```
10      INPUT TT
20      DIM Z(TT)
30      FOR T = 0 TO TT
40      INPUT Z(T)
50      NEXT T
60      INPUT I
70      BKW = 0
80      FOR T = 0 TO TT
90      BKW = BKW + Z(T)*(1 + I)^ − T
100     NEXT T
110     PRINT BKW
120     END
```

2.3.2.3.2 Endwert und Kapitalwert bei variablem Kalkulationszinssatz

Bisher hatten wir unterstellt, daß der Kalkulationszinsfuß im Zeitablauf unveränderlich ist. Nimmt man dagegen an, daß der Kalkulationszinsfuß in jeder Periode verschieden hoch ist, so kommt man zu einer etwas anderen Kapitalwertformel. Diese kann man aber ebenso herleiten wie wir das im vorigen Abschnitt für den Fall des konstanten Kalkulationszinsfuß getan haben. Man erhält jetzt für den Kapitalwert

$$BKW = z_0 + \frac{z_1}{(1 + i_1)} + \frac{z_2}{(1 + i_1)(1 + i_2)} + \dots + \frac{z_T}{(1 + i_1)(1 + i_2)\dots(1 + i_T)}.$$

Diese Formel kann man schreibtechnisch noch etwas verkürzen, indem man $i_0 = 0$ setzt und den Produktoperator

$$\prod_{\tau=0}^{t} (1 + i_\tau)^{-1} = \frac{1}{(1 + i_0)(1 + i_1)(1 + i_2)\dots(1 + i_t)}$$

einführt. Die Kapitalwertformel lautet mit diesen Konventionen

$$BKW = \sum_{t=0}^{T} z_t \prod_{\tau=0}^{t} (1 + i_\tau)^{-1}.$$

Das sieht auf den ersten Blick ein wenig gefährlich aus. Mit der Formel zu arbeiten, ist aber trotzdem nicht schwierig. Das zeigt folgendes Zahlenbeispiel:

Ein Investor hat unter Bedingungen eines vollkommenen Kapitalmarkts zu prüfen, ob die Investition mit der Zahlungsreihe $\bar{z} = \{-100, 50, 30, 40\}$ angenommen oder abgelehnt werden soll. Die Kalkulationszinsfüße betragen $i_1 = 7\%$, $i_2 = 8\%$ und $i_3 = 9\%$.

Für den Kapitalwert ergibt sich dann

$$BKW = -100 + \frac{50}{1{,}07} + \frac{30}{1{,}07 \cdot 1{,}08} + \frac{40}{1{,}07 \cdot 1{,}08 \cdot 1{,}09} = 4{,}45.$$

Die Investition ist also durchzuführen.
Im folgenden ist ein BASIC-Programm angegeben, das zur Berechnung von Kapitalwerten bei nicht-konstanten Zinssätzen geeignet ist.

```
10      INPUT TT
20      DIM Z(TT),I(TT)
30      FOR T=0 TO TT
40      INPUT Z(T)
50      INPUT I(T)
60      NEXT T
70      BKW=0
80      Q=1
90      FOR T=0 TO TT
100     ·Q=Q*(1+I(T))
110     BKW=BKW+Z(T)/Q
120     NEXT T
130     PRINT BKW
140     END
```

2.3.2.3.3 Endwert und Kapitalwert bei konstanten Rückflüssen (Renten)

In vielen finanzwirtschaftlichen Zusammenhängen wird nach dem Endwert oder nach dem Barwert von Renten gefragt, wobei im allgemeinen unterstellt wird, daß der Kalkulationszinsfuß i im Zeitablauf unveränderlich ist.

Unter einer Rente versteht man eine regelmäßig in gleicher Höhe wiederkehrende Zahlung.

Hinsichtlich der Zeitpunkte, zu denen die Rentenzahlungen erfolgen, unterscheidet man zwischen nachschüssigen (postnumerando) und vorschüssigen (pränumerando) Renten.
Eine *nachschüssige Rente* R wird in den Zeitpunkten t = 1 bis t = T gezahlt, oder in graphischer Darstellung am Zeitstrahl:

Dagegen erfolgt die Zahlung einer *vorschüssigen Rente* R in den Zeitpunkten t = 0 bis t = T − 1, das heißt:

Grundsätzlich kann man die Endwerte von Rentenzahlungen mit Hilfe der *allgemeinen Rechenregeln* oder (unter den Bedingungen des vollkommenen Kapitalmarkts) mit Hilfe der in Abschnitt 2.3.2.3.1 abgeleiteten *Endwertformel* berechnen. Die Barwerte können mit Hilfe der im gleichen Abschnitt angegebenen *Kapitalwertformel* ermittelt werden. Zwei Beispiele zur Illustration:

Ein Vater zahlt auf das Sparbuch seines Sohnes 18 Jahre lang jeweils am 1. Januar 1000 DM ein. Die erste Zahlung erfolgt am 1. Januar 1980. Wie hoch ist das Endvermögen am 1. Januar 1998, wenn der Kalkulationszinsfuß i = 7 % beträgt?

Wendet man die Endwertformel gemäß Abschnitt 2.3.2.3.1 an, so erhält man ein Endvermögen von

$$C_{1998} = 1,07^{18} \cdot \left[1000 + \frac{1000}{1,07} + \frac{1000}{1,07^2} + \frac{1000}{1,07^3} + \ldots + \frac{1000}{1,07^{17}} \right]$$
$$= 3,3799 \cdot 10\,763,20$$
$$= 36\,378,96 \text{ DM} .$$

Jemand richtet am 1. Januar 1980 ein Bankkonto ein, das mit 8 % jährlich verzinst wird. Beginnend mit dem 1. Januar 1981 will er von diesem Konto zehn Jahre lang jährlich 20 000 DM abheben. Wieviel Geld muß am 1. Januar 1980 eingezahlt werden?

Es ist der Barwert dieser nachschüssigen Rente einzuzahlen. Dieser ergibt sich, wenn man die Kapitalwertformel gemäß Abschnitt 2.3.2.3.1 anwendet, mit

$$BKW_{1980} = \frac{20\,000}{1,08} + \frac{20\,000}{1,08^2} + \frac{20\,000}{1,08^3} + \ldots + \frac{20\,000}{1,08^{10}}$$

$$= 134\,201,63 \text{ DM}.$$

Nun kann man die gleichen Ergebnisse auch in eleganterer Weise berechnen, indem man die Rente R (im ersten Beispiel R = 1000, im zweiten Beispiel R = 20000) mit dem *Rentenbarwertfaktor* RBF bzw. mit dem *Rentenendwertfaktor* REF multipliziert. Nun gibt es vier verschiedene solche Rentenfaktoren, nämlich

RBF^{nach} nachschüssiger Rentenbarwertfaktor
REF^{nach} nachschüssiger Rentenendwertfaktor
RBF^{vor} vorschüssiger Rentenbarwertfaktor
REF^{vor} vorschüssiger Rentenendwertfaktor.

Um Formeln für diese vier Faktoren abzuleiten, gehen wir folgenden Weg: Wir leiten zunächst den nachschüssigen Rentenbarwertfaktor RBF^{nach} aus der Kapitalwertformel her. Wenn wir diesen bestimmt haben, können wir daraus mit Hilfe sehr einfacher Überlegungen auch Formeln für die übrigen drei Faktoren gewinnen. Beginnen wir also mit dem *nachschüssigen Rentenbarwert*.

Der Kapitalwert einer nachschüssigen Rente lautet

$$BKW = \sum_{t=1}^{T} R(1+i)^{-t}$$

$$= R \sum_{t=1}^{T} (1+i)^{-t}.$$

Dividiert man durch R, so erhält man

$$\frac{BKW}{R} = (1+i)^{-1} + (1+i)^{-2} + (1+i)^{-3} + \ldots + (1+i)^{-T+1} + (1+i)^{-T}.$$

Nun multiplizieren wir links und rechts mit $(1+i)$. Das ergibt

$$(1+i)\frac{BKW}{R} = 1 + (1+i)^{-1} + (1+i)^{-2} + \ldots + (1+i)^{-T+2} + (1+i)^{-T+1}.$$

Zieht man von dieser Gleichung die vorige ab, so heißt es

$$(1+i)\frac{BKW}{R} - \frac{BKW}{R} = 1 - (1+i)^{-T}$$

$$i\frac{BKW}{R} = \frac{(1+i)^T - 1}{(1+i)^T}.$$

Auflösen nach BKW ergibt schließlich

$$BKW = \frac{(1+i)^T - 1}{i(1+i)^T} \cdot R.$$

Damit haben wir eine einfache Formel für die Ermittlung von Barwerten nachschüssiger Renten gewonnen. Man braucht nur die Rente R mit dem Rentenbarwertfaktor

$$RBF_{i,T}^{nach} = \frac{(1+i)^T - 1}{i(1+i)^T}$$

zu multiplizieren. Wir können das unmittelbar auf unser Bankkonto anwenden, von dem zehn Jahre lang 20 000 DM abgehoben werden sollen und das mit 8 % verzinst wurde, denn hier war nach dem Barwert einer nachschüssigen Rente gefragt. Unter Zuhilfenahme des Rentenbarwertfaktors lautet die Rechnung dann

$$BKW_{1980} = \frac{1,08^{10} - 1}{0,08 \cdot 1,08^{10}} \cdot 20\,000$$
$$= 6,7101 \cdot 20\,000$$
$$= 134\,201,63 \text{ DM}.$$

Das gleiche Ergebnis hatten wir auch oben erzielt.

Mitunter wird nach dem Kapitalwert einer nachschüssigen Rente mit unendlicher Laufzeit gefragt. Um die Formel für den Barwert einer solchen *ewigen Rente* abzuleiten, schreiben wir den nachschüssigen Rentenbarwertfaktor in etwas anderer Form

$$RBF_{i,T}^{nach} = \frac{1}{i} - \frac{1}{i(1+i)^T}$$

und lassen T gegen unendlich gehen. Da i positiv ist, wird $(1+i)^T$ mit wachsendem T sehr groß. Daher:

$$\lim_{T \to \infty} \left[\frac{1}{i} - \frac{1}{i(1+i)^T} \right] = \frac{1}{i}$$

und die Formel für den Barwert einer ewigen (nachschüssigen) Rente lautet einfach

$$BKW = \frac{R}{i}.$$

Um nun vom nachschüssigen Rentenbarwertfaktor auf eine Formel für den *vorschüssigen Rentenbarwertfaktor* $RBF_{i,T}^{vor}$ zu kommen, genügt folgende Überlegung: Wir versetzen uns in die Situation eines Rentenempfängers und begeben uns gedanklich vom Zeitpunkt $t = 0$ zum Zeitpunkt $t = -1$. Aus der Sicht dieses Zeitpunktes ist die vorschüssige Rente eine nachschüssige Rente mit dem Barwert $RBF_{i,T}^{nach} \cdot R$. Ob wir also die Rentenzahlungen erhalten oder im Zeitpunkt $t = -1$ den Barwert der nachschüssigen Rente, ist unter Bedingungen des vollkommenen Kapitalmarkts dasselbe. Lassen wir uns die Rente im Zeitpunkt $t = -1$ auszahlen und legen sie eine Periode zum Zinssatz i an, so beläuft sich unser Reichtum im Zeitpunkt t = 0 auf $(1 + i) \cdot RBF_{i,T}^{nach} \cdot R$. Für das Verhältnis beider Rentenbarwertfaktoren untereinander gilt also

$$RBF_{i,T}^{vor} = (1 + i) \cdot RBF_{i,T}^{nach}.$$

Jetzt müssen nur noch die *Rentenendwertfaktoren* aus den ihnen jeweils entsprechenden Rentenbarwertfaktoren abgeleitet werden. Hier gilt der Zusammenhang

$$REF_{i,T}^{nach} = (1 + i)^T \cdot RBF_{i,T}^{nach} \qquad \text{und}$$

$$REF_{i,T}^{vor} = (1 + i)^T \cdot RBF_{i,T}^{vor}.$$

Die Barwertfaktoren müssen also lediglich mit den Aufzinsungsfaktoren $(1 + i)^T$ multipliziert werden.

Mit Hilfe des vorschüssigen Rentenendwertfaktors läßt sich das eingangs angegebene Sparbuchbeispiel nachrechnen, in dem es darum ging, daß ein Vater 18 Jahre lang 1000 DM auf ein Konto einzahlt, das gleichbleibend mit 7 % verzinst wird. Der Endwert dieser vorschüssigen Rente beläuft sich unter Benutzung des Rentenendwertfaktors auf

$$
\begin{aligned}
C_{1998} &= REF_{i,T}^{vor} \cdot R \\
&= (1 + i)^T \cdot RBF_{i,T}^{vor} \cdot R \\
&= (1 + i)^T \cdot (1 + i) \cdot RBF_{i,T}^{nach} \cdot R \\
&= (1 + i)^T \cdot (1 + i) \cdot \frac{(1 + i)^T - 1}{i(1 + i)^T} \cdot R \\
&= (1 + i) \cdot \frac{(1 + i)^T - 1}{i} \cdot R \\
&= 1{,}07 \cdot \frac{1{,}07^{18} - 1}{0{,}07} \cdot 1000 \\
&= 36{,}37896 \cdot 1000 \\
&= 36\,378{,}96\ DM\,.
\end{aligned}
$$

Das stimmt mit unserem früheren Ergebnis überein.

Eine vollständige Zusammenstellung der Formeln für alle Rentenfaktoren enthält Tab. 2-22.

In klassischen Lehrbüchern über Investitionsrechnung findet man Tabellen, die die Rentenfaktoren für alternative Zinssätze i und Laufzeiten T enthalten. Solche Tabellen sind nach unserer Meinung heutzutage ebenso überholt wie Logarithmentafeln. Mit Hilfe des nachstehenden BASIC-Programms können die vier Rentenfaktoren für beliebige Zinssätze und Laufzeiten berechnet werden.

Tab. 2-22. Rentenfaktoren für vor- und nachschüssige Renten

	nachschüssig	vorschüssig
Barwertfaktor	$\dfrac{(1+i)^T-1}{i(1+i)^T}$	$(1+i)\cdot\dfrac{(1+i)^T-1}{i(1+i)^T}$
Endwertfaktor	$\dfrac{(1+i)^T-1}{i}$	$(1+i)\cdot\dfrac{(1+i)^T-1}{i}$

```
10      INPUT I
20      INPUT TT
30      QT = (1 + I)^TT
40      REFN = (QT − 1)/I
50      RBFN = REFN/QT
60      RBFV = (1 + I)*RBFN
70      REFV = (1 + I)*REFN
80      PRINT RBFN, REFN, RBFV, REFV
90      END
```

2.3.3 Verfahren für den Fall des Einkommensstrebens (Entnahmemodelle)

Der Investor, den wir jetzt betrachten, hat ein anderes Ziel. Seine Absicht besteht darin, ein bestimmtes fest vorgegebenes Endvermögen (C_T) zu erreichen und sein Entnahmeniveau (Y) auf der Basis einer gegebenen Zeitstruktur $\bar{f}$ = $\{f_0, f_1, \ldots, f_T\}$ zu maximieren. Sein Ziel heißt also

$$Y = \text{Max}!$$

und die Entscheidungsregel für den Investor lautet dementsprechend immer:

Realisiere diejenige Investition, die das maximale Einkommensniveau verspricht!

Wir haben zu analysieren, wie man das Einkommensniveau Y eines Investors berechnen kann, der mit einer bestimmten Basiszahlungsreihe $\bar{M}$ = $\{M_0, M_1, \ldots, M_T\}$ rechnet, ein bestimmtes Endvermögen C_T haben will, für seine Einkünfte eine bestimmte Zeitstruktur $\bar{f}$ = $\{f_0, f_1, \ldots, f_T\}$ wünscht, eine Investition mit einer bestimmten Zahlungsreihe $\bar{z}$ = $\{z_0, z_1, \ldots, z_T\}$ durchführt, Ergänzungs-Investitionen mit dem Haben-Zinsvektor $\bar{h}$ = $\{h_1, h_2, \ldots, h_T\}$ und Ergänzungs-Finanzierungen zu den Bedingungen des Soll-Zinsvektors $\bar{s}$ = $\{s_1, s_2, \ldots, s_T\}$ vornimmt.

2.3.3.1 Allgemeine Rechenregeln

Aus Gründen der Vereinfachung wollen wir von der Annahme ausgehen, daß es keine Finanzierungsbeschränkungen gibt. Für den Fall des Einkommensstrebens brauchen wir dann keine grundsätzlich neuen Rechenregeln abzuleiten, sondern können auf die oben in bezug auf die Endwert-Maximierung entwickelten Rechenregeln zurückgreifen. Was wir benötigen, ist lediglich eine neue Anwendungsweise dieser Regeln.

Mit Hilfe des in Abschnitt 2.3.2.1 beschriebenen Systems allgemeiner Rechenregeln sind wir nämlich dazu in der Lage, den Endwert eines Investors auszurechnen, der ein bestimmtes Einkommensniveau vorgegeben hat. Wenn wir nun mit irgendeinem beliebigen Entnahmeniveau Y_1 anfangen und feststellen, daß das Endvermögen bei diesem Niveau größer (kleiner) als das tatsächlich gewünschte

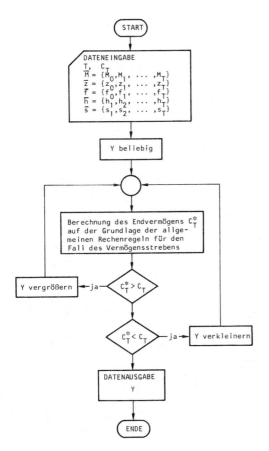

Abb. 2/3: Flußdiagramm zur Ermittlung der Entnahmeniveaus einer Investition.

Endvermögen ist, so brauchen wir das Einkommensniveau lediglich um einen geeigneten Betrag zu erhöhen (zu verringern) und können die Prozedur dann mit einem entsprechend veränderten Niveau Y_2 wiederholen. Diesen Suchprozeß müssen wir solange fortsetzen bis wir das tatsächlich richtige Einkommensniveau bis zu einer uns ausreichend erscheinenden Genauigkeit eingegrenzt haben. Dieses Verfahren ist in Abb. 2/3 in Form eines Flußdiagramms beschrieben.

Wir garantieren, daß man mit Hilfe der im Text und im Flußdiagramm erläuterten Methode das mit einer Investition erreichbare Entnahmeniveau Y immer findet, gleichgültig, welche Form die Zahlungsreihe der Investition besitzt, und gleichgültig, welche Größen die übrigen für die Rechnung relevanten Daten haben. Die einzige Voraussetzung, die erfüllt sein muß, lautet: der Entnahmestruktur-Vektor $\bar{f} = \{f_0, f_1, \ldots, f_T\}$ muß mindestens ein positives Element ($f_t > 0$) enthalten. Unsere Garantie beruht auf der Tatsache, daß jede Investition unter den von uns in Abschnitt 2.3.1.3 getroffenen Prämissen und der Annahme, daß es kein Finanzierungslimit gibt, immer genau ein und nur ein Entnahmeniveau Y besitzt. Den mathematischen Beweis (vgl. Kruschwitz 1976a) wollen wir uns hier aufgrund seines Umfanges ersparen.

Das in Abb. 2/3 skizzierte Suchverfahren zum Zweck der Ermittlung des Entnahmeniveaus Y einer Investition ist ein wenig mühsam, wenn man es manuell durchführen muß. Aus diesem Grunde empfiehlt es sich, bei der Suche nach dem Entnahmeniveau Y ein „möglichst intelligentes Probierverfahren" zu benutzen und außerdem einen programmierbaren Rechner einzusetzen. Wir geben im folgenden ein BASIC-Programm an, das sich zur Berechnung des Entnahmeniveaus eignet. Dieses Programm arbeitet mit einem sehr schnell konvergierenden Iterationsverfahren, dessen Grundprinzip einer Arbeit von Eisenführ (1978) entnommen ist.

```
100
bis        (ebenso wie Endwertprogramm in Abschnitt 2.3.2.1)
170
300        INPUT CT
310        Y = 0
320        GOSUB 500
330        CC = C(TT)
340        GOSUB 700
350        IF CC = C(TT) THEN 380
360        CC = C(TT)
370        GOTO 340
380        PRINT Y
390        END
500
bis        (ebenso wie Endwertprogramm in Abschnitt 2.3.2.1)
570
700        Q = 1
```

```
710        F1 = M(TT) + Z(TT) − CT : F2 = F(TT)
720        FOR T = TT − 1 TO 0 STEP − 1
730        IF C(T) < 0 THEN 760
740        Q = Q*(1 + H(T + 1))
750        GOTO 770
760        Q = Q*(1 + S(T + 1))
770        F1 = F1 + (M(T) + Z(T))*Q
780        F2 = F2 + F(T)*Q
790        NEXT T
800        Y = F1/F2
810        GOSUB 500
820        RETURN
```

2.3.3.2 Einkommensberechnung bei unvollkommenem und unbeschränktem Kapitalmarkt

Wir beschäftigen uns mit einem Investor, der sein Einkommensniveau (bei gegebenem Endvermögen) maximieren will und dabei einem unvollkommenen und unbeschränkten Kapitalmarkt gegenübersteht. Hier kann der Investor in beliebiger Höhe Ergänzungs-Investitionen und -Finanzierungen vornehmen. Die Soll-Zinsen sind höher als die Haben-Zinsen und können im Zeitablauf variieren.

Die Berechnung des Einkommensniveaus gelingt immer, wenn man sich genau an die allgemeinen Rechenregeln hält.

Im folgenden wollen wir an einem Zahlenbeispiel zeigen, wie das mit einer Investition erreichbare Einkommensniveau ermittelt werden kann, falls kein programmierbarer Rechner zur Verfügung steht und infolgedessen manuell gerechnet werden muß. Es wird folgende Vorgehensweise empfohlen:

(1) Man suche ein Y_1, das zu einem zu hohen Endvermögen ($C_{T1} > C_T$) führt, und außerdem ein Y_2, das zu einem zu niedrigen Endvermögen ($C_{T2} < C_T$) führt.
(2) Nun ermittle man ein Y_3 mit Hilfe *linearer Interpolation*. Die Interpolationsformel lautet in unserem Fall

$$Y = Y_1 + (C_T - C_{T1}) \cdot \frac{Y_2 - Y_1}{C_{T2} - C_{T1}}.$$

Man berechne das zu diesem Einkommensniveau Y_3 gehörige Endvermögen C_{T3}.
(3) Wenn C_{T3} hinreichend nahe am gewünschten Endvermögen C_T liegt, so kann man abbrechen. Sonst setze man $Y_1 = Y_3$ und $C_{T1} = C_{T3}$ und bestimme ein neues Y mit Hilfe der unter Ziffer (2) angegebenen Interpolationsformel.

Ein Beispiel soll die Funktionsweise unseres Suchverfahrens veranschaulichen.

Ein Investor hat einen Planungszeitraum von T = 5 Jahren. Die Basiszahlungsreihe lautet

$\bar{M} = \{500, 100, 100, 100, 100, 300\}$. Das gewünschte Endvermögen ist $C_5 = 1500$. Die Zeitstruktur des Entnahmestroms soll $\bar{l} = \{1,0, 1,2, 1,0, 1,2, 1,4, 1,6\}$ sein. Die Haben-Zinssätze werden in den ersten drei Jahren mit 7%, danach mit 8% veranschlagt, also $\bar{h} = \{0,07, 0,07, 0,07, 0,08, 0,08\}$. Bei den Soll-Zinsen wird in den ersten beiden Jahren mit 11%, danach mit 12% gerechnet, also $\bar{s} = \{0,11, 0,11, 0,12, 0,12, 0,12\}$. Es soll ermittelt werden, welches Entnahmeniveau Y mit der Investition $\bar{z} = \{-1000, 200, 400, 600, 700, 800\}$ erreicht werden kann.

Wir versuchen es zuerst mit $Y_1 = 100$ und berechnen das mit diesem Entnahmeniveau verbundene Endvermögen C_{T1}. Man erhält

$$
\begin{aligned}
C_{0,1} &= 500 - 1,0 \cdot 100 - 1000 &= -600 \\
C_{1,1} &= 100 - 1,2 \cdot 100 + 200 - 1,11 \cdot \; 600,00 &= -486 \\
C_{2,1} &= 100 - 1,0 \cdot 100 + 400 - 1,11 \cdot \; 486,00 &= -139,46 \\
C_{3,1} &= 100 - 1,2 \cdot 100 + 600 - 1,12 \cdot \; 139,46 &= 423,80 \\
C_{4,1} &= 100 - 1,4 \cdot 100 + 700 + 1,08 \cdot \; 423,80 &= 1117,71 \\
C_{5,1} &= 300 - 1,6 \cdot 100 + 800 + 1,08 \cdot 1117,71 &= 2147,13
\end{aligned}
$$

Offensichtlich ist Y_1 zu klein. Wir probieren daher nun mit $Y_2 = 200$. Das führt auf

$$
\begin{aligned}
C_{0,2} &= 500 - 1,0 \cdot 200 - 1000 &= -700 \\
C_{1,2} &= 100 - 1,2 \cdot 200 + 200 - 1,11 \cdot 700,00 &= -717 \\
C_{2,2} &= 100 - 1,0 \cdot 200 + 400 - 1,11 \cdot 717,00 &= -495,87 \\
C_{3,2} &= 100 - 1,2 \cdot 200 + 600 - 1,12 \cdot 495,87 &= -95,37 \\
C_{4,2} &= 100 - 1,4 \cdot 200 + 700 - 1,12 \cdot \; 95,37 &= 413,18 \\
C_{5,2} &= 300 - 1,6 \cdot 200 + 800 + 1,08 \cdot 413,18 &= 1226,25
\end{aligned}
$$

Y_2 ist zu groß. Daher nehmen wir eine erste Interpolation vor und erhalten

$$
\begin{aligned}
Y_3 &= 100 + (1500 - 2147,13) \cdot \frac{200 - 100}{1226,25 - 2147,13} \\
&= 170,27 \, .
\end{aligned}
$$

Wieder ist das Endvermögen zu berechnen. Man erhält jetzt

$$
\begin{aligned}
C_{0,3} &= 500 - 1,0 \cdot 170,27 - 1000 &= -670,27 \\
C_{1,3} &= 100 - 1,2 \cdot 170,27 + 200 - 1,11 \cdot 670,27 &= -648,32 \\
C_{2,3} &= 100 - 1,0 \cdot 170,27 + 400 - 1,11 \cdot 648,32 &= -389,91 \\
C_{3,3} &= 100 - 1,2 \cdot 170,27 + 600 - 1,12 \cdot 389,91 &= 58,98 \\
C_{4,3} &= 100 - 1,4 \cdot 170,27 + 700 + 1,08 \cdot \; 58,98 &= 625,32 \\
C_{5,3} &= 300 - 1,6 \cdot 170,27 + 800 + 1,08 \cdot 625,32 &= 1502,91
\end{aligned}
$$

Da Y_3 noch ein wenig zu klein ist, nehmen wir eine zweite Interpolation vor. Dadurch erhalten wir

$$
\begin{aligned}
Y_4 &= 170,27 + (1500 - 1502,91) \cdot \frac{200 - 170,27}{1226,25 - 1502,91} \\
&= 170,58 \, .
\end{aligned}
$$

Das diesem Entnahmeniveau entsprechende Endvermögen beträgt

$$
\begin{aligned}
C_{0,4} &= 500 - 1,0 \cdot 170,58 - 1000 &&= -670,58 \\
C_{1,4} &= 100 - 1,2 \cdot 170,58 + 200 - 1,11 \cdot 670,58 &&= -649,05 \\
C_{2,4} &= 100 - 1,0 \cdot 170,58 + 400 - 1,11 \cdot 649,05 &&= -391,02 \\
C_{3,4} &= 100 - 1,2 \cdot 170,58 + 600 - 1,12 \cdot 391,02 &&= 57,35 \\
C_{4,4} &= 100 - 1,4 \cdot 170,58 + 700 + 1,08 \cdot 57,35 &&= 623,13 \\
C_{5,4} &= 300 - 1,6 \cdot 170,58 + 800 + 1,08 \cdot 623,13 &&= 1500,04
\end{aligned}
$$

Was die Genauigkeit betrifft, so dürfte das ausreichen. Daher wird die Rechnung hier abgebrochen.

Jetzt wollen wir mit Hilfe eines Zahlenbeispiels deutlich machen, daß Entscheidungen, die ein Investor auf der Basis des Ziels Einkommensstreben trifft, anders ausfallen können als Entscheidungen unter der Maxime des Vermögensstrebens.

Auf dem unvollkommenen Kapitalmarkt können Vermögensmaximierung und Einkommensmaximierung konkurrierende Ziele sein.

Ein Investor plant für einen Zeitraum von T = 2 Jahren. Seine Basiszahlungsreihe lautet $\bar{M}$ = {500, 0, 200}, und er kann die Projekte A, B und 0 durchführen, deren Zahlungsreihen $\bar{z}^A$ = {−1000, 1500, 0}, $\bar{z}^B$ = {−1200, 0, 2280} und $\bar{z}^0$ = {0, 0, 0} sind. Der Soll-Zins liegt stets bei s = 40% und der Haben-Zins bei h = 10%. Der Investor wünscht sich Entnahmen mit der Struktur $\bar{I}$ = {1,00, 1,10, 1,21} und ein Endvermögen in Höhe von C_2 = 500. Gesucht ist die einkommensmaximale Investition.

Wendet man die allgemeinen Rechenregeln an, so wird man herausfinden, daß sich mit den drei Projekten die in Tab. 2-23 gezeigten Einkommensniveaus Y erreichen lassen. Projekt A ist optimal.

Daß beispielsweise die Lösung von Y = 146,46 für Projekt A tatsächlich stimmt, läßt sich schnell überprüfen. Setzt man das Resultat ein und wendet die allgemeinen Rechenregeln für den Fall des Vermögensstrebens an, so wird sich zeigen, ob man das gewünschte Endvermögen von C_2 = 500 erhält. Dieser Test sieht folgendermaßen aus:

$$
\begin{aligned}
C_0^A &= 500 - 1,00 \cdot 146,46 - 1000 = -646,46 \\
C_1^A &= 0 - 1,10 \cdot 146,46 + 1500 - 1,4 \cdot 646,46 = 433,84 \\
C_2^A &= 200 - 1,21 \cdot 146,46 + 0 + 1,1 \cdot 433,84 = 500,00
\end{aligned}
$$

Um zu beweisen, daß die Entscheidung anders ausfallen kann, wenn der Investor

Tab. 2-23.

	Entnahmeniveau Y bei Endvermögen C_2 = 500
Projekt A	146,46
Projekt B	129,09
Projekt 0	84,02

sein Endvermögen maximieren will, benutzen wir das gleiche Beispiel wie eben und ändern nur die Zielsetzung. Der Investor wünscht jetzt Entnahmen auf dem Niveau von Y = 30 und im übrigen ein maximales Vermögen im Zeitpunkt T = 2. Wendet man die allgemeinen Rechenregeln an, so erhält man die Zahlen der Tab. 2-24 für die Endvermögen C_2. Jetzt erweist sich nicht mehr Projekt A, sondern Projekt B als optimal.

Tab. 2-24.

Endvermögen C_2 bei Entnahmeniveau Y = 30	
Projekt A	961,20
Projekt B	966,70
Projekt 0	696,10

Die einzelnen Schritte zur Berechnung des Endvermögens seien anhand der Zahlen von Investition B vorgeführt:

$$C_0^B = 500 - 1,00 \cdot 30 - 1200 = -730$$
$$C_1^B = \quad 0 - 1,10 \cdot 30 + \quad 0 - 1,4 \cdot 730 = -1055$$
$$C_2^B = 200 - 1,21 \cdot 30 + 2280 - 1,4 \cdot 1055 = 966,7$$

Zusammenfassend halten wir folgendes fest:

(1) Das mit einer Investition erreichbare Einkommensniveau Y läßt sich – auf der Grundlage der allgemeinen Rechenregeln für den Fall des Vermögensstrebens – durch intelligentes Probieren entsprechend dem in Abb. 2/3 angegebenen Flußdiagramm immer eindeutig berechnen.
(2) Im Fall eines unvollkommenen Kapitalmarkts kann es geschehen, daß ein Investor, der sein Einkommen maximieren will, andere Entscheidungen treffen muß als ein Investor, der nach maximalem Vermögen strebt.

Allerdings muß betont werden, daß ein solcher Zielkonflikt auftreten *kann* und nicht auftreten *muß*. Eine spezielle Untersuchung der Frage, unter welchen Voraussetzungen Konflikte zwischen Einkommens- und Vermögensstreben tatsächlich auftreten, wie wahrscheinlich und wie bedeutsam derartige Zielkonflikte sind, findet sich bei Kruschwitz/Fischer (1978).

2.3.3.3 *Einkommensberechnung bei vollkommenem und unbeschränktem Kapitalmarkt (oder: die Annuitätenmethode)*

Wir wenden uns jetzt einem Investor zu, der sein Einkommensniveau zu maximieren wünscht und sich dabei einem vollkommenen und unbeschränkten Kapitalmarkt gegenübersieht. Der Investor kann also beliebige finanzielle Mittel aufnehmen und anlegen; für seine Ergänzungs-Investitionen und -Finanzierungen gilt ein einheitlicher Kalkulationszinsfuß $h_t = s_t = i_t$. Dabei wird im folgenden von dem Spezialfall ausgegangen, daß sich der Zinssatz im Zeitablauf nicht ändert. Wir können daher wieder die Zeitindizes weglassen:

$h = s = i$.

Grundsätzlich können wir das Einkommensniveau Y auch hier nach den *allgemeinen Rechenregeln* bestimmen und das gleiche – rechentechnisch etwas schwerfällige – Ermittlungsverfahren in Gang setzen wie im Fall des unvollkommenen Kapitalmarktes. Unter den Bedingungen des vollkommenen Kapitalmarktes ist es uns jedoch möglich, auch anders vorzugehen. Wenn der Soll-Zins genauso hoch ist wie der Haben-Zins, können wir nämlich für das Einkommensniveau eine klare mathematische Formel entwickeln.

Zu diesem Zweck brauchen wir uns nur an die in Abschnitt 2.3.2.3.1 abgeleitete Formel für das Endvermögen (bei gegebenem Einkommen) zu erinnern

$$C_T = (1 + i)^T \cdot [\sum_{t=0}^{T} (M_t - f_t Y)(1 + i)^{-t} + BKW]$$

und diese Formel nach Y aufzulösen. Wir erhalten dann nach einigen Umformungen

$$Y = \underbrace{\frac{\sum_{t=0}^{T} M_t(1 + i)^{T-t} - C_T}{\sum_{t=0}^{T} f_t(1 + i)^{T-t}}}_{\substack{\text{Entnahme der Unter-} \\ \text{lassensalternative}}} + \underbrace{\frac{BKW}{\sum_{t=0}^{T} f_t(1 + i)^{-t}}}_{\substack{\text{Zusatzentnahme bei} \\ \text{Durchführung der Investition}}}$$

Mit Hilfe dieser Gleichung läßt sich das Einkommensniveau eines Investors, der einem vollkommenen Kapitalmarkt gegenübersteht, immer eindeutig berechnen, ohne daß man auf das System der allgemeinen Rechenregeln zurückgreifen muß.

Betrachtet man die Bestimmungsgleichung für Y genau, so stellt man fest, daß in bezug auf jedes der miteinander konkurrierenden Projekte

i	der Kalkulationszinsfuß
$\bar{f} = \{f_0, f_1, \ldots, f_T\}$	die Entnahmestruktur
$\bar{M} = \{M_0, M_1, \ldots, M_T\}$	die Basiszahlungen
C_T	das Endvermögen
T	der Planungshorizont

vollkommen identisch sind. Das bedeutet aber, daß auch die Größen $(1 + i)^T$, $\sum M_t(1 + i)^{T-t}$ und $\sum f_t(1 + i)^{T-t}$ bezüglich aller miteinander zu vergleichenden Projekte ebendieselbe Höhe besitzen. Aus diesem Grunde kommt es für die Entscheidung des Investors einzig und allein auf die Größe des Kapitalwerts (BKW) an.

Wenn ein Investor unter Bedingungen des vollkommenen Kapitalmarktes sein

Entnahmeniveau maximieren will, so handelt er vernünftig, wenn er das Projekt mit dem größten positiven Kapitalwert realisiert.

Da wir oben bei der Analyse von Wahlentscheidungen unter der Zielsetzung Vermögensstreben zu genau dem gleichen Ergebnis gekommen sind, können wir auch sagen:

Auf dem vollkommenen Kapitalmarkt sind Vermögensmaximierung und Einkommensmaximierung immer komplementäre Ziele.

Das bedeutet zugleich, daß die gewünschte Entnahmestruktur $\bar{f} = \{f_0, f_1, \ldots, f_T\}$ und die vorgegebenen Basiszahlungen $\bar{M} = \{M_0, M_1, \ldots, M_T\}$ für die Wahlentscheidung irrelevant sind. Der Investor maximiert immer seinen langfristigen Gewinn, wenn er sich für das Projekt mit dem größten positiven Kapitalwert entscheidet.

Um die Komplementarität von Vermögens- und Einkommensstreben unter den Bedingungen des vollkommenen Kapitalmarktes noch zu verdeutlichen, greifen wir auf das oben in Abschnitt 2.3.2.3.1 angegebene Zahlenbeispiel zurück und ändern nur die Zielsetzung des Investors.

Ein Investor mit einem Planungszeitraum von $T = 3$ Jahren hat die Absicht, sein Einkommensniveau Y zu maximieren. Seine Basiszahlungsreihe ist $\bar{M} = \{600, 100, -200, 800\}$ und er will ein Endvermögen von $C_3 = 1300$ erreichen. Der Einkommensstrukturvektor hat die Form $\bar{f} = \{1,0, 1,1, 1,2, 1,3\}$ und der Kalkulationszinsfuß liegt bei $i = 8,5\%$. Das Wahlproblem erstreckt sich auf die Projekte A, B, C und Nicht-Investition. Die Zahlungsreihen der Investitionen sind $\bar{z}^A = \{-500, -400, 800, 400\}$, $\bar{z}^B = \{-300, -800, 1200, 200\}$ und $\bar{z}^C = \{-900, 800, 360, -10\}$.

Im Hinblick auf das Ziel Vermögensstreben erwies sich oben die Investition B als optimal. Der Kapitalwert dieses Projektes war mit 138,60 am höchsten. Unter der Maxime des Einkommensstrebens kann die Entscheidung nicht anders ausfallen.

Der Investor kann die Einkommensberechnung entweder mit Hilfe der allgemeinen Rechenregeln oder mit Hilfe der oben angegebenen Formel für Y vornehmen. In beiden Fällen erhält man die in Tab. 2-25 zusammengestellten Werte.

Beginnen wir unsere Berechnungen mit dem Entnahmeniveau der Nicht-Investition Y_0. Dies ergibt sich aus

$$Y_0 = \frac{\sum_{t=0}^{T} M_t (1+i)^{T-t} - C_T}{\sum_{t=0}^{T} f_t (1+i)^{T-t}}.$$

Man erhält für den Zähler

$$600 \cdot 1,085^3 + 100 \cdot 1,085^2 - 200 \cdot 1,085^1 + 800 \cdot 1,085^0 - 1300 = 167,10$$

und für den Nenner

$$1,0 \cdot 1,085^3 + 1,1 \cdot 1,085^2 + 1,2 \cdot 1,085^1 + 1,3 \cdot 1,085^0 = 5,17,$$

Tab. 2-25.

Entnahmeniveau Y bei Endvermögen $C_3 = 1300$	
Projekt A	$62,92 = 32,29 + 30,63$
Projekt B	$66,51 = 32,29 + 34,22$
Projekt C	$65,69 = 32,29 + 33,40$
Projekt 0	$32,29$

so daß sich für das Einkommensniveau der Unterlassensalternative

$$Y_0 = \frac{167,10}{5,17} = 32,29$$

ergibt. Nun berechnet man das Zusatzeinkommen der drei Investitionen A, B und C aus

$$\Delta Y = \frac{BKW}{\sum\limits_{t=0}^{T} f_t(1+i)^{-t}} \, .$$

Die Kapitalwerte der drei Projekte sind aus Abschnitt 2.3.2.3.1 bereits bekannt, so daß wir nur noch den Nenner auszurechnen haben. Es ergibt sich

$$1,00 \cdot 1,085^{-0} + 1,1 \cdot 1,085^{-1} + 1,2 \cdot 1,085^{-2} + 1,3 \cdot 1,085^{-3} = 4,05 \, .$$

Damit erhält man für die Zusatzeinkommen der drei Projekte

$$\Delta Y_A = \frac{124,06}{4,05} = 30,63$$

$$\Delta Y_B = \frac{138,60}{4,05} = 34,22$$

$$\Delta Y_C = \frac{135,30}{4,05} = 33,40 \, .$$

Die vollständigen Finanzpläne für die Projekte A, B und C sind in Tab. 2-26 zusammengestellt.

Sehen wir uns noch einmal die Formel für das Entnahmeniveau Y unter den Bedingungen eines vollkommenen Kapitalmarktes an, dann stellen wir fest, daß sich das Entnahmeniveau aus zwei Summanden ergibt, von denen der zweite als Zusatzentnahme bei Durchführung der Investition interpretiert werden kann. Diese *Zusatzentnahme* beträgt

$$\Delta Y = \frac{BKW}{\sum\limits_{t=0}^{T} f_t(1+i)^{-t}} \, .$$

Nun betrachten wir den *Spezialfall*, daß der Einkommensstruktur-Vektor des Investors die Form $\bar{f} = \{0, 1, 1, \ldots, 1\}$ besitzt. Der Investor wünscht also im Zeit-

Tab. 2-26. Vollständige Finanzpläne für drei Investitionsalternativen bei Einkommensmaximierung unter den Bedingungen eines vollkommenen Kapitalmarktes

Zeitpunkt t	0	1	2	3
Basiszahlungen	600,00	100,00	−200,00	800,00
Projekt A	−500,00	−400,00	800,00	400,00
Ergänzungs-Inv. (8,5%)	− 37,08	40,23		
Ergänzungs-Fin. (8,5%)		328,98	−356,95	
Ergänzungs-Inv. (8,5%)			−167,55	181,80
Entnahmen	62,92	69,21	75,50	81,80
Endvermögen				1300,00
Basiszahlungen	600,00	100,00	−200,00	800,00
Projekt B	−300,00	−800,00	1200,00	200,00
Ergänzungs-Inv. (8,5%)	−233,49	253,34		
Ergänzungs-Fin. (8,5%)		519,82	−564,01	
Ergänzungs-Inv. (8.5%)			−356,18	386,46
Entnahmen	66,51	73,16	79,81	86,46
Endvermögen				1300,00
Basiszahlungen	600,00	100,00	−200,00	800,00
Projekt C	−900,00	800,00	360,00	−10,00
Ergänzungs-Fin. (8,5%)	365,69	−396,78		
Ergänzungs-Inv. (8,5%)		−430,96	467,59	
Ergänzungs-Inv. (8,5%)			−548,76	595,40
Entnahmen	65,69	72,26	78,83	85,40
Endvermögen				1300,00

punkt t = 0 keine Entnahmen und danach Entnahmen in gleichbleibender Höhe. Anders ausgedrückt: er wünscht Entnahmen in Form einer *nachschüssigen Rente*. In diesem speziellen Fall ist der Kapitalwert durch den nachschüssigen Rentenbarwertfaktor $\text{RBF}_{i,T}^{\text{nach}}$ zu dividieren, denn (vgl. Abschnitt 2.3.2.3.3)

$$\sum_{t=1}^{T} (1+i)^{-t} = \text{RBF}_{i,T}^{\text{nach}} = \frac{(1+i)^T - 1}{i(1+i)^T}.$$

Nun pflegt man in der Finanzmathematik den *Kehrwert des nachschüssigen Rentenbarwertfaktors* als *Wiedergewinnungsfaktor* (auch Annuitätenfaktor) $w_{i,T}$ einzuführen. Daher kann man für die „Zusatzentnahme in Form einer nachschüssigen Rente" auch schreiben:

$$\Delta Y = w_{i,T} \cdot \text{BKW}$$
$$= \frac{i(1+i)^T}{(1+i)^T - 1} \cdot \text{BKW}.$$

Das ist die traditionelle Formel zur Berechnung der *Annuität* einer Investition.

Aufgrund der Tatsache, daß bei gleichem Kalkulationszinsfuß i und gleichem Planungszeitraum T auch der Wiedergewinnungsfaktor $w_{i,\,T}$ für alle miteinander konkurrierenden Investitionsprojekte identisch ist, gilt:

> Die Annuitätenmethode ist mit der Kapitalwertmethode vollkommen äquivalent.

2.3.3.4 Ein Wort zur Einkommensberechnung bei beschränktem Kapitalmarkt

Bisher hatten wir im Zusammenhang mit der Berechnung von Einkommensniveaus unterstellt, daß es keine Finanzierungsbeschränkungen gibt. Jetzt soll angenommen werden, daß es für Ergänzungs-Finanzierungen gewisse Höchstgrenzen (LIM) gibt.

Sind solche Finanzierungslimits vorhanden, so bestehen zwei Möglichkeiten: Entweder man erklärt Projekte, die diese Limits verletzen, für nicht finanzierbar, oder man macht sie finanzierbar, indem man das gewünschte Endvermögen solange erhöht, daß die Finanzierungslimits gerade noch eingehalten werden können. Der zweite Weg scheint uns angemessener als der erste. Die Nicht-Finanzierbarkeit einer Investition entsteht nämlich im vorliegenden Zusammenhang durch zu hohe Entnahmen und diese wiederum werden dadurch erzwungen, daß der Investor ein verhältnismäßig niedriges Endvermögen erreichen will.

2.3.4 Verfahren der internen Zinsfüße (oder: ein Kapitel, das man eigentlich nicht lesen sollte)

In den vergangenen beiden Abschnitten 2.3.2 und 2.3.3 haben wir alle Verfahren der dynamischen Investitionsrechnung kennengelernt, die man zur Bestimmung der optimalen Investitionsalternative benötigt, wenn man entweder nach maximalem Endvermögen (bei gegebenem Einkommen) oder nach maximalem Einkommensniveau (bei gegebenem Endvermögen) strebt. Solange es nur um diese beiden Zielsetzungen geht, brauchen wir keine Verfahren der Investitionsbeurteilung, die sich von den bisher diskutierten grundlegend unterscheiden. Trotzdem können wir am Verfahren der internen Zinsfüße nicht einfach vorbeigehen.

Der interne Zinsfuß ist nach unserer festen Überzeugung ein Kriterium, das für die Beurteilung alternativer Investitionsprojekte gänzlich unbrauchbar ist. Man hat auch schon vor einigen Jahren vorgeschlagen, den internen Zinsfuß aus den Lehrbüchern zur Investitionsrechnung zu tilgen (Haberstock/Dellmann 1971: 206). Dieser Vorschlag ist begründet und wir haben uns bei der Konzeption dieses Buches gefragt, ob wir dem Ratschlag folgen sollten.

Wir haben es nicht getan, und zwar aus einem einfachen Grunde. Der interne Zinsfuß ist in der Praxis recht beliebt (vgl. z.B. Lüder 1977: 15). Obwohl die theoretische Betriebswirtschaftslehre oder zumindest die meisten ihrer heutigen Vertreter immer wieder deutlich gemacht haben, daß der interne Zinsfuß ein sehr fragwürdiges Instrument ist, hindert das die Praxis nicht daran, auch weiterhin

großes Vertrauen in diese Methode zu setzen, ja teilweise sogar davon überzeugt zu sein, daß die Interne-Zinsfuß-Methode anderen Verfahren der Investitionsrechnung klar überlegen sei. Daher sehen wir uns gezwungen, auch auf dieses Verfahren in gebotener Ausführlichkeit einzugehen und dem Leser klarzumachen, aus welchen Gründen der interne Zinsfuß ein unbrauchbares Beurteilungskriterium für sich gegenseitig ausschließende Investitionsprojekte ist.
Was ist nun eigentlich unter dem internen Zinsfuß einer Investition zu verstehen?

Der interne Zinsfuß ist derjenige Zinssatz r, der den Kapitalwert einer Investition genau null werden läßt.

$$\sum_{t=0}^{T} z_t(1+r)^{-t} = 0.$$

Bei dieser rein formalen Definition müssen wir es bewenden lassen, weil eine ökonomische Interpretation der Zahl r in allgemeiner Form leider nicht möglich ist.

2.3.4.1 Einperiodenfall

Betrachten wir zunächst den Einperiodenfall. Hier gilt für den internen Zinsfuß r

$$z_0 + z_1(1+r)^{-1} = 0.$$

Auflösen nach r ergibt

$$r = -\frac{z_1}{z_0} - 1.$$

Dieser Ausdruck läßt sich ohne Mühe als Rendite des Investitionsprojektes in bezug auf die erforderliche Investitionssumme deuten. Eine Investition mit der Zahlungsreihe $\bar{z} = \{-100, 110\}$ hat eine interne Verzinsung von 10%. Sicherlich sollte man diese Investition nur dann durchführen, wenn (bei vollkommenem Kapitalmarkt) der Kalkulationszinsfuß kleiner als 10% ist.
Zu sinnvollen Entscheidungen führt der interne Zinsfuß allerdings nicht einmal in diesem einfachen Spezialfall, jedenfalls dann nicht, wenn sich gegenseitig ausschließende Investitionen zu beurteilen sind. Dazu ein drastisches Beispiel:

Ein Investor besitzt liquide Mittel in Höhe von $M_0 = 5$. Der Kapitalmarkt sei vollkommen und es gelte ein einheitlicher Kalkulationszinsfuß von $i = 10\%$. Der Investor habe die Wahl zwischen den Projekten A und B, deren Zahlungsreihen mit $\bar{z}^A = \{-1, 10\}$ und $\bar{z}^B = \{-10, 25\}$ veranschlagt werden.

Wenn der Investor sich auf die Methode der internen Zinsfüße verläßt, so muß er sich für Projekt A entscheiden, denn die Rechnungen lauten

$$r_A = \frac{10}{1} - 1 = 9 \quad (900\%) \qquad \text{und}$$

$$r_B = \frac{25}{10} - 1 = 1.5 \quad (150\%).$$

Der Investor macht jedoch einen großen Fehler, wenn er wirklich Projekt A realisiert. Jedenfalls würde er auf diese Weise weder sein Einkommen noch sein Vermögen maximieren können. Bezüglich beider Zielsetzungen kommt es auf dem vollkommenen Kapitalmarkt einzig und allein auf den Bar-Kapitalwert an. Dieser ist bei Projekt B mit 12,73 deutlich höher als bei Projekt A mit nur 8,09.

$$BKW_A = -1 + \frac{10}{1,1} = 8,09$$

$$BKW_B = -10 + \frac{25}{1,1} = 12,73 \,.$$

Nehmen wir an, der Investor hätte die Absicht, sein Endvermögen C_1 bei gleichbleibenden Entnahmen von $Y = 2$ zu maximieren, so würde er (vgl. oben Abschnitt 2.3.2.3.1) bei Projekt A nur

$$C_1^A = 1,1 \cdot [(5 - 2 - 1) \cdot 1,1^0 + (0 - 2 + 10) \cdot 1,1^{-1}] = 10,2$$

bei Projekt B aber

$$C_1^B = 1,1 \cdot [(5 - 2 - 10) \cdot 1,1^0 + (0 - 2 + 25) \cdot 1,1^{-1}] = 15,3$$

erzielen. Nehmen wir dagegen an, der Investor hätte die Absicht, sein Einkommensniveau Y bei einem Endvermögen von $C_1 = 5$ zu maximieren, so käme er (vgl. oben Abschnitt 2.3.3.3) bei Projekt A nur auf

$$Y_A = \frac{(5 - 1) \cdot 1,1^1 + (0 + 10) \cdot 1,1^0 - 5}{1,1^1 + 1,1^0} = 4,48 \,,$$

dagegen bei Projekt B auf

$$Y_B = \frac{(5 - 10) \cdot 1,1^1 + (0 + 25) \cdot 1,1^0 - 5}{1,1^1 + 1,1^0} = 6,9 \,.$$

Wir sehen daraus: der Kapitalwert führt uns in die richtige Richtung. Der interne Zinsfuß leitet uns bei Wahlentscheidungen in die Irre.

Man könnte uns nun vorwerfen, wir wären mit der Methode der internen Zinsfüße „unfair" umgegangen. Zwei Investitionen mit so unterschiedlichem Kapitaleinsatz könne man doch nicht so ohne weiteres miteinander vergleichen. Betrachten wir daher anstelle des Projektes A das Projekt C (= „10mal A") mit der Zahlungsreihe $\bar{z}^C = \{-10, 100\}$ und stellen uns die Frage, ob es dem Projekt B mit der Zahlungsreihe $\bar{z}^B = \{-10, 25\}$ vorzuziehen sei oder nicht. Um diese beiden Projekte miteinander zu vergleichen, benötigen wir weder die Kapitalwertmethode noch die Methode der internen Zinsfüße. Man braucht nur die Methode des „Nicht-einmal-besonders-scharf-hinsehens".

2.3.4.2 Zweiperiodenfall

Gehen wir zum Zweiperiodenfall über. Hier lautet die Definitionsgleichung für den internen Zinsfuß

$$z_0 + z_1(1 + r)^{-1} + z_2(1 + r)^{-2} = 0.$$

Die Auflösung nach r ist nicht mehr ganz so einfach wie im Einperiodenfall. Nun nehmen wir eine Substitution vor, indem wir

$$v = \frac{1}{1 + r}$$

setzen. Jetzt kann man die Definitionsgleichung in der Form

$$z_0 + z_1 v^1 + z_2 v^2 = 0$$

schreiben, und man sieht sofort, daß es sich hierbei um eine algebraische Gleichung zweiten Grades (quadratische Gleichung) handelt. Eine solche Gleichung hat, wie man aus der allgemeinbildenden Schule weiß, zwei Lösungen. Diese ergeben sich hier zu

$$v_{1,2} = -\frac{z_1}{2z_2} \pm \sqrt{\frac{z_1^2 - 4z_0 z_2}{4z_2^2}}.$$

Analysieren wir mit dieser Formel die Investition mit der Zahlungsreihe $\bar{z} = \{-100, 10, 110\}$, von der jeder Kaufmann – ohne lange zu rechnen – sagen würde, daß ihre Rendite 10% beträgt. Wenn man aber die internen Zinsfüße berechnet, so kommt folgendes heraus:

$$v_{1,2} = -\frac{10}{220} \pm \sqrt{\frac{100 + 44\,000}{48\,400}}$$

$$= -\frac{1}{22} \pm \frac{21}{22}$$

$$v_1 = \frac{10}{11} \quad \text{also} \quad r_1 = \quad 10\%$$

$$v_2 = -1 \quad \text{also} \quad r_2 = -200\%.$$

Das Projekt hat demnach zwei Renditen gleichzeitig. Das eingesetzte Kapital verzinst sich sowohl zu 10% als auch zu minus 200%, offenkundig ein ökonomischer Unsinn.

Dieses Ergebnis entmutigt nun aber die Anhänger der Methode der internen Zinsfüße in keiner Weise, denn sie erklären (zutreffend!), daß man mit einer Investition nicht mehr als 100% des gesamten Kapitaleinsatzes verlieren könne, und folgern daraus kurzerhand, daß interne Zinsfüße unter minus 100% „ökonomisch irrelevant" seien.

Betrachten wir ein anderes Projekt, und zwar die Zahlungsreihe $\bar{z} = \{-100, 150, -20\}$. Hier kommt man wieder auf zwei interne Zinsfüße, nämlich

$$v_{1,2} = \frac{150}{40} \pm \sqrt{\frac{22\,500 - 8000}{1600}}$$

$v_1 = 6,7604$ also $r_1 = -85,2\%$

$v_2 = 0,7396$ also $r_2 = 35,2\%$.

Welcher der beiden internen Zinsfüße ist jetzt „ökonomisch irrelevant"?
Ein eindrucksvolles Beispiel ist auch die Zahlungsreihe $\bar{z} = \{-1000, 2090,$
$-1092\}$, für die man zwei sehr dicht beieinander liegende interne Zinsfüße erhält,
nämlich $r_1 = 4\%$ und $r_2 = 5\%$. Noch verwirrender ist aber die Zahlungsreihe $\bar{z}$
$= \{-1000, 2090, -1093\}$, denn hier bekommt man negative Zahlen unter dem
Wurzelzeichen:

$$v_{1,2} = \frac{2090}{2186} \pm \sqrt{\frac{4\,368\,100 - 4\,372\,000}{4\,778\,596}}$$

$$= 0,9561 \pm 0,0286 \cdot \sqrt{-1}.$$

Solche komplexen Lösungen entziehen sich jeder „ökonomischen Interpretation".

2.3.4.3 *Berechnung interner Zinsfüße bei mehr als zwei Perioden*

Bisher haben wir die Problematik des Verfahrens der internen Zinsfüße nur in
bezug auf Zahlungsreihen mit maximal drei Zahlungen (Zweiperiodenfall) erörtert. Dabei haben wir bereits folgendes festgestellt: Es gibt Investitionen, die überhaupt keinen internen Zinsfuß haben (Nicht-Existenz), und es gibt Investitionen,
die haben mehr als einen internen Zinsfuß (Mehrdeutigkeit). Wie ist das zu erklären?

Mathematisch ist die Ermittlung interner Zinsfüße nichts anderes als die Lösung einer algebraischen Gleichung oder Polynomgleichung T-ten Grades.

Eine solche Polynomgleichung kann aber nach dem Fundamentalsatz der Al-
gebra bis zu T verschiedene Lösungen haben, die entweder reell oder komplex
sind.

Insgesamt muß man drei Fälle unterscheiden:

Fall 1. Eine Investition hat *mehrere* (reelle) interne Zinsfüße, z. B. das Projekt mit
der Zahlungsreihe $\bar{z} = \{-10, 60, -110, 60\}$ mit $r_1 = 200\%$, $r_2 = 100\%$ und r_3
$= 0\%$ (vgl. Abb. 2/4, linkes Diagramm). Wie soll man ein Projekt beurteilen, das
drei verschiedene Renditen gleichzeitig hat?

Fall 2. Eine Investition hat *einen* einzigen (reellen) internen Zinsfuß. Dazu gehö-
ren alle einperiodigen Projekte, aber beispielsweise auch die Investition mit der
Zahlungsreihe $\bar{z} = \{-100, 80, -20, 50\}$ mit $r = 5,78\%$ (vgl. Abb. 2/4, mittleres
Diagramm).

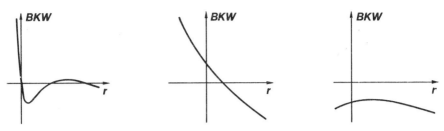

Abb. 2/4: Kapitalwertfunktionen dreier Investitionen (Mehrdeutigkeit, Eindeutigkeit, Nicht-Existenz).

Fall 3. Eine Investition hat *keinen* einzigen (reellen) internen Zinsfuß, z. B. das Projekt mit der Zahlungsreihe $\bar{z} = \{-100, 200, -110\}$ (vgl. Abb. 2/4, rechtes Diagramm). Hier muß man völlig verwirrt sein. Was soll man von einer Investition halten, die überhaupt keine – nicht einmal eine negative – (reelle) interne Verzinsung besitzt?

Abschließend ist noch auf die rein technische Seite der praktischen Berechnung von internen Zinsfüßen einzugehen. Diese Berechnungen sind dann nicht ganz einfach, wenn es auf die Lösung von Polynomgleichungen dritten und höheren Grades ankommt, anders ausgedrückt: wenn die Laufzeit der Investition drei oder mehr Perioden beträgt. In der Regel ist man hier auf Näherungsverfahren angewiesen.

Verhältnismäßig einfach ist die Berechnung der internen Zinsfüße noch dann, wenn man es mit sogenannten *Normalinvestitionen* zu tun hat. Das sind Projekte, in deren Zahlungsreihen nur ein einziger *Vorzeichenwechsel* vorkommt, also $\{- + + +\}$ oder $\{- - + + + +\}$.

> Für Normalinvestitionen kann man beweisen, daß sie immer genau einen einzigen reellen internen Zinsfuß besitzen, der größer als minus 100 % ist.

Der Beweis kann mit Hilfe der Cartesischen Zeichenregel geführt werden (vgl. dazu etwa Hax 1985: 16ff.). Wir wollen uns den Beweis hier ersparen und uns rein berechnungstechnischen Fragen zuwenden.

Besonders schnell findet man den einzigen („ökonomisch interpretierbaren") internen Zinsfuß einer Normalinvestition mit Hilfe des *Newton-Verfahrens.*

Es handelt sich um eine iterative Methode, die einen Ausgangswert r_k („Versuchszinsfuß") schrittweise mit Hilfe der Rechenregel

$$r_{k+1} = r_k - \frac{BKW(r_k)}{BKW'(r_k)}$$

verbessert. Dabei ist BKW(r) der Wert der Kapitalwertfunktion

$$BKW(r) = \sum_{t=0}^{T} z_t (1 + r)^{-t}$$

und BKW'(r) der Wert ihrer ersten Ableitung nach r, also

$$BKW'(r) = \sum_{t=0}^{T} -tz_t(1+r)^{-t-1}.$$

Wir wollen die Funktionsweise des Verfahrens am Beispiel der Investition mit der Zahlungsreihe $\bar{z} = (-100, 30, 50, 40)$ vorführen.

Schritt 1: Es ist ein erster Ausgangswert r_0 zu wählen. Newtons Methode konvergiert um so schneller, je dichter dieser Ausgangswert an dem zu suchenden Zinssatz liegt. Wir wählen aus Gründen der Bequemlichkeit $r_0 = 0$.

Schritt 2: Die Kapitalwertfunktion lautet mit den Zahlen unseres Beispiels

$$BKW(r) = -100 + 30(1+r)^{-1} + 50(1+r)^{-2} + 40(1+r)^{-3},$$

und die erste Ableitung ergibt sich zu

$$BKW'(r) = -30(1+r)^{-2} - 100(1+r)^{-3} - 120(1+r)^{-4}.$$

Schritt 3: Führt man nun die Iterationsschritte des Newton-Verfahrens aus, so ergibt die erste Verbesserung

$$r_1 = r_0 - \frac{BKW(r_0)}{BKW'(r_0)} = 0 + \frac{20}{250} = 0,08,$$

die zweite Verbesserung

$$r_2 = r_1 - \frac{BKW(r_1)}{BKW'(r_1)} = 0,08 + \frac{2,40}{193,31} = 0,0924$$

und die dritte Verbesserung

$$r_3 = r_2 - \frac{BKW(r_2)}{BKW'(r_2)} = 0,0924 + \frac{0,04}{186,11} = 0,0926.$$

Rechnet man nur bis auf vier Stellen nach dem Dezimalpunkt genau, so lassen sich weitere Verbesserungen nicht erzielen. Daher kann man den Rechengang an dieser Stelle abbrechen.

Das nachstehende BASIC-Programm führt die Berechnung interner Zinsfüße nach dem Newtonschen Iterationsverfahren automatisch aus.

```
10      INPUT TT
20      DIM Z(TT)
30      FOR T=0 TO TT
40      INPUT Z(T)
50      NEXT T

60      Q=1
70      GOSUB 120
80      Q = Q - A/B
90      IF ABS(A/B) < 1 E - 4 THEN 100 ELSE 70
```

```
100     PRINT Q − 1
110     END

120     A = Z(0)  :  B = 0
130     FOR  T = 1  TO  TT
140     A = A + Z(T)*Q^ − T
150     B = B − T*Z(T)*Q^( − T − 1)
160     NEXT  T
170     RETURN
```

Das Newton-Verfahren eignet sich durchaus auch dann, wenn interne Zinsfüße manuell berechnet werden müssen. Es ist allerdings gefährlich, wenn Projekte gegeben sind, deren Zahlungsreihen mehr als einen Vorzeichenwechsel aufweisen. Solche Investitionen können nämlich mehrere reelle interne Zinsfüße haben. Aber im Zeitalter der Computer und beim heutigen Stande der praktischen Mathematik ist die Berechnung interner Zinsfüße auch in diesen Fällen kein ernsthaftes Problem mehr. Wir geben im folgenden ein BASIC-Programm an, das sich grundsätzlich für den hier verfolgten Zweck eignet. Das Programm beruht auf einem von Zurmühl (1965) angegebenen Rechenverfahren und ermittelt alle reellen internen Zinsfüße einer Investition.

```
10      INPUT TT
20      DIM  Z(TT), B(TT), C(TT)
30      FOR  T = 0  TO  TT
40      INPUT  Z(T)
50      NEXT  T

60      A = 0
70      FOR  T = 1  TO  TT
80      IF  ABS(Z(T)) < A  THEN 100
90      A = ABS(Z(T))
100     NEXT  T
110     A = A/ABS(Z(0))
120     X = A + 1
130     EPS = X*10E-6
140     C(TT) = Z(0)
150     B(TT) = Z(0)
160     FOR  K = 1  TO  30
170     FOR  T = TT − 1  TO 1  STEP − 1
180     B(T) = Z(TT − T) + X*B(T + 1)
190     C(T) = B(T) + X*C(T + 1)
200     NEXT  T
210     B(0) = Z(TT) + X*B(1)
220     IF  C(1)/Z(0) < = 0  THEN 350
230     DX = − B(0)/C(1)
240     X = X + DX
```

```
250        IF ABS(DX) < EPS THEN 270
260        NEXT K
270        PRINT X − 1
280        FOR T = 0 TO TT − 1
290        Z(T) = B(TT − T)
300        NEXT T
310        TT = TT − 1
320        IF TT > 1 THEN 60
330        X = − Z(1)/Z(0)
340        PRINT X − 1
350        END
```

2.4 Berücksichtigung der Steuern

Bisher sind wir stillschweigend davon ausgegangen, daß der Investor in einer Welt lebt, in der man keine Steuern zahlen muß. Leider ist das eine sehr unrealistische Annahme. Daher muß nun überlegt werden, ob und wie die Steuern in die Investitionsrechnung einzubeziehen sind.

Ohne elementare steuerrechtliche Kenntnisse fehlt solchen Überlegungen allerdings das solide Fundament. Deswegen ist es erforderlich, sich zunächst ein solches steuerrechtliches Grundwissen anzueignen. Das ist jedoch leichter gesagt als getan, denn das Steuerrecht ist kompliziert. Um es zu beherrschen, muß man viele Gesetze, Durchführungsverordnungen, Richtlinien, Urteile des Bundesfinanzhofes und Kommentare studieren. Selbst dann aber, wenn man sich dieser Mühen unterzieht, veraltet das erworbene Wissen außerordentlich schnell. Bereits nach einer Legislaturperiode kann das Steuerrecht in wichtigen Teilen überholt sein. Vermutlich sind Kompliziertheit und politisch bedingte Kurzlebigkeit des Steuerrechts wichtige Ursachen dafür, daß „Grundzüge der Besteuerung" nicht zu den Pflichtfächern für Wirtschaftswissenschaftler an den deutschen Hochschulen zählen. Wir können also nicht voraussetzen, daß die Leser dieses Buches die notwendigen steuerrechtlichen Grundkenntnisse bereits besitzen oder leicht an anderer Stelle erwerben können. Dieser allgemein zu beklagenden Uninformiertheit in den Grundzügen der Besteuerung steht die Tatsache gegenüber, daß viele Investitionen und Finanzierungsformen nur unter Berücksichtigung der Steuern angemessen beurteilt werden können. Man denke nur an Abschreibungsgesellschaften, Bauherrenmodelle oder weitere „steuerlich besonders attraktive Kapitalanlageformen".

Aus all diesen Gründen scheint es uns geboten, die für Investitionsentscheidungen besonders wichtigen Steuern hier in aller Kürze darzustellen. Zu den in diesem Sinne wichtigen Steuern gehören vor allem die Einkommensteuer, die Kirchensteuer, die Körperschaftsteuer, die Gewerbeertragsteuer, die Gewerbekapitalsteuer und die Vermögensteuer. Auf die Umsatzsteuer (in der Umgangssprache besser unter dem Namen „Mehrwertsteuer" bekannt) wird nicht eingegangen, da ihre Einbeziehung in die Zahlungsreihen der Investitionen keine schwerwiegenden Probleme verursacht.

Bei der in unserem Zusammenhang gebotenen Kürze der Darstellung sind starke Vergröberungen steuerrechtlicher Details unvermeidbar und zum gewissen Teil sogar beabsichtigt. Dies beginnt beispielsweise schon damit, daß das deutsche Steuerrecht weder eine Gewerbeertrag- noch eine Gewerbekapitalsteuer, sondern nur eine Gewerbesteuer kennt, die allerdings aus zwei Komponenten (Gewerbesteuer nach dem Gewerbeertrag und Gewerbesteuer nach dem Gewerbekapital) besteht. Alle steuerrechtlichen Experten bitten wir um Nachsicht. Es kommt uns nur auf elementares Grundwissen an.

2.4.1 Exkurs: Die wichtigsten deutschen Steuern

Jede Steuer beruht auf einer *Rechtsgrundlage*, so zum Beispiel die Einkommensteuer auf dem Einkommensteuergesetz, die Kraftfahrzeugsteuer auf dem Kraftfahrzeugsteuergesetz und die Erbschaftsteuer auf dem Erbschaftsteuer- und Schenkungsteuergesetz. Zu den Rechtsgrundlagen einer Steuer zählen zum einen die *Gesetze* und zum anderen die *Durchführungsverordnungen*. Bei den letzten handelt es sich um Erlasse der Bundesregierung, die die Gesetze auslegen. Sie sind für die Rechtsprechung der Finanzgerichte ebenso bindend wie Steuergesetze. *Richtlinien* dagegen sind Verwaltungsanweisungen des Bundesministers der Finanzen an untergeordnete Finanzbehörden. Sie stellen für Steuerpflichtige und Finanzgerichte keine Rechtsnormen dar.

Ein Steuergesetz muß Bestimmungen darüber enthalten,

1. wer die Steuer schuldet (*Steuersubjekt*),
2. welche Voraussetzung erfüllt sein muß, damit die Steuerschuld entsteht (*Steuerobjekt*), zum Beispiel Betreiben eines Gewerbebetriebes bei der Gewerbeertrag- und bei der Gewerbekapitalsteuer, Halten eines Kraftfahrzeugs bei der Kraftfahrzeugsteuer usw.,
3. wie das Steuerobjekt zu quantifizieren ist (*Bemessungsgrundlage*) und
4. welcher Steuersatz auf diese Bemessungsgrundlage anzuwenden ist (*Tarif*).

Steuergesetze enthalten noch weitere Regelungen (wie etwa Zeitpunkt der Steuerfälligkeit, Empfänger der Steuerzahlung usw.). Diese Fragen sind jedoch in unserem Zusammenhang von weniger großer Bedeutung und werden daher vernachlässigt.

2.4.1.1 Einkommensteuer

Steuersubjekt: Steuerpflichtig sind *natürliche Personen*. Wenn also zwei Personen eine offene Handelsgesellschaft (oHG) betreiben, um auf diese Weise Einkünfte zu erzielen, so ist nicht etwa die oHG, wohl aber jeder der beiden Inhaber einkommensteuerpflichtig.

Steuerobjekt: Gegenstand der Einkommensteuer ist das Einkommen der natürlichen Personen, das sich aus *sieben Einkunftsarten* zusammensetzt, deren Inhalt im Einkommensteuergesetz erschöpfend aufgezählt wird. Bei den sieben Einkunftsarten handelt es sich um

(1) Einkünfte aus Land- und Forstwirtschaft
(2) Einkünfte aus Gewerbebetrieb   } Gewinneinkunftsarten
(3) Einkünfte aus selbständiger Arbeit

(4) Einkünfte aus nichtselbständiger Arbeit
(5) Einkünfte aus Kapitalvermögen   } Überschußeinkunftsarten
(6) Einkünfte aus Vermietung und Verpachtung
(7) Sonstige Einkünfte

Das Einkommensteuergesetz läßt bei der Ermittlung der Gewinneinkünfte (Einkunftsarten Nr. 1 bis Nr. 3) verschiedene Methoden zu. Besondere Bedeutung hat die Ermittlung der Einkünfte mit Hilfe des *Betriebsvermögensvergleichs.* Dieses Verfahren läuft darauf hinaus, daß der Steuerpflichtige jährlich eine *Steuerbilanz* aufzustellen hat und die jährlichen Veränderungen des dort ausgewiesenen Reinvermögens ermittelt. Auf Einzelheiten kann hier, so wichtig dies wäre, nicht eingegangen werden. Es muß auf die entsprechende Literatur (etwa Coenenberg 1984, D. Schneider 1983) verwiesen werden.

Bemessungsgrundlage: Die Einkommensteuer bemißt sich nach dem *zu versteuernden Einkommen.* Jemand, der von Steuergesetzen nichts versteht, könnte geneigt sein, sich unter dieser Größe etwas vorzustellen, was sich in der ökonomischen Realität wiederfinden läßt, etwa die Differenz zwischen den während eines Jahres zufließenden Einnahmen und Ausgaben. Dies wäre ein grundlegendes Mißverständnis. Das *zu versteuernde Einkommen* im Sinne des Einkommensteuerrechts hat mit dem Einkommen im landläufigen Sinne ebensoviel zu tun wie die Größe „Differenz zwischen Einnahmen und Ausgaben, dividiert durch 2".

Um das zu versteuernde Einkommen zu berechnen, muß man zunächst die Summe der Einkünfte aus den sieben Einkunftsarten ermitteln. Sodann sind weit über ein Dutzend Positionen hiervon abzuziehen und einige wenige Positionen wieder hinzuzurechnen. Die Ermittlung der Höhe dieser *Abzugs- und Hinzurechnungsbeträge* ist ihrerseits nicht ganz einfach. Durch ständige Gesetzesänderungen wird überdies dafür gesorgt, daß das Berechnungsschema von der *Summe der Einkünfte* zum *zu versteuernden Einkommen* kaum jemals länger als ein Jahr gleich bleibt. Wer sich über den aktuellen Aufbau des Berechnungsschemas informieren will, der sollte die Vorbemerkungen zu den jeweils geltenden Einkommensteuertabellen zu Rate ziehen.

Tarif: In den meisten Ländern der Welt hat man einen *progressiven Einkommensteuertarif,* so auch in Deutschland. Wer wenig verdient, zahlt verhältnismäßig wenig Einkommensteuer; Großverdiener zahlen relativ mehr. Zum Zeitpunkt des Erscheinens dieses Buches ist der Einkommensteuertarif 1986 in Kraft. Dieser wird wie folgt berechnet (§ 32a, I Einkommensteuergesetz):

1. Das zu versteuernde Einkommen ist auf den nächsten ohne Rest durch 54 teilbaren Betrag abzurunden.

2. Auf diesen Betrag (E) sind die nachstehenden Funktionen anzuwenden:

Nullzone: $E \leq 4536$
$EST = 0$

Untere Proportionalzone: $4537 \leq E \leq 18035$
$EST = 0{,}22 \cdot E - 998$

Untere Progressionszone: $18036 \leq E \leq 80027$
$EST = (((2{,}10 \cdot E_1 - 56{,}02) \cdot E_1 + 600) \cdot E_1 + 2200) \cdot E_1 + 2962$
  mit $E_1 = (E - 18000) \cdot 10^{-4}$

Obere Progressionszone: $80028 \leq E \leq 130031$
$EST = (42 \cdot E_2 + 5180) \cdot E_2 + 29417$
  mit $E_2 = (E - 80000) \cdot 10^{-4}$

Obere Proportionalzone: $E \geq 130032$
$EST = 0{,}56 \cdot E - 16433$

3. Der sich ergebende Betrag ist auf einen glatten DM-Betrag abzurunden.

Da die Ermittlung der tariflichen Einkommensteuer (EST) auf der Grundlage obiger Funktionen ohne Verwendung von programmierbaren Rechnern ein wenig mühevoll ist, gibt es *amtliche Einkommensteuertabellen,* aus denen sich die tarifliche Einkommensteuer bequem ablesen läßt. Die Tabelle 2-27 stellt einen Auszug daraus dar.
Verheiratete Steuerpflichtige können zwischen getrennter Veranlagung und Zusammenveranlagung wählen (*Ehegattenbesteuerung*). Bei *getrennter Veranlagung* werden die zu versteuernden Einkommen beider Ehegatten nach der Grundtabelle versteuert. Wird dagegen *Zusammenveranlagung* gewählt, so wird die Einkommensteuer nach dem Splitting-Verfahren berechnet. Zunächst werden die Ein-

Tab. 2-27. Einkommensteuergrundtabelle 1986 (Auszug)

zu versteuerndes Einkommen	tarifliche Einkommensteuer	durchschnittlicher Einkommensteuersatz
10000	1199	12,0%
20000	3420	17,1%
30000	6363	21,2%
40000	10142	25,4%
50000	14507	29,0%
60000	19286	32,1%
70000	24276	24,7%
80000	29404	36,8%
90000	34620	38,5%
100000	39920	39,9%
1000000	543551	54,4%

Tab. 2-28. Einkommensteuervorteil bei Zusammenveranlagung von Ehegatten

zu versteuerndes Einkommen		Einkommensteuer bei getrennter Veranlagung			Einkommensteuer bei Zusammenveranlagung
A	B	A	B	Summe	
0	60 000	0	19 286	19 286	12 726
10 000	50 000	1 199	14 507	15 706	12 726
20 000	40 000	3 420	10 142	13 562	12 726
30 000	30 000	6 363	6 363	12 726	12 726

kommen beider Ehegatten zusammengezählt und ihnen gemeinsam zugerechnet. Das so ermittelte Gemeinschaftseinkommen wird halbiert. Hierauf wird die Grundtabelle angewendet. Der sich ergebende Steuerbetrag wird verdoppelt. Tab. 2-28 zeigt, daß man bei Zusammenveranlagung im allgemeinen wegen der Einkommensteuerprogression besser fährt als bei getrennter Veranlagung.

2.4.1.2 Kirchensteuer

Steuersubjekt: Steuerpflichtig sind die Angehörigen der steuererhebenden Religionsgemeinschaften mit Beginn ihrer Aufnahme in die Religionsgemeinschaft. *Steuerobjekt* ist die Einkommensteuer des Kirchensteuerpflichtigen.

Bemessungsgrundlage: Die Kirchensteuer bemißt sich nach der *Maßstabsteuer.* Das ist die Einkommensteuer, vermindert um 600 DM für das erste Kind, 960 DM für das zweite Kind und 1800 DM für jedes weitere Kind. Bei zusammenveranlagten Eheleuten, die nicht der gleichen Religionsgemeinschaft angehören, gelten für die Errechnung der Bemessungsgrundlage besondere Vorschriften.

Tarif: Der Tarif ist uneinheitlich. Der Steuersatz (s_{ki}) schwankt je nach Bundesland zwischen 8% und 9%. In einigen Ländern ist eine Mindestkirchensteuer vorgesehen. Ferner gibt es in manchen Ländern die sogenannte Kirchensteuerkappung. Dann beträgt die Kirchensteuer höchstens einen bestimmten Prozentsatz (3% bis 4%) des zu versteuernden Einkommens.

Anzumerken ist noch, daß die gezahlte Kirchensteuer bei der Ermittlung des zu versteuernden Einkommens als Sonderausgabe abgezogen werden darf und damit sowohl die Bemessungsgrundlage der Einkommensteuer als auch ihre eigene Bemessungsgrundlage mindert.

2.4.1.3 Körperschaftsteuer

Steuersubjekt: Steuerpflichtig sind *juristische Personen*, insbesondere Kapitalgesellschaften, also Aktiengesellschaften und Gesellschaften mit beschränkter Haftung. Falls also zwei natürliche Personen eine GmbH betreiben, so ist die Gesellschaft körperschaftsteuerpflichtig. Darüber hinaus sind die beiden Inhaber einkommensteuerpflichtig.

Steuerobjekt und Bemessungsgrundlage: Die Körperschaftsteuer bemißt sich nach dem *zu versteuernden Einkommen.* Aber es wäre falsch zu glauben, daß das zu versteuernde Einkommen im Körperschaftsteuerrecht identisch mit dem zu versteuernden Einkommen im Einkommensteuerrecht ist. Wie das Einkommen zu ermitteln ist, bestimmt sich nach den Vorschriften des Einkommen- *und* des Körperschaftsteuergesetzes.

Im Zusammenhang mit der Einkommensteuer werden sieben Einkunftsarten unterschieden (vgl. oben Abschnitt 2.4.1.1). Bei Körperschaften können nur sechs Einkunftsarten anfallen, weil sie keine Einkünfte aus nichtselbständiger Arbeit erzielen.

Wenn eine Körperschaft nach handelsrechtlichen Vorschriften Bücher zu führen hat – und dies ist bei den Kapitalgesellschaften der Fall –, so sind alle Einkünfte als Einkünfte aus Gewerbebetrieb zu behandeln und mit Hilfe von *Steuerbilanzen* zu ermitteln.

Der *Steuerbilanzgewinn* entspricht nun aber noch nicht dem *zu versteuernden Einkommen.* Ebensowenig entsprach ja bei der Einkommensteuer die Summe der Einkünfte dem zu versteuernden Einkommen. Hier wie dort sind Modifikationen in Form von *Abzugs- und Hinzurechnungsbeträgen* erforderlich, die sich im einzelnen aus den Vorschriften des Körperschaftsteuergesetzes ergeben. Ohne auf weitere Details einzugehen, sei darauf hingewiesen, daß die *Vermögensteuer* bei der Ermittlung des (körperschaftsteuerlich) zu versteuernden Einkommens nicht abgezogen werden darf.

Tarif: Das Körperschaftsteuergesetz unterscheidet zwischen Tarifbelastung und Ausschüttungsbelastung. Als sehr grobe Richtschnur kann man sich merken: Einbehaltene Gewinne werden mit 56% besteuert, ausgeschüttete mit 36%. Entsprechend gibt es zwei Steuersätze, nämlich $s_{kn} = 0,56$ und $s_{ka} = 0,36$.

Das Gesetz geht fiktiv davon aus, daß die Gewinnverwendung grundsätzlich in zwei Phasen abläuft. Zunächst wird der gesamte Gewinn thesauriert und mit 56% belastet. Der verbleibende Betrag bildet zusammen mit den Gewinnthesaurierungen vergangener Jahre das *verwendbare Eigenkapital* (sogenanntes EK 56). Ausschüttungen erfolgen dann immer aus dem Bestand des verwendbaren Eigenkapitals. Dabei wird eine Körperschaftsteuerentlastung in Höhe von 20 Prozentpunkten vorgenommen, so daß die beim Ausschüttungsempfänger zufließenden Dividenden immer mit 36% Körperschaftsteuer belastet sind. Das Verständnis für die Berechnung der Körperschaftsteuerschuld (KST) wird durch das Berechnungsschema der Tab. 2-29 erleichtert. Dieses Schema beruht zwar auf der Annahme einer vollständigen Gewinnausschüttung, leistet jedoch auch dann nützliche Dienste, wenn weniger ausgeschüttet wird oder wenn Ausschüttungen so hoch sind, daß auf einbehaltene Gewinne vergangener Jahre zurückgegriffen werden muß.

Nun betrachten wir folgenden Fall:

Das zu versteuernde Einkommen (der „Gewinn") des Jahres 1987 einer Gesellschaft beträgt 150. Aus einbehaltenen Gewinnen früherer Jahre ist zu Beginn des Jahres 1987 ein verwend-

Tab. 2-29. Schema zur Berechnung der Bardividende

zu versteuerndes Einkommen („Gewinn")	100
− Körperschaftsteuer-Tarifbelastung (56%)	− 56
= Zuführung zum verwendbaren Eigenkapital (EK 56)	44
+ Körperschaftsteuer-Minderung (56% − 36%)	+ 20
= Bardividende	64

bares Eigenkapital (EK 56) in Höhe von 750 vorhanden gewesen. Am Ende des Jahres 1987 beschließt die Gesellschaft, ihren Eigentümern eine Bardividende in Höhe von 80 zukommen zu lassen. Man berechne die Körperschaftsteuerschuld und den neuen Bestand des EK 56.

Die Berechnung der Körperschaftsteuerschuld (KST) lautet:

Tarifbelastung (56% des zu versteuernden Einkommens)	84
− Steuerminderung (20/64 der Bardividende)	− 25
= Körperschaftsteuerschuld (KST)	59

und für die Bestandsfortschreibung des verwendbaren Eigenkapitals ergibt sich:

EK 56 zu Beginn des Jahres	750
+ Zuführung (44% des zu versteuernden Einkommens)	+ 66
= EK 56 am Ende des Jahres	816
− Verwendung für Ausschüttungszwecke (44/64 der Bardividende)	− 55
= EK 56 nach Ausschüttung	761

Für die Berechnung der Körperschaftsteuerschuld läßt sich daraus ohne Schwierigkeiten eine Formel ableiten. Diese heißt

$$KST = s_{kn} \cdot (\text{zu versteuerndes Einkommen}) - \frac{s_{kn} - s_{ka}}{1 - s_{ka}} \cdot (\text{Bardividende})$$

oder mit den Zahlen unseres Beispielsfalles

$$KST = 0,56 \cdot 150 - \frac{0,56 - 0,36}{1 - 0,36} \cdot 80 = 59 \, .$$

Anrechnung der Körperschaftsteuer auf die Einkommensteuer: Alle Ausschüttungen, die die Anteilseigner einer Kapitalgesellschaft erhalten, sind mit 36% Körperschaftsteuer belastet. Die Ausschüttungen stellen einschließlich der von der ausschüttenden Gesellschaft darauf entrichteten Körperschaftsteuer Einkommen im Sinne des Einkommensteuerrechts dar. Allerdings wird die Körperschaftsteuer auf die Einkommensteuer angerechnet.

Zum besseren Verständnis des Verfahrens benutzen wir folgendes Beispiel: Eine Einmann-GmbH hat ein (körperschaftsteuerlich) zu versteuerndes Einkommen in Höhe von 100 TDM erzielt, das vollständig ausgeschüttet wird.

Das körperschaftsteuerpflichtige Einkommen wird zunächst mit 56% tariflich belastet. Wegen der Vollausschüttung wird diese Belastung auf 36% zurückgeführt, so daß sich die Bardividende auf 64 TDM beläuft. Diese 64 TDM dürfen aber nicht vollständig ausgezahlt werden (der Name „Bar"-dividende ist daher irreführend), weil die GmbH 25% von diesem Betrag als *Kapitalertragsteuer* (= besondere Erhebungsform der Einkommensteuer) einzubehalten und an das Finanzamt abzuführen hat. Also lautet die Abrechnung in der GmbH gemäß Tab. 2-30.

Tab. 2-30.

(körperschaftsteuerlich) zu versteuerndes Einkommen	100 TDM
− Körperschaftsteuer-Tarifbelastung (56%)	− 56 TDM
= Zuführung zum verwendbaren Eigenkapital	44 TDM
+ Körperschaftsteuer-Minderung	+ 20 TDM
= Bardividende	64 TDM
− Kapitalertragsteuer (25%)	− 16 TDM
= Netto-Auszahlung	48 TDM

Der Inhaber der GmbH erhält nun von der GmbH eine Banküberweisung in Höhe von 48 TDM. Ferner bekommt er von der GmbH zwei *Steuerbescheinigungen*, aus denen hervorgeht, daß Körperschaftsteuer in Höhe von 36 TDM entrichtet und Kapitalertragsteuer in Höhe von 16 TDM einbehalten worden sind.

Danach gibt der Inhaber der GmbH eine Einkommensteuererklärung ab. Es sei dabei angenommen, daß der Inhaber verheiratet ist, daß beide Eheleute keine weiteren Einkünfte erzielen und Zusammenveranlagung beantragen. Ferner sei noch angenommen, daß einkommensteuerliche Abzugsbeträge in Höhe von 5 TDM geltend gemacht werden können. Die Abrechnung für die Einkommensteuer lautet dann gemäß Tab. 2-31.

Unter den Bedingungen unseres Beispielsfalles kommt es zu einer nennenswerten Einkommensteuer-Erstattung. Das kann anders aussehen, wenn nicht die Splitting-Tabelle sondern die Grundtabelle anzuwenden ist, wenn andere Einkunftsarten hinzutreten oder die Einkünfte insgesamt höher sind und der progressive Einkommensteuertarif sich daher stärker auswirkt. Wenn beispielsweise das (einkommensteuerlich) zu versteuernde Einkommen so hoch ist, daß der Spitzensteuersatz von 56% greift (obere Proportionalzone des Tarifs), so ist trotz der

Tab. 2-31.

Bardividende	64 000
+ anzurechnende Körperschaftsteuer	36 000
= Summe der Einkünfte	100 000
− Abzugsbeträge	− 5 000
= (einkommensteuerlich) zu versteuerndes Einkommen	95 000
Einkommensteuerschuld lt. Splitting-Tabelle 1986	26 758
hierauf sind anzurechnen	
− Kapitalertragsteuer	− 16 000
− Körperschaftsteuer	− 36 000
Einkommensteuer-Erstattung	25 242

Anrechnung der Körperschaftsteuer (und der Kapitalertragsteuer) nicht mehr mit einer Erstattung zu rechnen.

2.4.1.4 Gewerbeertragsteuer

Steuersubjekt: Schuldner der Gewerbeertragsteuer ist der Unternehmer, für dessen Rechnung das Gewerbe betrieben wird. Das kann eine Kapitalgesellschaft, aber auch eine Personengesellschaft oder ein Einzelunternehmer sein.

Steuerobjekt: Gegenstand der Besteuerung ist jeder Gewerbebetrieb. Was ist darunter zu verstehen? Drei Möglichkeiten sind zu unterscheiden:
1. *Gewerbebetrieb kraft gewerblicher Tätigkeit:* Eine solche Tätigkeit ist gegeben, wenn folgende vier Voraussetzungen gleichzeitig vorliegen: (1) Selbständigkeit, (2) Nachhaltigkeit, (3) Gewinnerzielungsabsicht und (4) Teilnahme am allgemeinen wirtschaftlichen Verkehr. Bestimmte Tätigkeiten (Land- und Forstwirte sowie Freiberufler) sind ausgenommen.
2. *Gewerbebetrieb kraft Rechtsform:* Kapitalgesellschaften sind immer Gewerbebetriebe. Personengesellschaften sind es dann, wenn die Gesellschafter ohne Einschränkungen am Gewinn, am Vermögen und am Risiko beteiligt sind (sog. Mitunternehmerschaften) und eine gewerbliche Tätigkeit ausgeübt wird.
3. *Gewerbebetrieb kraft wirtschaftlicher Betätigung:* Als Gewerbebetriebe gelten auch sonstige juristische Personen des Privatrechts und nichtrechtsfähige Vereine, soweit sie einen wirtschaftlichen Geschäftsbetrieb unterhalten (z. B. Fußballverein betreibt Kantine).

Bemessungsgrundlage: Die Gewerbeertragsteuer bemißt sich nach dem *Gewerbeertrag.* Ausgangsgröße ist der nach den Vorschriften des Einkommensteuergesetzes und des Körperschaftsteuergesetzes zu ermittelnde *Steuerbilanzgewinn.* Diese Ausgangsgröße ist um bestimmte *Hinzurechnungen und Kürzungen* zu modifizieren, die sich im einzelnen aus dem Gewerbesteuergesetz ergeben. Ohne weiter in die Details zu gehen, sei hervorgehoben, daß die Hälfte der *Zinsen für Dauer-*

schulden (das sind nicht kurzfristige Kreditverhältnisse) hinzuzurechnen ist. Natürliche Personen und Personengesellschaften haben noch das Privileg eines Freibetrages in Höhe von bis zu 36000 DM.

Schließlich muß beachtet werden, daß die Gewerbeertragsteuer sowie die Gewerbekapitalsteuer bei der Berechnung des Steuerbilanzgewinns abzugsfähig sind. Daher mindert die Gewerbeertragsteuer ihre eigene Bemessungsgrundlage.

Tarif: Auf die Bemessungsgrundlage ist die *Steuermeßzahl* (in der Regel 5%) anzuwenden. Das Ergebnis heißt *Steuermeßbetrag* für die Gewerbeertragsteuer. Darauf wird der *Hebesatz* (HEBE) angewendet. So erhält man die Gewerbeertragsteuerschuld (GEST). Der Hebesatz wird von der Gemeinde festgelegt, in der der Gewerbetrieb geführt wird. Normalerweise liegen die Hebesätze heute bei 300% bis 400%.

Das Produkt aus Steuermeßzahl (5%) und Hebesatz (HEBE) könnte man als *Gewerbeertragsteuersatz* bezeichnen, obwohl das Gewerbesteuergesetz einen solchen Terminus nicht kennt. Formal ergibt sich die Gewerbeertragsteuerschuld demnach aus

$$\text{GEST} = 0{,}05 \cdot \text{HEBE} \cdot (\text{Gewerbeertrag})\,.$$

Berücksichtigt man, daß die Gewerbeertrag- und die Gewerbekapitalsteuer (GEST und GKST) den Gewerbeertrag mindern, so kann man auch schreiben:

$$\text{GEST} = 0{,}05 \cdot \text{HEBE} \cdot (\text{Gewerbeertrag vor Gewerbesteuer} - \text{GEST} - \text{GKST})\,.$$

Ausmultiplizieren und Umformen ergibt

$$\text{GEST} = \frac{\text{HEBE}}{20 + \text{HEBE}} \cdot (\text{Gewerbeertrag vor Gewerbesteuer} - \text{GKST})$$

$$\text{GEST} = s_{ge} \cdot (\text{Gewerbeertrag vor Gewerbesteuer} - \text{GKST})\,.$$

Hat die Gemeinde den Hebesatz mit 300% festgelegt, so ergibt sich der *transformierte Gewerbeertragsteuersatz* mit

$$s_{ge} = \frac{3}{20 + 3} = 0{,}1304\,.$$

Von einem transformierten Gewerbeertragsteuersatz wird deswegen gesprochen, weil dieser Satz die Abzugsfähigkeit der Gewerbeertragsteuer bei ihrer eigenen Bemessungsgrundlage bereits berücksichtigt.

2.4.1.5 Gewerbekapitalsteuer

Steuersubjekt und Steuerobjekt: In beiden Punkten kann auf Abschnitt 2.4.1.4 verwiesen werden. Die Ausführungen zur Gewerbeertragsteuer gelten entsprechend.

Bemessungsgrundlage: Die Steuer bemißt sich nach dem Gewerbekapital. Dieses ergibt sich aus dem nach den Vorschriften des Bewertungsgesetzes zu ermittelnden

Einheitswert des gewerblichen Betriebes, modifiziert um *Hinzurechnungs- und Kürzungsbeträge*, die sich im einzelnen wieder aus dem Gewerbesteuergesetz ergeben.

Analog zu der entsprechenden Regelung bei der Gewerbeertragsteuer gilt dabei, daß die Hälfte der *Dauerschulden* hinzuzurechnen ist. Schließlich ist noch ein allgemeiner Freibetrag von bis zu 120000 DM zu berücksichtigen.

Tarif: Auf die Bemessungsgrundlage wird die *Steuermeßzahl* (regelmäßig $2\,^0/_{00}$) angewendet. Man erhält den *Steuermeßbetrag* für die Gewerbekapitalsteuer. Multipliziert man diesen mit dem von der Gemeinde festzusetzenden *Hebesatz* (HEBE), so ergibt sich die Gewerbekapitalsteuerschuld (GKST). Es handelt sich im übrigen um den gleichen Hebesatz wie bei der Gewerbeertragsteuer. Formal gilt demnach für die Gewerbekapitalsteuerschuld

$$\text{GKST} = 0{,}002 \cdot \text{HEBE} \cdot (\text{Gewerbekapital})$$
$$= s_{gk} \cdot (\text{Gewerbekapital})\,.$$

2.4.1.6 Vermögensteuer

Steuersubjekt: Vermögensteuerpflichtig sind natürliche und juristische Personen. Das bedeutet: Jemand, der seine Geschäfte im Rahmen einer Personengesellschaft (z. B. offenen Handelsgesellschaft) betreibt, zahlt nur als natürliche Person Vermögensteuer, denn die offene Handelsgesellschaft ist keine juristische Person. Wird dagegen die Rechtsform einer Kapitalgesellschaft (z. B. GmbH) gewählt, so unterliegt die gleiche Vermögensmasse zweimal der Vermögensbesteuerung.

Steuerobjekt und Bemessungsgrundlage: Gegenstand der Besteuerung ist das *Gesamtvermögen*. Dieses ist nach den Vorschriften des Bewertungsgesetzes zu ermitteln und setzt sich aus land- und forstwirtschaftlichem Vermögen, Grundvermögen, Betriebsvermögen und sonstigem Vermögen zusammen. Das Betriebsvermögen bleibt außer Ansatz, wenn es nicht mehr als 125000 DM wert ist. Sonst geht der überschießende Betrag mit 75 % seines Wertes in das Gesamtvermögen ein. Schulden mindern das Gesamtvermögen des Steuerpflichtigen in voller Höhe.

Vom *Gesamtvermögen* zu unterscheiden ist das *steuerpflichtige Vermögen*. Dieses stellt die Bemessungsgrundlage dar. Es ergibt sich unter Berücksichtigung von Freigrenzen und Freibeträgen aus dem Gesamtvermögen. Juristische Personen haben eine *Freigrenze* von 20000 DM, d. h. sie zahlen nur dann Vermögensteuer, wenn ihr Gesamtvermögen diesen Betrag übersteigt. Für natürliche Personen gibt es ein differenziertes System von *Freibeträgen* (Grundfreibetrag einer natürlichen Person ist 70000 DM). Sie zahlen nur auf den diese Freibeträge übersteigenden Betrag Vermögensteuer.

Tarif: Der Tarif beträgt für natürliche Personen 0,5 % ($s_v^{nat} = 0{,}005$) und für juristische Personen 0,6 % ($s_v^{jur} = 0{,}006$) des steuerpflichtigen Vermögens.

2.4.2 Ein exemplarischer Ansatz zur detaillierten Steuerberücksichtigung mit Hilfe der Veranlagungssimulation

Im folgenden soll dargestellt werden, wie man Steuern in detaillierter Form in die dynamische Investitionsrechnung einbauen kann. Dabei werden wir beispielhaft davon ausgehen, daß ein Investor sein Endvermögen maximieren will.

2.4.2.1 Spezielle steuerliche Annahmen und Verzeichnis zusätzlicher Symbole

Die Kurzbeschreibung der wichtigsten deutschen Steuern in Abschnitt 2.4.1 hat gezeigt, daß zunächst geklärt werden muß, welche Steuerarten überhaupt in eine Investitionsrechnung einzubeziehen sind.

Es wird beispielhaft davon ausgegangen, daß der Investor ein gewerblicher Einzelunternehmer ist, der nicht zur Kirchensteuer herangezogen wird.

Aus dieser Festlegung folgt, daß der hier betrachtete Investor im Zeitpunkt t
– Einkommensteuer (EST_t),
– Gewerbeertragsteuer ($GEST_t$),
– Gewerbekapitalsteuer ($GKST_t$) und
– Vermögensteuer (VST_t)
zu zahlen hat.

(1) *Verlustausgleich.* In besonderen Fällen kann es vorkommen, daß die Bemessungsgrundlagen der Einkommensteuer (BG_e) und/oder der Gewerbeertragsteuer (BG_{ge}) negativ werden. Der Investor hat dann einkommensteuerlich bzw. gewerbesteuerlich einen Verlust erzielt. In derartigen Fällen sehen das Einkommensteuergesetz und das Gewerbesteuergesetz verhältnismäßig komplizierte Regeln des Verlustausgleichs vor, auf die wir bei unserer Grobdarstellung der Steuern in Abschnitt 2.4.1 nicht zu sprechen gekommen sind (vgl. aber im einzelnen §10d Einkommensteuergesetz und §10a Gewerbesteuergesetz). Obwohl dies im Prinzip möglich wäre, wollen wir in dem nachfolgend darzustellenden Modell nicht die gegenwärtig geltenden Verlustausgleichsregelungen nachbilden, sondern mit einer vereinfachenden Annahme arbeiten:

Es wird unterstellt, daß es keine Verlustausgleichsregelungen gibt, die zu Steuererstattungen an den Investor führen könnten.

(2) *Sofortige Besteuerung.* Bevor Steuern gezahlt werden, sind Steuererklärungen abzugeben und Steuerbescheide zu erteilen. Von uns wird aus pragmatischen Gründen der Vereinfachung angenommen, daß Zeitpunkt der Entstehung der Steuerschuld und Zeitpunkt der Steuerzahlung zusammenfallen. Im übrigen wird unterstellt, daß die erste durch eine Investition verursachte zusätzliche Steuerzahlung im Zeitpunkt t = 1 erfolgt.

(3) *Unabhängigkeit der Investitionszahlungsreihen von der Besteuerung.* Es ist möglich, daß ein Investor seine Steuerlast durch Preiserhöhungen erträglicher zu

machen versucht. Im folgenden werden solche Effekte unbeachtet gelassen. Es wird also angenommen, daß die Zahlungsreihen der Investitionen von der Besteuerung unabhängig sind.

(4) *Differenzsteuern und Modifikation der Basiszahlungen.* Es wird davon ausgegangen, daß der Investor auch dann Steuern zahlen muß, wenn er auf die Durchführung der Investition verzichtet. Wir stellen uns also vor, daß der Investor bereits einen laufenden Geschäftsbetrieb (mit den daraus erwachsenden steuerlichen Verpflichtungen) unterhält und nun prüft, ob er eine Investition (mit den daraus resultierenden *Veränderungen* bei den steuerlichen Belastungen) durchführen sollte. Im folgenden bezeichnen wir diese durch die Investition verursachte Veränderung der Steuerschuld im Zeitpunkt t (*Differenzsteuer* im Zeitpunkt t) mit dem Symbol ΔSTEU$_t$.

Wie kann man nun allgemein vorgehen, um die durch eine Investition veranlaßte Differenzsteuer ΔSTEU$_t$ zu berechnen? Gleichgültig, welche Steuerart wir betrachten, gilt immer folgender Zusammenhang:

$$\Delta\text{STEU}_t = \text{Steuer bei Durchführung der Investition} \quad \text{STEU}_t^{\text{mit}}$$
$$- \text{Steuer bei Verzicht auf die Investition} \quad - \text{STEU}_t^{\text{ohne}}.$$

Demnach sind folgende fünf Berechnungsschritte erforderlich:

- Ermittlung der Bemessungsgrundlage (BG$_t^{\text{mit}}$) im Zeitpunkt t für den Fall der Durchführung der Investition,
- Ermittlung der Steuerschuld bei Durchführung der Investition (STEU$_t^{\text{mit}}$) durch Anwendung des Tarifs auf die entsprechende Bemessungsgrundlage,
- Ermittlung der Bemessungsgrundlage (BG$_t^{\text{ohne}}$) im Zeitpunkt t bei Verzicht auf die Investition,
- Ermittlung der dementsprechenden Steuerschuld (STEU$_t^{\text{ohne}}$) durch Anwendung des Tarifs,
- Berechnung der durch die Investition und ihre Ergänzungsmaßnahmen verursachten Steuerdifferenz (ΔSTEU$_t$ = STEU$_t^{\text{mit}}$ − STEU$_t^{\text{ohne}}$).

Um die Differenzsteuern für eine Investition zu bestimmen, sind diese fünf Ermittlungsrechnungen für alle Steuerarten und alle Zeitpunkte des Planungszeitraums vorzunehmen. Wenn nun mehrere Investitionen miteinander zu vergleichen sind, so kann man den Berechnungsaufwand reduzieren, indem man BG$_t^{\text{ohne}}$ und STEU$_t^{\text{ohne}}$ einmal feststellt und die Basiszahlung entsprechend modifiziert, denn STEU$_t^{\text{ohne}}$ stellt eine entscheidungsunabhängige Zahlung dar und ist insoweit Teil der Basiszahlung (vgl. oben Abschnitt 2.3.1.4).

Will man nämlich den Finanzmittelbestand oder das Finanzmitteldefizit eines Investors im Zeitpunkt t berechnen, so ist bei Einbeziehung der durch die Investition verursachten Differenzsteuer nach der Formel

$$C_t = M_t^* - f_t Y + z_t - \Delta\text{STEU}_t + \begin{cases} (1 + h_t)C_{t-1} & \text{wenn} \quad C_{t-1} \geq 0 \\ (1 + s_t)C_{t-1} & \text{wenn} \quad C_{t-1} < 0 \end{cases}$$

vorzugehen. M_t^* symbolisiert dabei die nicht modifizierte Basiszahlung, also die Basiszahlung unter Einschluß der Steuern, die im Falle des Verzichts auf die zu beurteilende Investition anfallen.

Modifiziert man nun die Basiszahlungen in der Weise, daß man $\text{STEU}_t^{\text{ohne}}$ addiert,

$$M_t = M_t^* + \text{STEU}_t^{\text{ohne}},$$

so kann man

$$C_t = M_t - \text{STEU}_t^{\text{ohne}} - f_t Y + z_t - \varDelta\text{STEU}_t + \begin{cases} (1 + h_t)C_{t-1} \text{ wenn } C_{t-1} \geq 0 \\ (1 + s_t)C_{t-1} \text{ wenn } C_{t-1} < 0 \end{cases}$$

schreiben. Oder nach geeigneter Zusammenfassung:

$$C_t = M_t - f_t Y + z_t - \text{STEU}_t^{\text{mit}} + \begin{cases} (1 + h_t)C_{t-1} & \text{wenn} \quad C_{t-1} \geq 0 \\ (1 + s_t)C_{t-1} & \text{wenn} \quad C_{t-1} < 0 \end{cases}.$$

Von der in dieser Schreibweise zum Ausdruck kommenden berechnungstechnischen Vereinfachung wollen wir grundsätzlich Gebrauch machen. Das bedeutet: Unter den Basiszahlungen werden wir im Steuerfall immer „modifizierte Basiszahlungen" oder „Basiszahlungen vor Steuern" verstehen. Diese Vorgehensweise erspart uns die Notwendigkeit, Differenzsteuern ($\varDelta\text{STEU}_t$) zu berechnen. Stattdessen können wir uns auf die Ermittlung der gesamten Steuern im Falle der Investitionsdurchführung ($\text{STEU}_t^{\text{mit}}$) beschränken. Die klärende Symbolergänzung ($.^{\text{mit}}$) werden wir aus Gründen der Schreibvereinfachung künftig fortlassen.

(5) *Basisbemessungsgrundlagen und Bemessungsgrundlagen.* Wenn in unserem exemplarischen Modellansatz vier Steuerarten (Einkommensteuer, Gewerbeertragsteuer, Gewerbekapitalsteuer, Vermögensteuer) berücksichtigt werden sollen, so sind in jedem Zeitpunkt des Planungszeitraums vier *Bemessungsgrundlagen* zu ermitteln, nämlich:

$\text{BG}_{e,t}$ Bemessungsgrundlage der Einkommensteuer im Zeitpunkt t
$\text{BG}_{ge,t}$ Bemessungsgrundlage der Gewerbeertragsteuer im Zeitpunkt t
$\text{BG}_{gk,t}$ Bemessungsgrundlage der Gewerbekapitalsteuer im Zeitpunkt t
$\text{BG}_{v,t}$ Bemessungsgrundlage der Vermögensteuer im Zeitpunkt t

Die Berechnung dieser Bemessungsgrundlagen kann grundsätzlich in folgenden vier Schritten erfolgen:

– Feststellung einer Ausgangsgröße für die jeweilige Bemessungsgrundlage, die unabhängig von der Durchführung der zu beurteilenden Investition ist. Diese Ausgangsgrößen werden im folgenden als *Basisbemessungsgrundlagen* bezeichnet.

– Addition oder Subtraktion von Tatbeständen, die bei der gerade betrachteten Steuerart zu einer Veränderung der Besteuerungsgrundlage führen, wenn die zu beurteilende Investition und die mit ihr einhergehenden Ergänzungsmaßnahmen durchgeführt werden.

– Feststellung einer vorläufigen Gesamtbemessungsgrundlage.

– Korrektur der vorläufigen Gesamtbemessungsgrundlage entsprechend den jeweiligen Freibetragsregelungen und Feststellung der „endgültigen" Gesamtbemessungsgrundlagen ($BG_{e,t}$, $BG_{ge,t}$, $BG_{gk,t}$ und $BG_{v,t}$).

Es wird davon ausgegangen, daß sich die Ausgangsgrößen dieser Rechnungen

$BBG_{e,t}$ Basisbemessungsgrundlage der Einkommensteuer im Zeitpunkt t
$BBG_{ge,t}$ Basisbemessungsgrundlage der Gewerbeertragsteuer im Zeitpunkt t
$BBG_{gk,t}$ Basisbemessungsgrundlage der Gewerbekapitalsteuer im Zeitpunkt t
$BBG_{v,t}$ Basisbemessungsgrundlage der Vermögensteuer im Zeitpunkt t

feststellen lassen. Auf Einzelheiten, wie man von den Basisbemessungsgrundlagen zu den Bemessungsgrundlagen kommt, gehen wir im nächsten Abschnitt (2.4.2.2) ein.

(6) *Umbenennung der Elemente der Zahlungsreihe einer Investition.* Bislang haben wir die Zahlungsreihe einer Investition in der Form $\bar{z} = \{z_0, z_1, \ldots, z_T\}$ geschrieben. Das ist nicht mehr zweckmäßig, wenn Steuern in die Investitionsrechnung einbezogen werden, weil die mit einer Investition verbundenen Zahlungen je nach ihrem Charakter steuerlich unterschiedlich zu behandeln sind. Wir wollen das am Beispiel der Einkommensteuer und der Gewerbeertragsteuer erklären.

Geht man von dem Fall aus, daß es sich bei der Investition um die *Beschaffung eines abnutzbaren Wirtschaftsgutes* handelt, so hat die *Investitionsausgabe* (INV) zunächst keinerlei Einfluß auf die Bemessungsgrundlagen der Einkommen- und der Gewerbeertragsteuer ($BG_{e,t}$ und $BG_{ge,t}$), da es sich im Zeitpunkt der Anschaffung um einen erfolgsneutralen Tausch (abnutzbares Wirtschaftsgut gegen Geld) handelt. Erst während der Nutzungszeit dieses Wirtschaftsgutes mindern sich die ertragsteuerlichen Bemessungsgrundlagen nach Maßgabe der hierfür verrechneten *Abschreibungen* (AfA_t). Werden mit dem abnutzbaren Wirtschaftsgut Produkte erzeugt und an Absatzmärkten veräußert, so erhöhen die damit einhergehenden *Investitionsrückflüsse* (RF_t) im Zeitpunkt ihres Zuflusses die Bemessungsgrundlagen der Einkommen- und Gewerbeertragsteuer.

In bezug auf die beiden gewinnabhängigen Steuern ist es also erforderlich, die mit einer Investition verbundenen Zahlungen (z_t) in zwei Komponenten zu zerlegen, und zwar in die erfolgsneutralen Anschaffungsausgaben (INV) und die erfolgswirksamen Rückflüsse (RF_t). Aus Gründen der Vereinfachung wird angenommen, daß die Anschaffungsausgabe im Zeitpunkt $t = 0$ anfällt und daß alle späteren Zahlungen erfolgswirksame Rückflüsse sind, wie die Darstellung am nachstehenden Zeitstrahl veranschaulicht.

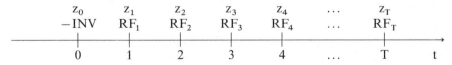

Bei abnutzbaren Wirtschaftsgütern ist die Anschaffungsausgabe in den Bilanzen zu aktivieren und abzuschreiben. Das Einkommensteuerrecht (§ 7ff. Einkommensteuergesetz) kennt neben der linearen Abschreibung mehrere Formen der degressiven Abschreibung, von denen der Investor die ihm besonders günstig erscheinende auswählen kann.

(7) *Steuerliche Verrechnung der Ergänzungsmaßnahmen.* Solange die Steuern unbeachtet blieben, brauchten wir keine zusätzlichen Annahmen über die Ergänzungsmaßnahmen zu treffen. Dies ändert sich, wenn man Steuern zu berücksichtigen hat.

Beginnen wir bei den *Ergänzungs-Finanzierungen.* Grundsätzlich können finanzielle Defizite im Zeitpunkt t ($C_t < 0$) entweder mit Eigenkapital oder mit Fremdkapital ausgeglichen werden. Über die juristische Ausgestaltung der Kapitalüberlassungsmaßnahmen im Zusammenhang mit Ergänzungs-Finanzierungen brauchten wir uns bisher keine Gedanken zu machen. Dies wird aber erforderlich, wenn die Positionen „Fremdkapital" und „Fremdkapitalzinsen" in die Berechnung der steuerlichen Bemessungsgrundlagen anders einzubeziehen sind als die Positionen „Eigenkapital" und „Verzinsung des Eigenkapitals". Das ist insbesondere bei der Gewerbeertragsteuer, der Gewerbekapitalsteuer und der Vermögensteuer der Fall.

Es wird angenommen, daß Ergänzungs-Finanzierungen stets in der Form von *Fremdkapital* auftreten und daß es sich dabei im gewerbesteuerlichen Sinne um *Dauerschuldverhältnisse* handelt.

Um Mißverständnissen vorzubeugen, ist zu betonen, daß diese Festlegung nicht etwa „völlige Fremdfinanzierung" der Unternehmung des Investors bedeutet. Der Investor mag seine Geschäfte zum Teil mit Eigenkapital und zum Teil mit Fremdkapital finanzieren. Soweit die Finanzierung unabhängig von den Investitionen geplant wurde, schlägt sich das in den jeweiligen Basisbemessungsgrundlagen nieder. Hier geht es nur um die Frage, welchen Rechtscharakter die Ergänzungs-Finanzierungen haben und in bezug auf diese wird unterstellt, daß es sich um Fremdkapital mit Dauerschuldcharakter handelt.

Nun zu den *Ergänzungs-Investitionen.* Grundsätzlich können finanzielle Überschüsse im Zeitpunkt t ($C_t > 0$) innerhalb oder außerhalb des Gewerbebetriebes des Investors angelegt werden. Erfolgt die Anlage außerhalb des Gewerbebetriebes, so können damit aus einkommensteuerrechtlicher Sicht entweder steuerbare Einkünfte (beispielsweise Zinsen aus festverzinslichen Wertpapieren) oder nicht steuerbare Einkünfte (beispielsweise Veräußerungsgewinne aus der Anlage in Wertpapieren nach Ablauf der Spekulationsfrist) verbunden sein. Ebenso wie bei den Ergänzungs-Finanzierungen muß also eine Annahme für die Ergänzungs-Investitionen getroffen werden, die eine eindeutige steuerliche Zuordnung erlaubt. Daher:

Es wird angenommen, daß Ergänzungs-Investitionen stets innerhalb des Gewerbebetriebes des Investors vorgenommen werden.

Das bedeutet: Die Ergänzungs-Investitionen gehen nicht nur in die Berechnung des zu versteuernden Vermögens ($BG_{v,t}$), sondern auch in das Gewerbekapital

$(BG_{gk,t})$ ein. Die Haben-Zinsen fließen in den Gewerbeertrag $(BG_{ge,t})$ und in das zu versteuernde Einkommen $(BG_{e,t})$ ein.

2.4.2.2 Erweiterung des Systems der allgemeinen Rechenregeln

Wir können jetzt daran gehen, die für unseren exemplarischen Modellansatz relevanten Steuern (Einkommen-, Gewerbeertrag-, Gewerbekapital- und Vermögensteuer) in die allgemeinen Rechenregeln für den Fall des Vermögensstrebens (vgl. oben Abschnitt 2.3.2.1) einzubeziehen. Dies bereitet nach den getroffenen Vorbereitungen keine prinzipiellen Schwierigkeiten, wenn man folgende Regeln beachtet:

(1) Für jeden Zeitpunkt des Planungszeitraums sind die Bemessungsgrundlagen der Steuern zu ermitteln, die für den Investor relevant sind (in unserem Modellfall $BG_{e,t}$, $BG_{ge,t}$, $BG_{gk,t}$, $BG_{v,t}$).

(2) Aus diesen Bemessungsgrundlagen sind mit Hilfe der jeweils geltenden Tarife die Steuerschulden abzuleiten (in unserem Modellfall EST_t, $GEST_t$, $GKST_t$ und VST_t).

(3) Die Summe aller im Zeitpunkt t zu zahlenden Steuern (in unserem Modellfall $STEU_t = EST_t + GEST_t + GKST_t + VST_t$) stellt eine Auszahlung dar, die bei der Berechnung des Endvermögens neben den nicht-steuerlichen Zahlungen zusätzlich berücksichtigt werden muß.

(4) Im übrigen ändert sich am System der allgemeinen Rechenregeln für den Fall des Vermögensstrebens nichts.

Um also das *Endvermögen nach Steuern* C_T zu berechnen, ist wie auf S. 112 beschrieben vorzugehen.

Die gesamte Berechnungsprozedur zu Ermittlung des *Endvermögens nach Steuern* C_T kann anschaulich auch mit Hilfe des in Abb. 2/5 wiedergegebenen Flußdiagramms beschrieben werden. Dieses unterscheidet sich von dem entsprechenden Diagramm des Nichtsteuerfalls (vgl. oben Abb. 2/2) in drei wesentlichen Punkten:

(1) *Dateneingabe.* Um die Berechnung der Steuerzahlungen zu ermöglichen, sind zusätzliche Dateneingaben erforderlich, und zwar

– die Basisbemessungsgrundlagen für alle Steuerarten und Zeitpunkte des Planungszeitraums ($\overline{BBG}_v$, $\overline{BBG}_{gk}$, $\overline{BBG}_{ge}$, $\overline{BBG}_e$),

– die geplanten Abschreibungen der zu beurteilenden Investition für alle Zeitpunkte des Planungszeitraums ($\overline{AfA} = \{AfA_1, AfA_2, \ldots, AfA_T\}$),

– die Freibeträge bei den einzelnen Steuerarten (in unserem Modellfall bei der Vermögen-, Gewerbekapital- und Gewerbeertragsteuer, $FREI_v$, $FREI_{gk}$ und $FREI_{ge}$) sowie der Hebesatz bei den Gewerbesteuern (HEBE).

(2) *Berechnung der Steuerzahlungen.* Hierauf werden wir sofort noch im einzelnen zu sprechen kommen.

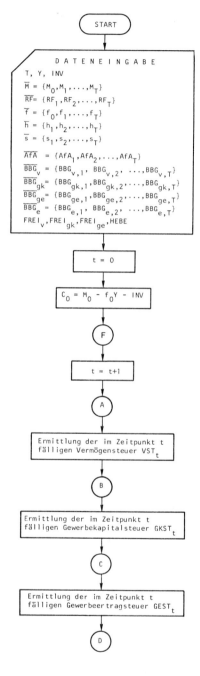

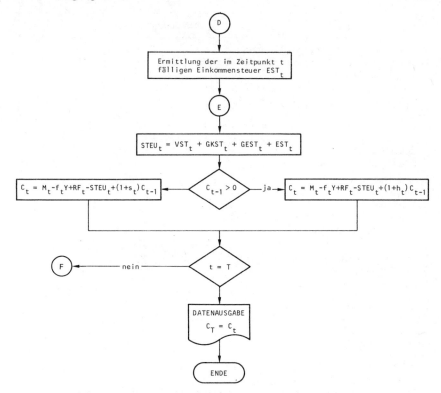

Abb. 2/5. Flußdiagramm zur Ermittlung des Endwerts einer Investition bei detaillierter Berücksichtigung von Steuern

(3) *Berechnung der finanziellen Überschüsse bzw. Defizite (C_t)*. Außer den Basiszahlungen (M_t), den Entnahmen ($f_t Y$), den Investitionsrückflüssen (RF_t) und den Zahlungen aufgrund von Ergänzungsmaßnahmen ($(1 + h_t)C_{t-1}$ oder $(1 + s_t)C_{t-1}$) sind die Auszahlungen für Steuern ($STEU_t$) anzusetzen.

Nun aber zur Berechnung der Steuerzahlungen im einzelnen. Wichtig ist zunächst noch:

Wegen der *Steuerarteninterdependenz* können die einzelnen Steuern nicht in beliebiger Reihenfolge berechnet werden.

Man versteht unter Steuerarteninterdependenz die Tatsache, daß einzelne Steuern die Bemessungsgrundlagen anderer Steuern mindern. Beispielsweise ist es nicht möglich, mit der Einkommensteuer anzufangen, weil sowohl die Gewerbeertrag- also auch die Gewerbekapitalsteuer als Betriebsausgaben von der Bemessungsgrundlage der Einkommensteuer abgezogen werden dürfen. Hinsichtlich dieser Abzugsfähigkeiten gelten für die in unserem Modellzusammenhang betrachteten Steuerarten gegenwärtig folgende Regelungen:

verbale Beschreibung	formale Schreibweise
Wir beginnen mit dem Zeitpunkt $t = 0$ und berechnen den Finanzmittelüberschuß bzw. -fehlbetrag des Investors aus den Basiszahlungen, den Entnahmen sowie der Anschaffungsausgabe für die Investition.	*t = 0* $C_0 = M_0 - f_0 Y - INV$
Zunächst ist die Steuerbelastung für diesen Zeitpunkt zu berechnen. Diese ergibt sich insgesamt aus der Summe der vier in diesem Zeitpunkt zu zahlenden Steuern.	*t = 1* $STEU_1 = EST_1 + GEST_1$ $+ GKST_1 + VST_1$
Im übrigen richtet sich die Berechnung der finanziellen Mittel des Investors jetzt ebenso wie im Nichtsteuerfall danach, ob in der Vorperiode ein Finanzmittelüberschuß oder ein Finanzmitteldefizit vorhanden war.	
Wenn liquide Mittel übrig waren, dann gab es eine Ergänzungs-Investition mit den entsprechenden Haben-Zinserträgen.	wenn $C_0 > 0$ dann $C_1 = M_1 - f_1 Y + RF_1$ $- STEU_1 + (1 + h_1) C_0$
Ergab sich dagegen in der Vorperiode ein finanzielles Defizit, so mußte eine Ergänzungs-Finanzierung mit den entsprechenden Soll-Zinsbelastungen vorgesehen werden.	wenn $C_0 < 0$ dann $C_1 = M_1 - f_1 Y + RF_1$ $- STEU_1 + (1 + s_1) C_0$
Ist das Ende des Planungszeitraums erreicht, so hat man das Endvermögen bereits ermittelt. Sonst ist entsprechend weiterzurechnen.	*t = 2* $STEU_2 = EST_2 + GEST_2$ $+ GKST_2 + VST_2$ wenn $C_1 > 0$ dann $C_2 = M_2 - f_2 Y + RF_2$ $- STEU_2 + (1 + h_2) C_1$ wenn $C_1 < 0$ dann $C_2 = M_2 - f_2 Y + RF_2$ $- STEU_2 + (1 + s_2) C_1$

(1) Die Gewerbekapitalsteuer ist bei der Gewerbeertragsteuer und bei der Einkommensteuer abzugsfähig.

(2) Die Gewerbeertragsteuer ist bei sich selbst (vgl. oben Abschnitt 2.4.1.4) und bei der Einkommensteuer abzugsfähig.

Dies bedeutet, daß in folgender Reihenfolge vorgegangen werden kann: Vermögensteuer, Gewerbekapitalsteuer, Gewerbeertragsteuer, Einkommensteuer (vgl. auch Abb. 2/5).

Vermögensteuer (vgl. Abb. 2/6)

Ausgangsgröße für die Ermittlung der Bemessungsgrundlage der Vermögensteuer ($BG_{v,t}$) ist die entsprechende Basisbemessungsgrundlage ($BBG_{v,t}$). Das zu versteuernde Vermögen erhöht sich, wenn ein aktivierungspflichtiges Wirtschaftsgut beschafft wird, um die Anschaffungsausgabe (INV). Finanzielle Überschüsse ($C_t > 0$) erhöhen das zu versteuernde Vermögen ebenfalls, und Schulden ($C_{t-1} < 0$) werden in voller Höhe abgezogen.

Wenn es sich bei der Investition um ein aktivierungspflichtiges Wirtschaftsgut handelt, das zum beweglichen Anlagevermögen gehört (z. B. eine Maschine), so ist es mit dem Teilwert zu bewerten. Dabei kann von den Anschaffungsausgaben (INV), vermindert um die Abschreibungen [$\sum AfA_\tau$], ausgegangen werden. Jedoch ist nach Abschnitt 52 Absatz 3 der Vermögensteuerrichtlinien ein angemes-

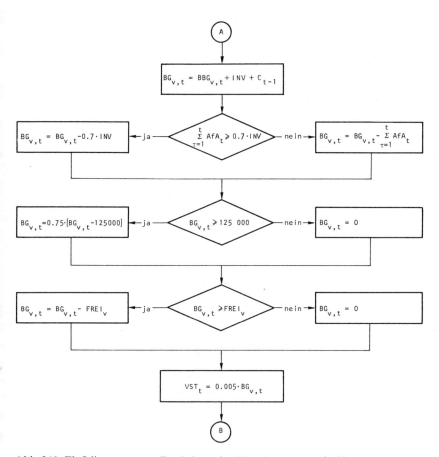

Abb. 2/6. Flußdiagramm zur Ermittlung der Vermögensteuerschuld

sener Mindestrestwert (sogenannter Anhaltewert) anzusetzen. Dieser liegt in der
Regel bei 30% der Anschaffungsausgaben.
Ist das Betriebsvermögen insgesamt positiv, so bleibt es nach § 117a Bewertungs-
gesetz bis zu einem Betrag von 125 000 DM außer Ansatz. Der überschießende
Betrag ist mit 75% anzusetzen.
Natürliche Personen kommen nun noch in den Genuß vermögensteuerlicher Frei-
beträge (FREI$_v$) in Höhe von mindestens 70 000 DM (§ 6 Vermögensteuergesetz).
Auf den die Freibeträge übersteigenden Betrag ist der Steuersatz anzuwenden,
gegenwärtig für natürliche Personen 0,5%.

Gewerbekapitalsteuer (vgl. Abb. 2/7)

Ausgangsgröße ist wieder die Basisbemessungsgrundlage (BBG$_{gk,t}$), die sich zunächst um die Investitionssumme (INV) erhöht. Ebenso wie bei der Vermögensteuer sind bewegliche Güter des Anlagevermögens mit einem angemessenen

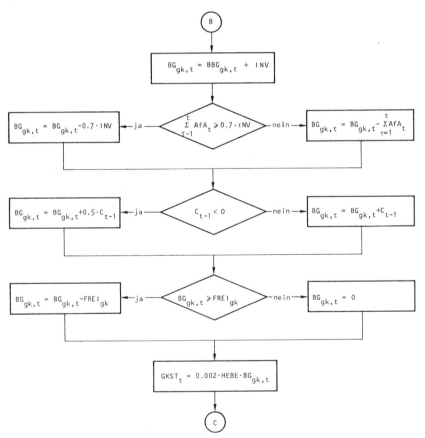

Abb. 2/7. Flußdiagramm zur Ermittlung der Gewerbekapitalsteuerschuld

Restwert anzusetzen. Daher werden Abschreibungen nur solange verrechnet bis der Anhaltewert in Höhe von 30 % der Investitionssumme erreicht ist.

Finanzielle Überschüsse ($C_t > 0$) erhöhen das Gewerbekapital in voller Höhe. Finanzielle Defizite ($C_t < 0$) vermindern es aber nur mit der Hälfte ihres Betrages, weil Dauerschulden zwar im Rahmen der Einheitswertermittlung vollständig abgezogen werden, danach aber gemäß § 12 Gewerbesteuergesetz zur Hälfte wieder hinzugerechnet werden müssen.

Übersteigt das Gewerbekapital den allgemeinen Freibetrag $FREI_{gk}$ in Höhe von 120 000 DM, so ist auf den überschießenden Betrag die Steuermeßzahl ($2\,^0/_{00}$) und der Hebesatz (HEBE) anzuwenden.

Gewerbeertragsteuer (vgl. Abb. 2/8)

Die Basisbemessungsgrundlage der Gewerbeertragsteuer ($BBG_{ge,t}$) erhöht sich um die Rückflüsse der Investition (RF_t) und vermindert sich um die Abschreibungen der Periode (AfA_t) sowie die Gewerbekapitalsteuer ($GKST_t$).

Haben-Zinsen ($h_t C_{t-1}$) erhöhen den Gewerbeertrag in voller Höhe. Dauerschuldzinsen ($s_t C_{t-1}$) werden nur in halber Höhe wirksam, weil sie zunächst zwar voll abgezogen werden dürfen, dann aber gemäß § 8 Ziffer 1 Gewerbesteuergesetz zur Hälfte wieder hinzugerechnet werden müssen.

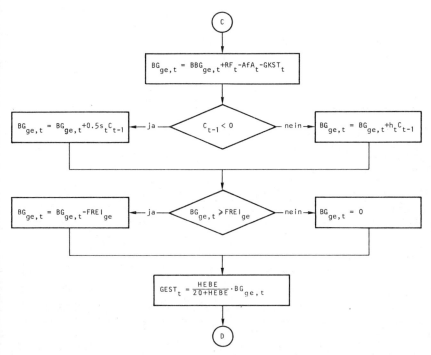

Abb. 2/8. Flußdiagramm zur Ermittlung der Gewerbeertragsteuerschuld

Alle Steuerpflichtigen kommen in den Genuß eines allgemeinen Freibetrages $FREI_{ge}$ in Höhe von 36 000 DM. Auf den überschießenden Betrag ist – wegen der Abzugsfähigkeit der Gewerbeertragsteuer bei ihrer eigenen Bemessungsgrundlage (vgl. oben Abschnitt 2.4.1.4) – der transformierte Gewerbeertragsteuersatz anzuwenden.

Einkommensteuer (vgl. Abb. 2/9)

Die Bemessungsgrundlage der Einkommensteuer ist um so höher je größer die Rückflüsse der Investition (RF_t) sind. Abschreibungen (AfA_t), Gewerbeertragsteuer ($GEST_t$) und Gewerbekapitalsteuer ($GKST_t$) dürfen abgezogen werden. Haben-Zinsen ($h_t C_{t-1}$) mehren das zu versteuernde Einkommen, Schuld-Zinsen ($s_t C_{t-1}$) mindern es.

Auf die Bemessungsgrundlage ($BG_{e,t}$) ist der progressive Einkommensteuertarif gemäß § 32a Einkommensteuergesetz anzuwenden (vgl. Abschnitt 2.4.1.1).

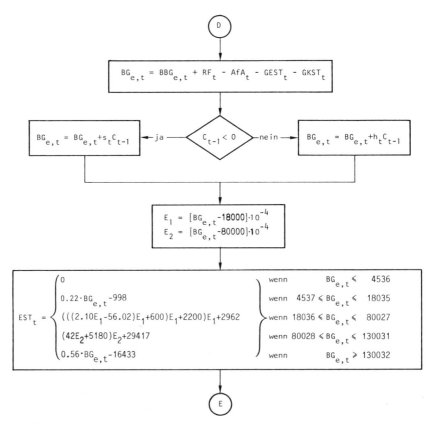

Abb. 2/9. Flußdiagramm zur Ermittlung der Einkommensteuerschuld

Aus den Flußdiagrammen der Abbildungen 2/5 bis 2/9 kann man ohne nennenswerte Schwierigkeiten Computerprogramme ableiten, die die erforderlichen Berechnungen automatisch ausführen. Das im folgenden angegebene BASIC-Programm ist für solche Berechnungen geeignet. Es läßt sich auf jedem handelsüblichen BASIC-Rechner implementieren.

```
10        REM DATENEINGABE
20        INPUT "TT"; TT
30        DIM M(TT), RF(TT), F(TT), H(TT), S(TT), AFA(TT), BBGV(TT),
          BBGGK(TT), BBGGE(TT), BBGE(TT), C(TT)
40        INPUT "Y ="; Y
50        FOR T = 0 TO TT
60        PRINT "M("T")"; : INPUT M(T)
70        PRINT "F("T")"; : INPUT F(T)
80        NEXT T
90        INPUT "INV"; INV
100       FOR T = 1 TO TT
110       PRINT "RF("T")"; : INPUT RF(T)
120       PRINT "AFA("T")"; : INPUT AFA(T)
130       PRINT "S("T")"; : INPUT S(T)
140       PRINT "H("T")"; : INPUT H(T)
150       NEXT T
160       FOR T = 1 TO TT
170       PRINT "BBGV("T")"; : INPUT BBGV(T)
180       PRINT "BBGGK("T")"; : INPUT BBGGK(T)
190       PRINT "BBGGE("T")"; : INPUT BBGGE(T)
200       PRINT "BBGE("T")"; : INPUT BBGE(T)
210       NEXT T
220       INPUT "FREIV"; FREIV
230       FREIGK = 120000
240       FREIGE = 36000
250       INPUT "HEBE"; HEBE
260       REM ENDWERTBERECHNUNG
270       C(0) = M(0) − F(0)*Y − INV
280       FOR T = 1 TO TT
290       REM STEUERBERECHNUNG
300       GOSUB 1000
310       GOSUB 1200
320       GOSUB 1400
330       GOSUB 1600
340       STEU = VST + GKST + GEST + EST
350       REM FINANZIELLE MITTEL
360       IF C(T − 1) < 0 THEN 390
370       C(T) = M(T) − F(T)*Y + RF(T) − STEU + (1 + H(T))*C(T − 1)
```

```
380       GOTO 400
390       C(T) = M(T) − F(T)*Y + RF(T) − STEU + (1 + S(T))*C(T − 1)
400       NEXT T

410       REM DATENAUSGABE
420       PRINT "C("TT")="; C(TT)
430       END

1000      REM VERMOEGENSTEUER
1010      BGV = BBGV(T) + INV + C(T − 1)
1020      SUMAFA = 0
1030      FOR TAU = 1 TO T
1040      SUMAFA = SUMAFA + AFA(TAU)
1050      NEXT TAU
1060      IF SUMAFA < .7*INV THEN 1090
1070      BGV = BGV − .7*INV
1080      GOTO 1100
1090      BGV = BGV − SUMAFA
1100      IF BGV < 125 000 THEN 1150
1110      BGV = .75*(BGV − 125 000)
1120      IF BGV < FREIV THEN 1150
1130      BGV = BGV − FREIV
1140      GOTO 1160
1150      BGV = 0
1160      VST = .005*BGV
1170      RETURN

1200      REM GEWERBEKAPITALSTEUER
1210      BGGK = BBGGK(T) + INV
1220      IF SUMAFA < .7*INV THEN 1250
1230      BGGK = BGGK − .7*INV
1240      GOTO 1260
1250      BGGK = BGGK − SUMAFA
1260      IF C(T − 1) > 0 THEN 1290
1270      BGGK = BGGK + .5*C(T − 1)
1280      GOTO 1300
1290      BGGK = BGGK + C(T − 1)
1300      IF BGGK < FREIGK THEN 1330
1310      BGGK = BGGK − FREIGK
1320      GOTO 1340
1330      BGGK = 0
1340      GKST = .002*HEBE*BGGK
1350      RETURN

1400      REM GEWERBEERTRAGSTEUER
1410      BGGE = BBGGE(T) + RF(T) − AFA(T) − GKST
```

```
1420      IF C(T-1)>0 THEN 1450
1430      BGGE = BGGE + .5*S(T)*C(T-1)
1440      GOTO 1460
1450      BGGE = BGGE + H(T)*C(T-1)
1460      IF BGGE < FREIGE THEN 1490
1470      BGGE = BGGE - FREIGE
1480      GOTO 1500
1490      BGGE = 0
1500      GEST = (HEBE/(20 + HEBE))*BGGE
1510      RETURN

1600      REM EINKOMMENSTEUER
1610      BGE = BBGE(T) + RF(T) - AFA(T) - GEST - GKST
1620      IF C(T-1)>0 THEN 1650
1630      BGE = BGE + S(T)*C(T-1)
1640      GOTO 1660
1650      BGE = BGE + H(T)*C(T-1)
1660      IF BGE > 4536 THEN 1690
1670      EST = 0
1680      GOTO 1810
1690      IF BGE > 18035 THEN 1720
1700      EST = .22*BGE - 998
1710      GOTO 1810
1720      IF BGE > 80027 THEN 1760
1730      E = (BGE - 18000)*1E-4
1740      EST = (((2,10*E - 56,02)*E + 600)*E + 2200)*E + 2962
1750      GOTO 1810
1760      IF BGE > 130031 THEN 1800
1770      E = (BGE - 80000)*1E-4
1780      EST = (42*E + 5180)*E + 29417
1790      GOTO 1810
1800      EST = .56*BGE - 16433
1810      RETURN
```

Abschließend ist noch zu erwähnen, daß die in den voranstehenden Abbildungen und dem BASIC-Programm enthaltenen Steuerermittlungsrechnungen insoweit unpräzise sind als die gesetzlich vorgesehenen Rundungsregeln unbeachtet bleiben.

2.4.2.3 Anwendung der modifizierten Rechenregeln

Nachdem die im Falle einer detaillierten Berücksichtigung von Steuern erforderliche Erweiterung des Systems allgemeiner Rechenregeln vollständig beschrieben wurde, wollen wir die Funktionsweise der modifizierten Rechenregeln am Zahlen-

beispiel veranschaulichen. Zuvor sei noch einmal betont, daß es sich dabei um einen exemplarischen Modellansatz unter speziellen steuerlichen Annahmen handelt, die in Abschnitt 2.4.2.1 eingehend dargestellt worden sind.
Ein Investor hat einen Planungszeitraum von $T = 4$ Jahren. Er ist unverheiratet, wird nicht zur Kirchensteuer herangezogen und betreibt ein Gewerbe als Einzelunternehmer. Er rechnet damit, daß er im Falle der Nichtdurchführung weiterer Investitionen von den in Tab. 2-32 zusammengestellten Basisbemessungsgrundlagen auszugehen hat.

Tab. 2-32. Basisbemessungsgrundlagen eines Investors

Zeitpunkt t	1	2	3	4
Basisbemessungsgrundlage für Vermögensteuer ($BBG_{v,t}$)	1 000 000	900 000	900 000	900 000
Basisbemessungsgrundlage für Gewerbekapitalsteuer ($BBG_{gk,t}$)	1 300 000	1 200 000	1 200 000	1 200 000
Basisbemessungsgrundlage für Gewerbeertragsteuer ($BBG_{ge,t}$)	125 000	120 000	110 000	100 000
Basisbemessungsgrundlage für Einkommensteuer ($BBG_{e,t}$)	110 000	100 000	95 000	90 000

Bei der Vermögensteuer ist ein Freibetrag in Höhe von $FREI_v = 70 000$ DM zu berücksichtigen, bei der Gewerbekapitalsteuer $FREI_{gk} = 120 000$ DM und bei der Gewerbeertragsteuer $FREI_{ge} = 36 000$ DM. Der Hebesatz für die beiden Gewerbesteuern beträgt $HEBE = 400\%$.
Die Basiszahlungen des Investors belaufen sich auf $\overline{M} = \{140 000, -20 000, 125 000, 56 000, 210 000\}$. Der Investor hat die Absicht, sein Endvermögen bei gleichbleibenden Konsumentnahmen auf dem Niveau von $Y = 50 000$ DM zu maximieren. Der Kapitalmarkt ist unvollkommen und unbeschränkt, wobei der Soll-Zinssatz gleichbleibend mit $s = 10\%$, der Haben-Zinssatz gleichbleibend mit $h = 4\%$ veranschlagt wird.
Es stehen zwei Investitionen A und B mit den in Tab. 2-33 zusammengestellten Zahlungsreihen zur Verfügung. Es kann auch ganz auf Investitionen verzichtet werden (Projekt 0). Bei den beiden Investitionen A und B ist von linearer Abschreibung auszugehen. Es ist die (nach Steuern) endwertmaximale Investition zu bestimmen.

Tab. 2-33. Zahlungsreihen zweier miteinander konkurrierender Investitionen

Zeitpunkt t	0	1	2	3	4
Projekt A	−70 000	30 000	20 000	20 000	30 000
Projekt B	−80 000	25 000	30 000	20 000	45 000

Wendet man das in Abschnitt 2.4.2.2 beschriebene System modifizierter allgemeiner Rechenregeln an, so erhält man für die drei Investitionsalternativen folgende Endwerte nach Steuern:

Projekt A	57 608,36 DM
Projekt B	60 691,41 DM
Projekt 0	49 368,68 DM

Tab. 2-34. Vollständige Finanzpläne für zwei Investitionsalternativen bei unvollkommenem und unbeschränktem Kapitalmarkt und detaillierter Berücksichtigung von Steuern

Zeitpunkt t	0	1	2	3	4
Basiszahlungen	140 000,00	− 20 000,00	125 000,00	56 000,00	210 000,00
Investition A	− 70 000,00	30 000,00	20 000,00	20 000,00	30 000,00
Verm.St.		− 3 203,12	− 2 362,65	− 2 450,11	− 2 349,85
Gew.-kap.-St.		− 10 020,00	− 8 573,49	− 8 610,78	− 8 503,84
Gew.-ertr.-St.		− 15 380,00	− 12 265,86	− 10 904,00	− 10 699,02
Eink.-St.		− 38 823,77	− 25 812,26	− 25 841,34	− 27 194,42
Erg.-Inv. (4 %)	− 20 000,00	20 800,00			
Erg.-Fin. (10 %)		86 626,89	− 95 289,59		
Erg.-Fin. (10 %)			49 303,85	− 54 234,23	
Erg.-Fin. (10 %)				76 040,46	− 83 644,51
Entnahmen	50 000,00	50 000,00	50 000,00	50 000,00	50 000,00
Endvermögen					57 608,36
Basiszahlungen	140 000,00	− 20 000,00	125 000,00	56 000,00	210 000,00
Investition B	− 80 000,00	25 000,00	30 000,00	20 000,00	45 000,00
Verm.-St.		− 3 193,75	− 2 341,74	− 2 440,78	− 2 345,17
Gew.-kap.-St.		− 10 000,00	− 8 571,19	− 8 612,83	− 8 510,85
Gew.-ertr.-St.		− 14 066,67	− 13 428,12	− 10 441,27	− 12 745,80
Eink.-St.		− 35 341,61	− 28 528,16	− 24 521,68	− 32 390,90
Erg.-Inv. (4 %)	− 10 000,00	10 400,00			
Erg.-Fin. (10 %)		97 202,03	− 106 922,23		
Erg.-Fin. (10 %)			54 791,44	− 60 270,59	
Erg.-Fin. (10 %)				80 287,15	− 88 315,87
Entnahmen	50 000,00	50 000,00	50 000,00	50 000,00	50 000,00
Endvermögen					60 691,41

Projekt B ist also optimal und sollte durchgeführt werden, weil es auch günstiger als Nichtinvestition (Projekt 0) ist. Die vollständigen Finanzpläne für die beiden Investitionen A und B sind in Tab. 2-34 zusammengestellt.

Zur Förderung des Verständnisses für die Ermittlung der Steuerzahlungen rechnen wir abschließend noch die Steuern im Zusammenhang mit Projekt A im Zeitpunkt t = 4 nach.

Vermögensteuer

Basisbemessungsgrundlage	900 000,00
− Finanzmitteldefizit der Vorperiode	− 76 040,47
+ Anschaffungsausgabe	70 000,00
− Summe der Abschreibungen, höchstens aber 70 % der Anschaffungsausgabe	− 49 000,00
= Zwischensumme	844 959,53
− Freibetrag gem. § 117a Bewertungsgesetz	− 125 000,00
= Zwischensumme	719 959,53
− 25 % Abschlag gemäß § 117a Bewertungsgesetz	− 179 989,88
= Zwischensumme	539 969,65
− Freibetrag gemäß § 6 Vermögensteuergesetz	− 70 000,00
= Bemessungsgrundlage	469 969,65

Steuersatz 0,5 %
daher Vermögensteuerschuld: 2 349,85 DM

Gewerbekapitalsteuer

Basisbemessungsgrundlage	1 200 000,00
+ Anschaffungsausgabe	70 000,00
− Summe der Abschreibungen, höchstens aber 70 % der Anschaffungsausgabe	− 49 000,00
− 50 % des Finanzmitteldefizits der Vorperiode	− 38 020,23
= Zwischensumme	1 182 979,77
− allgemeiner Freibetrag gemäß § 13 Gewerbesteuergesetz	− 120 000,00
= Bemessungsgrundlage	1 062 979,77

Steuersatz 0,8 %
(= 0,2 % mal 400 % Hebesatz)
daher Gewerbekapitalsteuerschuld: 8 503,84 DM

Gewerbeertragsteuer

Basisbemessungsgrundlage	100 000,00
+ Rückflüsse	30 000,00
− Abschreibung (= 70 000/4)	− 17 500,00
− Gewerbekapitalsteuer	− 8 503,84

− 50 % der Soll-Zinsen auf das Finanz-mitteldefizit der Vorperiode	− 3 802,02

= Zwischensumme	100 194,14
− Freibetrag gemäß §11 Gewerbesteuergesetz	− 36 000,00

= Bemessungsgrundlage	64 194,14

Steuersatz 16,7 %
(= 4/24 bei 400 % Hebesatz)
daher Gewerbeertragsteuerschuld: 10 699,02 DM

Einkommensteuer

Basisbemessungsgrundlage	90 000,00
+ Rückflüsse	30 000,00
− Abschreibung (= 70 000/4)	− 17 500,00
− Gewerbeertragsteuer	− 10 699,02
− Gewerbekapitalsteuer	− 8 503,84
− Soll-Zinsen auf das Finanzmitteldefizit der Vorperiode	− 7 604,05

= Bemessungsgrundlage	75 693,09

Anzuwenden ist die Einkommensteuer-Tariffunktion für die
untere Progressionszone (vgl. Abschnitt 2.1.4.1),
daher Einkommensteuerschuld: 27 194,42 DM

2.4.3 Standardmodell zur Berücksichtigung einer allgemeinen und proportionalen Gewinnsteuer

Das im vorigen Abschnitt dargestellte Modell zur detaillierten Steuerberücksichtigung zeichnet sich durch zwei Eigenschaften aus, die man negativ beurteilen kann:

(1) Es werden mehrere Steuerarten (in unserem Fall: Einkommensteuer, Gewerbeertragsteuer, Gewerbekapitalsteuer und Vermögensteuer) gleichzeitig einbezogen. Jede Steuer hat ihre eigene Bemessungsgrundlage. Bei einem Planungszeitraum von T Jahren müssen daher für jede Steuer T Veranlagungen simuliert werden.

(2) Von Rundungsfehlern abgesehen werden die Steuertarife und die Freibetragsregelungen präzise angewandt. Da keine der in diesem Buch dargestellten Steuern einen proportionalen Tarif hat, müssen immer die Gesamt-Berechnungsgrundlagen ermittelt werden.

- Daß die Einkommensteuer einen progressiven Tarif besitzt, bedarf keiner weiteren Erläuterung.
- Die Kirchensteuer ist wegen ihrer Kappungsregelung keine proportionale Steuer.
- Die Körperschaftsteuer knüpft an zwei Bemessungsgrundlagen an, nämlich das zu versteuernde Einkommen und die Bardividende. Deswegen kann sie allenfalls unter der speziellen Voraussetzung als proportionale Steuer bezeichnet werden, daß das Verhältnis beider Bemessungsgrundlagen zueinander (die Ausschüttungsquote) immer konstant bleibt.
- Gewerbekapital-, Gewerbeertrag- und Vermögensteuer sind deswegen keine proportionalen Steuern, weil es bei jeder der drei Steuern absolute Freibeträge gibt. Lediglich in bezug auf die darüber hinausgehenden Beträge sind die Tarife proportional.

Es reicht also beispielsweise nicht aus, wenn man weiß, daß eine Investition die Bemessungsgrundlage der Einkommensteuer um einen bestimmten Betrag erhöht (oder vermindert). Um die zusätzliche Einkommensteuerbelastung (oder -entlastung) exakt berechnen zu können, muß man die Ausgangslage kennen und wissen, wie hoch das zu versteuernde Einkommen ohne die zu beurteilende Investition ist. Mit anderen Worten: Bei einem Planungszeitraum von T Jahren müssen für jede Steuer T Basisbemessungsgrundlagen vorausgeschätzt werden (vgl. oben Tab. 2-32). Der mit der Beschaffung dieser Informationen verbundene Planungs- und Prognoseaufwand ist kaum zu unterschätzen.

Es liegt daher nahe, die Steuern in der Investitionsrechnung weniger detailliert zu erfassen und entsprechende Modellvereinfachungen vorzunehmen. Als weitgehend akzeptiert ist heute ein Verfahren anzusehen, das in der Literatur unter dem Namen Standardmodell oder auch Nettomethode bekannt ist. Dieses Verfahren berücksichtigt Steuern in einer außerordentlich vereinfachten Weise, die im folgenden dargestellt wird.

2.4.3.1 Annahmen des Standardmodells

Das Standardmodell beruht auf der Prämisse des *vollkommenen Kapitalmarkts* und benutzt daher den Kapitalwert als Entscheidungskriterium. Um den Kapitalwert nach Steuern zu berechnen, wird von den folgenden neun (das geltende deutsche Steuerrecht zum Teil bis zur Unkenntlichkeit vereinfachenden) Annahmen ausgegangen:

(1) *Allgemeine Gewinnsteuer*. Es gibt eine allgemeine Gewinnsteuer. Diese heißt deswegen allgemein, weil sie alle Gewinne in gleicher Weise trifft, unabhängig davon, ob sie innerhalb oder außerhalb gewerblicher Unternehmen erzielt werden. Auch die Rechtsform der Unternehmung ist für diese Steuer bedeutungslos. Neben der allgemeinen Gewinnsteuer (GST) werden keine weiteren Steuern erhoben.

(2) *Bemessungsgrundlage.* Die Steuer bemißt sich nach dem Periodengewinn. Dabei ergibt sich die Bemessungsgrundlage der allgemeinen Gewinnsteuer (BG_{gew}) aus drei Komponenten, nämlich den periodischen Rückflüssen aller Investitionen, den Abschreibungen auf alle Investitionsobjekte sowie den Zinsen. Zinserträge erhöhen den Gewinn, Zinsaufwendungen mindern ihn. Daher:

$$BG_{gew} = \text{Rückflüsse} - \text{Abschreibungen} \pm \text{Zinsen}.$$

(3) *Proportionale Besteuerung.* Es wird angenommen, daß es einen Gewinnsteuersatz s_{gew} gibt, der von der Höhe der Bemessungsgrundlage ganz unabhängig ist. Es gibt auch keinen Freibetrag. Die Steuerschuld im Zeitpunkt t ergibt sich somit aus

$$GST_t = s_{gew} \, BG_{gew,t}$$

(4) *Sofortiger Verlustausgleich.* Sollte die Bemessungsgrundlage negativ sein ($BG_{gew,t} < 0$), so erhält der Steuerpflichtige im Zeitpunkt t eine Erstattung in Höhe der negativen Steuerschuld.

(5) *Sofortige Besteuerung.* Die Steuer wird im Zeitpunkt der Entstehung der Steuerschuld gezahlt.

(6) *Unabhängigkeit der Investitionszahlungsreihen von der Besteuerung.* Es wird unterstellt, daß der Investor nicht versucht, seine Steuerlast durch Preiserhöhungen an seine Kunden weiterzuwälzen.

(7) *Basisbemessungsgrundlage und Bemessungsgrundlage.* Es wird davon ausgegangen, daß der Investor auch dann Steuern zahlen muß, wenn er auf die Durchführung der zu beurteilenden Investition verzichtet. Die Bemessungsgrundlage der allgemeinen Gewinnsteuer im Zeitpunkt t läßt sich daher in sechs Komponenten aufspalten:

$BG_{gew,t}$ = Rückflüsse von Investitionen, die bereits früher vorgenommen worden sind,

    − Abschreibungen auf Investitionsobjekte, deren Beschaffung bereits früher vorgenommen worden ist,

    $\pm$ Zinserträge/Zinsaufwendungen, die unabhängig davon anfallen, ob die zu beurteilende Investition realisiert wird oder nicht,

Basisbemessungsgrundlage $BBG_{gew,t}$

    + Rückflüsse der zu beurteilenden Investition, RF_t

    − Abschreibungen auf das zu beurteilende Investitionsobjekt, AfA_t

    $\pm$ Zinserträge/Zinsaufwendungen, die durch Ergänzungsmaßnahmen verursacht werden. iC_{t-1}

Es gilt also in jedem Zeitpunkt t > 0

$$BG_{gew,t} = BBG_{gew,t} + RF_t - AfA_t + iC_{t-1}.$$

(8) *Umbenennung der Elemente der Zahlungsreihe.* Anstelle der in den anderen Kapiteln dieses Buches üblichen Schreibweise $\bar{z} = \{z_0, z_1, z_2, \ldots, z_T\}$ für die Zahlungsreihe einer Investition wird hier ebenso wie auch im Abschnitt 2.4.2 die Schreibweise $\bar{z} = \{-INV, RF_1, RF_2, \ldots, RF_T\}$ benutzt. Dabei ist INV die aktivierungspflichtige Anschaffungsausgabe für das Investitionsobjekt.

(9) *Steuerliche Verrechnung der Ergänzungsmaßnahmen.* Die Zinsen der Ergänzungsmaßnahmen (iC_{t-1}) schlagen sich uneingeschränkt in der Bemessungsgrundlage nieder. Zinsaufwendungen (iC_{t-1}, wenn $C_{t-1} < 0$) mindern die Bemessungsgrundlage in voller Höhe, Zinserträge (iC_{t-1}, wenn $C_{t-1} > 0$) erhöhen sie entsprechend.

Da es hier lediglich um die Verrechnung der Zinsen für Ergänzungsmaßnahmen geht und die übrigen Zinsaufwendungen in der Basisbemessungsgrundlage ($BBG_{gew,t}$) erfaßt werden, bleibt weitgehend im dunkeln, welche Kapitalstruktur die von dem Investor betriebene Unternehmung besitzt.

2.4.3.2 Herleitung der Kapitalwertformel

In Abschnitt 2.3.2.3 hatten wir aus den allgemeinen Rechenregeln für den Fall des Vermögensstrebens eine geschlossene Formel für den Endwert einer Investition entwickelt. Dabei waren wir von zwei Bedingungen ausgegangen. Erstens war angenommen worden, daß der Kapitalmarkt vollkommen ist ($s = h = i$), zweitens waren Steuern unberücksichtigt geblieben. Bei der Entwicklung der Endwertformel hatten wir mit den *Ausgangsgleichungen*

$$C_0 = M_0 - f_0 Y + z_0 \quad \text{und}$$
$$C_t = M_t - f_t Y + z_t + (1+i)C_{t-1} \qquad (t = 1, \ldots, T)$$

begonnen. Durch fortschreitende Berechnung von C_t über $t = 1$ bis $t = T$ konnte daraus die Endwertformel abgeleitet werden. Aus dieser wiederum konnte man die Formel für den Kapitalwert einer Investition herleiten.

Den gleichen Weg gehen wir jetzt noch einmal. Allerdings beziehen wir nun die allgemeine Gewinnsteuer in die Endwertberechnung ein. Zunächst müssen wir dabei die *Ausgangsgleichungen* in vier Schritten auf die veränderten Bedingungen hin umformulieren.

Schritt 1. Umbenennung der Elemente der Zahlungsreihe
Wegen der veränderten Schreibweise für die Zahlungsreihe einer Investition muß es

$$C_0 = M_0 - f_0 Y - INV \quad \text{und}$$
$$C_t = M_t - f_t Y + RF_t + (1+i)C_{t-1} \qquad (t = 1, \ldots, T)$$

heißen.

Schritt 2. Einbeziehung der allgemeinen Gewinnsteuer
Die Gewinnsteuer ist als weitere Zahlung zu berücksichtigen. Sie fällt annahmege-

mäß erstmals im Zeitpunkt t = 1 an. Deswegen lauten die erweiterten Ausgangs-gleichungen

$$C_0 = M_0 - f_0 Y - INV \quad \text{und}$$
$$C_t = M_t - f_t Y + RF_t + (1 + i)C_{i-1} - GST_t \qquad (t = 1, \dots, T).$$

Schritt 3. Einsetzen und Umformen
Aufgrund der im vorigen Abschnitt getroffenen Annahmen beläuft sich die allge-meine Gewinnsteuer auf

$$GST_t = s_{gew} BG_{gew,t}$$
$$= s_{gew}[BBG_{gew,t} + RF_t - AfA_t + iC_{t-1}].$$

Einsetzen in die entsprechende Ausgangsgleichung und Umformen ergibt

$$C_t = M_t - f_t Y - s_{gew} BBG_{gew,t} + RF_t(1 - s_{gew}) + s_{gew} AfA_t +$$
$$+ (1 + i(1 - s_{gew}))C_{t-1}.$$

Führen wir schließlich noch i* als Symbol für den *versteuerten Kalkulationszinsfuß*

$$i^* = i(1 - s_{gew})$$

ein, so kann man für die Ausgangsgleichungen auch schreiben:

$$C_0 = M_0 - f_0 Y - INV$$
$$C_t = M_t - f_t Y - s_{gew} BBG_{gew,t} + RF_t(1 - s_{gew}) + s_{gew} AfA_t + (1 + i^*)C_{t-1}.$$

Schritt 4. Isolierung der projektunabhängigen Zahlungen
Um die Ableitung der Endwertformel in möglichst übersichtlicher Form vorneh-men zu können, fassen wir alle Zahlungen zusammen, die bei Endwertmaximie-rung unabhängig davon anfallen, ob die Investition durchgeführt wird oder nicht. Die projektunabhängigen Zahlungen belaufen sich auf

$$puZ_0 = M_0 - f_0 Y \qquad \text{und}$$
$$puZ_t = M_t - f_t Y - s_{gew} BBG_{gew,t} \qquad (t = 1, \dots, T).$$

Einsetzen führt zu den vereinfachten Ausgangsgleichungen

$$C_0 = puZ_0 - INV \qquad \text{und}$$
$$C_t = puZ_t + RF_t(1 - s_{gew}) + s_{gew} AfA_t + (1 + i^*)C_{t-1} \qquad (t = 1, \dots, T).$$

Nun können wir ohne weitere Vorbereitungen an die *Ableitung der Endwertformel* gehen und erhalten:

t = 1

$$C_1 = \qquad puZ_1 + RF_1(1 - s_{gew}) + s_{gew} AfA_1 + (1 + i^*)C_0$$
$$= \qquad puZ_1 + RF_1(1 - s_{gew}) + s_{gew} AfA_1 +$$
$$+ (1 + i^*) \cdot [puZ_0 - INV]$$

$t = 2$

$$C_2 = \qquad puZ_2 + RF_2(1 - s_{gew}) + s_{gew}AfA_2 + (1 + i^*)C_1$$
$$= \qquad puZ_2 + RF_2(1 - s_{gew}) + s_{gew}AfA_2 +$$
$$+ (1 + i^*)^1 \cdot [puZ_1 + RF_1(1 - s_{gew}) + s_{gew}AfA_1] +$$
$$+ (1 + i^*)^2 \cdot [puZ_0 - INV]$$

oder unter Verwendung des Summenoperators

$$C_2 = (1 + i^*)^2 \cdot \left[\sum_{t=0}^{2} puZ_t(1 + i^*)^{-t} + \right.$$
$$\left. + \sum_{t=1}^{2} (RF_t(1 - s_{gew}) + s_{gew}AfA_t)(1 + i^*)^{-t} - INV \right].$$

Für das Ende des Planungszeitraums, den Zeitpunkt $t = T$, ergibt sich entsprechend

$$C_T = (1 + i^*)^T \cdot \left[\underbrace{\sum_{t=0}^{T} puZ_t(1 + i^*)^{-t}}_{} + \right.$$

Barwert der projekt-
unabhängigen Zahlungen

$$\left. + \underbrace{\sum_{t=1}^{T} (RF_t(1 - s_{gew}) + s_{gew}AfA_t)(1 + i^*)^{-t} - INV}_{} \right].$$

Barwert der projektabhängigen Zahlungen

Aus dieser Gleichung ist die gesuchte Formel für den *Kapitalwert nach Steuern* ohne weiteres herauszulesen. Sie lautet

$$BKW = \sum_{t=1}^{T} [RF_t(1 - s_{gew}) + s_{gew}AfA_t](1 + i^*)^{-t} - INV.$$

Ein Beispiel soll veranschaulichen, wie mit der Formel zu rechnen ist.

Die Anschaffungsausgaben für eine Investition belaufen sich auf $INV = 5000$. Ihre Nutzungsdauer wird mit vier Jahren veranschlagt, und es soll linear abgeschrieben werden. Es wird geschätzt, daß sich die Rückflüsse in den ersten beiden Jahren auf $RF_1 = RF_2 = 2500$ belaufen und in den restlichen zwei Jahren $RF_3 = RF_4 = 1500$ betragen werden. Man berechne den Kapitalwert nach Steuer, wenn der (unversteuerte) Kalkulationszinsfuß $i = 12\%$ und der allgemeine Gewinnsteuersatz $s_{gew} = 60\%$ beträgt.

Der versteuerte Kalkulationszinsfuß ergibt sich zu $i^* = 12 \cdot (1 - 0{,}6) = -4{,}8\%$. Brutto-Zahlungen, Netto-Zahlungen und abgezinste Netto-Zahlungen lassen sich Tab. 2-35 entnehmen. Man erhält einen Kapitalwert von $BKW = 555{,}24$. Demnach empfiehlt sich die Durchführung der Investition.

Tab. 2-35. Berechnung des Kapitalwerts im Rahmen des Standardmodells

t	Zahlungs-reihe	Netto-Zahlungen				abgezinste Nettozahlun-gen
		$RF_t(1 - s_{gew})$	$s_{gew} AfA_t$	Summe	$(1 + i^*)^{-t}$	
0	−5000			−5000	1,0000	−5000,00
1	2500	1000	750	1750	0,9542	1669,85
2	2500	1000	750	1750	0,9105	1593,37
3	1500	600	750	1350	0,8688	1172,87
4	1500	600	750	1350	0,8290	1119,15
						BKW = 555,24

Wer häufig Kapitalwerte nach der hier beschriebenen Methode zu berechnen hat, mag sich des nachstehenden BASIC-Programms bedienen.

```
10      INPUT TT
20      DIM RF(TT), AFA(TT)
30      INPUT INV
40      FOR T = 1 TO TT
50      INPUT RF(T), AFA(T)
60      NEXT T
70      INPUT I
80      INPUT SGEW

90      QS = 1 + I*(1 − SGEW)
100     BKW = −INV
110     FOR T = 1 TO TT
120     BKW = BKW + (RF(T)*(1 − SGEW) + SGEW*AFA(T))*QS^−T
130     NEXT T
140     PRINT BKW
150     END
```

2.4.4 Standardmodell unter Einbeziehung von Substanzsteuern

Das im vorigen Abschnitt erörterte Standardmodell zeichnet sich in mehrfacher Weise durch einen besonderen Grad der Vereinfachung aus. Vor allem ist hervor-zuheben, daß lediglich eine einzige Steuerart berücksichtigt wird. Dabei wurde eine Steuerart gewählt, die auf den Gewinn als Bemessungsgrundlage zurück-greift. Zu solchen gewinn- oder erfolgsabhängigen Steuern zählen in Deutschland die Einkommensteuer, die Körperschaftsteuer, die Gewerbeertragsteuer und indi-rekt auch die Kirchensteuer.

Neben den gewinnabhängigen Steuern pflegt man (wohl überall auf der Welt)

vermögens- oder substanzabhängige Steuern zu erheben. In Deutschland ist hier an die Vermögensteuer, die Gewerbekapitalsteuer und aber auch an die Grundsteuer zu denken.

Im folgenden wollen wir zeigen, wie man Substanzsteuern in das Standardmodell einbeziehen kann. Ebenso wie bei der gewinnabhängigen Steuer wird dies jedoch mit beträchtlichen Vereinfachungen geschehen. Wir werden also ähnlich wie im vorigen Abschnitt bei der allgemeinen Gewinnsteuer mit Substanzsteuern arbeiten, die nur entfernt mit der Vermögensteuer, Gewerbekapitalsteuer oder Grundsteuer verwandt sind.

2.4.4.1 Zusätzliche Annahmen

Es gelten sinngemäß die gleichen Prämissen wie im Rahmen des Standardmodells ohne Substanzsteuern (vgl. oben Abschnitt 2.4.3.1). Jedoch treten folgende vier Annahmen hinzu:

(1) *Abzugsfähige Substanzsteuer.* Es wird eine erste Substanzsteuer SST1 erhoben, die Ähnlichkeit mit der in Deutschland erhobenen Gewerbekapitalsteuer besitzt, indem sie bei der Ermittlung der Bemessungsgrundlage der allgemeinen Gewinnsteuer in voller Höhe abgezogen werden darf.

In Abweichung zum Standardmodell ohne Substanzsteuer gilt nun für die *Bemessungsgrundlage der allgemeinen Gewinnsteuer*

$$BG_{gew,t} = BBG_{gew,t} + RF_t - AfA_t + iC_{t-1} - SST1_t.$$

(2) *Nichtabzugsfähige Substanzsteuer.* Neben der zuerst genannten wird eine zweite Substanzsteuer SST2 erhoben, die bei der allgemeinen Gewinnsteuer nicht abgezogen werden darf. Entsprechende Vorschriften haben wir in Deutschland für die Vermögensteuer.

(3) *Einheitliche Bemessungsgrundlage und proportionaler Tarif.* Es wird unterstellt, daß die Substanzsteuersätze s_{sub1} und s_{sub2} unabhängig von der Höhe ihrer Bemessungsgrundlage sind (proportionale Besteuerung) und daß es bei den beiden Substanzsteuern auch keine Freibeträge gibt. Ferner wird aus Vereinfachungsgründen angenommen, daß beide Substanzsteuern an die gleiche Bemessungsgrundlage anknüpfen. Die Substanzsteuerschulden im Zeitpunkt t ergeben sich folglich aus

$$SST1_t = s_{sub1} BG_{sub,t} \quad \text{und}$$
$$SST2_t = s_{sub2} BG_{sub,t}.$$

(4) *Zusammensetzung der Substanzsteuer-Bemessungsgrundlage.* Die Substanzsteuern bemessen sich nach dem Vermögen des Investors, von dem hier wiederum aus Vereinfachungsgründen angenommen wird, daß es jährlich neu festgestellt wird und sich der folgenden Aufstellung entsprechend in drei Komponenten aufspalten läßt:

$BG_{sub,t}$ = Vermögen, das der Investor unabhängig davon
besitzt, ob er die heute zu beurteilende Investition
durchführt oder nicht (Basisbemessungsgrundlage), $\qquad\qquad BBG_{sub,t}$

  + Restwert des Investitionsobjektes, das es zu beurteilen gilt, $\qquad\qquad RW_t$

  ± Finanzmittelüberschuß bzw. -defizit der Vorperiode $\qquad\qquad C_{t-1}$

Da auch hinsichtlich der Substanzsteuern davon ausgegangen wird, daß die erste
Zahlung zusätzlicher Steuer im Zeitpunkt t = 1 erfolgt, gilt für jeden Zeitpunkt
t > 0

$$BG_{sub,t} = BBG_{sub,t} + RW_t + C_{t-1}.$$

Für den im folgenden ausschließlich betrachteten Fall, daß es sich bei der Investition um die Anschaffung abnutzbarer Wirtschaftsgüter handelt, soll sich der Restwert (unter Vernachlässigung der Anhaltewert-Vorschriften) aus

$$RW_t = INV - \sum_{\tau=0}^{t-1} AfA_\tau$$

den um die Abschreibungen verminderten Anschaffungsausgaben ergeben.

2.4.4.2 Herleitung der Kapitalwertformel

Wir benutzen nun auch hier wieder den bereits zweimal beschrittenen Weg, aus
den allgemeinen Rechenregeln für den Fall des Vermögensstrebens eine geschlossene Formel für den mit einer Investition erreichbaren Endwert zu entwickeln.
Ebenso wie in Abschnitt 2.4.3.2 beginnen wir mit den *Ausgangsgleichungen*

$$C_0 = M_0 - f_0 Y + z_0 \qquad \text{und}$$
$$C_t = M_t - f_t Y + z_t + (1+i) C_{t-1}$$

und formulieren diese so um, daß sie den jetzt geltenden Bedingungsrahmen erfassen.

Schritt 1. Umbenennung der Elemente der Zahlungsreihe
Ebenso wie im Standardmodell ohne Substanzsteuern heißt es jetzt

$$C_0 = M_0 - f_0 Y - INV \qquad \text{und}$$
$$C_t = M_t - f_t Y + RF_t + (1+i) C_{t-1}.$$

*Schritt 2. Einbeziehung der allgemeinen Gewinnsteuer sowie der beiden Substanz-
steuern.* Es sind drei weitere Steuerzahlungen zu berücksichtigen, die annahmege-
mäß erstmals im Zeitpunkt t = 1 anfallen, so daß

$$C_0 = M_0 - f_0 Y - INV \qquad \text{und}$$
$$C_t = M_t - f_t Y + RF_t + (1+i) C_{t-1} - GST_t - SST1_t - SST2_t$$

entsteht.

Schritt 3. Einsetzen der Steuerartengleichungen. Nun sind die drei Steuerartengleichungen

$$\mathrm{SST1}_t = s_{\mathrm{sub1}} \cdot [\mathrm{BBG}_{\mathrm{sub},t} + \mathrm{RW}_t + C_{t-1}],$$

$$\mathrm{SST2}_t = s_{\mathrm{sub2}} \cdot [\mathrm{BBG}_{\mathrm{sub},t} + \mathrm{RW}_t + C_{t-1}] \qquad \text{und}$$

$$\begin{aligned}
\mathrm{GST}_t &= s_{\mathrm{gew}} \cdot [\mathrm{BBG}_{\mathrm{gew},t} + \mathrm{RF}_t - \mathrm{AfA}_t + iC_{t-1} - \mathrm{SST1}_t] \\
&= s_{\mathrm{gew}} \cdot [\mathrm{BBG}_{\mathrm{gew},t} + \mathrm{RF}_t - \mathrm{AfA}_t + iC_{t-1} - \\
&\quad - s_{\mathrm{sub1}} \cdot (\mathrm{BBG}_{\mathrm{sub},t} + \mathrm{RW}_t + C_{t-1})]
\end{aligned}$$

einzusetzen.

Schritt 4. Isolieren der projektunabhängigen Zahlungen und Umformen. Um bei
den jetzt noch erforderlichen Umformungen sowie bei der Herleitung der Endwertformel möglichst übersichtlich vorgehen zu können, isolieren wir noch die
projektunabhängigen Zahlungen. Diese belaufen sich bei Einbeziehung der beiden Substanzsteuern in das Standardmodell auf

$$\mathrm{puZ}_0 = M_0 - f_0 Y \qquad \text{und}$$

$$\mathrm{puZ}_t = M_t - f_t Y - s_{\mathrm{gew}}(\mathrm{BBG}_{\mathrm{gew},t} - s_{\mathrm{sub1}} \mathrm{BBG}_{\mathrm{sub},t}) - (s_{\mathrm{sub1}} + s_{\mathrm{sub2}}) \mathrm{BBG}_{\mathrm{sub},t}.$$

Unter Verwendung dieser Kurzschreibweise für die projektunabhängigen Zahlungen lassen sich die Ausgangsgleichungen schließlich in die Form

$$C_0 = \mathrm{puZ}_0 - \mathrm{INV} \qquad \text{und}$$

$$\begin{aligned}
C_t &= \mathrm{puZ}_t + \mathrm{RF}_t(1 - s_{\mathrm{gew}}) + s_{\mathrm{gew}} \mathrm{AfA}_t - [s_{\mathrm{sub1}}(1 - s_{\mathrm{gew}}) + s_{\mathrm{sub2}}] \cdot \mathrm{RW}_t + \\
&\quad + [1 + (i - s_{\mathrm{sub1}})(1 - s_{\mathrm{gew}}) - s_{\mathrm{sub2}}] \cdot C_{t-1}
\end{aligned}$$

bringen. Das läßt sich noch einfacher schreiben, wenn man den *Steuer-Multifaktor*

$$s^* = s_{\mathrm{sub1}}(1 - s_{\mathrm{gew}}) + s_{\mathrm{sub2}}$$

und den *versteuerten Kalkulationszinsfuß*

$$i^* = i(1 - s_{\mathrm{gew}}) - s^*$$

benutzt. Die Ausgangsgleichungen nehmen dann nämlich die Form

$$C_0 = \mathrm{puZ}_0 - \mathrm{INV} \qquad \text{und}$$

$$C_t = \mathrm{puZ}_t + \mathrm{RF}_t(1 - s_{\mathrm{gew}}) + s_{\mathrm{gew}} \mathrm{AfA}_t - s^* \mathrm{RW}_t + (1 + i^*)C_{t-1}$$

an. Damit können wir jetzt ohne weiteres die Endwertformel herleiten. Wir bekommen:

$t = 1$

$$\begin{aligned}
C_1 &= && \mathrm{puZ}_1 + \mathrm{RF}_1(1 - s_{\mathrm{gew}}) + s_{\mathrm{gew}} \mathrm{AfA}_1 - s^* \mathrm{RW}_1 + (1 + i^*)C_0 \\
&= && \mathrm{puZ}_1 + \mathrm{RF}_1(1 - s_{\mathrm{gew}}) + s_{\mathrm{gew}} \mathrm{AfA}_1 - s^* \mathrm{RW}_1 + \\
&\quad + (1 + i^*)^1 \cdot [\mathrm{puZ}_0 - \mathrm{INV}]
\end{aligned}$$

$t = 2$

$$C_2 = \quad puZ_2 + RF_2(1 - s_{gew}) + s_{gew}AfA_2 - s^*RW_2 + (1 + i^*)C_1$$
$$= \quad puZ_2 + RF_2(1 - s_{gew}) + s_{gew}AfA_2 + s^*RW_2 +$$
$$+ (1 + i^*)^1 \cdot [puZ_1 + RF_1(1 - s_{gew}) + s_{gew}AfA_1 + s^*RW_1] +$$
$$+ (1 + i^*)^2 \cdot [puZ_0 - INV]$$

oder unter Verwendung des Summenoperators

$$C_2 = (1 + i^*)^2 \cdot \left[\sum_{t=0}^{2} puZ_t(1 + i^*)^{-t} + \right.$$
$$\left. + \sum_{t=1}^{2} (RF_t(1 - s_{gew}) + s_{gew}AfA_t - s^*RW_t)(1 + i^*)^{-t} - INV \right]$$

Für das Ende des Planungszeitraums, den Zeitpunkt $t = T$, heißt es analog

$$C_T = (1 + i^*)^T \cdot \left[\underbrace{\sum_{t=0}^{T} puZ_t(1 + i^*)^{-t}}_{\substack{\text{Barwert der projekt-} \\ \text{unabhängigen Zahlungen}}} + \right.$$

$$\left. + \underbrace{\sum_{t=1}^{T} (RF_t(1 - s_{gew}) + s_{gew}AfA_t - s^*RW_t)(1 + i^*)^{-t} - INV}_{\text{Barwert der projektabhängigen Zahlungen}} \right]$$

Also lautet die Kapitalwertformel im Standardmodell unter Einbeziehung von Substanzsteuern

$$BKW = \sum_{t=1}^{T} [RF_t(1 - s_{gew}) + s_{gew}AfA_t - s^*RW_t](1 + i^*)^{-t} - INV$$
$$\text{mit} \quad s^* = s_{sub1}(1 - s_{gew}) + s_{sub2}$$
$$i^* = i(1 - s_{gew}) - s^*.$$

Zum Zwecke der Veranschaulichung des Rechenganges knüpfen wir an das in Abschnitt 2.4.3.2 benutzte Zahlenbeispiel an.

Die Anschaffungsausgaben einer Investition belaufen sich auf $INV = 5000$. Ihre Nutzungsdauer beträgt vier Jahre, und es soll linear abgeschrieben werden. Die Rückflüsse in den ersten beiden Jahren sind $RF_1 = RF_2 = 2500$, danach $RF_3 = RF_4 = 1500$. Der unversteuerte Kalkulationszinsfuß ist $i = 12\%$. Man berechne den Kapitalwert nach Steuer, wenn der Gewinnsteuersatz $s_{gew} = 60\%$, der Steuersatz für die abzugsfähige Substanzsteuer $s_{sub1} = 0,8\%$ und der Steuersatz für die nicht abzugsfähige Substanzsteuer $s_{sub2} = 0,6\%$ ist.

Der Steuer-Multifaktor beläuft sich bei diesen Zahlen auf

$$s^* = s_{sub1}(1 - s_{gew}) + s_{sub2}$$
$$= 0,008 \cdot (1 - 0,6) + 0,006 = 0,0092.$$

Daher errechnet man den versteuerten Kalkulationszinsfuß mit

$$i^* = i(1 - s_{gew}) - s^*$$
$$= 0,12 \cdot (1 - 0,6) - 0,0092 = 0,0388.$$

Der weitere Rechengang ergibt sich aus Tab. 2-36. Man erhält einen Kapitalwert von BKW = 563,34. Danach ist es günstiger, die Investition zu realisieren als auf sie zu verzichten.

Tab. 2-36. Berechnung des Kapitalwerts im Rahmen des Standardmodells mit Substanzsteuer

t	Zahlungsreihe	Nettozahlungen					abgezinste Nettozahlungen
		$RF_t(1 - s_{gew})$	$s_{gew} AfA_t$	$-s^* RW_t$	Summe	$(1 + i^*)^{-t}$	
0	−5000				−5000,0	1,0000	−5000,00
1	2500	1000	750	−46,0	1704,0	0,9626	1640,35
2	2500	1000	750	−34,5	1715,5	0,9267	1589,74
3	1500	600	750	−23,0	1327,0	0,8921	1183,79
4	1500	600	750	−11,5	1338,5	0,8588	1149,45

BKW = 563,34

Wer häufiger Kapitalwerte nach diesem Verfahren berechnen muß, dem ist das nachstehende BASIC-Programm zu empfehlen.

```
10    INPUT TT
20    DIM RF(TT), AFA(TT), RW(TT)
30    INPUT INV
40    RW(0) = INV
50    FOR T = 1 TO TT
60    INPUT RF(T), AFA(T)
70    RW(T) = RW(T − 1) − AFA(T)
80    NEXT T
90    INPUT I
100   INPUT SGEW, SSUB1, SSUB2
110   SMF = SSUB1 * (1 − SGEW) + SSUB2
120   QS = 1 + I * (1 − SGEW) − SMF
130   BKW = − INV
140   FOR T = 1 TO TT
150   BKW = BKW + (RF(T) * (1 − SGEW) + SGEW * AFA(T)
      − SMF * RW(T − 1)) * QS^ − T
160   NEXT T
170   PRINT BKW
180   END
```

Fragen und Probleme

1. Aus welchen Gründen ist das Zurechnungsproblem für Investitionswahlentscheidungen (und Investitionsdauerentscheidungen) ein Scheinproblem?
2. Welche Verfahren der statischen Investitionsrechnung kennen Sie?
3. Welche Voraussetzungen müssen erfüllt sein, damit
   a) die Gewinnvergleichsrechnung,
   b) die Rentabilitätsvergleichsrechnung
   zu vernünftigen Investitionsentscheidungen führt?
4. Was besagt das Prinzip der relevanten Kosten?
5. Welche Mängel besitzen die einperiodigen statischen Investitionsrechnungen?
6. Worin besteht der Unterschied zwischen der Kumulationsmethode und der Durchschnittsmethode der Amortisationsrechnung?
7. Begründen Sie die Aussage: „Amortisationsrechnungen sind spezielle Sensitivitätsanalysen."
8. Worin bestehen die wesentlichen Unterschiede zwischen den statischen und den dynamischen Investitionsrechnungen?
9. Welche Funktion hat der vollständige Finanzplan bei Wahlentscheidungen über Investitionsprojekte?
10. Warum können Investitionswahlentscheidungen regelmäßig nur unter Berücksichtigung von Ergänzungs-Investitionen und -Finanzierungen getroffen werden?
11. Welche speziellen Annahmen über Ergänzungs-Investitionen und -Finanzierungen werden bei Unterstellung eines
    a) vollommen,
    b) unvollkommen
    Kapitalmarkts getroffen?
12. Warum ist es notwendig, pauschale (vereinfachende) Annahmen über Ergänzungs-Investitionen und -Finanzierungen einzuführen? Welche Problemstruktur würde sich bei Vorgabe realer Ergänzungs-Investitionen und -Finanzierungen ergeben, und welche Konsequenzen hätte das für die Investitionsrechnung?
13. Welche Folgen hätte die Annahme, daß Ergänzungs-Maßnahmen immer eine Laufzeit von zwei Perioden haben?
14. Wie kann man den Haben-Zins für Ergänzungs-Investitionen ökonomisch interpretieren?
15. Welche Gleichungen beschreiben das System allgemeiner Rechenregeln für den Fall des Vermögensstrebens bei unvollkommenem und unbeschränktem Kapitalmarkt?
16. Wie lautet die Gleichung für den Kapitalwert einer Investition?
17. Wie läßt sich begründen, daß Investitionen mit negativem Kapitalwert solche sind, auf die man verzichten sollte?
18. Wieso muß ein Investor, der nach maximalem Endvermögen strebt, unter den Bedingungen des vollkommenen Kapitalmarkts weder seine Basiszahlungen kennen noch eine Vorstellung über die zeitliche Struktur seiner Konsumentnahmen besitzen?
19. Aus welchem Grunde kann es auf vollkommenem Kapitalmarkt niemals zu einem Konflikt zwischen Vermögensstreben und Einkommensstreben kommen?
20. Was versteht man unter einer nachschüssigen Rente, was unter einer vorschüssigen?
21. In welchem Verhältnis steht der nachschüssige Rentenbarwertfaktor zum Annuitäten- oder Wiedergewinnungsfaktor?
22. Wie ist der interne Zinsfuß einer Investition definiert?

23. Investitionen können mehrere interne Zinsfüße heben. Wovon hängt die Anzahl der internen Zinsfüße ab, die eine Investition maximal haben kann?
24. Was ist eine Normalinvestition, und was kann man über die Anzahl ihrer internen Zinsfüße im Intervall r > − 100 % sagen?
25. Beschreiben Sie, wie man interne Zinsfüße von Normalinvestitionen mit Hilfe des Verfahrens von Newton berechnet.
26. Welche Einkunftsarten unterscheidet das Einkommensteuergesetz?
27. Was heißt im Zusammenhang mit Einkommensteuer „Splitting-Verfahren"?
28. Was heißt Kirchensteuerkappung?
29. Beschreiben Sie den Körperschaftsteuertarif.
30. Skizzieren Sie das Verfahren der Anrechnung der Körperschaftsteuer auf die Einkommensteuer.
31. Erklären Sie im Zusammenhang mit der Gewerbeertragsteuer (Gewerbekapitalsteuer) die Begriffe Steuermeßzahl, Steuermeßbetrag und Hebesatz.
32. Was wissen Sie über den Vermögensteuertarif?
33. Was versteht man unter Differenzsteuer, und welche Berechnungsschritte sind erforderlich, um die Differenzsteuer (in bezug auf eine beliebige Steuerart) zu berechnen?
34. Wie ließe sich der Aufwand zur Berechnung der Differenzsteuer verringern, wenn man es mit einem (streng) proportionalen Steuertarif zu tun hätte?
35. Welchen Weg kann man (in bezug auf eine beliebige Steuerart) gehen, um den Berechnungsaufwand im Zusammenhang mit der Ermittlung von Differenzsteuern im Rahmen der Investitionsrechnung zu reduzieren?
36. Skizzieren Sie, in welcher Weise das System der allgemeinen Rechenregeln für den Fall des Vermögensstrebens zu erweitern ist, wenn Steuern einbezogen werden sollen.
37. Was bedeutet Steuerarteninterdependenz, und welche Folgen hat dieses Phänomen, wenn man mehrere Steuerarten in einer Investitionsrechnung berücksichtigen will?
38. Welche Vorteile hat das Standardmodell zur Berücksichtigung einer allgemeinen und proportionalen Gewinnsteuer gegenüber einem Endwertmodell mit detaillierter Steuerberücksichtigung, und durch welche Prämissen werden diese Vorteile erkauft?

Aufgaben

1. Eine geplante Investition verursacht Anschaffungsausgaben in Höhe von 70 000 DM. Innerhalb der folgenden fünf Jahre ist für das Betreiben der Anlage mit laufenden Ausgaben von 25 000 DM je Jahr zu rechnen. Die zusätzlichen Erlöse aus dem Betrieb der Anlage werden sich in den ersten beiden Jahren auf jeweils 40 000 DM, danach auf jeweils 50 000 DM belaufen. Der Liquidationserlös nach fünfjähriger Nutzung wird heute mit 6 000 DM veranschlagt. Der Zinssatz wird mit 7 % angesetzt.
   Man berechne
   a) den (statischen) Durchschnittsgewinn je Jahr,
   b) die (statische) Durchschnittsrendite und
   c) die Amortisationsdauer.
2. Wie lang ist die Amortisationsdauer einer Investition, wenn die Anschaffungsausgaben 30 000 DM betragen und über eine Nutzungsdauer von sechs Jahren mit jährlichen Rückflüssen in Höhe von 15 000 DM gerechnet wird? Wie lang ist die Amortisationszeit, wenn die gleichen Rückflüsse nur drei Jahre lang erzielt werden?
   Welche Schlußfolgerungen ziehen Sie aus der Antwort?

3. Betrachten Sie die Zahlungsreihen der zwei nachstehenden Investitionsprojekte.

Anschaffungsausgaben und Rückflüsse

Projekt	t = 0	t = 1	t = 2	t = 3	t = 4	t = 5	t = 6	t = 7
A	−100	80	30	4	6	14	8	14
B	−100	14	6	40	36	8	30	80

Welches Projekt wäre das günstigste, wenn man die Entscheidung auf der Grundlage von
a) (statischen) Durchschnittsrenditen
b) Amortisationsdauern
treffen würde? Gehen Sie bei Ihren Berechnungen von der Annahme aus, daß linear abgeschrieben wird und der Liquidationserlös im Zeitpunkt t = 7 null ist.
4. Man entwickle ein Computer-Programm zur Berechnung der Amortisationsdauer nach dem Kumulationsverfahren unter der Annahme, daß Nutzungsdauer und Zahlungsreihe gegeben sind.
5. Ein Investor hat einen Planungszeitraum von T = 4 Jahren. Die Basiszahlungen belaufen sich auf M = (500, −200, 20, 150, 300). Der Investor will sein Endvermögen maximieren. Dabei wünscht er Entnahmen auf dem Niveau von Y = 60 mit der Entnahmestruktur (1, 1.1, 1.2, 1.4, 1.6). Der Kapitalmarkt ist unvollkommen und beschränkt. Dabei ist von einem Haben-Zinsvektor h = (0.06, 0.06, 0.05, 0.05), einem Soll-Zinsvektor s = (0.10, 0.10, 0.10, 0.09) und einem Finanzlimit von LIM = 400 auszugehen. Zu beurteilen sind drei Investitionen A, B und C sowie Nicht-Investition. Die Zahlungsreihen der Projekte lauten:

Zahlungen

t	0	1	2	3	4
A	−800	600	200	150	−80
B	−700	300	400	30	100
C	−400	−200	700	0	0
0	0	0	0	0	0

Berechnen Sie die Endwerte aller finanzierbaren Alternativen und stellen Sie die vollständigen Finanzpläne auf.
6. Betrachten Sie das gleiche Beispiel wie in Aufgabe 5 mit folgendem Unterschied. Der Investor will nun sein Entnahmeniveau maximieren und dabei ein Endvermögen von 400 erreichen. Berechnen Sie die Entnahmeniveaus aller Alternativen des Investors. Gehen Sie dabei davon aus, daß kein Finanzierungslimit existiert.
7. Betrachten Sie wiederum Aufgabe 5, jetzt mit der Zielsetzung Endwertmaximierung wie oben.
Ein Konkurrent des Investors ist daran interessiert, diesen zur Aufgabe des Projekts B zu bewegen. Um ihn zum Verzicht zu veranlassen, wäre er bereit, im Zeitpunkt t = 0 eine angemessene Entschädigung an den Investor zu zahlen.
a) Welchen Mindestpreis wird der Investor verlangen?

b) Wie lautet Ihre Antwort, wenn der Konkurrent anstelle einer einmaligen Entschädigung zur Zahlung von zwei gleich hohen Raten in den Zeitpunkten $t = 0$ und $t = 1$ bereit wäre?

c) Zu welchem Ergebnis kämen Sie in bezug auf die einmalige Entschädigung, wenn die Zielsetzung Entnahmemaximierung (wie in Aufgabe 6) wäre?

8. Ein Investor hat einen Planungszeitraum von drei Jahren. Er rechnet mit Basiszahlungen in Höhe von $M = (40, -10, 250, 130)$. Der Soll-Zins beträgt gleichbleibend 15%, der Haben-Zins 5%. Die Zielsetzung ist Endvermögensmaximierung bei konstanten Entnahmen auf dem Niveau von $Y = 25$.

a) Welches Endvermögen muß eine Investition dann mindestens versprechen, damit es sich lohnt, sie zu verwirklichen?

b) Die Zielsetzung ist Einkommensmaximierung bei einem gewünschten Endvermögen von 250. Wie hoch ist dann das Entnahmeniveau, das eine Investition mindestens abwerfen muß, um nicht abgelehnt zu werden?

9. Konstruieren Sie ein Zahlenbeispiel, bei dem ein Investor, der sein Einkommen maximieren will, eine andere Entscheidung zu treffen hat als ein Investor, der nach maximalem Vermögen strebt.

10. Ein Investor plant unter den Bedingungen eines vollkommenen Kapitalmarkts mit $i = 8\%$. Sein Planungszeitraum umfaßt $T = 6$ Jahre. Die Basiszahlungsreihe lautet $M = (700, 10, 180, -110, -60, 0, 400)$. Der Investor wünscht, daß seine Entnahmen in jedem Jahr um 6 Prozentpunkte gegenüber dem Vorjahr steigen. Er kann zwischen den Investitionen A und B mit nachstehenden Zahlungsreihen wählen:

Zahlungen

t	0	1	2	3	4	5	6
A	-800	400	-300	200	600	150	500
B	-400	-600	600	800	200	0	0

a) Berechnen Sie die Kapitalwerte beider Investitionen. Für welches Projekt sollte sich der Investor entscheiden?

b) Berechnen Sie das Niveau der Entnahmen, das der Investor bei Nicht-Investition erreicht, wenn das Endvermögen mit $C_T = 900$ fixiert wird.

c) Ermitteln Sie das Niveau der zusätzlichen Entnahmen bei Durchführung von Projekt B.

d) Welches Endvermögen erreicht man mit Projekt A, wenn das Entnahmeniveau mit $Y = 40$ angesetzt wird?

11. Betrachten Sie die beiden folgenden Investitionen.

Zahlungen

t	0	1	2	3	4
A	-100	20	30	40	50
B	-120	30	40	40	50

Welches der beiden Projekte ist vorzuziehen, wenn die Kalkulationszinsfüße mit $i_1 = 5\%$, $i_2 = 7\%$, $i_3 = 8\%$ und $i_4 = 9\%$ anzusetzen sind?

12. Der Planungszeitraum umfaßt T = 4 Jahre, und es wird mit einem Kalkulationszinsfuß von i = 6 % gerechnet. Zu wählen ist zwischen den Investitionen A und B.

Zahlungen						
t	0	1	2	3	4	BKW
A	−500	300	200	200	100	208,15
B	−400	100	400	150	0	176,28

Nach dem Kapitalwertkriterium müßte man sich für Projekt A entscheiden. Der Investor zieht aber die Annuitätenmethode vor und rechnet

$$ANN_A = 208,15 \cdot \frac{0,06 \cdot 1,06^4}{1,06^4 - 1} = 60,07$$

$$ANN_B = 176,28 \cdot \frac{0,06 \cdot 1,06^3}{1,06^3 - 1} = 65,95.$$

Nun will er dem Projekt B den Vorzug geben. Wie ist Ihre Meinung?

13. Jemand zahlt am Anfang eines jeden Jahres 1200 DM auf ein Konto, das mit 7,5 % verzinst wird. Wie groß ist das Vermögen am Ende des 16. Jahres?

14. Sie brauchen in zehn Jahren 80000 DM und haben eine Bank gefunden, mit der Sie einen Ratensparvertrag abschließen können. Die Bank sagt Ihnen einen Zinssatz von 5 % zu, wenn Sie die Raten vorschüssig zahlen. Wieviel müssen Sie jährlich zahlen, um das gewünschte Vermögen anzusammeln?

15. Wie groß ist der Barwert einer ewigen Rente von 15000 DM bei einem Zinssatz von 5,5 %,
    a) wenn sie vorschüssig,
    b) wenn sie nachschüssig gezahlt wird?
    Erklären Sie den betragsmäßigen Unterschied.

16. Zu welchem Zinssatz muß man 100 DM anlegen, damit man in zehn Jahren das Doppelte hat?

17. Jemand zahlt am 1.1.01 10000 DM auf ein Sparkonto ein, das mit i = 0,04 verzinst wird. Vom 1.1.02 bis zum 1.1.16 zahlt er jährlich 4000 DM ein. Wie hoch ist das Kapital am 1.1.20?

18. Ein Vater will seinen drei Kindern je 25000 DM zukommen lassen, und zwar dem ersten Kind am 1.1.16, dem zweiten am 1.1.19 und dem dritten am 1.1.21. Er ist bereit, hierfür jährlich am 1.1. gleichbleibende Einzahlungen zu leisten, beginnend am 1.1.00 und letztmalig am 1.1.12. Man berechne die jährlich notwendige Einzahlung bei einem Zinssatz von i = 0,065.

19. Wie lange muß man 10000 DM zu i = 0,06 anlegen, damit man vier Jahre lang nachschüssig eine Rente von 4339,35 DM zahlen kann?

20. Jemand hat Schulden in Höhe von 100000 DM. Als Zinssatz ist i = 7 % vereinbart. Diese Schuld soll in Form von 5 jährlichen Rentenzahlungen getilgt werden (Annuitätentilgung). Berechnen Sie den jährlich zurückzuzahlenden Betrag.

21. Betrachten Sie das gleiche Problem wie zuvor mit folgendem Unterschied. Die Zahlung im ersten Jahr soll nur halb so hoch sein wie alle übrigen. Wie sieht der Tilgungsplan nun aus?

22. Bei welchem Zinssatz kann man sich folgendes Angebot leisten? „Zahlen Sie uns 10 Jahre lang jedes Jahr 1000 DM. Danach zahlen wir ihnen auf ewig jedes Jahr 1000 DM!"

23. Sie haben im Preisausschreiben gewonnen und können nun wählen. Entweder Sie nehmen 1000 DM in bar, oder man gibt Ihnen einen zinslosen Kredit über 7000 DM, den Sie in sieben jährlichen Raten zu je 1000 DM zurückzuzahlen haben.
    a) Für welche Alternative entscheiden Sie sich?
    b) Unter welchen Umständen würden Sie Ihre Entscheidung revidieren?

24. Man berechne die internen Zinsfüße der nachstehenden Investitionen.

Zahlungen

t	0	1	2	3	4	5
A	−100	116				
B	−100	0	132			
C	−100	0	0	144		
D	−100	0	0	0	175	
E	−100	0	0	0	0	229

Hinweis: Da die Zahlungsreihen der vorstehenden Investitionen immer genau eine Auszahlung und eine Einzahlung enthalten, lassen sich die internen Zinsfüße ohne Verwendung eines Näherungsverfahrens berechnen.

25. Man berechne die internen Zinsfüße der nachfolgenden Projekte mit Hilfe des Newton-Verfahrens.

Zahlungen

t	0	1	2	3	4	5	6
A	−100	50	30	30			
B	−100	20	80	10	40		
C	−100	20	20	20	20	20	20
D	−100	110	−10	20			

26. Gegeben seien die beiden Investitionen A und B bei einem Kalkulationszinsfuß von i = 8%.

Zahlungen

t	0	1	2	3	4
A	−35	20	15	10	5
B	−35	5	10	15	26

a) Welches der beiden Projekte ist günstiger, wenn man der Kapitalwertmethode vertraut?

b) Welcher Investition ist der Vorzug zu geben, wenn man die Methode der internen Zinsfüße verwendet?

c) Welchen Kalkulationszinsfuß muß man (mindestens) benutzen, damit beide Verfahren zum gleichen Ergebnis führen?

27. Die Zahlungsreihe ($-5000, 19500, -26950, 15405, -2970$) hat vier interne Zinsfüße. Stellen Sie die Kapitalwertfunktion dieser Investition zeichnerisch dar, und zeigen Sie auf diese Weise, wo die vier Zinsfüße liegen.

28. In Abschnitt 2.4.2.3 wurden ein Zahlenbeispiel behandelt, das sich für den Fall des Vermögensstrebens unter Bedingungen eines unvollkommenen Kapitalmarkts durch detaillierte Steuerberücksichtigung auszeichnet. An diesem Beispiel sind nun folgende Änderungen vorzunehmen.

a) Der Investor ist verheiratet. Seine Ehefrau beantragt mit ihm die Zusammenveranlagung. Bei der Einkommensteuer ist daher die Splitting-Tabelle anzuwenden. Anstelle von bisher 70000 DM ist bei der Vermögensteuer nun ein Freibetrag von 140000 DM zu berücksichtigen. Berechnen Sie die Endwerte aller Alternativen, und stellen Sie die vollständigen Finanzpläne der Projekte A und B auf.

b) Gehen Sie von den unter a) beschriebenen Änderungen gegenüber der ursprünglichen Aufgabenstellung aus. Wie hoch ist dann das mit Projekt B erreichbare Entnahmeniveau, wenn das Endvermögen mit 60000 DM fixiert wird?

29. Betrachten Sie die nachstehenden Investitionen A und B.

	$-$INV	RF_1	RF_2	RF_3	RF_4
A	-4000	500	1000	3000	750
B	-4000	3000	0	1000	1300

Der Kapitalmarkt ist vollkommen. Infolgedessen wird die Entscheidung auf der Grundlage des Vergleichs von Kapitalwerten getroffen. Der (unversteuerte) Kalkulationszinsfuß ist $i = 8\%$.

a) Für welche Investition entscheiden Sie sich, wenn linear abgeschrieben wird und nur eine allgemeine Gewinnsteuer mit dem Steuersatz $s_{gew} = 65\%$ erhoben wird?

b) Ändert sich Ihre Entscheidung, wenn Sie berücksichtigen, daß das Investitionsobjekt A digital abgeschrieben werden darf?

c) Zu welchem Ergebnis kommen Sie, wenn in bezug auf die Investition A eine Sofortabschreibung zulässig wäre?

d) Beantworten Sie diese Fragen nun für den Fall, daß neben der allgemeinen Gewinnsteuer zwei Substanzsteuern erhoben werden. Der Steuersatz bei der abzugsfähigen Substanzsteuer beträgt $s_{sub1} = 1\%$, der bei der nicht abzugsfähigen Substanzsteuer ist $s_{sub2} = 0,5\%$.

30. Ein Investor hat das Projekt mit der Zahlungsreihe

$-$INV	RF_1	RF_2	RF_3
-1500	200	800	850

zu beurteilen. Der Kapitalmarkt ist vollkommen mit einem Kalkulationszinsfuß von $i = 10\%$. Es wird allgemeine Gewinnsteuer, aber keine Substanzsteuer erhoben. Der Investor beabsichtigt, sein Endvermögen bei gleichbleibenden Entnahmen auf dem Niveau von $Y = 20$ zu maximieren. Die Basiszahlungen betragen $M = (800, -200, 0, 2000)$. Die Basisbemessungsgrundlage beträgt in jedem Zeitpunkt des Planungszeitraums ($t \geq 1$) einheitlich $BBG_{gew,t} = 490$. Das Projekt soll linear abgeschrieben werden.

a) Stellen Sie eine Tabelle zusammen, aus der man ablesen kann, welche Endwerte und Kapitalwerte der Investor erzielt, wenn der Gewinnsteuersatz $s_{gew} = 20\%, 40\%$ oder 60% beträgt.

b) Interpretieren Sie das „paradoxe" Ergebnis, daß sich der Kapitalwert mit steigendem Steuersatz in eine andere Richtung bewegt als der Endwert.

c) Gehen Sie nun davon aus, daß zusätzlich eine Substanzsteuer mit $s_{sub} = 2\%$ erhoben wird, die bei der allgemeinen Gewinnsteuer nicht abzugsfähig ist. Unterstellen Sie, daß die Basisbemessungsgrundlage der Substanzsteuer gleichbleibend $BBG_{sub, t} = 2200$ ist. Stellen Sie wieder eine Tabelle mit den Endwerten und Kapitalwerten für alternative Gewinnsteuersätze auf, und interpretieren Sie die Ergebnisse.

Literatur

Die Frage der Zurechenbarkeit von Einnahmen und Ausgaben auf alternative Investitionsprojekte ist insbesondere von Klinger (1964), Scheffler (1965), Adam (1966) und Hilgert (1966) kritisch diskutiert worden. Die in diesem Buch vertretene Ansicht zum Zurechnungsproblem bei Einzelentscheidungen deckt sich mit den Vorstellungen von Swoboda (1977: 51–56) und D. Schneider (1980: 219–225).

Die Verfahren der statischen Investitionsrechnungen werden sehr gut und ausführlich von Brandt (1970: 30–43), Kern (1974: 115–159) und Blohm/Lüder (1983: 146–163) dargestellt. Hingewiesen sei auch auf den Übersichtsartikel bei Kruschwitz (1981a).

Das Konzept der vollständigen Finanzpläne wird anschaulich von Gans/Looss/Zickler (1977: 25–28) und D. Schneider (1980: 158–171) dargestellt.

Ein Vorläufer der in dem vorliegenden Buch beschriebenen allgemeinen Rechenregeln wurde in Kruschwitz (1978) erstmals vorgestellt. Erweiterungen und Modifikationen findet man bei Kruschwitz/Kammerdiener (1979), Eisenführ (1979), Steiner (1980), Hoberg (1984) und Schulte (1986).

Die klassischen dynamischen Methoden der Investitionsrechnung werden in jedem einschlägigen Lehrbuch behandelt. Empfehlenswert sind insbesondere die Beiträge von Haberstock/Dellmann (1971), E. Schneider (1973: 32–59), Kern (1974: 160–202), D. Schneider (1980: 179–194), Blohm/Lüder (1983: 56–62, 73–75 u. 88–98), Hax (1985: 11–24 u. 33–44) und Schulte (1986: 18–131). Die Eignung der Interne-Zinsfuß-Methode zur Beurteilung von Investitionsprojekten ist häufig mit Leidenschaft diskutiert worden. Von historischer Bedeutung ist die Auseinandersetzung zwischen Boulding (1936a, 1936b) und Wright (1936). Lesenswert ist auch immer noch die Kontroverse zwischen Hosterbach (1970, 1972a, 1972b) und Haberstock (1971a, 1972).

Wer sich in die Grundzüge der Besteuerung einarbeiten will, der sollte zu den Schriften von D. Schneider (1985) und Wöhe/Bieg (1984) greifen. Sollte es notwendig sein, sich intensiver mit dem deutschen Steuerrecht vertraut zu machen, so sind Wöhe (1983), Rose (1984a, 1984b, 1984c), Tipke (1985) und Schneeloch (1986) besonders zu empfehlen. Wenn steuerrechtliche Kenntnisse bereits vorhanden sind und es darauf ankommt, die Steuern angemessen in betriebswirtschaftliche Entscheidungsrechnungen einzubeziehen, so muß man sich Literatur zur betriebswirtschaftlichen Steuerplanung beschaffen. Einen guten Namen haben hier vor allem die Bücher von Wagner/Dirrigl (1980) und Siegel (1982). Beide gehen ausführlich auch auf das Standardmodell (Abschnitte 2.4.3 und 2.4.4 dieses Buches) ein. Wegen des Standardmodells sei außerdem dringend die Lektüre von D. Schneider (1980: 266–285) empfohlen.

3. Verfahren zur Lösung von Investitionsdauerentscheidungen

Die kritische Lektüre dieses Kapitels soll Sie dazu anregen und befähigen,

- den Unterschied zwischen Entscheidungen über die Nutzungsdauer und Entscheidungen über den Ersatzzeitpunkt zu erkennen,
- Nutzungsdauerentscheidungen mit und ohne Berücksichtigung von Folgeinvestitionen zu treffen,
- die ökonomische Bedeutung identischer und nicht-identischer Investitionsketten zu beurteilen,
- den Kapitalwert von Investitionsketten zu berechnen,
- Entscheidungen über den optimalen Ersatzzeitpunkt mit und ohne Berücksichtigung von Investitionsketten zu treffen.

Im vorigen Kapitel hatten wir stets angenommen, daß die Verwendungsdauern der miteinander zu vergleichenden Investitionsprojekte unabänderlich feststehen. Wir haben vereinfachend so getan, als ob z.B. ein Taxiunternehmer nur zwischen den Kraftfahrzeugtypen A, B und C wählen kann. Tatsächlich aber stellt der Zeitraum, innerhalb dessen es vorteilhaft ist, eine Investition zu nutzen, selbst ein Entscheidungsproblem dar. Der Taxiunternehmer kann und muß auch danach fragen, wie lange es sich lohnt, ein Kraftfahrzeug einzusetzen. Die Fragestellung lautet bei Entscheidungen über die *Investitionsdauer* immer:

Soll eine Investition 1, 2, 3, ... oder T Perioden lang durchgeführt werden?

Im folgenden sind zwei Arten von Investitionsdauerentscheidungen voneinander zu unterscheiden.

(1) *Nutzungsdauerprobleme*

Die Frage nach der optimalen Verwendungsdauer kann man stellen, *bevor* die Investition durchgeführt worden ist. Im Beispiel unseres Taxiunternehmers geht es sowohl um die Entscheidung, ob das Fabrikat A, B oder C überhaupt gekauft werden soll, als auch um eine (vorläufige) Entscheidung darüber, wie lange die Investition genutzt werden soll. Der Taxiunternehmer könnte also z.B. das Fahrzeug A kaufen und 3 Jahre lang nutzen oder aber das Fahrzeug B wählen und 4 Jahre lang einsetzen. Die Fragestellung lautet:

Soll eine *noch nicht vorhandene* Investition 1, 2, 3, ... oder T Perioden lang durchgeführt werden, oder ist es besser, gänzlich auf sie zu verzichten?

Entscheidungen dieses Typs werden unten in Abschnitt 3.2 behandelt.

(2) *Ersatzprobleme*

Man kann die Frage nach der optimalen Verwendungsdauer auch stellen, *nach-*

dem die Investition bereits realisiert ist. Hier geht es darum zu entscheiden, ob ein Projekt heute oder erst später wieder ausrangiert werden soll. Die Fragestellung lautet:

Soll eine *bereits vorhandene* Investition noch 1, 2, 3, ... oder T Perioden lang genutzt werden, oder ist es besser, die Nutzung sofort zu beenden?

Verfahren zur Lösung von solchen Entscheidungsproblemen werden unten in Abschnitt 3.3 beschrieben.

Wenn man sich bei der Beschaffung einer Anlage vorgenommen hat, sie n Jahre lang einzusetzen, so kann es sich später als vorteilhaft erweisen, die alten Pläne zu revidieren. Jedermann kann sich irren, und niemand ist gezwungen, an eventuellen Fehlentscheidungen festzuhalten.

Praktisch relevant ist die Frage nach der optimalen zeitlichen Nutzung von Investitionen deswegen, weil sich die mit ihnen verbundenen Einnahmen- und Ausgabenüberschüsse im Zeitablauf ständig verändern. Dies ist bei Sachinvestitionen im Fertigungsbereich am deutlichsten. Hier ist z. B. daran zu denken, daß Maschinen und maschinelle Anlagen immer reparaturanfälliger werden, je älter sie sind. Ferner können die möglichen Veräußerungserlöse bei einer Aussonderung der Projekte im Zeitablauf sinken. Schließlich muß berücksichtigt werden, daß sich im Laufe der Jahre neue Investitionsmöglichkeiten bieten, die vorher nicht bekannt waren. Aus der Summe all dieser Einflüsse folgt, daß es sich eines Tages nicht mehr lohnen mag, ein bestimmtes Projekt über diesen Termin hinaus zu nutzen.

3.1 Vorbemerkungen

Den nachfolgenden Überlegungen sind an dieser Stelle zwei Gedankengänge voranzustellen, die die Verwendbarkeit der noch zu beschreibenden Investitionsrechnungen einschränken. Zum einen geht es um die *Anzahl der Entscheidungsalternativen*, zum anderen um die *Art des Kapitalmarkts*, dem der Investor gegenübersteht.

(1) *Anzahl der Entscheidungsalternativen*
Würde man die Zeit – so wie es eigentlich richtig wäre – als *kontinuierliche* Variable betrachten, so wäre die Anzahl der alternativen Verwendungsdauern unendlich groß. Man kann eine Investition n_1 Jahre, n_2 Monate, n_3 Wochen, n_4 Tage, n_5 Stunden, n_6 Minuten oder n_7 Sekunden lang nutzen. Wenn man aber eine sehr feine Zeiteinteilung wählt, so enthält der gesamte Planungszeitraum auch eine sehr große (im Grenzfall eine *unendlich* große) Anzahl solcher Zeiteinheiten, und jede Summe dieser Zeiteinheiten repräsentiert eine denkbare Handlungsalternative des Investors.

Praktisch wird man meistens mit einer recht groben Zeiteinteilung auskommen.

Bei langfristigen Prognosen ist man nämlich überhaupt nicht dazu in der Lage, auch nur annähernd genau vorauszusagen, wie sich die Einnahmen- und Ausgabenströme innerhalb eines Zeitraums von z. B. vier Jahren entwickeln werden, wenn man dabei eine sehr feine Zeiteinteilung verlangen würde. Die allgemeinen Prognoseschwierigkeiten implizieren also eine relativ grobe Zeiteinteilung. Sie führen damit praktisch dazu, daß die Zeit nicht als kontinuierliche, sondern als *diskrete* Variable betrachtet wird. Damit sinkt die Anzahl der Alternativen erheblich. *Die Zeit als Gegenstand von Investitionsdauerentscheidungen wird nicht als kontinuierliche Variable betrachtet. Stattdessen wird stets unterstellt, daß die Verwendungsdauer einer Anlage eine Periode oder ein ganzzahliges Vielfaches davon ist.*

(2) *Art des Kapitalmarktes*
Wir nennen die Verwendungsdauer einer Investition dann optimal, wenn sie der finanziellen Zielsetzung des Investors am besten entspricht. Im vorigen Kapitel hatten wir dabei insbesondere die *Maximierung des Endvermögens* (C_T) und die *Maximierung des Einkommensniveaus* (Y) berücksichtigt. Wir hatten früher ferner festgestellt, daß Vermögens- und Einkommensstreben unter den Bedingungen eines *unvollkommenen Kapitalmarkts* konkurrierende Zielsetzungen sein können. Auf dem *vollkommenen Kapitalmarkt* dagegen kann es niemals zu Zielkonflikten zwischen dem Streben nach Endvermögen und nach Einkommen kommen. Der Investor erreicht unter den Bedingungen eines vollkommenen Kapitalmarkts seinen maximalen finanziellen Wohlstand immer dann, wenn er die Handlungsalternativen mit dem größten nicht-negativen *Kapitalwert* realisiert. *In den folgenden Abschnitten dieses Kapitels wollen wir – vereinfachend – immer den Fall eines vollkommenen Kapitalmarkts unterstellen.*

3.2 Nutzungsdauerprobleme

Die Fragestellung bei Entscheidungen dieses Typs lautet: Soll das bisher noch nicht verwirklichte Projekt im Falle seiner Realisation 1, 2, 3, ... oder T Perioden lang genutzt werden? Es ist unmittelbar klar, daß es sich bei den hier zu betrachtenden Wahlmöglichkeiten des Investors um echte Alternativen handelt, da man kein Projekt sowohl n_1 als auch n_2 ($n_1 \neq n_2$) Perioden lang nutzen kann.
Wir verwenden n als Symbol für die Nutzungsdauer einer Investition. Unmittelbar einzusehen ist auch die Tatsache, daß die optimale Nutzungsdauer eines Projektes davon abhängig ist, welche Chancen und Anlagemöglichkeiten sich dem Investor jenseits des Zeitpunktes t = n bieten. Aus diesem Grunde werden wir zwei Fälle unterscheiden: *einmalige Investitionen* und *mehrmalige Investitionen* (Investitionsketten).

3.2.1 Einmalige Investitionen

Der Investor steht hier vor folgendem Problem:
Gegeben ist ein endlicher Planungszeitraum von T Perioden. Soll die Investition innerhalb dieses Zeitraums n = 1, 2, 3,... oder T Jahre genutzt werden? Dabei hat der Investor das Ziel, seinen finanziellen Wohlstand zu maximieren, und (daran sei erinnert) er operiert an einem vollkommenen Kapitalmarkt.
Das Charakteristikum der Nutzungsdauerbestimmung für eine einmalige Investition besteht also darin, daß jenseits der optimalen Nutzungsdauer (gegebenenfalls) nur noch Ergänzungs-Investitionen und -Finanzierungen auftreten. Man kann das auch so ausdrücken: Der Investor nutzt das Projekt so lange, bis es sich nicht mehr lohnt. Danach legt er sein Geld bis zum Ende des Planungshorizontes zum Kalkulationszinsfuß an.
Das Entscheidungsproblem selbst ist leicht zu lösen. Die optimale Nutzungsdauer ist dann erreicht, wenn der Kapitalwert im Zeitablauf maximal ist. Der Investor maximiert seinen Gewinn dann, wenn er sich für die Alternative mit dem größten Kapitalwert entscheidet. Das Entscheidungskriterium lautet also:

Realisiere diejenige Nutzungsdauer n, bei der der größte positive Kapitalwert erreicht wird.

Wie die Berechnung der nutzungszeitabhängigen Kapitalwerte durchzuführen ist, sei an einem Zahlenbeispiel demonstriert.

Ein Investor besitzt einen Planungszeitraum von T = 6 Perioden und operiert an einem vollkommenen Kapitalmarkt, auf dem ein Kalkulationszinsfuß von 10% gilt. Er kann eine Investition durchführen, die folgende Zahlungsreihe verursachen würde (Tab. 3-1), wenn man sie bis zum Ende des Planungszeitraumes nutzen wollte. In den Zahlungen sind Liquidationserlöse nicht berücksichtigt, weswegen das Symbol z_t' verwendet wird.

Tab. 3-1.

t	0	1	2	3	4	5	6
z_t'	−1000	600	500	100	200	100	100

Außerdem wird geschätzt, daß sich die erzielbaren Veräußerungspreise L_t der Anlage im Zeitablauf laufend verringern, und zwar wie Tab. 3-2 zeigt.

Tab. 3-2.

t	0	1	2	3	4	5	6
L_t	1000	600	400	300	200	100	0

Wie lang ist die optimale Nutzungsdauer dieses Investitionsprojektes?

Im folgenden werden zwei Lösungswege dargestellt, die beide zum gleichen Ergebnis führen. Der erste Lösungsweg entspricht prinzipiell dem gleichen Konzept, das wir im 2. Kapitel bei den Wahlentscheidungen beschrieben haben. Der zweite Lösungsweg ist formal eleganter und gestattet einige theoretische Einsichten.

Lösungsweg Nr. 1
Dieser Lösungsweg besteht aus folgenden drei Schritten:

(1) *Definition der Nutzungsdaueralternativen*
Einschließlich der Möglichkeit, überhaupt nicht zu investieren, besitzt der Investor $T + 1 = 7$ Nutzungsdaueralternativen ($n = 0, n = 1, ..., n = T$).

(2) *Ermittlung der Zahlungsreihen für alle Alternativen*
Für alle diese Handlungsweisen lassen sich aus den oben gegebenen Informationen die Zahlungsreihen eindeutig ableiten. Dabei gelten folgende Regeln:

$$z_t = z_t' \qquad \text{wenn} \quad t < n$$
$$z_t = z_t' + L_t \qquad \text{wenn} \quad t = n$$
$$z_t = 0 \qquad \text{wenn} \quad t > n$$

Geht man so vor, erhält man für die verschiedenen Nutzungsdaueralternativen die in Tab. 3-3 wiedergegebenen Zahlungsreihen.

Tab. 3-3. Zahlungsreihen der Nutzungsdaueralternativen

n \ t	0	1	2	3	4	5	6
0	0						
1	−1000	1200					
2	−1000	600	900				
3	−1000	600	500	400			
4	−1000	600	500	100	400		
5	−1000	600	500	100	200	200	
6	−1000	600	500	100	200	100	100

(3) *Berechnung der Kapitalwerte für alle Alternativen und Entscheidung*
Die Kapitalwerte dieser $T + 1 = 7$ Nutzungsdaueralternativen lassen sich nach der üblichen und im 2. Kapitel abgeleiteten Formel

$$BKW = \sum_{t=0}^{T} z_t (1 + i)^{-t}$$
$$= \sum_{t=0}^{n} z_t' (1 + i)^{-t} + L_n (1 + i)^{-n}$$

berechnen. Man erhält bei einem Kalkulationszinsfuß von 10%:

Nutzungsdauer n	Kapitalwert BKW
0	0,00
1	90,91
2	289,26
3	259,20
4	307,01
5	294,60
6	288,95

Daraus folgt, daß es für den Investor optimal ist, die Investition im Zeitpunkt t = 0 zu realisieren und im Zeitpunkt t = 4 zu beenden, denn in diesem Fall erreicht er mit 307,01 den höchstmöglichen Kapitalwert. Das in diesem Zeitpunkt vorhandene Geldvermögen sollte der Investor bis zum Ende des Planungszeitraums als Ergänzungs-Investition anlegen (d. h. zum Kalkulationszinsfuß ausleihen).

Lösungsweg Nr. 2
Der zweite Lösungsweg macht sich die Tatsache zunutze, daß sich die Zahlungsreihen zweier benachbarter Nutzungsdaueralternativen (n − 1 und n) nur im vorletzten und letzten Element voneinander unterscheiden (vgl. Tab. 3-3).

Wenn man danach fragt, ob sich die Verlängerung der Nutzungsdauer um eine einzige weitere Periode lohnt, so kommt es ausschließlich auf die Veränderung des nutzungszeitabhängigen Kapitalwertes (ΔBKW) an. Diese Veränderung des Kapitalwerts (ΔBKW) zwischen zwei benachbarten Nutzungsdaueralternativen nennt man den zeitlichen Grenzgewinn.

Der zeitliche Grenzgewinn zwischen den Alternativen der n- und der (n − 1)-jährigen Nutzung ist

$$\Delta BKW_n = BKW_n - BKW_{n-1}$$

$$= \sum_{t=0}^{n} z'_t (1 + i)^{-t} + L_n (1 + i)^{-n} - \sum_{t=0}^{n-1} z'_t (1 + i)^{-t} - L_{n-1} (1 + i)^{-n+1}$$

$$= \underbrace{(z'_n + L_n) (1 + i)^{-n}}_{\substack{\text{Nettozahlung der} \\ \text{Periode n}}} - \underbrace{L_{n-1} (1 + i)^{-n+1}}_{\substack{- \text{ Liquidationserlös der} \\ \text{Periode n} - 1}}$$

oder verbal: die Differenz zwischen der abgezinsten Nettozahlung der Periode n und dem um eine Periode weniger abgezinsten Liquidationserlös der Vorperiode.

Die Verlängerung der Nutzungsdauer einer Investition ist zweckmäßig, solange der zeitliche Grenzgewinn ΔBKW positiv ist.

Die gleiche Aussage läßt sich noch vereinfachen, wenn man den Grenzgewinn ΔBKW mit dem Aufzinsungsfaktor $(1 + i)^n$ multipliziert. Die Formel heißt dann

$$(1 + i)^n \cdot \Delta BKW_n = (z'_n + L_n) - L_{n-1}(1 + i)$$

Auf der Grundlage dieser Formel läßt sich die optimale Lösung im allgemeinen sehr viel rascher bestimmen als mit dem oben beschriebenen Lösungsweg Nr. 1. Man kann nun nämlich auch sagen:

> Die Verlängerung der Nutzungsdauer einer Investition ist zweckmäßig, solange die (um eine Periode) aufgezinsten Liquidationserlöse der Vorperiode kleiner sind als die Nettozahlung dieser Periode.

Der Lösungsweg besteht im einzelnen aus folgenden Schritten:

(1) *Berechnung der zeitlichen Grenzgewinne für alle Nutzungsdaueralternativen*
Diese Berechnungen sind sehr einfach, wenn man mit den aufgezinsten Grenzgewinnen $((1 + i)^n \cdot \Delta BKW)$ arbeitet. Die Ermittlungsmethodik ist in Tab. 3-4 dargestellt. Die Tabelle ist folgendermaßen zu lesen:

Tab. 3-4. Berechnung der zeitlichen Grenzgewinne ΔBKW_n für alle Nutzungsdaueralternativen

Nutzungsdauer	Nettozahlung der letzten Periode	Liquidationserlös der Vorperiode	Liquidationserlös der Vorperiode (eine Periode auf gezinst)	zeitlicher Grenzgewinn (aufgezinst)	Abzinsungsfaktor	zeitlicher Grenzgewinn
n	$(z'_n + L_n)$	L_{n-1}	$L_{n-1}(1 + i)$	$(1 + i)^n \Delta BKW_n$	$(1 + i)^{-n}$	ΔBKW_n
(1)	(2)	(3)	(4)	(5) = (2) − (4)	(6)	(7) = (5) · (6)
1	1200	1000	1100	+ 100	0,9091	+ 90,91
2	900	600	660	+ 240	0,8264	+ 198,35
3	400	400	440	− 40	0,7513	− 30,06
4	400	300	330	+ 70	0,6830	+ 47,81
5	200	200	220	− 20	0,6209	− 12,41
6	100	100	110	− 10	0,5645	− 5,65

Spalte (1) enthält die alternativen Nutzungsdauern, Spalte (2) die Netto-Zahlungen der letzten Periode und Spalte (3) die Liquidationserlöse der Vorperiode. Die Informationen für diese drei Spalten können direkt aus der Aufgabenstellung abgelesen werden. Spalte (4) entsteht aus Spalte (3), indem die Zinsen für ein Jahr (hier 10%) zugeschlagen werden.

(2) *Entscheidung auf der Grundlage einer Analyse der Grenzgewinne*
Spalte (5) zeigt die aufgezinsten zeitlichen Grenzgewinne. Sie entsteht durch einfache Differenzenbildung zwischen den Spalten (2) und (4). Aus Spalte (5) geht hervor, daß der Grenzgewinn im dritten Jahr erstmals negativ wird. Wären auch die Grenzgewinne aller folgenden Jahre negativ, könnte man die Rechnung bereits hier abbrechen und sagen, daß eine zweijährige Nutzungszeit (n = 2) optimal

wäre. Solche Verhältnisse (zuerst nur positive Grenzgewinne, später nur negative Grenzgewinne) dürften in den meisten Fällen praktisch gegeben sein, so daß die Entscheidung ohne Berechnung der Kapitalwerte aller Nutzungsdaueralternativen im einzelnen getroffen werden kann.

Im vorliegenden Fall folgt in Spalte (5) auf den negativen zeitlichen Grenzgewinn von -40 in $n = 3$ ein positiver Grenzgewinn von $+70$ in $n = 4$. Daher muß untersucht werden, ob der positive Grenzgewinn den negativen ausgleicht. Zu diesem Zweck sind die Werte der Spalte (5) mit Hilfe der Abzinsungsfaktoren in Spalte (6) auf einen einheitlichen Bezugszeitpunkt umzurechnen (Spalte (7)). Dann kann sofort abgelesen werden, daß es sich lohnt, die Investition vier Perioden lang zu nutzen; denn der negative Grenzgewinn in Höhe von $-30,06$ wird durch den positiven Betrag von $47,81$ mehr als ausgeglichen.

Wer die optimale Nutzungsdauer einer einmaligen Investition unter Benutzung des zweiten Lösungsweges des öfteren zu berechnen hat, der kann sich des nachstehenden BASIC-Programms bedienen.

```
10    REM DATENEINGABE
20    INPUT TT
30    DIM Z(TT), L(TT), SDIFF(TT)
40    FOR T = 0 TO TT
50    INPUT Z(T), L(T)
60    NEXT T
70    INPUT I

80    REM ZEITLICHE GRENZGEWINNE UND OPTIMALE NUT-
      ZUNGSDAUER
90    X = 0 : SDIFF(0) = 0 : OPT = 0
100   FOR T = 1 TO TT
110   DIFF = (Z(T) + L(T) − L(T − 1) * (1 + I)) * (1 + I)^ − T
120   SDIFF(T) = SDIFF(T − 1) + DIFF
130   IF X > = SDIFF(T) THEN 150
140   X = SDIFF(T) : OPT = T
150   NEXT T

160   PRINT OPT
170   END
```

3.2.2 Mehrmalige Investitionen

Bei dem Fall der einmaligen Investition hatten wir unterstellt, daß der Investor sich innerhalb seines endlichen Planungszeitraums nach Ablauf der optimalen Nutzungsdauer quasi „zur Ruhe setzt" und allenfalls noch Ergänzungs-Investitionen zum Kalkulationszinsfuß durchführt. Dieser Fall ist sicherlich ein wenig weltfremd. In aller Regel wird der Investor nach Ablauf der wirtschaftlichen Nutzungsdauer des ersten Projektes ein zweites (drittes, viertes, ...) Projekt in Angriff nehmen. Diesen realistischeren Fall wollen wir jetzt betrachten.

3.2.2.1 Investitionsketten und Planungszeiträume

Wir müssen uns im Gegensatz zum vorigen Abschnitt mit Investitionsfolgen oder – wie man auch sagt – Investitionsketten beschäftigen. In diesem Zusammenhang wollen wir *identische* und *nicht-identische Investitionsketten* unterscheiden.
Identische Investitionsketten liegen vor, wenn die einzelnen Projekte einer Folge von Investitionen (bezogen auf den jeweiligen Investitionszeitpunkt) alle den gleichen Kapitalwert haben. Dies setzt nicht notwendigerweise voraus, daß alle Projekte identische Zahlungsreihen aufweisen. Falls nämlich der Kalkulationszinsfuß 10% beträgt, handelt es sich auch in dem Beispiel

0	1	2	3	4	...
−100	0	121			
		−100	10	110	...

um eine identische Kette, da sowohl der Kapitalwert des ersten als auch der des zweiten Projekts Null ist. Aus Gründen der Vereinfachung wird im folgenden aber immer nur der Spezialfall betrachtet, daß alle Projekte der Kette identische Zahlungsreihen besitzen, also etwa

0	1	2	3	4	5	6	...
−120	60	90	20				
			−120	60	90	20	...

Solche identischen Ketten haben die Eigenschaft, daß die Kapitalwerte der Projekte bei jedem beliebigen Kalkulationszinsfuß übereinstimmen.
Von *nicht-identischen Investitionsketten* spricht man dann, wenn die Kapitalwerte der Kettenprojekte voneinander abweichen. Falls die Zahlungsreihen der einzelnen Vorhaben nicht miteinander übereinstimmen, ist zwar auch die Wahrscheinlichkeit unterschiedlicher Kapitalwerte sehr groß. Sie ist aber durchaus nicht hundertprozentig. Wenn nämlich der Kalkulationszinsfuß 6% beträgt, handelt es sich in dem Beispiel

0	1	2	3	4	...
−100	80	70			
		−100	60	90	...

um eine nicht-identische Kette. Der Kapitalwert des ersten Projekts beträgt 37,77, während der des zweiten sich auf 36,70 beläuft. Liegt dagegen der Kalkulationszinsfuß bei 0%, so ist der Kapitalwert beider Projekte 50, so daß von einer identischen Kette zu sprechen wäre.
Neben diesen beiden Formen von Investitionsketten wollen wir im folgenden

unterscheiden, ob der Investor für einen endlich langen Zeitraum plant *(Unternehmung auf Zeit)* oder ob er eine unendlich lange Planperiode besitzt *(Unternehmung auf Dauer)*.

Kombiniert man die Länge des Planungszeitraums (endlich/unendlich) und den Typ der Investitionskette (identisch/nicht-identisch) miteinander, so erhält man *vier denkbare Planungssituationen* (vgl. Tab. 3-5). Hiervon werden wir im folgenden allerdings nur zwei betrachten. Diese Vorgehensweise bedarf der Begründung.

Tab. 3-5. Denkbare Planungssituationen bei der Bestimmung optimaler Nutzungsdauern mehrmaliger Investitionen

		Investitionskette	
		identisch	nicht-identisch
Planungszeitraum	endlich	Ketteneffekt	Abschnitt 3.2.2.2
	unendlich	Abschnitt 3.2.2.3	nicht sinnvolle Unterstellung

In einer *Unternehmung auf Zeit* führt die Benutzung identischer Investitionsketten zum sogenannten „Ketteneffekt" oder dem „Gesetz der Ersatzinvestition" (general law of replacement). In einer endlichen Kette ist nämlich die optimale Nutzungsdauer eines Projekts immer länger als die ihrer Vorgängerin und kürzer als die ihrer Nachfolgerin. Dieses – durchaus nicht unmittelbar einleuchtende – Phänomen ist in der investitionstheoretischen Literatur sorgfältig und intensiv diskutiert worden (vgl. dazu D. Schneider 1980: 236ff.), ohne daß die praktische Relevanz dieses Sachverhalts deutlich gemacht werden konnte. Identische Investitionsketten dürften tatsächlich nur selten vorkommen. Gerade in einer Unternehmung auf Zeit, die ihren Planungshorizont überblicken kann, erscheint es daher angemessener, sich auf den Fall der nicht-identischen Investitionskette zu beschränken (vgl. dazu unten Abschnitt 3.2.2.2).

Anders ist das im Fall einer *Unternehmung auf Dauer*, also bei einem Investor mit unendlichem Planungshorizont. Hier erscheint es absolut unsinnig, daran zu glauben, daß der Investor die Zahlungsreihen des zehnten, zwanzigsten, …, hundersten oder gar tausendsten Projektes noch irgendwie prognostizieren kann. In dieser Situation ist es sinnvoller, wenn man identische Zahlungsreihen unterstellt (mit identischen Investitionsketten arbeitet). Dies werden wir unten in Abschnitt 3.2.2.3 tun.

3.2.2.2 Endlicher Planungszeitraum

Betrachtet man einen Investor mit endlichem Planungszeitraum und nicht-identischen Investitionsfolgen, so lautet die Problemstellung folgendermaßen:

Der Investor kann heute eine Investition (Projekt A) durchführen, deren optimale Nutzungsdauer er ex ante zu bestimmen wünscht. Im Anschluß an die Beendigung der Nutzungsdauer des Projekts A, bietet sich dem Investor die Chance, weitere Projekte (B, C, D, ...) durchzuführen. Natürlich sind auch die Nutzungsdauern dieser Nachfolger variabel, so daß die Investitionsdauern sämtlicher Projekte gleichzeitig bestimmt werden müssen, wenn man die optimale Nutzungsdauer von Projekt A ermitteln will. Gesucht ist also eine im Zeitablauf optimale Investitionsstrategie.

Die dem Ziel des Investors am besten entsprechende Investitionsstrategie, also die optimale Folge von Investitionsprojekten im Zeitablauf, läßt sich bei endlichem Planungszeitraum immer durch *vollständige Enumeration* finden. Das ist die vollständige Betrachtung sämtlicher denkbarer Möglichkeiten. Dabei gilt als Entscheidungskriterium:

Realisiere diejenige Folge von Projekten und Nutzungsdauern, bei der der größte positive Kapitalwert erreicht wird.

Ein Investor hat einen Planungszeitraum von $T = 3$ Perioden und operiert an einem vollkommenen Kapitalmarkt. Der Kalkulationszinsfuß ist $i = 8\%$. Im Zeitpunkt $t = 0$ kann er das Projekt A starten und es entweder in $t = 1$, $t = 2$ oder $t = 3$ wieder beenden. Im Zeitpunkt $t = 1$ kann er das Projekt B beginnen und in $t = 2$ oder $t = 3$ wieder beenden. Schließlich könnte er im Zeitpunkt $t = 2$ auch noch das Projekt C in Angriff nehmen und in $t = 3$ wieder beenden. Die Zahlungsreihen (ohne Berücksichtigung von Liquidationserlösen) der drei Projekte werden gemäß Tab. 3-6 geschätzt.

Tab. 3-6.

z_t' \ t	0	1	2	3
Projekt A	−1000	600	500	400
Projekt B		−800	600	500
Projekt C			−1200	1400

Die Liquidationserlöse der drei Projekte entwickeln sich Tab. 3-7 entsprechend.

Tab. 3-7.

L_t \ t	0	1	2	3
Projekt A	1000	700	200	0
Projekt B		800	250	0
Projekt C			1200	100

Wie lang sind die optimalen Nutzungsdauern der drei Projekte? Oder: Wie sieht die optimale Investitionsstrategie aus?

Tab. 3-8.

Zeitpunkt t	0	1	2	3
Strategie 1	− 1000	600	500	400
	− 1000	600	500 200 − 1200	1400 100
Strategie 2	− 1000	600	− 500	1500
	− 1000	600	500 200	0
Strategie 3	− 1000	600	700	0
	− 1000	600 700 − 800	600	500
Strategie 4	− 1000	500	600	500
	− 1000	600 700 − 800	600 250 − 1250	1400 100
Strategie 5	− 1000	500	− 350	1500
	− 1000	600 700 − 800	600 250	0
Strategie 6	− 1000	500	850	0
	− 1000	600 700	− 1200	1400 100
Strategie 7	− 1000	1300	− 1200	1500
	− 1000	600 700	0	0
Strategie 8	− 1000	1300	0	0
Strategie 9	0	− 800	600	500
		− 800	600 250 − 1200	1400 100
Strategie 10	0	− 800	− 350	1500
	0	− 800	600 250	0
Strategie 11	0	− 800	850	0
	0	0	− 1200	1400 100
Strategie 12	0	0	− 1200	1500
Strategie 13	0	0	0	0

Zunächst wollen wir damit beginnen, sämtliche möglichen Investitionsstrategien kennenzulernen. Dies gelingt am besten unter Zuhilfenahme des in Abb. 3/1 dargestellten Alternativenbaums. Dieser Baum (Graph) besteht aus Knoten und Kanten. Sämtliche Knoten in einer horizontalen Ebene gehören zum selben Zeitpunkt des Planungszeitraums. Ausgezogene Kanten repräsentieren die Durchführung eines Projektes (A, B oder C), gestrichelte Kanten bedeuten Nicht-Investition. Jeder Weg vom Knoten des Zeitpunkts t = 0 bis zu einem Knoten des Zeitpunkts t = 3 repräsentiert eine bestimmte Investitionsstrategie.

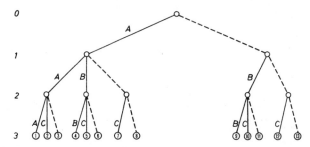

Abb. 3/1. Alternativenbaum zur Beschreibung nicht-identischer Investitionsketten

Man kann unmittelbar ablesen, daß es insgesamt 13 unterschiedliche Investitionsstrategien gibt. Die Netto-Zahlungsreihen aller Strategien lassen sich aus den oben angegebenen Daten leicht ableiten. Zu diesem Zweck versehen wir jede Investitionsstrategie mit einer laufenden Nummer, die in den zum Zeitpunkt t = 3 zugehörigen Knoten wiedergegeben ist. (Tab. 3-8)

Nachdem man die Netto-Zahlungsreihen der einzelnen Investitionsstrategien ermittelt hat, ist es leicht, deren Kapitalwerte zu berechnen. Dies erfolgt auf der Grundlage der bekannten Formel

$$BKW = \sum_{t=0}^{T} z_t(1+i)^{-t}$$

Es ergeben sich die Lösungen der Tab. 3-9

Strategie 4 erweist sich mit einem Kapitalwert von 374,28 als optimal. Der Investor maximiert also seinen langfristigen Gewinn, wenn er sich für diese Politik entscheidet. Sie bedeutet – wie sich wieder aus dem Alternativenbaum ablesen läßt: Starte das Projekt A im Zeitpunkt t = 0 und beende es im Zeitpunkt t = 1; beginne im gleichen Zeitpunkt das Projekt B, und nutze es bis zum Ende des Planungszeitraums t = 3!

Das Beispiel veranschaulicht die grundsätzliche Möglichkeit, das Problem der Bestimmung optimaler Nutzungsdauern bei endlichem Planungshorizont und nicht-identischen Investitionsketten mit Hilfe *vollständiger Enumeration* zu lösen. Da die Anzahl der möglichen Alternativen mit zunehmender Anzahl der Planungsperioden sprunghaft wächst (bei T = 10 Perioden wären bereits 10946 Alternativen zu berücksichtigen), sollte man bei umfangreicheren Problemstellungen nicht

Tab. 3-9.

Strategie Nr.	BKW
1	301,76
2	317,63
3	155,69
4	374,28
5	353,64
6	191,70
7	365,65
8	203,70
9	170,58
10	149,94
11	−12,00
12	161,94
13	0,00

mehr von der Methode des vollständigen Enumerierens Gebrauch machen, sondern Zuflucht bei geeigneten Verfahren des Operations Research suchen. Insbesondere ist hier an die Methode des *branch and bound* oder an das *Dynamische Programmieren* zu denken. Auf eine Darstellung dieser Konzepte müssen wir in dem vorliegenden Lehrbuch aber verzichten. Der interessierte Leser sollte Lehrbücher über Unternehmensforschung zu Rate ziehen.

3.2.2.3 Unendlicher Planungszeitraum

Im Gegensatz zu unseren bisherigen Überlegungen (endlicher Planungszeitraum, nicht-identische Investitionsketten) wollen wir jetzt identische Investitionsfolgen bei unendlichem Planungszeitraum betrachten. Die Problemstellung lautet also: Der Investor betreibt eine Unternehmung auf Dauer und nimmt mangels besseren Wissens an, daß die Zahlungsreihen der aufeinander folgenden Investitionsprojekte sämtlich miteinander identisch sind. Gesucht ist nun die optimale Investitionsstrategie im Zeitablauf. Gesucht sind die optimalen Nutzungsdauern sämtlicher heute und in der Zukunft zu realisierenden Projekte.
Wenn das Entscheidungskriterium wieder lautet:

Realisiere die unendliche identische Investitionskette mit denjenigen (Einzel-) Nutzungsdauern, die den größten positiven Kapitalwert verspricht

so müssen wir die Frage stellen:

Wie kann man den Kapitalwert einer unendlichen identischen Investitionskette (K-BKW) berechnen?

Die Zahlungsreihe einer identischen Investitionskette, deren Projekte eine Nutzungsdauer von n Perioden besitzen, hat folgendes Aussehen:

0	1	2 ... n	n + 1	n + 2 ... 2n ...
z_0	z_1	z_2 ... z_n		
		z_0	z_1	z_2 ... z_n ...

Nennt man den Kapitalwert des ersten Projekts der Kette BKW_n, so ist der Kapitalwert des zweiten Projekts (bezogen auf $t = 0$) offenbar $BKW_n(1 + i)^{-n}$, der des dritten Projekts $BKW_n(1 + i)^{-2n}$ usw. Damit ergibt sich für den Kapitalwert der gesamten Kette $K\text{-}BKW_n$:

$$K\text{-}BKW_n = BKW_n + BKW_n(1 + i)^{-n} + BKW_n(1 + i)^{-2n} + \ldots + BKW_n(1 + i)^{-\infty n}$$

$$= BKW_n\left(1 + (1 + i)^{-n} + (1 + i)^{-2n} + \ldots + (1 + i)^{-\infty n}\right)$$

$$= \frac{(1 + i)^n}{(1 + i)^n - 1} \cdot BKW_n$$

Führt man in diese Formel den Annuitätenfaktor $w_{i,n}$

$$w_{i,n} = \frac{i(1 + i)^n}{(1 + i)^n - 1}$$

ein, so entsteht schließlich

$$K\text{-}BKW_n = \frac{w_{i,n} BKW_n}{i}.$$

Mit dieser Formel läßt sich der Kapitalwert einer unendlich langen identischen Investitionskette leicht berechnen.

Man ermittelt zunächst den Kapitalwert des ersten Projekts bei n-jähriger Nutzung (BKW_n) und multipliziert diesen Wert mit dem der jeweiligen Nutzungsdauer entsprechenden Annuitätenfaktor ($w_{i,n}$). Dadurch erhält man eine nutzungsdauerabhängige Annuität. Dividiert man diese Annuität durch den Kalkulationszinsfuß i, so ergibt sich der Kapitalwert der unendlichen identischen Investitionskette.

Um die Berechnungsweise in ihrem praktischen Ablauf zu verdeutlichen, greifen wir auf das Zahlenbeispiel zurück, das wir oben bei der Berechnung der optimalen Nutzungsdauer einer einmaligen Investition verwendet haben.

Ein Investor besitzt einen Planungszeitraum von $T \rightarrow \infty$ Perioden und operiert an einem vollkommenen Kapitalmarkt, dessen Zinssatz bei 10% liegt. Er kann identische Investitionen in 6 verschiedenen Nutzungsdauervarianten ($n_1 = 1, n_2 = 2, \ldots, n_6 = 6$) realisieren und sucht die optimale Nutzungsdauer. Die Zahlungsreihen der Nutzungsdaueralternativen sehen aus wie in Tab. 3–10 (identisch mit Tab. 3-3) gezeigt.

Die Lösung des Problems ist in der folgenden Tabelle 3-11 festgehalten. In Spalte (2) stehen die nutzungsdauerabhängigen Kapitalwerte des ersten Projekts der Kette BKW_n. Es handelt sich um die gleichen Zahlen wie oben beim Beispiel der einmaligen Investition. Damals erwies sich eine Nutzungsdauer von 4 Perioden ($BKW_4 = 307{,}01$) als optimal. In Spalte (3) der Tabelle sind die zeitabhängigen Annuitätenfaktoren $w_{i,n}$ angegeben. Die Werte der Spalte (4) ergeben sich aus der Multiplikation der zeitabhängigen Kapitalwerte BKW_n mit diesen Faktoren $w_{i,n}$ und stellen somit nutzungsdauerabhängige Annuitäten dar. Dividiert man diese

Tab. 3-10.

n \ t	0	1	2	3	4	5	6
1	−1000	1200					
2	−1000	600	900				
3	−1000	600	500	400			
4	−1000	600	500	100	400		
5	−1000	600	500	100	200	200	
6	−1000	600	500	100	200	100	100

Tab. 3-11. Berechnung der Kapitalwerte unendlicher identischer Investitionsketten

Nutzungs-dauer n	zeitabh. Kapitalwert BKW_n	zeitabh. Annuitätenfaktor $w_{i,n}$	zeitabh. Annuität $w_{i,n}BKW_n$	Kalkul. Zinsfuß i	zeitabh. Kap.-Wert der Kette $K\text{-}BKW_n$
(1)	(2)	(3)	(4)	(5)	(6)
1	90,91	1,1000	100,00	0,1	1000,00
2	289,26	0,5762	166,67	0,1	1666,67
3	259,20	0,4021	104,23	0,1	1042,30
4	307,01	0,3155	96,85	0,1	968,54
5	294,60	0,2638	77,71	0,1	777,14
6	288,95	0,2296	66,35	0,1	663,45

durch den Kalkulationszinsfuß $i = 0,1$, so erhält man die gesuchten nutzungs-dauerabhängigen Kapitalwerte der unendlich langen identischen Investitions-kette $K\text{-}BKW_n$ in Spalte (6). Dabei zeigt sich, daß nicht mehr die Alternative einer 4-jährigen Nutzung, sondern die Alternative einer 2-jährigen Nutzung ($K\text{-}BKW_2$ = 1666,67) für den Investor optimal ist, wenn er das Projekt unendlich oft wieder-holt. Darüber hinaus können wir festhalten: Die optimalen Nutzungsdauern aller in einer unendlich langen identischen Investitionskette enthaltenen Projekte sind gleich lang (in unserem Beispiel also 2 Perioden).
Zur Berechnung der optimalen Nutzungsdauer einer Investition im Rahmen einer unendlichen identischen Investitionskette eignet sich das nachfolgende BASIC-Programm.

```
10    REM DATENEINGABE
20    INPUT TT
30    DIM Z(TT), L(TT), SDIFF(TT)
40    FOR T = 0 TO TT
```

```
50       INPUT Z(T), L(T)
60       NEXT T
70       INPUT I

80       REM ZEITLICHE KETTENKAPITALWERTE UND OPTIMA-
         LE NUTZUNGSDAUER
90       X = 0 : SDIFF(0) = 0 : OPT = 0
100      FOR T = 1 TO TT
110      DIFF = (Z(T) + L(T) − L(T − 1)*(1 + I))*(1 + I)^ − T
120      SDIFF(T) = SDIFF(T − 1) + DIFF
130      KBKW = (1 + I)^T/((1 + I)^T − 1)*SDIFF(T)
140      IF X > = KBKW THEN 160
150      X = KBKW : OPT = T
160      NEXT T

170      PRINT OPT
180      END
```

3.3 Ersatzprobleme

Wenn der Investor sich bei seinen Planungen niemals irrte, wenn also immer alle Daten und Ereignisse wie ursprünglich geplant eintreten würden, so wäre das Problem des optimalen Ersatztermins bereits vorhandener Anlagen mit Hilfe der ex ante- oder Nutzungsdauerentscheidungen schon gelöst. Es bestünde keine Notwendigkeit, nach der Realisierung von Investitionsprojekten noch einmal darüber nachzudenken. Tatsächlich treten aber solche Planungsirrtümer ständig auf. Daher lohnt es sich, die Frage nach dem optimalen Ersatztermin bereits vorhandener Anlagen regelmäßig neu zu stellen.

Jedoch liegt ein *reines Ersatzproblem* im hier zu diskutierenden Sinne nur dann vor, wenn das neue Projekt mit dem alten konkurriert (entweder alte oder neue Anlage). Wenn dagegen die neue Anlage auch neben die alte treten kann (also: entweder alte oder neue Anlage oder beide), so handelt es sich um ein *Problem der Investitionsprogrammplanung*, das wir erst im nächsten Kapitel dieses Buches untersuchen werden.

Bei einem reinen Ersatzproblem wird danach gefragt, ob die alte Investition heute beendet werden soll oder nicht.

Daraus könnte man schließen, daß der Investor nur zwei Alternativen betrachten müsse. Tatsächlich muß man danach fragen, ob die alte Anlage heute (t = 0) oder später (t = 1, t = 2, …, t = T) ersetzt werden soll. Daraus folgt, daß der Investor T + 1 Ersatzalternativen besitzt und zwischen ihnen wählen muß. Wenn nämlich ein Ersatz in t = 1 (im nächsten Jahr) ungünstiger ist als in t = 0 (heute), so folgt daraus noch lange nicht, daß es optimal ist, die alte Anlage heute zu ersetzen. Ein

Ersatz in t = 2 könnte durchaus noch günstiger sein. Man darf also die Betrachtung nicht nur auf zwei Perioden beschränken, wenn man Fehlentscheidungen vermeiden will.

Bei den Nutzungsdauerentscheidungen hatten wir die Fälle der einmaligen und der mehrmaligen Investitionen untersucht. Bei den mehrmaligen Investitionen hatten wir außerdem den Fall des endlichen Planungszeitraums mit nicht-identischen Investitionsketten und den Fall des unendlichen Planungszeitraums mit identischen Investitionsfolgen voneinander unterscheiden. Theoretisch müßten wir jetzt bei den Ersatzentscheidungen analog vorgehen. Tatsächlich wollen wir uns aber auf den Fall des unendlichen Planungszeitraums mit identischen Investitionsketten beschränken. Dafür muß eine kurze Begründung gegeben werden.

Einmalige Investitionen

Bei der einmaligen Investition handelt es sich darum, daß die bereits vorhandene Anlage keinen Nachfolger findet. Diese Situation brauchen wir nicht zu untersuchen, da es sich um kein „echtes" Ersatzproblem handelt. Auch leuchtet es unmittelbar ein, daß die Nutzungszeit der alten Anlage ohne Nachfolgerin dann beendet werden sollte, wenn die zeitlichen Grenzgewinne der vorhandenen Anlage nachhaltig kleiner als Null sind (vgl. dazu oben Abschnitt 3.2.1).

Mehrmalige Investitionen bei endlichem Planungszeitraum

Hier handelt es sich um die Unternehmung auf Zeit, die im Zeitpunkt T liquidiert wird. Diese Situation können wir mit genau dem gleichen Instrumentarium beherrschen, das wir oben bei den Nutzungsdauerentscheidungen beschrieben haben (vgl. Abschnitt 3.2.2.2).

Dort hatten wir gezeigt, wie man mit Hilfe eines Entscheidungsbaums bzw. dem Verfahren der vollständigen Enumeration die Zahlungsreihen der verschiedenen Investitionsstrategien ermitteln kann und danach die günstigste Alternative bestimmt. Jetzt besteht das Problem lediglich darin, die Zahlungsreihen der entsprechenden Ersetzungsstrategien zu ermitteln. Dabei wird man nun selbstverständlich mit Daten operieren, die neueren Schätzungen entsprechen. In der formalen Berechnungsmethode für die optimale Alternative ändert sich dadurch aber überhaupt nichts.

Mehrmalige Investitionen bei unendlichem Planungszeitraum

Das Problem des Investors lautet hier: Wann soll eine bereits vorhandene Anlage durch einen unendlich häufigen Nachfolger ersetzt werden? Das Entscheidungskriterium heißt dementsprechend:

> Realisiere denjenigen Ersatztermin, bei dem der größte positive Kapitalwert aus der alten Investition und den (unendlich häufigen) neuen Anlagen erreicht wird.

Um die Formel für den Ersatz der alten Investition im Zeitpunkt $t = n$ abzuleiten, empfiehlt es sich, folgende Symbole zu verwenden:

E-BKW$_n$ Kapitalwert der Ersetzung im Zeitpunkt $t = n$

BKW(A)$_n$ Kapitalwert der alten Investition bei einem Ersatz im Zeitpunkt $t = n$

K-BKW(N)$_n$ Kapitalwert der unendlich langen Kette identischer Nachfolgeinvestitionen bei einem Ersatz im Zeitpunkt $t = n$

L$_t$ Liquidationserlös der alten Investition bei einer Veräußerung im Zeitpunkt t

m   Optimale Nutzungsdauer der Nachfolge-Investitionen

z′(A)$_t$ Investitionszahlung der alten Investition im Zeitpunkt t (ohne Liquidationserlöse)

z(N)$_t$ Investitionszahlung der neuen Investition (einschl. Liquidationserlös) im Zeitpunkt t

Der optimale Ersatzzeitpunkt ist derjenige Zeitpunkt n, bei dem der ersatzzeitpunktabhängige Gesamtkapitalwert

$$E\text{-}BKW_n = BKW(A)_n + K\text{-}BKW(N)_n$$

so groß wie möglich ist.

Wie kann man diesen Gesamtkapitalwert E-BKW$_n$ berechnen? Dazu betrachten wir zunächst den Kapitalwert der alten Anlage BKW(A)$_n$ und dann den Kapitalwert der Nachfolgeprojekte K-BKW(N)$_n$.

– *Kapitalwert der alten Anlage*

Ersetzt man die alte Anlage im Zeitpunkt $t = 0$, so beläuft sich ihr Kapitalwert auf:

$$BKW(A)_0 = z'(A)_0 + L_0$$

Zögert man den Ersatz um eine Periode hinaus, nimmt man also den Ersatz in $t = 1$ vor, so gilt:

$$BKW(A)_1 = \sum_{t=0}^{1} z'(A)_t (1 + i)^{-t} + L_1 (1 + i)^{-1}$$

Wartet man mit dem Ersatz bis zum Zeitpunkt $t = n$, so gilt für den Kapitalwert der alten Anlage

$$BKW(A)_n = \sum_{t=0}^{n} z'(A)_t (1 + i)^{-t} + L_n (1 + i)^{-n}$$

Diese Formel kann auf alle Zeitpunkte von $t = 0$ bis $t = n$ angewendet werden.

– *Kapitalwert der Nachfolgeprojekte*

Ersetzt man die alte Anlage sofort (im Zeitpunkt $t = 0$), so wird die unendliche identische Investitionskette der neuen Projekte im Zeitpunkt $t = 0$ gestartet.

Wenn die optimale Nutzungsdauer der Nachfolgeinvestition m Perioden ist, so beläuft sich der Ketten-Kapitalwert entsprechend unseren Überlegungen in Abschnitt 3.2.2.3 auf

$$K\text{-}BKW(N)_0 = \frac{w_{i,m} \, BKW(N)_m}{i}$$

Dabei ist der Kapitalwert eines neuen Projekts

$$BKW(N)_m = \sum_{t=0}^{m} z(N)_t (1+i)^{-t}$$

Wartet man mit dem Ersatz der alten Anlage eine Periode, schiebt man ihn also bis zum Zeitpunkt t = 1 hinaus, so muß man den gesamten Ketten-Kapitalwert um eine Periode abzinsen, also

$$K\text{-}BKW(N)_1 = \frac{w_{i,m} \, BKW(N)_m}{i(1+i)^1}$$

Zögert man dagegen mit dem Ersatz bis zum Zeitpunkt t = n, so ist der Ketten-Kapitalwert der neuen Projekte um n Perioden abzuzinsen, also

$$K\text{-}BKW(N)_n = \frac{w_{i,m} \, BKW(N)_m}{i(1+i)^n}$$

– *Kapitalwert der gesamten Ersatzalternative*

Für den ersatzzeitpunktabhängigen Gesamtkapitalwert ergibt sich somit die Formel

$$
\begin{aligned}
E\text{-}BKW_n &= BKW(A)_n && + \; K\text{-}BKW(N)_n \\
&= \sum_{t=0}^{n} z'(A)_t(1+i)^{-t} + L_n(1+i)^{-n} + \frac{w_{i,m} \, BKW(N)_m}{i(1+i)^n}
\end{aligned}
$$

Mit dieser Gleichung kann man den optimalen Ersatzzeitpunkt bestimmen. Man muß sich für denjenigen Ersatzzeitpunkt n entscheiden, bei dem $E\text{-}BKW_n$ maximal ist. Ergibt sich ein anderer Zeitpunkt als n = 0 als optimal, so ist der Ersatz heute nicht durchzuführen. Stattdessen sollte man beim nächsten Untersuchungstermin eine neue Beurteilung vornehmen.

– *Zeitlicher Grenzgewinn einer Ersatzalternative*

Für die praktische Arbeit ist die eben entwickelte Formel nicht besonders gut geeignet. Es ist mühsam, mit ihr umzugehen. Aus diesem Grunde wollen wir nach *Vereinfachungen rechentechnischer Art* suchen. Zu diesem Zwecke bedienen wir uns der Betrachtung der *Differenz-Kapitalwerte* $\Delta E\text{-}BKW_n$, ähnlich wie wir es bereits einmal bei den Nutzungsdauerentscheidungen für die einmalige Investition getan haben (vgl. oben Abschnitt 3.2.1).
Wie groß ist nun dieser ersatzzeitpunktabhängige Grenz-Kapitalwert $\Delta E\text{-}BKW_n$,

wenn wir ihn als Vorteilsdifferenz zwischen den Kapitalwerten der Zeitpunkte n und $n-1$ definieren? Er beläuft sich auf

$$\Delta\text{E-BKW}_n = \text{E-BKW}_n - \text{E-BKW}_{n-1}$$

$$= \sum_{t=0}^{n} z'(A)_t(1+i)^{-t} + L_n(1+i)^{-n} + \frac{w_{i,m}\text{BKW}(N)_m}{i(1+i)^n}$$

$$- \sum_{t=0}^{n-1} z'(A)_t(1+i)^{-t} - L_{n-1}(1+i)^{-n+1} - \frac{w_{i,m}\text{BKW}(N)_m}{i(1+i)^{n-1}}$$

Daraus entsteht nach einigen Umformungen

$$\Delta\text{E-BKW}_n = (1+i)^{-n} \left[\underbrace{\langle z'(A)_n + L_n - L_{n-1}(1+i)\rangle}_{\substack{\text{zeitlicher Grenzgewinn} \\ \text{der alten Anlage}}} - \underbrace{w_{i,m}\text{BKW}(N)_m}_{\substack{\text{Annuität der} \\ \text{neuen Anlage}}} \right]$$

In der spitzen Klammer steht jetzt nichts anderes als der (aufgezinste) zeitliche Grenzgewinn der alten Anlage $(1+i)^n \cdot \Delta\text{BKW}(A)_n$ (vgl. dazu oben Abschnitt 3.2.1) und hinter der spitzen Klammer steht die Annuität der neuen Anlage $w_{i,m}\text{BKW}(N)_m$ (vgl. dazu oben Abschnitt 2.3.3.3). Daher können wir auch schreiben

$$\Delta\text{E-BKW}_n = (1+i)^{-n} \left[(1+i)^n \Delta\text{BKW}(A)_n - w_{i,m}\text{BKW}(N)_m \right]$$

Da es sich lohnt, den Ersatz der alten Anlage hinauszuschieben, solange der Differenz-Kapitalwert $\Delta\text{E-BKW}_n$ positiv ist, können wir auch sagen:

> Der Ersatz einer bereits vorhandenen Investition ist nicht vorzunehmen, solange der zeitliche Grenzgewinn der alten Anlage größer ist als der Durchschnittsgewinn (die Annuität) der neuen Anlage.

Der praktische Umgang mit dieser Entscheidungsregel und mit den eben abgeleiteten Formeln für den Differenz-Kapitalwert $\Delta\text{E-BKW}_n$ sei in folgendem an einem einfachen Zahlenbeispiel verdeutlicht.

Ein Investor mit einem unendlichen Planungshorizont, der an einem vollkommenen Kapitalmarkt (Kalkulationszinsfuß 7%) arbeitet, nimmt an, daß es vorteilhaft ist, eine vorhandene Anlage heute oder spätestens innerhalb der nächsten vier Jahre zu ersetzen. Für die alte Anlage schätzt er die in Tab. 3-12 dargestellten Zahlungen und Liquidationserlöse.

Tab. 3-12.

t $z'(A)_t, L_t$	0	1	2	3	4
$z'(A)_t$	1200	1050	1050	900	800
L_t	1000	750	650	500	300

Die neue Anlage besitzt eine optimale Nutzungsdauer von 5 Perioden, und der Investor rechnet dabei mit Zahlungen gemäß Tab. 3-13.

Tab. 3-13.

t $z(N)_t$	0	1	2	3	4	5
$z(N)_t$	-2000	1500	1200	1500	1000	900

Der Investor will wissen, wann er die vorhandene Anlage ersetzen soll.
Der Lösungsweg besteht aus folgenden drei Schritten:

(1) *Ermittlung der zeitlichen Grenzgewinne der alten Anlage*
Zunächst empfiehlt es sich, die zeitlichen Grenzgewinne der alten Anlage
$(1 + i)^n \cdot \Delta BKW(A)_n$ zu berechnen. Diese Berechnung entspricht derjenigen, die
wir oben in Abschnitt 3.2.1 in Tab. 3-4 vorgeführt haben. Es ergeben sich die in
Tab. 3-14 genannten Zahlen.

Tab. 3-14.

n	$z'(A)_n + L_n$	L_{n-1}	$L_{n-1}(1 + i)$	$(1 + i)^n \cdot \Delta BKW(A)_n$
1	1800	1000	1070,00	730,00
2	1700	750	802,50	897,50
3	1400	650	695,50	704,50
4	1100	500	535,00	565,00

(2) *Ermittlung der Annuität der neuen Anlage*
Die Annuität der neuen Anlage ergibt sich aus

$$w_{0,07,5} \cdot BKW(N)_5$$

Der Kapitalwert des neuen Projekts beträgt

$$BKW(N)_5 = -2000 + \frac{1500}{1,07^1} + \frac{1200}{1,07^2} + \frac{1500}{1,07^3} + \frac{1000}{1,07^4} + \frac{900}{1,07^5}$$

$$= 3079,03$$

Da bei 7% Kalkulationszinsfuß der Wiedergewinnungsfaktor

$$w_{0,07,5} = \frac{0,07(1 + 0,07)^5}{(1 + 0,07)^5 - 1} = 0,24389$$

ist, ergibt sich für die Annuität

$$w_{0,07,5} \cdot BKW(N)_5 = 0,24389 \cdot 3079,03 = 750,95$$

(3) *Berechnung und Analyse der Differenzkapitalwerte*
Die Differenz-Kapitalwerte der einzelnen Ersatzzeitpunkt-Alternativen
$\Delta E\text{-}BKW_n$ lassen sich nun gemäß Tab. 3-15 leicht berechnen. Spalte (1) enthält
die Alternativen von $n = 1$ bis $n = 4$.

In Spalte (2) sind die zeitlichen Grenzgewinne der alten Anlage aus dem ersten Lösungsschritt und in Spalte (3) die Annuitäten der neuen Anlage aus dem zweiten Lösungsschritt angegeben. In Spalte (4) ergeben sich die aufgezinsten Differenz-Kapitalwerte für die verschiedenen Ersatzzeitpunkt-Alternativen aus einer einfachen Differenzen-Bildung zwischen Spalte (2) und Spalte (3).

Wenn alle Werte dieser Spalte negativ wären, so könnte man sofort die Entscheidung treffen: „Ersetze die alte Anlage heute (in $n = 0$)!". In unserem Beispiel ergibt sich aber für den Zeitpunkt $n = 2$ ein positiver Wert, so daß sich die Frage erhebt, ob ein Ersatz im Zeitpunkt $n = 2$ günstiger ist als der sofortige Ersatz.

Tab. 3-15. Berechnung der ersatzzeitpunktabhängigen Differenz-Kapitalwerte

Ersatz-zeitpunkt	zeitlicher Grenzgewinn der alten Anlage	Annuität der neuen Anlage	Differenz-Kapitalwert (aufgezinst)	Abzinsungsfaktor	Differenz-Kapitalwert
n	$(1 + i)^n \Delta BKW(A)_n$	$w_{0,07,5} BKW(N)_5$	$(1 + i)^n \Delta E - BKW_n$	$(1 + i)^{-n}$	$\Delta E - BKW_n$
(1)	(2)	(3)	(4) = (2) − (3)	(5)	(6) = (4) · (5)
1	730,00	750,95	− 20,95	0,9346	− 19,58
2	897,50	750,95	146,55	0,8734	128,01
3	704,50	750,95	− 46,45	0,8163	− 37,91
4	565,00	750,95	−185,95	0,7629	−141,86

Diese Frage kann man nur beantworten, nachdem man die auf unterschiedliche Ersatzzeitpunkte aufgezinsten Differenz-Kapitalwerte der Spalte (4) mit den in Spalte (5) angegebenen Abzinsungsfaktoren vergleichbar gemacht hat. Man erhält so in Spalte (6) die auf $t = 0$ bezogenen Differenz-Kapitalwerte $\Delta E\text{-}BKW_n$ und kann sofort ablesen, daß der negative Differenz-Kapitalwert für $n = 1$ durch den positiven Differenz-Kapitalwert für $n = 2$ mehr als ausgeglichen wird.

Der Investor ist also am besten beraten, wenn er die alte Anlage weiterhin nutzt und in spätestens zwei Jahren eine erneute Überprüfung seiner Entscheidung vornimmt.

Abschließend geben wir noch ein BASIC-Programm an, mit dem man das hier beschriebene Verfahren zur Berechnung des optimalen Ersatzzeitpunktes automatisch durchführen kann.

```
10      REM SPAETESTMOEGLICHER ERSATZZEITPUNKT
20      INPUT "N = "; N
30      DIM ZA(N), L(N), SDIFF(N)
40      REM ZAHLUNGEN UND LIQUIDATIONSERLOESE DER
        ALTEN ANLAGE
50      FOR T = 0 TO N
60      PRINT "Z(";T;")" : INPUT ZA(T)
65      PRINT "L(";T;")" : INPUT L(T)
70      NEXT T
```

```
80      REM NUTZUNGSDAUER DER NEUEN ANLAGE
90      INPUT "M = "; M
100     REM ZAHLUNGSREIHE DER NEUEN ANLAGE
110     DIM ZN(M)
120     FOR T = 0 TO M
130     PRINT "Z(";T;")" : INPUT ZN(T)
140     NEXT T
150     REM KALKULATIONSZINSSATZ
160     INPUT "I = "; I

170     REM ANNUITAET DER NEUEN ANLAGE
180     ANN = 0
190     FOR T = 0 TO M
200     ANN = ANN + ZN(T)*(1 + I)^ − T
210     NEXT T
220     ANN = ANN*I*(1 + I)^M/((1 + I)^M − 1)

230     REM DIFFERENZKAPITALWERTE UND OPTIMALER ER-
        SATZZEITPUNKT
240     X = 0 : SDIFF(0) = 0 : OPT = 0
250     FOR T = 1 TO N
260     DIFF = ZA(T) + L(T) − L(T − 1)*(1 + I)
270     DIFF = (DIFF − ANN)*(1 + I)^ − T
280     SDIFF(T) = SDIFF(T − 1) + DIFF
290     IF X > = SDIFF(T) THEN 310
300     X = SDIFF(T) : OPT = T
310     NEXT T

320     PRINT "OPTIMALER ERSATZZEITPUNKT = "; OPT
330     END
```

Fragen und Probleme

1. Was versteht man unter identischen Investitionsketten, was unter nicht-identischen?
2. Beschreiben Sie, wie man vorgehen kann, um die optimale Nutzungsdauer einer endlichen Folge nicht-identischer Investitionen zu bestimmen.
3. Was versteht man unter dem zeitlichen Grenzgewinn einer Investition?
4. Wie berechnet man den Kapitalwert einer unendlichen Folge identischer Investitionen?
5. Interpretieren Sie den Satz: „Der Ersatz einer alten Anlage ist vorteilhaft, sobald der Grenzgewinn der alten Anlage kleiner ist als der Durchschnittsgewinn der neuen Anlage".

Aufgaben

1. Der Planungszeitraum eines Investors beträgt T = 7 Jahre. Er besitzt heute liquide Mittel in Höhe von 1 200 und beabsichtigt, sein Endvermögen bei gleichbleibenden Entnahmen von Y = 40 zu maximieren. Zur Wahl steht eine Investition, deren optimale Nutzungsdauer bestimmt werden soll.

Die Investition verursacht Anschaffungsausgaben in Höhe von 2 000. In den kommenden Jahren ist mit gleichbleibenden Einzahlungsüberschüssen von jeweils 700 zu rechnen. Im Zeitpunkt t = 2 sind erstmals Reparaturausgaben in Höhe von 100 fällig. Diese steigen in jedem Jahr um 100. In bezug auf die Liquidationserlöse im Falle des Verkaufs des Investitionsobjektes wird angenommen, daß sie in jedem Jahr um 20 %, bezogen auf den Vorjahreswert, fallen.

a) Wie lauten die Zahlungsreihen der Entscheidungsalternativen?
b) Der Kapitalmarkt ist unvollkommen, wobei der Soll-Zins konstant 12 % und der Haben-Zins konstant 7 % ist. Welche Nutzungsdauer ist die beste?
c) Der Kapitalmarkt ist vollkommen, und es gilt ein Kalkulationszinsfuß von i = 10 %. Welche Nutzungsdauer ist nun optimal?
d) Wie groß ist der zeitliche Grenzgewinn in bezug auf den Zeitpunkt n = 3, und was besagt diese Zahl?
e) Der Planungszeitraum des Investors ist unendlich lang. Der Kapitalmarkt ist vollkommen (10 % Kalkulationszinsfuß), und der Investor plant, das in Rede stehende Projekt unendlich oft zu wiederholen. Welche Nutzungsdauer ist unter diesen Bedingungen optimal?

2. Für eine einmalige Investition seien für die Zeitpunkte n = 1 bis n = 6 folgende auf t = 0 bezogenen zeitlichen Grenzgewinne berechnet worden: 100, − 50, − 30, 90, − 20 und − 100.

a) Welche Nutzungsdauer ist optimal?
b) Für den Zeitpunkt n = 3 belaufen sich die Einnahmen aus der Investition einschließlich Liquidationserlös auf 960. Wie groß ist dann bei einem Kalkulationszinsfuß von i = 8 % der Liquidationserlös im Zeitpunkt n = 2?
c) Wie groß ist der Kapitalwert bei dreijähriger Nutzungsdauer?

3. Die Zahlungsreihe einer Investition ohne Berücksichtigung von Liquidationserlösen lautet z' = (− 100, 30, 30, 40, 40, 50). Der Kalkulationszinsfuß ist i = 11 %.
Welchen Einfluß hat es auf die optimale Nutzungsdauer, wenn der Liquidationserlös des Objekts (ausgehend von 100) in jedem Jahr um 25 % statt um 10 % sinkt?

4. Der Kapitalwert einer Investition mit sechsjähriger Nutzungsdauer beläuft sich bei einem Kalkulationszinsfuß von 9 % auf 1 000 DM. Wie groß ist der Kapitalwert einer unendlich langen Kette identischer Investitionen mit gleichem Kapitalwert?

5. Ein Investor beabsichtigt, eine vorhandene Anlage im kommenden Jahr (n = 1) zu ersetzen. Er erzielt mit dieser Anlage heute Einnahmen in Höhe von 500 und im nächsten Jahr Einnahmen in Höhe von 600. Hinzu kommt ein geschätzter Liquidationserlös in Höhe von 2 500. Der Kapitalwert der (ersten) Nachfolgeinvestition beläuft sich bei einem Kalkulationszinsfuß von 6 % und einer Nutzungsdauer von vier Jahren auf 1 200. Die Nachfolgeinvestition soll unendlich oft wiederholt werden. Wenn man die alte Anlage heute ausrangieren würde, könnte man einen Verkaufserlös von 2 650 erzielen.

a) Wie hoch ist der Kapitalwert der vom Investor beabsichtigten Handlungsweise?
b) Ist der Investor gut beraten, mit dem Ersatz der alten Anlage noch ein Jahr zu warten?
c) Wie hoch müßte der Liquidationserlös im nächsten Jahr sein, damit es gleichgültig wäre, ob man die Anlage sofort oder erst im kommenden Jahr ersetzt?

Literatur

Die Lösung von Entscheidungen über die optimale Investitionsdauer wird in der Fachliteratur meistens mit Hilfe von Modellen betrieben, die die Zeit als kontinuierliche Variable betrachten. Im Gegensatz dazu haben wir in diesem Buch ausschließlich diskrete Modelle dargestellt, d. h. wir haben als zulässige Investitionsdauern immer nur Perioden (Jahre) oder ganzzahlige Vielfache davon berücksichtigt (vgl. dazu oben Abschnitt 3.1).

Gute Darstellungen der Verfahren zur Lösung von Nutzungsdauerentscheidungen findet man bei Moxter (1966: 75–105), Buchner (1967: 244–267), Swoboda (1977: 87–109), Kern (1974: 203–228) und D. Schneider (1980: 231–240).

Entsprechende Beschreibungen von Verfahren zur Lösung von Ersatzentscheidungen geben Moxter (1966: 75–105), Swoboda (1977: 110–124), Priewasser (1972: 91–122), Kern (1974: 203–220 und 228–242), D. Schneider (1980: 240–243) und Hax (1985: 44–58).

Das Konzept der identischen Investitionsketten wurde vor allem von Preinreich (1940) und (1953) sowie E. Schneider (1942) entwickelt. Vgl. auch E. Schneider (1973: 59–63 und 78–110).

Das in diesem Buch nicht dargestellte MAPI-Verfahren ist eine besondere Variante der dynamischen Investitionsrechnung zur Lösung von Ersatzentscheidungen. Es beruht auf sehr speziellen Voraussetzungen und wurde von G. Terborgh entwickelt. Das Buch von Terborgh (1962) ist aber auch dann äußerst lesenswert, wenn man sich nicht gezielt über die MAPI-Methode informieren will. Eine knappe, aber übersichtliche Beschreibung des MAPI-Verfahrens findet man bei Blohm/Lüder (1983: 98–107).

4. Verfahren zur Lösung von Programmentscheidungen

Die kritische Lektüre dieses Kapitels soll Sie dazu anregen und befähigen,

- zu erkennen, daß die Anzahl der Handlungsalternativen bei Programmentscheidungen so groß ist, daß man Entscheidungen dieses Typs mit den im 2. Kapitel beschriebenen Methoden nicht treffen kann,
- zu verstehen, daß das Zurechnungsproblem der Investitionsrechnung bei Programmentscheidungen ein echtes Problem darstellt, welches man nur durch ein Konzept der simultanen Investitions- und Produktionsplanung in den Griff bekommt,
- den Unterschied zwischen voneinander unabhängigen und voneinander abhängigen Investitionsvorhaben zu begreifen,
- sich einen Überblick über die wichtigsten Modelle zur Investitionsprogrammplanung zu verschaffen,
- die Fragestellung des Problems der simultanen Investitions- und Finanzplanung nachzuvollziehen,
- zu verstehen, aus welchem Grund man das Problem der simultanen Investitions- und Finanzplanung im Einperiodenfall mit Hilfe der Internen-Zinsfuß-Methode lösen kann,
- zu verstehen, aus welchem Grunde man das gleiche Problem im Mehrperiodenfall nicht mit Hilfe der Internen-Zinsfuß-Methode lösen kann,
- einfache Modelle auf der Basis der Linearen Programmierung zu formulieren, mit denen man das Problem der simultanen Investitions- und Finanzplanung im Mehrperiodenfall sowohl für den Vermögensmaximierer als auch für den Einkommensmaximierer lösen kann,
- zu definieren, was endogene Kalkulationszinsfüße sind,
- zu verstehen, unter welchen Voraussetzungen man das Problem der simultanen Investitions- und Finanzplanung mit Hilfe der Kapitalwertmethode lösen könnte,
- die praktische Bedeutung der endogenen Kalkulationszinsfüße zu beurteilen,
- die Fragestellung der simultanen Investitions- und Produktionsplanung nachzuvollziehen,
- zu begreifen, daß das Problem der Zurechnung von Einnahmen auf voneinander abhängige Investitionen bei simultaner Investitions- und Produktionsplanung kein Problem mehr ist,
- einfache Modelle auf der Basis der Linearen Programmierung zu formulieren, mit denen man das Problem der simultanen Investitions- und Produktionsplanung sowohl für den Vermögensmaximierer als auch für den Einkommensmaximierer lösen kann,

– eine realistische Vorstellung von den Möglichkeiten und Grenzen der praktischen Anwendbarkeit von Programmplanungsmodellen zu gewinnen.

Im 2. Kapitel hatten wir uns auf Entscheidungen konzentriert, bei denen genau eine einzige Investition aus einer endlichen Menge von Investitionsalternativen herauszufinden war, und zwar diejenige, die im Sinne der Zielsetzung des Investors optimal ist. Dabei hatten wir die Investitionsdauer, also die zeitliche Erstreckung einer Investition, nicht als Entscheidungsproblem, sondern als Datum betrachtet. Die optimale Investitionsdauer war Gegenstand des 3. Kapitels. Wir haben dieses Entscheidungsproblem sowohl ex ante (vor Realisierung einer Investition) als auch ex post (nach Realisierung einer Investition) betrachtet, dabei aber immer so getan, als könnte zu einem bestimmten Zeitpunkt immer nur ein einziges Projekt verwirklicht werden. Insofern haben wir es auch im 3. Kapitel immer noch mit Einzelentscheidungen zu tun gehabt.

Die Möglichkeit, daß mehrere Projekte gleichzeitig in Angriff genommen werden, soll jetzt im 4. Kapitel behandelt werden. In diesem Kapitel betrachten wir immer nur *Programmentscheidungen*. Die Fragestellung lautet stets:

Welche Kombination von Investitionsprojekten aus einer Menge sich nicht gegenseitig ausschließender Vorhaben erfüllt die Zielsetzung des Investors am besten?

Gegeben ist also eine Anzahl nebeneinander realisierbarer Investitionen (z. B. Nr. 1, 2, 3, …, m), und gesucht ist die optimale Kombination aus dieser Menge (z. B. Nr. 4, 17, 19 und 82).

4.1 Grundlegende Probleme und Konzepte

Es empfiehlt sich, zunächst einen Überblick über einige grundsätzliche Schwierigkeiten bei der Bestimmung von optimalen Investitionsprogrammen zu vermitteln.

4.1.1 Zur Anzahl der Programmalternativen

Eigentlich könnte man Entscheidungen über optimale Investitionsprogramme mit genau dem gleichen Instrumentarium herbeiführen, das wir im 2. Kapitel dieses Buches dargestellt haben. Das Problem besteht im Grunde nur darin, die Zahlungsreihen der Programme A, B, C … usw. kennenzulernen. Würde man nämlich die Zahlungsreihen aller Programmalternativen kennen, so könnte man das Endvermögen bzw. das Einkommensniveau des Investors mit den oben beschriebenen Methoden berechnen. Praktisch ist eine solche Vorgehensweise allerdings zum Scheitern verurteilt, weil die Berechnungen einen Zeit- und Arbeitsaufwand erforderten, der sich nicht akzeptieren läßt. Wie ist das zu erklären?

Die Zahl der möglichen Programmalternativen übersteigt in der Regel die Grenzen der Vorstellungskraft.

Um uns dies klarzumachen, wollen wir (vereinfachend) annehmen, daß ein Investor insgesamt m sich gegenseitig nicht ausschließende Projekte besitzt und jedes dieser Projekte höchstens einmal im Programm vertreten sein darf. In diesem Fall besitzt der Investor bei m = 2 Projekten $2^2 = 4$ Alternativen, nämlich

	Projekt 1	Projekt 2
Programm A	ja	ja
Programm B	ja	nein
Programm C	nein	ja
Programm D	nein	nein

Bei 10 Projekten gibt es $2^{10} = 1024$ Programmalternativen und bei 40 Vorhaben sind es schon $2^{40} = 1099511627776$ alternative Programme. Die letzte Zahl übersteigt normale Vorstellungskräfte bereits erheblich. Wenn ein Computer dazu in der Lage wäre, die Endvermögen bzw. Einkommensniveaus für jeweils 1000 dieser Programmalternativen in einer Sekunde auszurechnen, dann wäre dieser Computer erst etwa nach 35 Jahren (!) ununterbrochenen Rechnens mit seiner Aufgabe fertig. Die Ermittlung der Zahlungsreihen für alle diese Investitionsalternativen dürfte noch wesentlich länger dauern, und 40 Anträge über sich gegenseitig nicht ausschließende Investitionsvorhaben sind kein theoretischer Extremfall.

4.1.2 Zurechnungsproblem und Programmentscheidungen

In Abschnitt 2.1 hatten wir nachgewiesen, daß es bei *Investitionseinzelentscheidungen* ohne weiteres möglich ist, aufgrund von Grenzbetrachtungen ein einzelnes Investitionsprojekt für die durch seine Realisierung verursachten Ausgaben und Einnahmen verantwortlich zu machen, und zwar auch dann, wenn an dem Zustandekommen dieser Zahlungen auch noch andere (bereits vorhandene) Aggregate mitwirken. Dieser Nachweis ist uns im 2. Kapitel letztlich dadurch gelungen, daß wir die Betrachtung auf solche Investitionen eingeengt haben, die sich gegenseitig ausschließen.

Jetzt haben wir es aber mit einer anderen Entscheidungssituation zu tun. Wir erörtern Probleme der *Programmplanung.* Hier geht es um eine Auswahl aus Projekten, die sich nicht gegenseitig ausschließen, sondern einzeln oder gemeinsam miteinander durchgeführt werden können, deren Zahlungswirkungen einander also ergänzen, verstärken, überlagern oder unter Umständen auch gegenseitig wieder aufheben können. Es wäre schlicht falsch zu behaupten, daß auch in solchen Situationen die Einnahmen und Ausgaben immer den einzelnen Investitionsprojekten zugerechnet werden könnten.

Zwei Fälle sind zu unterscheiden:

(1) *Voneinander unabhängige Investitionsprojekte*
Solche Projekte liegen vor, wenn es in bezug auf die Einnahmen und Ausgaben der Unternehmung bei Projekt A gleichgültig ist, ob das Projekt B gleichzeitig verwirklicht wird oder nicht.

Die Zahlungsreihen der Programmalternativen lassen sich bei voneinander unabhängigen Projekten immer dadurch gewinnen, daß man die Zahlungsreihen der im Programm enthaltene Projekte zeitpunktweise addiert.

Beispiele für solche voneinander unabhängigen Projekte sind etwa Finanzinvestitionen (Obligationen, Aktien), Mietshäuser oder die einzelnen Taxis eines Taxiunternehmers.

(2) *Voneinander abhängige Investitionsprojekte*
Solche Projekte liegen vor, wenn es in bezug auf die Einnahmen und Ausgaben der Unternehmung bei Projekt A nicht gleichgültig ist, ob das Projekt B gleichzeitig verwirklicht wird oder nicht.
Hier ist die isolierte Zurechnung von Zahlungsreihen auf einzelne Projekte im Grunde sinnlos, weil diese allenfalls dann gelten, wenn die Projekte auch tatsächlich einzeln realisiert werden und keine anderen Projekte hinzutreten. Dies sei an einem Beispiel erläutert. Angenommen in einem Industriebetrieb stünde eine Fertigungsstraße, die aus den Stufen A und B besteht (vgl. Abb. 4/1), und deren gegenwärtiger Kapazitätsaufbau durch die Breite der Rechtecke A_1 und B_1 symbolisiert wird. Die Absatzchancen des dort hergestellten Erzeugnisses seien überaus erfreulich, so daß die Unternehmungsleitung an Erweiterungsinvestitionen denkt. Weil B_1 zur Zeit Engpaß ist, können bislang nur x_1 Stücke produziert und verkauft werden.
Abb. 4/1 macht nun folgendes ganz klar: Würde man nur das Projekt A_2 realisieren, so würde sich der Umsatz des Betriebes um keinen Pfennig ändern, denn B_1 bliebe nach wie vor der Engpaß und man müßte sich weiterhin mit der Produktion von x_1 Stücken begnügen. Würde man dagegen nur das Projekt B_2 verwirklichen, so ließe sich die Produktion auf x_2 erhöhen und A_1 wäre der neue Engpaß. – Würde man aber die Vorhaben A_2 und B_2 gemeinsam durchführen, so würde das

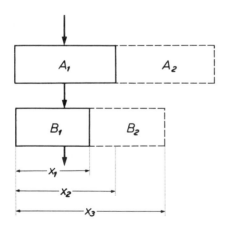

Abb. 4/1. Kapazitätsaufbau der Fertigungsstraße eines Industriebetriebes eine zusätzliche Umsatzsteigerung bedeuten, weil man jetzt x_3 Erzeugnisse herstellen könnte und $(B_1 + B_2)$ der neue Engpaß wäre.

Abhängigkeiten zwischen Investitionsprojekten der hier beschriebenen Art liegen mit großer Regelmäßigkeit immer dann vor, wenn es sich um Aggregate im Fertigungsbereich handelt, die in mehrstufigen Produktionsprozessen eingesetzt werden, und/oder wenn es sich um Anlagen handelt, die vielfach verwendbar sind (Mehrzweckmaschinen).

> Die Zahlungsreihen der Programmalternativen lassen sich bei voneinander abhängigen Projekten nicht dadurch gewinnen, daß man die Zahlungsreihen der im Programm enthaltenen Projekte zeitpunktweise addiert.

Vielmehr ist es erforderlich, die Produktions- und Absatzplanung in die Investitionsplanung zu integrieren. Wir werden die Grundlagen solcher Techniken später noch genauer kennenlernen (vgl. dazu unten Abschnitt 4.3).

4.1.3 Klassifikation der Lösungsansätze

Die Zahl der bis heute entwickelten Vorschläge zur Optimierung von Investitionsprogrammen ist nur noch schwer überschaubar. Daher empfiehlt es sich, den folgenden Abschnitten wenigstens eine Klassifikation der wichtigsten Konzeptionen voranzustellen. Besondere Impulse hat die Investitionsprogrammplanung von US-amerikanischen, französischen und deutschen Ökonomen erfahren.

Tab. 4-1 vermittelt eine Übersicht über die besonders bedeutenden Entscheidungsmodelle, die zur Lösung von Programmplanungsproblemen entworfen worden sind. Bevor wir die Tabelle erläutern, ist es jedoch sinnvoll, die Unterschiede zwischen sukzessiver und simultaner (auch: isolierter und integrierter) Investitionsprogrammplanung darzustellen.

(1) *Sukzessive Investitionsplanung*

Im einfachsten Fall besteht das Problem der Investitionsprogrammplanung darin, einen bestimmten Bestand an Finanzierungsmitteln optimal auf eine darum konkurrierende Menge sich gegenseitig nicht ausschließender Investitionsvorhaben aufzuteilen. Die Frage lautet also: Ein Investor verfüge im Zeitpunkt $t = 0$ über liquide Mittel in Höhe von x DM und eine Menge von Investitionsanträgen, deren Gesamtbetrag sich auf mehr als x DM beläuft. Welche Projekte sollen realisiert werden und auf welche Vorhaben soll man verzichten?

Diese Fragestellung bezeichnet man deswegen als sukzessive Investitionsplanung, weil in einem ersten Planungsschritt die Menge der Finanzmittel festgelegt wird und in einem zweiten Planungsschritt eine Auswahl der Investitionsprojekte erfolgt, ohne daß dabei die Ergebnisse der Finanzplanung revidiert werden können. Die Finanzplanung ist in diesem Fall ein Datum für die Investitionsplanung. Merke jedoch:

Tab. 4-1. Übersicht über wichtige Entscheidungsmodelle der Investitionsprogrammplanung

	Finanzierung	Investition	Produktion
ohne steuerliche Aktionsparameter	– Massé/Gibrat (1957) – Massé (1959) – Albach (1962) – Weingartner (1964) – Hax (1964)		
		– Förstner/Henn (1957) – Charnes/Cooper/Miller (1959) – Jacob (1964) – Swoboda (1965)	
	– Blumentrath (1969) – Schweim (1969)		
mit steuerlichen Aktionsparametern	– Jääskeläinen (1966) – Haberstock (1971 b) – Haegert (1971) – Grundmann (1973) – Rosenberg (1975)		

Sukzessive Investitionsplanung führt häufig zu schlechteren Entscheidungsergebnissen als nicht-sukzessive (simultane) Investitionsplanung.

Begründung: Unter Umständen verfügt der Investor über so günstige Investitionsmöglichkeiten, daß es sich im ersten Planungsschritt (Finanzplanung) gelohnt hätte, einen größeren Betrag zur Verfügung zu stellen als tatsächlich geschehen; im entgegengesetzten Fall besitzt der Investor vielleicht so wenige lohnende Investitionsvorhaben, daß es im ersten Planungsschritt (hier: Finanzplanung) besser gewesen wäre, einen geringeren Betrag zur Verfügung zu stellen.

(2) *Simultane Investitionsplanung*
Bei dieser Planungstechnik versucht man, die (möglichen) Mängel des sukzessiven Planens dadurch zu vermeiden, daß man die einzelnen Teilpläne des Investors (Finanzplan, Investitionsplan, Produktions- und Absatzplan usw.) möglichst harmonisch aufeinander abstimmt und die gegenseitigen Abhängigkeiten (Interdependenzen) zwischen den Teilplänen angemessen berücksichtigt.
Nach diesen Vorüberlegungen können wir uns der Tab. 4-1 zuwenden, die in der Kopfzeile die drei wichtigsten Teilplanungsbereiche der Unternehmung enthält, nämlich Finanzierung, Investition und Produktion.

(2.1) *Simultane Investitions- und Finanzplanung*
Das Planungsproblem lautet hier:

Gegeben ist eine Menge von (sich gegenseitig nicht ausschließenden) Investitionsvorhaben und eine Menge von Finanzierungsmöglichkeiten. Gesucht ist diejenige Kombination aus Investitions- und Finanzierungsprojekten, die das Ziel des Investors (Vermögensmaximierung, Einkommensmaximierung) am besten erfüllt. Dabei liegen die Produktionspläne für jedes mögliche Investitionsprogramm von vornherein fest, da sie bereits vorab (sukzessiv) aufgestellt worden sind.

Zur Lösung des Problems sind zwei Wege beschritten worden. Der historisch ältere und in der praktischen Handhabung einfachere Weg sieht so aus: Man berechnet sowohl für die Investitions- als auch für die Finanzierungsprojekte isolierte Vorteilhaftigkeitskriterien. Danach werden auf der Grundlage dieser Berechnungen Rangordnungen für die Investitionsprojekte einerseits und die Finanzierungsprojekte andererseits aufgestellt. In einem abschließenden dritten Schritt versucht man, aus diesen Prioritätenlisten das optimale Investitions- und Finanzierungsprogramm abzuleiten. Zu den bekanntesten Vertretern dieser Form von simultaner Programmoptimierung zählt das von J. Dean entwickelte „capital budgeting", das wir unten (Abschnitt 4.2.3.1) genauer kennenlernen werden.

Der zweite Weg besteht darin, sich die Methoden der mathematischen Programmierung (Operations Research) zunutze zu machen. Hier ist es insbesondere das Verfahren der Linearen Programmierung (LP), das man mit großem Erfolg auf Probleme der simultanen Investitions- und Finanzplanung anwenden kann. Dieses Verfahren ist nämlich grundsätzlich dazu geeignet, die Interdependenzen zwischen den Teilplanungsbereichen angemessen abzubilden. Vor allem Massé, Albach, Weingartner und Hax haben Anstrengungen unternommen, um zu zeigen, daß Probleme der simultanen Investitions- und Finanzplanung mit Hilfe von LP-Modellen gelöst werden können. Tab. 4-1 verweist auf die entsprechenden Quellen im Literaturverzeichnis, entsprechende Modelle werden unten in Abschnitt 4.2.3.2 beschrieben.

(2.2) *Simultane Investitions- und Produktionsplanung*

Sachinvestitionen im Fertigungsbereich von Industriebetrieben gestatten es häufig, das Produktionsprogramm der Unternehmung zu verändern. Welches Produktionsprogramm nach Durchführung der Investitionen realisiert werden soll, kommt in den Produktionsplänen zum Ausdruck. Diese Produktionspläne liegen bei der simultanen Investitions- und Finanzplanung von vornherein fest, sind also vorab (sukzessiv) festgelegt worden.

Demgegenüber lautet die Fragestellung bei simultaner Investitions- und Produktionsplanung:

Gegeben ist eine Menge von (sich gegenseitig nicht ausschließenden) Investitionsvorhaben und eine Menge damit realisierbarer Produktionsprogramme. Gesucht ist diejenige Kombination von Investitionsprojekten und der dazu passende Produktionsplan, die das Ziel des Investors am besten erfüllen. Dabei liegen die Finanzpläne für jedes mögliche Investitionsprogramm von vornherein fest, da sie bereits vorab (sukzessiv) aufgestellt worden sind.

Planungsmodelle dieser Art basieren regelmäßig wieder auf LP-Ansätzen. Tab. 4-1 weist darauf hin, daß sich insbesondere Förstner/Henn, Jacob und Swoboda um die Entwicklung solcher Entscheidungsmodelle verdient gemacht haben (Quellen siehe Literaturverzeichnis). In diesem Buch werden wir die Grundzüge von Entscheidungsmodellen zur simultanen Investitions- und Produktionsplanung in Abschnitt 4.3 beschreiben.

(2.3) *Simultane Investitions-, Finanzierungs- und Produktionsplanung*
Um die Vorteile des Konzepts der Simultanplanung möglichst vollständig zu nutzen – oder: um die Schwächen sukzessiver Planung möglichst weitgehend zu vermeiden – hat es inzwischen selbstverständlich auch Versuche gegeben, die finanzierungs- und die produktionsorientierten Modelle der Investitionsprogrammplanung miteinander zu verbinden. Hier handelt es sich um Vorschläge für die simultane Investitions-, Finanzierungs- und Produktionsplanung, wobei vor allem die in Tab. 4-1 genannten Arbeiten von Blumentrath und Schweim zu nennen sind. Wir werden solche Ansätze nicht darstellen, da die entsprechenden Modelle in der Regel außerordentlich komplex sind, so daß ihre Beschreibung sehr viel Raum erfordert. Alle Leser, die die Abschnitte 4.2 (simultane Investitions- und Finanzplanung) und 4.3 (simultane Investitions- und Produktionsplanung) mit genügender Sorgfalt durcharbeiten, sollten aber dazu in der Lage sein, selbständig entsprechend kombinierte Entscheidungsmodelle zu formulieren.

(2.4) *Simultane Investitionsprogrammplanung unter Berücksichtigung von Steuern*
Alle bis jetzt erwähnten Modelle der Investitionsplanung gehen davon aus, daß der Investor keine Steuern zahlt; genauer: Sie beruhen auf der Annahme, daß der Investor keine Anstrengungen unternimmt, um seinen Gewinn (Endvermögen, Einkommensniveau) nach Steuern zu maximieren. Tatsächlich gibt es natürlich eine große Vielzahl von Maßnahmen zur Beeinflussung der Steuern.

Daher ist es naheliegend gewesen, von der simultanen Investitions-, Finanzierungs- und Produktionsplanung ohne Steuern zu Entscheidungsmodellen voranzuschreiten, die steuerliche Handlungsmöglichkeiten des Investors explizit berücksichtigen. Pionierarbeit hat auf diesem Sektor Jääskeläinen geleistet. Andere Autoren, die ihm gefolgt sind und besser ausgereifte Modelle formulieren konnten, sind ebenfalls in Tab. 4-1 angegeben.

4.2 Simultane Investitions- und Finanzplanung

Bei der simultanen Investitions- und Finanzplanung kommt es darauf an, das optimale Investitions- und das optimale Finanzierungsprogramm gleichzeitig zu bestimmen. Der Investor verfügt über eine endliche Anzahl sich gegenseitig nicht ausschließender Investitions- und Finanzierungsprojekte und sucht die günstigste Kombination aus beiden Projektmengen.

Isolierte Investitionsplanung bei gegebenem Finanzmittelbestand führt unter Umständen dazu, daß man auf lukrative Investitionen deswegen verzichtet, weil man an sich mögliche zusätzliche Kapitalquellen unberücksichtigt läßt. Umgekehrt kann eine isolierte Finanzplanung für ein gegebenes Investitionsprogramm dazu führen, daß man auf lohnende Kapitalquellen verzichtet, weil man es vorher nicht für denkbar gehalten hat, daß sich auch für diese Finanzierungsformen noch interessante Verwertungschancen bieten. Die Gefahr, daß man bei (isolierter oder) sukzessiver Planung letztlich nur sub-optimale Lösungen findet, läßt sich einzig und allein dadurch bannen, daß man zu einer (integrierten oder) simultanen Planung übergeht.

Die harmonische Abstimmung von Investitions- und Finanzierungsaktivitäten ist aber für die Unternehmung nicht allein aus *Gewinn*überlegungen wichtig. Von ebenso großem Gewicht ist die Notwendigkeit, ständig die Zahlungsbereitschaft zu wahren. Nur ein Betrieb, der seine *Liquidität* aufrecht erhalten kann, hat die Chance des Überlebens. Die Konkursordnung ahndet jeden Verstoß gegen diese Regel mit der zwangsweisen Auflösung der Unternehmung.

Wir können und wollen in den folgenden Abschnitten durchaus nicht alle Lösungsansätze beschreiben, die bisher für simultane Entscheidungen über Investitions- und Finanzierungsprogramme entwickelt worden sind, obwohl wir damit manches Konzept „unterschlagen", das in der historischen Entwicklung der Investitionstheorie einen bedeutenden Platz einnimmt (z. B. Massé/Gibrat 1957, Massé 1959, Albach 1962). Wir werden uns auf Lösungswege konzentrieren, die mit den Arbeiten von Dean (1959), Weingartner (1964) und Hax (1964) in Verbindung stehen, weil wir meinen, daß sie aus heutiger Sicht am interessantesten sind und sich nahtlos an unsere bisherigen Überlegungen (vor allem an das 2. Kapitel) anschließen.

4.2.1 Prämissen, Symbole und vollständiger Finanzplan

Grundlegende Prämissen

Ein System aus insgesamt fünf Annahmen ist für die folgenden Modelle grundlegend.

(1) Das *Ziel des Investors* besteht entweder darin, auf der Grundlage eines gegebenen Einkommenstromes das Vermögen am Planungshorizont zu maximieren (*Vermögensstreben*), oder das Niveau der jährlichen Entnahmen bei gegebenem Endvermögen zu maximieren (*Einkommensstreben*). Wir verwenden also dieselben Zielsetzungen mit denen wir auch im 2. und 3. Kapitel bei den dynamischen Verfahren gearbeitet haben.

(2) *Jedes Investitions- und Finanzierungsprojekt des Investors kann durch eine individuelle Zahlungsreihe eindeutig beschrieben werden.* Investitionszahlungsreihen

beginnen mit einer Ausgabe, auf die Einnahmen und/oder Ausgaben folgen. Der Vorzeichenverlauf bei Finanzierungsprojekten ist genau umgekehrt.

Die Zahlungsreihe eines Investitions- und Finanzierungsprogramms kann immer durch zeitpunktweise Addition der im Programm befindlichen Projekte ermittelt werden. Die *Projekte* sind also untereinander *vollkommen unabhängig.* (Dies gilt grundsätzlich. Sofern wir dazu übergehen, auch voneinander abhängige Projekte zu berücksichtigen, werden wir das an entsprechender Stelle deutlich sagen.) Unabhängigkeit der Projekte bedeutet im einzelnen folgendes: Die Zahlungsreihe eines Investitionsprojektes ändert sich nicht, wenn man gemeinsam mit diesem irgendein anderes Investitionsprojekt realisiert. Die Zahlungsreihen von Finanzierungsprojekten ändern sich ebenfalls nicht, wenn man parallel dazu irgendeine andere Finanzierung durchführt. Schließlich ändern sich aber auch die Zahlungsreihen von Investitionen nicht dadurch, daß man zu ihrer Finanzierung bestimmte Kredite heranzieht. Es gibt also in den folgenden Modellen z. B. keine projektbedingten Kreditzusagen.

(3) *Der Investor kennt m Investitionsprojekte und n Finanzierungsprojekte,* deren Dauer und Starttermin unterschiedlich sein kann. Er kennt also ggf. auch Investitions- und Finanzierungsvorhaben, die er erst in künftigen Jahren starten kann.

(4) *Alle Investitions- und Finanzierungsprojekte sind beliebig teilbar.* Man kann also halbe Maschinen kaufen oder Bruchteile von Obligationen begeben. Da eine solche Sichtweise außerordentlich unrealistisch ist, kann man sich auch vorstellen, daß der Anteil eines einzelnen Projektes am Gesamtvolumen des Programms relativ klein ist. Das läuft praktisch auf etwa dasselbe hinaus.

(5) *Der Investor wünscht, in jedem Zeitpunkt seines Planungszeitraums (t = 0,1, 2, ... T) liquide zu bleiben.* Die Einnahmen dürfen also niemals hinter den Ausgaben zurückbleiben.

Die bisher genannten Prämissen gelten grundsätzlich für alle im folgenden beschriebenen Modelle der integrierten Investitions- und Finanzplanung. Gelegentlich werden wir weniger rigorose Annahmen verwenden und mitunter werden wir zusätzliche Prämissen einführen. Darauf wird dann aber immer gesondert hingewiesen werden.

Verzeichnis der Symbole

In den folgenden Abschnitten werden wir wieder nicht ohne mathematische Formeln auskommen. Daher ist es sinnvoll, jetzt eine Reihe von formalen Symbolen zu vereinbaren und zu definieren. Wir wollen uns dabei soweit wie möglich an die im 2. Kapitel benutzte Symbolik anlehnen. Es sollen bedeuten:

C_t Finanzmittelüberschuß/-defizit des Investors im Zeitpunkt t

f_t Element des Einkommensstruktur-Vektors für den Zeitpunkt t

i Index für den i-ten Investitionsprojekttyp (i = 1, 2, ..., m)

j   Index für den j-ten Finanzierungsprojekttyp ($j = 1, 2, \ldots, n$)
M_t Element der Basiszahlungsreihe für den Zeitpunkt t
t   Zeitindex ($t = 0, 1, \ldots, T$)
T   Planungshorizont
x_i Anzahl der Investitionsprojekte vom Typ i
y_j Anzahl der Finanzierungsprojekte vom Typ j
Y   Einkommensniveau
z_{ti}^I Zahlung, die die i-te Investition im Zeitpunkt t verursacht
z_{tj}^F Zahlung, die die j-te Finanzierung im Zeitpunkt t verursacht

Weitere Symbole werden wir zunächst nicht brauchen.

Vollständiger Finanzplan

Damit der Investor tatsächlich rationale Entscheidungen treffen kann, müssen die Programme, die er miteinander vergleicht, echte sich gegenseitig ausschließende Alternativen im entscheidungstheoretischen Sinne sein. Daher muß es möglich sein, für jedes zulässige Investitions- und Finanzierungsprogramm einen vollständigen Finanzplan aufzustellen (vgl. oben Abschnitt 2.3.1.2). Ein solcher Finanzplan sieht im Falle der Programmplanung immer so aus wie in Tabelle 4-2 angegeben. Der einzige Unterschied zwischen einem solchen vollständigen Finanzplan und einem Finanzplan des 2. Kapitels besteht darin, daß er keine fiktiven Ergänzungs-Investitionen und -Kredite kennt. Statt dessen arbeiten wir jetzt immer mit realen Investitions- und Finanzierungsprojekten.

Tab. 4-2. Grundsätzliche Formalstruktur eines vollständigen Finanzplans bei simultaner Investitions- und Finanzplanung

Zeitpunkt t		0	1	...	T
Basiszahlungen		M_0	M_1	...	M_T
Investitionsprojekt	1	$z_{01}^I x_1$	$z_{11}^I x_1$	...	$z_{T1}^I x_1$
	2	$z_{02}^I x_2$	$z_{12}^I x_2$	...	$z_{T2}^I x_2$
	⋮				
	m	$z_{0m}^I x_m$	$z_{1m}^I x_m$	...	$z_{Tm}^I x_m$
Finanzierungsprojekt	1	$z_{01}^F y_1$	$z_{11}^F y_1$	...	$z_{T1}^F y_1$
	2	$z_{02}^F y_2$	$z_{12}^F y_2$	...	$z_{T2}^F y_2$
	⋮				
	n	$z_{0n}^F y_n$	$z_{1n}^F y_n$	...	$z_{Tn}^F y_n$
Entnahmen		$f_0 Y$	$f_1 Y$	...	$f_T Y$
Endvermögen					C_T

4.2.2 Einperiodenfall

Wir beginnen mit einem äußerst einfachen Fall. Dieses Modell ist besonders leicht zu verstehen und außerordentlich praxisfremd. Die mangelnde Realitätsnähe schlägt sich vor allem in folgendem nieder: Der Investor hat einen Planungszeitraum von genau einem Jahr (T = 1) und verfügt ausschließlich über Projekte, die nur zu zwei Zeitpunkten (t = 0 und t = 1) Zahlungen verursachen. Auf die berechtigte Frage, warum wir uns überhaupt mit einem so praxisfremden Modell beschäftigen wollen, gibt es eine einleuchtende Antwort: Das Modell vermittelt gerade wegen seiner Realitätsferne eine Reihe äußerst interessanter und zum Schluß auch praktisch nützlicher Einsichten, die an einem praxisnäheren Modell durchaus nicht so leicht zu gewinnen sind.

4.2.2.1 Spezielle Prämissen

Das Modell beruht im einzelnen auf folgenden Annahmen:

(1)
(2) $\Big\lceil$ Grundlegende Prämissen für alle Modelle der simultanen Investitions- und
(3) $\Big\{$ Finanzplanung (vgl. Abschnitt 4.2.1 dieses Kapitels).
(4)
(5) $\Big\lfloor$
(6) Der Planungszeitraum beträgt genau ein Jahr (T = 1). Danach wird der Betrieb liquidiert.
(7) Jedes Projekt kann maximal einmal ins Programm aufgenommen werden ($1 \geqslant x_i \geqslant 0$, $1 \geqslant y_j \geqslant 0$).
(8) Die Investitionsprojekte verursachen in t = 0 Ausgaben ($z_0^I < 0$) und in t = 1 Einnahmen ($z_1^I > 0$). Bei den Finanzierungsprojekten ist es genau umgekehrt ($z_0^F > 0$ und $z_1^F < 0$).
(9) Der Investor beabsichtigt, sein Vermögen im Zeitpunkt t = 1 zu maximieren, wobei er keine zwischenzeitlichen Entnahmen wünscht (Y = 0).

Damit sind die Prämissen des Modells vollständig beschrieben. Gesucht ist das unter diesen Annahmen optimale Investitions- und Finanzierungsprogramm.

4.2.2.2 Lösungsansatz

Die optimale Lösung des Problems läßt sich mit Hilfe eines methodisch äußerst anspruchslosen *Rangordnungsverfahrens* bestimmen. Als Ordnungskriterium kann man die *internen Zinsfüße* der Projekte benutzen. Dabei ist in fünf Schritten vorzugehen:

(1) *Für jedes Investitionsprojekt ist dessen interner Zinsfuß* (r_I) *zu berechnen.* Wir erinnern uns, daß der interne Zinsfuß im Einperiodenfall nach der Formel

$$r_I = -\frac{z_1^I}{z_0^I} - 1$$

ermittelt werden kann und daß es in diesem Spezialfall nicht vorkommen kann, daß man keinen oder mehr als einen internen Zinsfuß findet (vgl. oben Abschnitt 2.3.4.1). Der interne Zinsfuß ist unter den von uns angenommenen Bedingungen immer existent, eindeutig und größer als -1.

(2) *Nachdem die r_I für alle Investitionsprojekte berechnet worden sind, ordnet man die Projekte nach diesem Kriterium, wobei man das Vorhaben mit dem größten internen Zinsfuß an die erste Stelle setzt usw.* Das Ergebnis ist eine Prioritätenliste der Investitionsprojekte, die sich graphisch als *Kapitalnachfragefunktion* darstellen läßt.

(3) *Danach ist für jedes Finanzierungsprojekt dessen interner Zinsfuß (r_F) nach der Formel*

$$r_F = -\frac{z_1^F}{z_0^F} - 1$$

auszurechnen, wobei aus formaler Sicht für r_F das gleiche gilt wie für r_I, nämlich Existenz, Eindeutigkeit und $r_F > -1$.

(4) *Anschließend ordnet man die Finanzierungsprojekte nach den internen Zinsfüßen r_F, setzt aber jetzt das Projekt mit den kleinsten Kapitalkosten an die erste Stelle.* Man erhält dadurch eine Prioritätenliste der Finanzierungsprojekte, die sich graphisch als *Kapitalangebotsfunktion* darstellen läßt.

(5) *In einem fünften und abschließenden Schritt* leitet man aus den beiden Prioritätenlisten das optimale Investitions- und Finanzierungsprogramm ab. Dabei *nimmt man schrittweise solange Projekte in das Programm auf, bis man feststellt, daß der interne Zinsfuß des nächsten Investitionsprojekts kleiner wird als die Kapitalkosten des nächsten Finanzierungsprojekts* ($r_I < r_F$). Unmittelbar vor diesem Schritt bricht man die Programmbildung ab.

In graphischer Darstellung ergibt sich das optimale Investitions- und Finanzierungsprogramm aus dem Schnittpunkt der Kapitalnachfrage- mit der Kapitalangebotskurve.

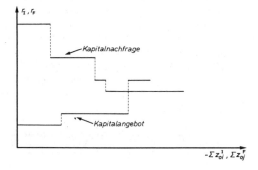

Abb. 4/2. Kapitalnachfrage- und -angebotskurve zur Bestimmung des optimalen Investitions- und Finanzierungsprogramms

Bei den in Abb. 4/2 dargestellten Verhältnissen würde man also die ersten drei Investitionsprojekte vollständig, das vierte Investitionsprojekt teilweise und die ersten beiden Finanzierungsprojekte vollständig in das Programm aufnehmen.

Wenn man in der beschriebenen Weise vorgeht, so findet man mit Sicherheit dasjenige Investitions- und Finanzierungsprogramm, welches dem Investor den maximalen finanziellen Wohlstand im Zeitpunkt $T = 1$ ($C_{1\,max}$) verspricht.

Wie können wir so sicher sein, daß diese Behauptung richtig ist, zumal wir oben in Abschnitt 2.3.4 nachgewiesen haben, daß der interne Zinsfuß bei Investitionseinzelentscheidungen – auch im Einperiodenfall – zu höchst unsinnigen Entscheidungen führen kann?

Manche Leser werden meinen, das sei „ökonomisch evident". Diesen empfehlen wir, die folgenden Zeilen zu überlesen und die Lektüre bei dem nachfolgenden Zahlenbeispiel fortzusetzen.

Für alle Leser, die von Natur aus skeptischer sind und an der Richtigkeit unserer Behauptung zweifeln, wollen wir einen kurzen mathematischen Beweis liefern, der aus drei Schritten besteht.

(1) Zunächst gilt es zu zeigen, daß das Vermögen des Investors ($C_{1\,max}$) durch die Eliminierung irgendeines Investitionsprojektes mit der internen Verzinsung $r_I^{(1)}$ und dessen Ersatz mit einem Projekt der internen Verzinsung $r_I^{(2)}$ immer verschlechtert wird, falls $r_I^{(2)} < r_I^{(1)}$ ist. Wir behaupten:

$$C_{1\,max} > C_{1\,max} - z_{1(1)}^I + z_{1(2)}^I$$
$$> C_{1\,max} - [-z_{0(1)}^I(1 + r_I^{(1)})] + [-z_{0(2)}^I(1 + r_I^{(2)})]$$

Die Liquiditätsbedingung ($-\sum z_{0i}^I = \sum z_{0j}^F$) bleibt beim Austausch nur gewahrt, wenn $z_{0(1)}^I = z_{0(2)}^I = z_0^I$, so daß

$$C_{1\,max} > C_{1\,max} + z_0^I [r_I^{(1)} - r_I^{(2)}]$$

Da ($r_I^{(1)} - r_I^{(2)}$) aufgrund unserer Voraussetzungen immer positiv (> 0) und z_0^I aufgrund der Modellprämissen immer negativ (< 0) ist, erweist sich unsere Behauptung als richtig.

(2) Auch dann, wenn man ein im Programm befindliches Finanzierungsprojekt mit $r_F^{(1)}$ durch ein anderes Finanzierungsprojekt mit $r_F^{(2)}$ ersetzt, wird das Endvermögen des Investors verringert, falls $r_F^{(2)} > r_F^{(1)}$ ist. Wir behaupten dann:

$$C_{1\,max} > C_{1\,max} - z_{1(1)}^F + z_{1(2)}^F$$
$$> C_{1\,max} - [-z_{0(1)}^F(1 + r_F^{(1)})] + [-z_{0(2)}^F(1 + r_F^{(2)})]$$

Da wegen der Liquiditätsbedingung wieder $z_{0(1)}^F = z_{0(2)}^F = z_0^F$ sein muß, kann man auch schreiben

$$C_{1\,max} > C_{1\,max} + z_0^F [r_F^{(1)} - r_F^{(2)}]$$

Weil aber $(r_F^{(1)} - r_F^{(2)})$ voraussetzungsgemäß immer negativ (<0) und z_0^F wegen der Modellprämissen stets positiv (>0) ist, erweist sich auch die zweite Teilbehauptung als richtig.

(3) Schließlich gilt es zu zeigen, daß sich das Vermögen des Investors auch immer dann verschlechtern würde, wenn man das Investitionsvolumen (d. h. $-\sum z_{0i}^I$ und $\sum z_{0j}^F$) dadurch erhöhen würde, daß man Finanzierungsprojekte aufnimmt, deren interne Verzinsung r_F größer ist als die interne Verzinsung der gleichzeitig aufgenommenen Investitionsprojekte r_I, also $r_F > r_I$. Wir behaupten demnach:

$$
\begin{aligned}
C_{1\,max} &> C_{1\,max} + z_1^I + z_1^F \\
&> C_{1\,max} + [-z_0^I(1 + r_I)] + [z_0^F(1 + r_F)]
\end{aligned}
$$

Da aus Gründen der Liquiditätswahrung $-z_0^I = z_0^F$ sein muß, kann man auch schreiben

$$
C_{1\,max} > C_{1\,max} + z_0^F(r_I - r_F)
$$

Weil nun ferner $(r_I - r_F)$ voraussetzungsgemäß negativ (<0) und außerdem z_0^F immer positiv (>0) ist, erweist sich auch die dritte Teilbehauptung immer als richtig.

Damit ist insgesamt bewiesen, daß es kein besseres Programm geben kann als das, welches wir mit Hilfe der oben beschriebenen Verfahrensweise finden würden. Abschließend wollen wir den Lösungsweg noch einmal anhand eines Zahlenbeispiels illustrieren.

Ein Investor besitzt einen Planungshorizont von $T = 1$ und den Wunsch, sein Vermögen in diesem Zeitpunkt zu maximieren. Er verfügt über fünf Investitionsprojekte (A bis E) sowie sechs Finanzierungsprojekte (F bis K), die voneinander vollkommen unabhängig und beliebig teilbar sind. Die Zahlungsreihen der Projekte lauten gemäß Tab. 4-3 und 4-4.

Zunächst werden die internen Zinsfüße der Investitions- und Finanzierungsprojekte berechnet. Wir erhalten bei Anwendung der oben genannten Formel für r_I und r_F die in Tab. 4-5 angegebenen Werte und Rangfolgen. Das optimale Investitions- und Finanzierungsprogramm läßt sich nun auf dieser Basis entweder tabel-

Tab. 4-3.

t	Investitions-Projekte				
	A	B	C	D	E
0	-40	-10	-89	-60	-28
1	49	13	100	75	33

Tab. 4-4.

t	Finanzierungs-Projekte					
	F	G	H	I	J	K
0	11	20	40	30	34	50
1	-14	-22	-46	-32	-42	-60

Gesucht ist das optimale Investitions- und Finanzierungsprogramm.

Tab. 4-5. Interne Zinsfüße und Rangordnungsplätze von Investitions- und Finanzierungs-projekten

Investitionsprojekte	A	B	C	D	E	
Int. Zinsfuß r_I (%)	22,5	30,0	12,4	25,0	17,9	
Rang	(3)	(1)	(5)	(2)	(4)	
Finanzierungsprojekte	F	G	H	I	J	K
Int. Zinsfuß r_F (%)	27,3	10,0	15,0	6,7	23,5	20,0
Rang	(6)	(2)	(3)	(1)	(5)	(4)

Tab. 4-6. Tabellarische Ermittlung des optimalen Investitions- und Finanzierungspro-gramms im Einperiodenfall

Kapitalnachfrage				Kapitalangebot			
Investitions-projekt	Interner Zinsfuß r_I(%)	Kapital-bedarf $-z_0^I$	Kumulier-ter Kapital-bedarf $-\sum z_0^I$	Kumulier-ter Kredit-umfang $\sum z_0^F$	Kredit-umfang z_0^F	Interner Zinsfuß r_F(%)	Finan-zierungs-projekt
B	30,0	10	10	10	10	6,7	} I
	25,0	20	30	30	20	6,7	
D {	25,0	20	50	50	20	10,0	G
	25,0	20	70	70	20	15,0	} H
A {	22,5	20	90	90	20	15,0	
	22,5	20	110	110	20	20,0	
E	17,9	28	138	138	28	20,0	} K
	12,4	2	140	140	2	20,0	
	12,4	34	174	174	34	23,5	J
C {	12,4	11	185	185	11	27,3	F
	12,4	42	227				

larisch (siehe Tab. 4-6) oder graphisch (siehe Abb. 4/3) ableiten. Der Schnittpunkt zwischen der Kapitalnachfrage- und der Kapitalangebotskurve liegt bei genau 110 Geldeinheiten. Daraus folgt, daß die Investitionsprojekte B, D und A (alle vollständig) sowie die Finanzierungsprojekte I, G, H (vollständig) und K (teilweise) realisiert werden müssen, wenn der Investor sein Endvermögen maximieren will. Das Vermögen beläuft sich auf die Summe der im Zeitpunkt t = 1 fälligen Zahlungen aller im Programm enthaltenen Projekte, also auf $13 + 75 + 49 - 32 - 22 - 46 - \frac{60}{2,5} = 13$ Geldeinheiten.

Der vollständige Finanzplan des optimalen Investions- und Finanzierungsprogramms ist in Tab. 4-7 dargestellt.

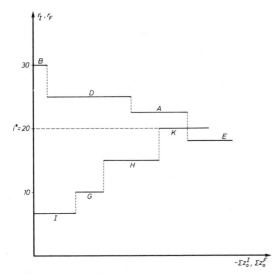

Abb. 4/3. Graphische Ermittlung des optimalen Investitions- und Finanzierungsprogramms im Einperiodenfall

Tab. 4-7. Vollständiger Finanzplan für ein Investitions- und Finanzierungsprogramm im Einperiodenfall

Zeitpunkt t		0	1
Investitionsprojekt	B	-10	13
	D	-60	75
	A	-40	49
Finanzierungsprojekt	I	30	-32
	G	20	-22
	H	40	-46
(0,4-mal)	K	20	-24
Endvermögen		0	13

4.2.2.3 Endogener Kalkulationszinsfuß

Der Schnittpunkt zwischen der Kapitalangebots- und der Kapitalnachfragekurve markiert einen außerordentlich interessanten Zinssatz, den wir i* oder endogenen Kalkulationszinsfuß (auch: cut-off-rate) nennen wollen. Dieser Zinsfuß beläuft sich in unserem Zahlenbeispiel auf i* = 20% und hat eine bemerkenswerte Eigenschaft:

Berechnet man die Kapitalwerte (BKW) aller zur Wahl stehenden Investitions- und Finanzierungsprojekte auf der Basis des endogenen Kalkulationszinsfußes, so stellt man fest, daß alle ins Programm gehörenden Projekte einen nichtnegativen Kapitalwert (BKW $\geq$ 0) und alle zu verwerfenden Projekte einen negativen Kapitalwert (BKW < 0) besitzen.

Für die Projekte unseres Zahlenbeispiels erhält man bei i* = 20% die in Tab. 4-8 angegebenen Werte.

Tab. 4-8. Kapitalwerte der Investitions- und Finanzierungsprojekte im Einperiodenfall auf der Basis des endogenen Kalkulationszinsfußes

	Investitionsprojekte					
	A	B	C	D	E	
Kapitalwert (i = 0,2)	0,83	0,83	− 5,67	2,50	− 0,50	
	Finanzierungsprojekte					
	F	G	H	I	J	K
Kapitalwert (i = 0,2)	− 0,67	1,67	1,67	3,33	− 1,00	0,00

Wäre der endogene Kalkulationszinsfuß bereits vor der Lösung des Entscheidungsproblems bekannt, so könnte man das optimale Investitions- und Finanzierungsprogramm auch mit Hilfe der Kapitalwertmethode bestimmen.

Dieser Sachverhalt liefert uns nachträglich die wichtigste Begründung dafür, warum wir uns so ausführlich mit dem recht realitätsfremden Einperiodenfall auseinandergesetzt haben.

Man muß sich klarmachen, daß man die Kapitalwertmethode offenbar sinnvoll auch bei Vorliegen von Verhältnissen anwenden kann, für die sie an sich gar nicht geeignet zu sein scheint; denn: wir haben es in unserem Einperioden-Modell eindeutig mit einem *unvollkommenen Kapitalmarkt* zu tun, und die Kapitalwertmethode ist an sich für die Situation eines *vollkommenen Kapitalmarktes* entworfen worden (vgl. oben Abschnitt 2.3.2.3).

Voraussetzung ist allerdings, daß man mit dem richtigen (d.h. endogenen) Kalkulationszinsfuß arbeitet. Diesen kennt man erst, wenn man das Entscheidungsproblem bereits – anders als mit der Kapitalwertmethode – gelöst hat. Wenn es aber gelingen sollte, die endogenen Kalkulationszinsfüße wenigstens näherungs-

weise zu schätzen, so könnte man den hier beschriebenen formalen Zusammenhang in handfeste praktische Vorteile ummünzen (vgl. unten Abschnitt 4.2.3.2.4).

4.2.3 Mehrperiodenfall

Der Planungszeitraum des Investors ist im folgenden immer länger als ein Jahr
(T > 1). Dieser Fall ist sehr viel realitätsnäher.

4.2.3.1 „Lösung" von Dean

Zunächst werden wir eine einfache Variante dieses Problems mit folgenden Prämissen betrachten:

(1)
(2)
(3) Grundlegende Prämissen für alle Modelle der simultanen Investitions-
(4) und Finanzplanung (vgl. Abschnitt 4.2.1 dieses Kapitels).
(5)

(6) Der Planungszeitraum ist länger als eine Periode (T > 1). Danach wird der
Betrieb liquidiert.

(7) Jedes Projekt kann maximal einmal ins Programm aufgenommen werden
$(1 \geqslant x_i \geqslant 0, 1 \geqslant y_j \geqslant 0)$.

(8) Die Investitionsprojekte verursachen in t = 0 Ausgaben $(z_0^I < 0)$ und in allen
Zeitpunkten t > 0 entweder Einnahmen oder Ausgaben. Mindestens eine
Zahlung ist eine Einnahme $(z_t^I > 0)$. Bei den Finanzierungsprojekten ist es .
genau umgekehrt $(z_0^F > 0$ und mindestens einmal $z_t^F < 0)$.

Gesucht ist das unter diesen Umständen optimale Investitions- und Finanzierungsprogramm.

J. Dean hat erstmals im Jahre 1951 vorgeschlagen, das Problem auf die gleiche
Weise zu lösen, wie wir das oben für den Einperiodenfall beschrieben haben (vgl.
Dean 1959). Dean empfiehlt also, die Investitionsprojekte nach ihren internen
Zinsfüßen in fallender Reihenfolge und die Finanzierungsprojekte ebenfalls nach
ihren internen Zinsfüßen, aber in aufsteigender Reihenfolge zu ordnen. Der
Schnittpunkt der auf diese Weise entstehenden Kapitalnachfrage- und Kapital-
angebotskurven bestimmt – nach Dean – das optimale Investitions- und Finan-
zierungsprogramm simultan.

Deans Vorschlag ist insofern positiv zu beurteilen, als er – abgesehen von der Ermittlung der internen Zinsfüße – kaum rechentechnische Schwierigkeiten verursacht. Diesem Vorteil stehen aber folgende *drei schwerwiegende Nachteile* gegenüber:

(1) *Der interne Zinsfuß besitzt als Rangordnungskriterium erhebliche Mängel,* wenn man ihn für Projekte berechnet, deren Nutzungsdauer länger als eine Periode ist. Vom internen Zinsfuß wissen wir nämlich (vgl. Abschnitte 2.3.4.2 und 2.3.4.3), daß er im Mehrperiodenfall mehrdeutig oder nicht-existent sein kann. Das bedeutet: Es gibt Investitions- und Finanzierungsprojekte, die überhaupt keinen oder die mehr als einen internen Zinsfuß besitzen. Wenn solche Projekte auftreten, bleibt die Frage offen, an welche Stelle einer Rangordnung sie gesetzt werden sollen.

(2) *Das Deansche Verfahren stellt bezüglich der Liquidität nur sicher, daß die Zahlungsbereitschaft im Zeitpunkt* t = 0 *gewahrt wird.* Ob das gleiche auch für die Zeitpunkte t = 1, 2, ..., T gesichert ist, bleibt offen. Man findet also unter Umständen ein äußerst gewinnträchtiges Investitions- und Finanzierungsprogramm, dessen Gewinn man aber einfach deswegen nicht nach Hause bringen kann, weil man vorher Konkurs anmelden muß.

(3) Entscheidend ist aber der dritte Kritikpunkt: *Das von Dean empfohlene Verfahren führt nicht immer zu optimalen Entscheidungen,* und zwar auch dann nicht, wenn man nur Projekte mit einem eindeutigen internen Zinsfuß betrachtet und die Liquidität vollständig gewahrt bleibt. Hierzu ein einfaches Beispiel:

Ein Investor besitzt einen Planungszeitraum von T = 2 Perioden und den Willen, sein Vermögen im Planungshorizont zu maximieren ($C_2 \to$ Max!). Er beabsichtigt, zu früheren Zeitpunkten keine Entnahmen aus dem Betrieb zu ziehen (Y = 0). Er verfügt über zwei Investitionsprojekte (A und B) mit den in Tab. 4-9 genannten Zahlungsreihen.

Tab. 4-9.

Investitionsprojekt	0	1	2
A	−200	190	75
B	−120	12	132

Außerdem besitzt er zwei Finanzierungsquellen (C und D). Kapitalquelle C verursacht 5% Zinskosten bei einem maximalen Kreditbetrag von 200, Kapitalquelle D dagegen 12% Zinsen bei einem maximalen Kreditbetrag von 300. Die Tilgungsbedingungen sind in beiden Fällen beliebig. Außerdem sind alle Projekte voneinander vollkommen unabhängig. Wie sieht das optimale Investitions- und Finanzierungsprogramm aus?

Die internen Zinsfüße der Investitonsprojekte ergeben sich zu $r_A = 25\%$ und $r_B = 10\%$. Die internen Zinssätze der Finanzierungen sind identisch mit deren Kapitalkosten, also $r_C = 5\%$ und $r_D = 12\%$. Daraus folgt, daß es scheinbar optimal ist, die Investition A zu realisieren und mit dem Kredit C zu finanzieren. Die Aufnahme der Projekte B und D in das Programm ist dagegen scheinbar unvorteilhaft, weil die interne Verzinsung von B (10%) kleiner ist als die zu seiner Finanzierung notwendigen Kapitalkosten von D (12%). Diese Lösung ergibt sich auch aus der zeichnerischen Darstellung gemäß Abb. 4/4.

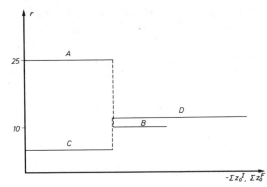

Abb. 4/4. Graphische Ermittlung des (scheinbar) optimalen Investitions- und Finanzierungsprogramms im Mehrperiodenfall

Wenn der Investor das Programm (A, C) realisieren würde, käme er auf ein Endvermögen von $C_2 = 54$. Im einzelnen läßt sich dieses Ergebnis an den Zahlen der Tab. 4-10 nachvollziehen.

Tab. 4-10. Vollständiger Finanzplan bei Realisierung des (scheinbar) optimalen Programms (A, C)

Zeitpunkt t	0	1	2
Investition A (25%)	− 200	190	75
Finanzierung C (5%)	200	− 190	− 21
Entnahmen	0	0	0
Endvermögen			54

Die Zahlungsreihen des Finanzierungsprojektes C entstehen aus der Kreditaufnahme in t = 0 in Höhe von 200. Im Zeitpunkt t = 1 ist dieser Kredit bei 5% Zinsen auf 210 angewachsen, wovon der Investor – er wünscht keine Entnahmen in t = 1 − 190 zurückzahlt, so daß ein Restkredit von 20 übrig bleibt. Dieser Betrag wächst bei 5% Zinsen auf 21 in t = 2 an. Der Investor erreicht also ein Endvermögen in Höhe von $C_2 = z_2^A + z_2^C = 75 - 21 = 54$.
Falls sich der Investor jedoch dazu entschließt, das laut Abb. 4/4 scheinbar ungünstigere Programm (A, B, C, D) zu verwirklichen, so ist er besser beraten, denn er erreicht dann ein Endvermögen in Höhe von $C_2 = 57,48$. In diesem Fall sieht der vollständige Finanzplan so aus wie es Tab. 4-11 zeigt.
Die Investitionseinnahmen in t = 1 in Höhe von 190 + 12 = 202 benutzt der Investor vernünftigerweise dazu, um den Kredit D vollständig zu tilgen. Bei einer Kreditaufnahmesumme von 120 und 12% Zinsen braucht er dafür 134,40. Die verbleibenden Mittel in Höhe von 202 − 134,40 = 67,60 benutzt er zur teilweisen Tilgung des Kredits C. Dadurch bleibt ein Kreditbetrag von 210 − 67,60 = 142,40

Tab. 4-11. Vollständiger Finanzplan bei Realisierung des Programms (A, B, C, D)

Zeitpunkt t	0	1	2
Investition A (25%)	− 200,00	190,00	75,00
Investition B (10%)	− 120,00	12,00	132,00
Finanzierung C (5%)	200,00	− 67,60	− 149,52
Finanzierung D (12%)	120,00	− 134,40	
Entnahmen	0,00	0,00	0,00
Endvermögen			57,48

übrig, der bei 5% Zinsen in t = 2 auf 149,52 anwächst. Insgesamt beläuft sich das Endvermögen daher auf $C_2 = z_2^A + z_2^B + z_2^C + z_2^D = 75 + 132 − 149,52 = 57,48$. Die Verwendung des internen Zinsfußes als Rangordnungskriterium im Mehrperiodenfall kann also zu nicht-optimalen Entscheidungen führen. Das ist im vorliegenden Beispiel damit zu erklären, daß die Kapitalkosten des Projekts D nur in der ersten Periode 12% betragen, weil der entsprechende Kredit bereits im Zeitpunkt t = 1 vollständig getilgt wird.

Auf die Qualität des von Dean propagierten Lösungsweges sollte man sich also nicht verlassen. Man kann jedenfalls die optimale Entscheidung verfehlen. Antworten auf die Frage, wie weit man sich im Durchschnitt von der optimalen Lösung entfernt, wenn man trotzdem mit dem Deanschen Verfahren arbeitet, findet man bei Kruschwitz/Fischer (1980a, 1980b) und Fischer (1981).

4.2.3.2 Lösung mit Hilfe der linearen Programmierung

Optimale Lösungen des Problems der simultanen Investitions- und Finanzplanung lassen sich im Mehrperiodenfall immer mit Hilfe von Modellen der linearen Programmierung (kurz: LP-Modellen) bestimmen.

4.2.3.2.1 Allgemeines zur linearen Programmierung

Leider können wir nicht bei allen Lesern eine ausreichende Vertrautheit mit der linearen Programmierung voraussetzen. Andererseits ist diese Methode auch nicht in wenigen Sätzen zu erklären. Wir können daher an dieser Stelle lediglich grob andeuten, was lineare Programmierung ist, und im übrigen auf die einschlägige Fachliteratur (vor allem Dantzig (1966) und Müller-Merbach (1973, S. 87–178)) verweisen.

Problemformulierung

Unter linearer Programmierung versteht man eine Reihe von mathematischen Algorithmen, mit denen man eine lineare Zielfunktion unter Beachtung von endlich vielen linearen Nebenbedingungen maximieren (oder minimieren) kann.

Benutzt man die in den Büchern über LP übliche Symbolik, so lautet die *Zielfunktion:*

$$Z = c_1 x_1 + c_2 x_2 + \ldots + c_n x_n = \text{Max}!$$

$$= \sum_{j=1}^{n} c_j x_j = \text{Max}!$$

oder in der (besonders kurzen) Matrizenschreibweise

$$Z = cx = \text{Max}!$$

Die *Nebenbedingungen* haben dagegen die Form

$$a_{11} x_1 + a_{12} x_2 + \ldots + a_{1n} x_n \leqslant b_1$$
$$a_{21} x_1 + a_{22} x_2 + \ldots + a_{2n} x_n \leqslant b_2$$
$$\vdots$$
$$a_{m1} x_1 + a_{m2} x_2 + \ldots + a_{mn} x_n \leqslant b_m$$

oder

$$\sum_{j=1}^{n} a_{ij} x_j \leqslant b_i \qquad i = 1, 2, \ldots, m$$

oder in (verkürzter) Matrizenschreibweise

$$Ax \leqslant b$$

Ferner werden immer *Nicht-Negativitätsbedingungen* der Form

$$x_j \geqslant 0 \qquad j = 1, 2, \ldots, n$$

oder kurz

$$x \geqslant 0$$

beachtet. Dabei bedeuten die hier benutzten Symbole folgendes:

x_j die zu ermittelnden, also unbekannten Größen der Entscheidungsvariablen j (z. B. Produktmengen, Anzahl von Investitionsprojekten usw.)

c_j die Profitabilitäten (z. B. Stückgewinne, Deckungsbeiträge, Stückverluste von Erzeugnisarten oder die Kapitalwerte einzelner Investitionsprojektarten usw.). Es handelt sich also um die auf eine Einheit der jeweiligen Entscheidungsvariablen bezogenen Zielerreichungsbeiträge.

b_i die vorhandene Menge der Kapazität i (z. B. Kapazität einer Maschine, verfügbarer Personalbestand, vorhandene finanzielle Mittel usw.).

a_{ij} Beanspruchungskoeffizient, mit dem eine Einheit der Entscheidungsvariablen j die Kapazität i belastet (z. B. Stückfertigungszeit des Produkts j auf der Maschine i oder Ausgabe für ein Investitionsprojekt j in bezug auf die vorhandenen Finanzmittel i usw.)

Z die zu maximierende/minimierende Zielgröße des Entscheidenden (z. B. Periodenkosten, Fertigungszeit, Endvermögen, Einkommensniveau usw.)

Simplexalgorithmus

Wir haben nun die lineare Programmierung vereinfachend als einen Algorithmus definiert, mit dem man lineare Zielfunktionen unter Beachtung linearer Nebenbedingungen maximieren kann. Was ist ein solcher Algorithmus?
Ein Algorithmus ist ein mathematisches Rechenverfahren, wie z.B. die Addition, die Subtraktion, die Potenzrechnung oder die Differentialrechnung. Zur Lösung von LP-Problemen sind verschiedene Algorithmen entwickelt worden. Der bekannteste von ihnen trägt den Namen Simplexalgorithmus.

Der Simplexalgorithmus sorgt dafür, daß man nach einer endlichen Anzahl von Rechenschritten (Iterationen) genau diejenigen Werte für die Entscheidungsvariablen x_j findet, die die Zielfunktion Z unter Beachtung der vorgegebenen Nebenbedingungen maximieren.

Die Funktionsweise des Simplexalgorithmus im einzelnen braucht für die Zwecke dieses Buches nicht erklärt zu werden. Der Algorithmus selbst ist so aufwendig, daß man ihn bei Problemen nicht mehr trivialer Größenordnungen nur noch mit Hilfe des Computers bewältigt. Zu diesem Zweck haben die bekannten EDV-Herstellerfirmen inzwischen software (Programmpakete) entwickelt, die den Simplexalgorithmus, den revidierten Simplexalgorithmus oder entsprechende Algorithmen „automatisch" ausführen. Allerdings sind wirklich effiziente software-Pakete heute noch immer recht teuer.
Besondere Probleme treten dann auf, wenn alle oder einige Entscheidungsvariable x_j nur ganzzahlige Werte $(0, 1, 2, \ldots)$ annehmen dürfen. In diesem Fall muß man mit (rein) ganzzahliger oder *gemischt-ganzzahliger linearer Programmierung* arbeiten und kommt mit der – im Verhältnis dazu – einfachen Simplexmethode nicht mehr aus. Die hierfür notwendigen wesentlich komplizierteren Algorithmen bringen aber selbst leistungsstarke Computer heute noch in ernsthafte Schwierigkeiten, zumindest dann, wenn es sich um Probleme mit mehreren hundert Variablen (x_j) und mehreren hundert Restriktionen (b_i) handelt. Selbst bei scheinbar einfachen Problemen rechnen sich die Computer mit diesen Algorithmen heute noch gelegentlich „zu Tode".

Standardbeispiel

Wenn ein Entscheidungsproblem nur aus zwei Entscheidungsvariablen (x_1 und x_2) besteht, so läßt sich die Funktionsweise eines LP-Modells besonders gut auf graphische Art und Weise veranschaulichen. Als Demonstrationsbeispiel benutzt man zumeist ein Problem der Produktionsprogrammplanung.
Ein Unternehmer hat die Absicht, seinen Umsatz zu maximieren, und kann zu diesem Zweck zwei Erzeugnisse (Nr. 1 und Nr. 2) in unterschiedlichen Mengen herstellen. Die Verkaufspreise je Stück dieser Produkte belaufen sich auf 12 DM und 15 DM.
Die Herstellung erfolgt in zwei Werkstätten des Betriebes mit unterschiedlichen Kapazitäten. Werkstatt A hat eine Kapazität von 12 Stunden und Werkstatt B

Tab. 4-12.

Werkstatt	Erzeugnis Nr. 1	Erzeugnis Nr. 2	Werkstatt-Kapazität (Stunden je Periode)
A	4 Std.	3 Std.	12 Std.
B	2 Std.	5 Std.	10 Std.
Verkaufspreise	12,— DM	15,— DM	

eine von nur 10 Stunden. Die Produktion einer Einheit von Produkt Nr. 1 erfordert in Werkstatt A 4 Stunden und in Werkstatt B 2 Stunden. Dagegen braucht man für eine Einheit von Erzeugnis Nr. 2 in Werkstatt A 3 Stunden und in Werkstatt B 5 Stunden.
Gesucht ist das optimale Produktionsprogramm.

Die graphische Lösung des Problems (vgl. Abb. 4/5) entsteht folgendermaßen.

(1) Jeder Punkt im ersten Quadranten des x_1-x_2-Koordinatensystems beschreibt ein bestimmtes Produktionsprogramm.

(2) Darstellung der Kapazitätsgrenze von Werkstatt A: Würde in Werkstatt A nur Erzeugnis Nr. 1 hergestellt werden, so könnte man 3 Stück produzieren ($x_1 = 3$, $x_2 = 0$). Würde man dagegen nur Produkt Nr. 2 fertigen, so könnte man 4 Einheiten herstellen ($x_1 = 0$, $x_2 = 4$). Die Verbindungsgerade zwischen beiden Punkten beschreibt daher alle Produktmengenkombinationen, die mit der Kapazität von Werkstatt A höchstens erzeugt werden könnten.

(3) Darstellung der Kapazitätsgrenze von Werkstatt B: Würde man nur Erzeugnis Nr. 1 produzieren, so könnte man 5 Einheiten herstellen ($x_1 = 5$, $x_2 = 0$). Würde man dagegen nur Produkt Nr. 2 erzeugen, so beliefe sich die maximal herstellbare Menge auf 2 Einheiten ($x_1 = 0$, $x_2 = 2$).

(4) Konstruktion des Lösungsraums: Der Lösungsraum wird durch die Kapazitätsgeraden der beiden Werkstätten und die Achsen des Koordinatensystems beschrieben (schraffierte Fläche in Abb. 4/5). Jeder Punkt außerhalb dieses Lösungsraums repräsentiert ein unzulässiges Produktionsprogramm. Demgegenüber stellen alle Punkte innerhalb des Lösungsraums (einschließlich seiner Kanten) zulässige Produktionsprogramme dar.

(5) Ermittlung der optimalen Lösung: Angenommen der Unternehmer will einen Umsatz von 75 DM erzielen. Würde er nur Produkt Nr. 1 erzeugen, müßte er bei einem Preis von 12 DM je Stück 6,25 Einheiten verkaufen ($x_1 = 6{,}25$, $x_2 = 0$). Würde er dagegen nur Erzeugnis Nr. 2 herstellen, so müßte er wegen des Preises von 15 DM je Stück nur 5 Einheiten verkaufen, um auf einen Umsatz von 75 DM zu kommen ($x_1 = 0$, $x_2 = 5$). Die Verbindungsgerade zwischen beiden Punkten repräsentiert alle möglichen Produktionsprogramme, die zu einem Umsatz von 75 DM führen. Leider ist sie vom Lösungsraum weit entfernt, so daß der Unternehmer sich mit einem bescheideneren Umsatz zufrieden geben muß.

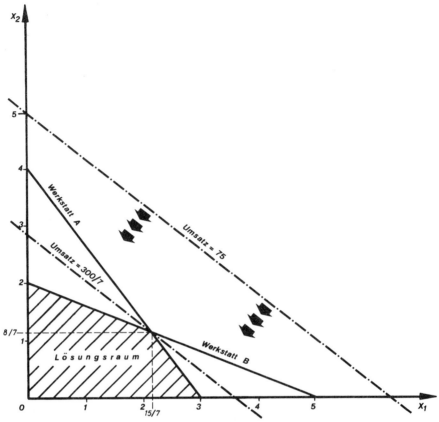

Abb. 4/5. Graphische Ermittlung der optimalen Lösung eines LP-Problems

Die optimale Lösung findet man, indem man die Umsatzgerade parallel in Richtung des Lösungsraumes verschiebt. Dabei muß man im vorliegenden Fall bis zu einem Umsatz von $^{300}/_7 = 42,86$ gehen. Dieser Umsatz ist erreichbar, wenn man $^{15}/_7 = 2,14$ Einheiten vom Erzeugnis Nr. 1 und $^8/_7 = 1,14$ Einheiten vom Erzeugnis Nr. 2 produziert.

Will man das Problem mit dem Simplexalgorithmus lösen, so muß man zunächst ein *Basis-Tableau* formulieren (Tab. 4-13).

Tab. 4-13. Basis-Tableau eines LP-Problems

	x_1	x_2	
b_1	4	3	12
b_2	2	5	10
Z	12	15	0

Nach mehreren Rechenschritten (Iterationen), ergibt sich daraus das Lösungs-Tableau (Tab. 4-14).

Tab. 4-14. Lösungs-Tabelau eines LP-Problems

	b_1	b_2	
x_1	$5/14$	$-3/14$	$15/7$
x_2	$-1/7$	$2/7$	$8/7$
Z	$15/7$	$12/7$	$300/7$

oder anders geschrieben: $x_1 = {}^{15}/_7$, $x_2 = {}^8/_7$, $Z = {}^{300}/_7$.

Dualwerte

Für jede Nebenbedingung, die den Lösungsraum einengt, existiert in der Zielfunktionszeile des Lösungstableaus ein Wert:

$$b_1 \rightarrow {}^{15}/_7 = d_1$$
$$b_2 \rightarrow {}^{12}/_7 = d_2$$

Dies ist der sogenannte Dualwert der Nebenbedingung.

Der Dualwert gibt an, wie hoch die Erhöhung des Zielfunktionswerts wäre, wenn man die rechte Seite der entsprechenden Nebenbedingung um eine Einheit erhöhen würde.

Erhöht man beispielsweise die Kapazität der Werkstatt A um 1 auf 13, so lautet das Basis-Tableau wie Tab. 4-15.

Tab. 4-15

	x_1	x_2	
b_1	4	3	13
b_2	2	5	10
Z	12	15	0

Daraus entsteht ein Lösungs-Tableau mit den Werten (Tab. 4-16).

Tab. 4-16.

	b_1	b_2	
x_1	$5/14$	$-3/14$	$5/2$
x_2	$-1/7$	$2/7$	1
Z	$15/7$	$60/7$	$315/7$

Der Wert der Zielfunktion hat sich tatsächlich um $d_1 = {}^{15}/_7$ erhöht. Die neuen Zahlen für die Entscheidungsvariablen heißen $x_1 = {}^5/_2$ und $x_2 = 1$.

4.2.3.2.2 Modell für den Fall des Vermögensstrebens

Im folgenden gilt es zu zeigen, wie man das Instrumentarium der linearen Programmierung dem Problem der simultanen Investitions- und Finanzplanung nutzbar machen kann. Dabei werden wir uns zunächst der „normalen" (oder kontinuierlichen) Variante der linearen Programmierung bedienen, bei der die Lösungswerte der Entscheidungsvariablen nicht ganzzahlig sein müssen. Der gemischt-ganzzahligen Variante werden wir uns erst später (siehe unten Abschnitt 4.2.3.2.5) zuwenden.

Das nachstehend darzustellende Optimierungsmodell entspricht in seinen wesentlichen Eigenschaften den Konzeptionen von Hax (1964) und Weingartner (1964). Es beruht im einzelnen auf folgenden Annahmen:

(1)
(2)
(3) Grundlegende Prämissen für alle Modelle der simultanen Investitions- und
(4) Finanzplanung (vgl. Abschnitt 4.2.1 dieses Kapitels).
(5)
(6) Der Investor rechnet mit einer Basiszahlungsreihe $\bar{M} = \{M_0, M_1, \ldots, M_T\}$.
(7) Der Planungszeitraum des Investors beträgt eine Periode oder länger ($T \geq 1$). Danach wird der Betrieb liquidiert.
(8) Jedes Projekt ist beliebig teilbar und kann einmal oder mehr als einmal in das Programm aufgenommen werden ($k_i \geq x_i \geq 0$, $l_j \geq y_j \geq 0$).
(9) Der Investor verfolgt das Ziel, auf der Grundlage eines gegebenen Stroms von Entnahmen ($f_t Y$) sein Endvermögen (C_T) zu maximieren.

Bevor wir mit der Formulierung des linearen Programms für diese Entscheidungssituation beginnen, ist es zweckmäßig, das Schema eines vollständigen Finanzplans für alle zulässigen Programmalternativen festzuhalten. Dies ist in Tab. 4-2 oben in Abschnitt 4.2.1 bereits einmal geschehen. Damit dem Leser das lästige Zurückblättern aber erspart bleibt und weil wir im folgenden laufend auf diese Tabelle zurückgreifen werden, geben wir sie hier noch einmal wieder.

Die in der Tabelle als Multiplikatoren der Projektzahlungen auftretenden Projektmengen (x_i, y_j) sind die gesuchten und optimal festzulegenden Entscheidungsvariablen des Problems. Das Endvermögen C_T soll maximiert werden. Alle übrigen Größen (M_t, z_{ti}^I, z_{tj}^F, f_t, Y, k_i und l_j) sind vorgegebene Daten.

Um die Entscheidung mit Hilfe der linearen Programmierung herbeiführen zu können, müssen wir eine lineare Zielfunktion und lineare Nebenbedingungen formulieren.

Tab. 4-17 (vgl. Tab. 4-2). Grundsätzliche Formalstruktur eines vollständigen Finanzplans bei simultaner Investitions- und Finanzplanung

Zeitpunkt t		0	1	...	T
Basiszahlungen		M_0	M_1	...	M_T
Investitionsprojekt	1	$z^I_{01}x_1$	$z^I_{11}x_1$	...	$z^I_{T1}x_1$
	2	$z^I_{02}x_2$	$z^I_{12}x_2$	...	$z^I_{T2}x_2$
	⋮				
	m	$z^I_{0m}x_m$	$z^I_{1m}x_m$	...	$z^I_{Tm}x_m$
Finanzierungsprojekt	1	$z^F_{01}y_1$	$z^F_{11}y_1$	...	$z^F_{T1}y_1$
	2	$z^F_{02}y_2$	$z^F_{12}y_2$	...	$z^F_{T2}y_2$
	⋮				
	n	$z^F_{0n}y_n$	$z^F_{1n}y_n$	...	$z^F_{Tn}y_n$
Entnahmen		f_0Y	f_1Y	...	f_TY
Endvermögen					C_T

Zielfunktion

Aus Tabelle 4-17 läßt sich ohne Schwierigkeiten ablesen, daß das Endvermögen des Investors C_T sich als Überschuß sämtlicher Zahlungen der Investitionsprojekte z^I_{Ti}, der Finanzierungsprojekte z^F_{Tj}, der Basiszahlung M_T und der Entnahme f_TY im Planungshorizont ergibt, also

$$C_T = \underbrace{z^I_{T1}x_1 + z^I_{T2}x_2 + ... + z^I_{Tm}x_m +}_{\text{Investitionszahlungen}}$$

$$\underbrace{+ z^F_{T1}y_1 + z^F_{T2}y_2 + ... + z^F_{Tn}y_n -}_{\text{Finanzierungszahlungen}}$$

$$\underbrace{+ M_T - f_TY}_{\text{Basiszahlung minus Schlußentnahme}}$$

$$= \sum_{i=1}^{m} z^I_{Ti}x_i + \sum_{j=1}^{n} z^F_{Tj}y_j + M_T - f_TY = \text{Max!}$$

Diesen Ausdruck gilt es zu maximieren. Als Zielfunktion im linearen Programm können wir aber vereinfachend auch die Hilfsgröße

$$C_T^* = C_T - M_T + f_TY = \sum_{i=1}^{m} z^I_{Ti}x_i + \sum_{j=1}^{n} z^F_{Tj}y_j = \text{Max!} \qquad (1)$$

verwenden, da die Schlußentnahme des Investors f_TY und die Basiszahlung M_T konstante Größen sind. Damit haben wir die Zielfunktion bereits gewonnen.

Nebenbedingungen

Wir brauchen zwei Arten von Nebenbedingungen. Zum einen müssen wir sicherstellen, daß der Investor in keinem Zeitpunkt seines Planungszeitraums illiquide wird (*Liquiditätsbedingungen*); zum anderen müssen wir dafür sorgen, daß die festzulegenden Projektmengen (x_i, y_j) sich innerhalb sinnvoller bzw. vom Investor vorgegebener Größenordnungen bewegen (*Projektmengenbedingungen*).

Liquiditätsbedingungen

Die Liquidität des Investors ist gewahrt, wenn die Summe seiner Ausgaben in keinem Zeitpunkt größer ist als die Summe seiner Einnahmen bzw. Finanzmittelbestände. Wir benötigen zwei verschiedene Typen dieser Bedingungen, und zwar für die Zeitpunkte $0 \leqslant t \leqslant T-1$ und für $t = T$. Im übrigen lassen sich die Liquiditätsrestriktionen leicht aus dem Schema des vollständigen Finanzplans (Tab. 4-17) ableiten.

$0 \leqslant t \leqslant T-1$

Für alle Zeitpunkte vor dem Ende des Planungszeitraums muß offenbar gelten

$$M_t + \sum_{i=1}^{m} z_{ti}^I x_i + \sum_{j=1}^{n} z_{tj}^F y_j = f_t Y$$

Bringen wir die Konstante M_t auf die rechte Seite dieser Gleichung, so heißen die Liquiditätsbedingungen für die Zeitpunkte $0 \leqslant t \leqslant T-1$

$$\underbrace{\sum_{i=1}^{m} z_{ti}^I x_i}_{\substack{\text{Investitions-}\\\text{zahlungen}}} + \underbrace{\sum_{j=1}^{n} z_{tj}^F y_j}_{\substack{\text{Finanzierungs-}\\\text{zahlungen}}} = \underbrace{-M_t}_{\text{Basiszahlung}} + \underbrace{f_t Y}_{\text{Entnahme}} \qquad (2a)$$

$t = T$

Wenden wir uns schließlich der letzten Spalte des vollständigen Finanzplans (Tab. 4-17) zu. Hier gilt offensichtlich

$$M_T + \sum_{i=1}^{m} z_{Ti}^I x_i + \sum_{j=1}^{n} z_{Tj}^F y_j = f_T Y + C_T$$

Wenn wir den Investor nur dann als liquide bezeichnen wollen, falls er mindestens ein Endvermögen in Höhe von Null erreicht ($C_T \geqslant 0$), so lautet die Liquiditätsbedingung für den Zeitpunkt $t = T$

$$\underbrace{\sum_{i=1}^{m} z_{Ti}^I x_i}_{\substack{\text{Investitions-}\\\text{zahlungen}}} + \underbrace{\sum_{j=1}^{n} z_{Tj}^F y_j}_{\substack{\text{Finanzierungs-}\\\text{zahlungen}}} \geqslant \underbrace{-M_T}_{\text{Basiszahlung}} + \underbrace{f_T Y}_{\text{Schlußentnahme}} \qquad (2b)$$

Damit haben wir alle Liquiditätsbedingungen des Investors formuliert (2a, b).

Projektmengenbedingungen

Die Entscheidungsvariablen (x_i, y_j) dürfen sinnvollerweise nicht negativ werden, denn man kann keine negativen Projekte realisieren. Andererseits sollen die Projektmengen keine Obergrenzen überschreiten, die der Investor ggf. vorschreibt. Aus diesem Grund lauten die Mengenbedingungen für Investitionsprojekte

$$0 \leqslant x_i \leqslant k_i \qquad i = 1, 2, \ldots, m \tag{3a}$$

und für Finanzierungsprojekte

$$0 \leqslant y_j \leqslant l_j \qquad j = 1, 2, \ldots, n \tag{3b}$$

Damit haben wir alle notwendigen Nebenbedingungen des Entscheidungsproblems erfaßt.

Wenn es uns gelingt, für ein Entscheidungsproblem das bisher nur symbolisch dargestellte (Un-)Gleichungssystem mit konkreten Zahlen aufzustellen, so ist es auch möglich, die optimale Lösung zu finden. Die Ermittlung dieser Lösung erfolgt mit Hilfe der für die lineare Programmierung geltenden Rechenregeln, also mit Hilfe des oben erwähnten Simplexalgorithmus. Die Aufstellung eines entsprechenden Systems von Gleichungen und Ungleichungen und die Lösung des Problems sei an folgendem Zahlenbeispiel illustriert.

Ein Investor hat einen Planungszeitraum von $T = 4$ Perioden und die Absicht, sein Vermögen im Planungshorizont zu maximieren ($C_4 = $ Max!). Er will außerdem laufend Entnahmen auf dem Niveau von $Y = 20$ aus dem Betrieb herausziehen, die, im Zeitpunkt $t = 1$ beginnend, jährlich um jeweils 5 Prozentpunkte steigen, also $f_t = (0, 1,00, 1,05, 1,10, 1,15)$. Dem Investor sind 4 Sach-Investitionsprojekte A, B, C, D bekannt, für die er mit folgenden Zahlungsreihen rechnet (Tab. 4-18).

Tab. 4-18.

Zeitpunkt t	0	1	2	3	4
Investition A		-500	-900	1250	350
B	-800	80	160	320	520
C	-700	500	300	-200	220
D	-300	700	350	170	-1090

Außerdem kann er während des gesamten Planungszeitraums Finanzinvestitionen zu einem Zinssatz von (gleichbleibend) 6% Zins durchführen. Die Investitionsprojekte A, B und C sollen höchstens einmal ins Programm aufgenommen werden. Das Projekt D könnte dagegen auch zweimal realisiert werden. Der Investor besitzt in $t = 0$ liquide Mittel in Höhe von $M_0 = 500$. Weitere Basiszahlungen sind nicht zu berücksichtigen. Außerdem verfügt er über die beiden Finanzierungsprojekte I und J. Der Kredit I stellt eine Finanzierung zu Kosten von 8% Zins dar, der im ersten Jahr tilgungsfrei ist und danach in drei gleichbleibenden Raten (annuitätisch) zurückgezahlt werden soll. Der Kreditgeber hat ein entsprechendes Angebot über eine Kreditsumme von 1000 gemacht. Bei Kredit J handelt es sich um ein Angebot über maximal 600, das mit Zins- und Zinseszins (8,5 %) nach vier Jahren zurückgezahlt werden soll. Die Zahlungsreihen beider Kredite sehen also wie in Tab. 4-19 aus:

Tab. 4-19.

Zeitpunkt t	0	1	2	3	4
Finanzierung I	1000	−80	−388	−388	−388
J	600	0	0	0	−832

Der Investor kann darüber hinaus beliebige Beträge zu (gleichbleibenden) Zinskosten in Höhe von 10% aufnehmen. Im übrigen sind alle Projekte beliebig teilbar und untereinander vollkommen unabhängig.
Gesucht ist das optimale Investitions- und Finanzierungsprogramm.

Zunächst müssen wir sämtliche Investitions- und Finanzierungsprojekte herausarbeiten, die der Investor realisieren kann. Dies sind bei den Investitionsprojekten neben den oben bereits ausführlich angegebenen Sachinvestitionen A, B, C und D auch noch Finanzinvestitionen (Anlage zum gleichbleibenden Zins von jeweils 6%). Diese Investitionsmöglichkeiten können wir, da der gesamte Planungszeitraum aus 4 Perioden besteht, durch die Definition von 4 weiteren Vorhaben (E, F, G, H) mit den in Tab. 4-20 dargestellten Zahlungsreihen erfassen.

Tab. 4-20.

Zeitpunkt t	0	1	2	3	4
Investition E	−100	106			
F		−100	106		
G			−100	106	
H				−100	106

Entsprechend muß bei den Finanzierungsprojekten des Investors berücksichtigt werden, daß er beliebige Mittel zu einem Zinssatz von 10% aufnehmen kann. Die Zahlungsreihen der aus diesem Grunde über die Kredite I und J hinaus erforderlichen 4 Finanzierungsprojekte (K, L, M, N) lauten gemäß Tab. 4-21:

Tab. 4-21.

Zeitpunkt t	0	1	2	3	4
Finanzierung K	100	−110			
L		100	−110		
M			100	−110	
N				100	−110

Tab. 4-22. Basis-Tableau für ein lineares Programm bei simultaner Investitions- und Finanzplanung im Fall des Vermögensstrebens

	Investitionsprojekte								Finanzierungsprojekte							
	A	B	C	D	E	F	G	H	I	J	K	L	M	N		
(1)	$350x_A$	$520x_B$	$220x_C$	$-1090x_D$				$106x_H$	$-388y_I$	$-832y_J$				$-110y_N$	=	Max!
(2)		$-800x_B$	$-700x_C$	$-300x_D$	$-100x_E$				$1000y_I$	$600y_J$	$100y_K$				=	-500
(3)	$-500x_A$	$80x_B$	$500x_C$	$700x_D$	$106x_E$	$-100x_F$			$-80y_I$		$-110y_K$	$100y_L$			=	20
(4)	$-900x_A$	$160x_B$	$300x_C$	$350x_D$		$106x_F$	$-100x_G$		$-388y_I$			$-110y_L$	$100y_M$		=	21
(5)	$1250x_A$	$320x_B$	$-200x_C$	$170x_D$			$106x_G$	$-100x_H$	$-388y_I$				$-110y_M$	$100y_N$	=	22
(6)	$350x_A$	$520x_B$	$220x_C$	$-1090x_D$				$106x_H$	$-388y_I$	$-832y_J$				$-110y_N$	≥	23
(7)	$1x_A$														≤	1
(8)		$1x_B$													≤	1
(9)			$1x_C$												≤	1
(10)				$1x_D$											≤	2
(11)										$1y_J$					≤	1

Insgesamt suchen wir also die optimale Kombination aus den Projekten A bis N. Wir können nun die Zielfunktion sowie die Nebenbedingungen des Problems sofort hinschreiben und in Tab. 4-22 zusammenfassen. Zeile (1) enthält die Zielfunktion ($C_4^* = $ Max!). Die Zeilen (2) bis (6) geben die Liquiditätsbedingungen für die Zeitpunkte t = 0 bis t = T = 4 wieder. In den Zeilen (7) bis (11) sind die Obergrenzen (bounds) für die Projekte A, B, C, D und J berücksichtigt (Projektmengenbedingungen).

Damit ist das Problem aber nicht gelöst, sondern nur in mathematischer – hier der linearen Programmierung adäquater – Sprache formuliert. Die Lösung finden wir erst, indem wir auf das in Tab. 4-22 wiedergegebene Problem den oben erwähnten Simplexalgorithmus anwenden. Diese Aufgabe haben wir in unserem Fall einen Computer erledigen lassen und sind dabei auf folgende Ergebnisse gekommen:

$$x_A = 0{,}960, \quad x_B = 1{,}000, \quad x_C = 1{,}000, \quad x_D = 0{,}000$$

$$x_E = 0{,}000, \quad x_F = 0{,}000, \quad x_G = 0{,}000, \quad x_H = 0{,}157$$

$$y_I = 1{,}000, \quad y_J = 0{,}000,$$

$$y_K = 0{,}000, \quad y_L = 0{,}000, \quad y_M = 8{,}130, \quad y_N = 0{,}000$$

$$C_4^* = C_4 - M_4 + f_4 Y = 704{,}64$$

Danach ist es optimal, wenn man die Investitionsprojekte A (0,960-mal), B und C (jeweils 1-mal) und die Finanzinvestition H (0,157-mal) aufnimmt. Die Finanzierung dieses Investitionsprogramms erfolgt über die liquiden Mittel sowie die Kredite I (1-mal) und M (8,130-mal). Insgesamt erreicht der Investor so ein Endvermögen einschließlich Schlußentnahme von $C_4^* = 704{,}64$. Eine bessere Lösung ($C_4^* > 704{,}64$) gibt es für den Investor aufgrund der zu beachtenden Bedingungen

Tab. 4-23. Vollständiger Finanzplan für das optimale Investitions- und Finanzierungsprogramm im Fall des Vermögensstrebens

Zeitpunkt t	0	1	2	3	4
Basiszahlungen	500,00	0,00	0,00	0,00	0,00
Investitionen					
x_i *Projekt-Nr.*					
0,960 A		− 480,00	− 864,00	1200,00	336,00
1,000 B	− 800,00	80,00	160,00	320,00	520,00
1,000 C	− 700,00	500,00	300,00	− 200,00	220,00
0,157 H				− 15,70	16,64
Finanzierungen					
y_j *Projekt-Nr.*					
1,000 I	1000,00	− 80,00	− 388,00	− 388,00	− 388,00
8,130 M			813,00	− 894,30	
Entnahmen	0,00	20,00	21,00	22,00	23,00
Endvermögen					681,64

nicht. Der vollständige Finanzplan des Investors sieht bei Realisierung des optimalen Programms so aus, wie es Tab. 4-23 zeigt.

4.2.3.2.3 Modell für den Fall des Einkommensstrebens

Dieses Modell unterscheidet sich vom vorigen sachlich nur durch die Zielsetzung des Investors. Es beruht also auf folgenden Prämissen:

(1)
(2)
(3) Grundlegende Prämissen für alle Modelle der simultanen Investitions- und
(4) Finanzplanung (vgl. Abschnitt 4.2.1 dieses Kapitels).
(5)
(6) Der Investor rechnet mit einer Basiszahlungsreihe $\bar{M} = \{M_0, M_1, \ldots, M_T\}$.
(7) Der Planungszeitraum des Investors ist eine Periode oder länger ($T \geqslant 1$). Danach wird der Betrieb liquidiert.
(8) Jedes Projekt ist beliebig teilbar und kann einmal oder mehr als einmal in das Programm aufgenommen werden ($k_i \geqslant x_i \geqslant 0$, $l_j \geqslant y_j \geqslant 0$).
(9) Der Investor verfolgt das Ziel, auf der Grundlage eines gegebenen Einkommensstrukturvektors ($\bar{f}$) und auf der Grundlage eines vorgegebenen Endvermögens (C_T) das Niveau seiner periodischen Entnahmen (Y) zu maximieren.

Um optimale Entscheidungen mit Hilfe der linearen Programmierung herbeiführen zu können, müssen wir wiederum eine lineare Zielfunktion und lineare Nebenbedingungen formulieren. Dabei ist es ebenso wie im Vermögensmaximierungsfall zweckmäßig, sich an dem schematischen vollständigen Finanzplan der Tab. 4-17 zu orientieren.

Zielfunktion

Die Formulierung der Zielfunktion bedarf keiner großen Überlegungen. Sie lautet einfach

$$Y = Max! \tag{1}$$

Erläuterungen sind überflüssig.

Nebenbedingungen

Bei den Nebenbedingungen brauchen wir ebenso wie im Falle der Endvermögensmaximierung Liquiditäts- und Projektmengenrestriktionen.

Liquiditätsbedingungen

$0 \leqslant t \leqslant T - 1$

Hier gilt dem vollständigen Finanzplan der Tab. 4-17 entsprechend

$$M_t + \sum_{i=1}^{m} z_{ti}^I x_i + \sum_{j=1}^{n} z_{tj}^F y_j = f_t Y$$

woraus wir durch Subtraktion der Konstanten M_t und der entscheidungsabhängigen Größe $f_t Y$ die Liquiditätsbedingung

$$\underbrace{\sum_{i=1}^{m} z_{ti}^I x_i}_{\substack{\text{Investitions-} \\ \text{zahlungen}}} + \underbrace{\sum_{j=1}^{n} z_{tj}^F y_j}_{\substack{\text{Finanzierungs-} \\ \text{zahlungen}}} - \underbrace{f_t Y}_{\text{Entnahmen}} = \underbrace{- M_t}_{\text{Basiszahlung}} \qquad (2a)$$

ableiten können.

$t = T$

Im letzten Zeitpunkt des Planungszeitraums ist die Zahlungsbereitschaft des Investors gewahrt, wenn

$$M_T + \sum_{i=1}^{m} z_{Ti}^I x_i + \sum_{j=1}^{n} z_{Tj}^F y_j = f_T Y + C_T .$$

Bringt man die entscheidungsabhängige Größe $f_T Y$ auf die linke und die Basiszahlung auf die rechte Seite der Gleichung, so entsteht die Liquiditätsbedingung

$$\underbrace{\sum_{i=1}^{m} z_{Ti}^I x_i}_{\substack{\text{Investitions-} \\ \text{zahlungen}}} + \underbrace{\sum_{j=1}^{n} z_{Tj}^F y_j}_{\substack{\text{Finanzierungs-} \\ \text{zahlungen}}} - \underbrace{f_T Y}_{\text{Entnahme}} = \underbrace{C_T}_{\text{Endvermögen}} - \underbrace{M_T}_{\text{Basiszahlung}} . \qquad (2b)$$

Damit sind alle Liquiditätsbedingungen des Investors formuliert (2a, b).

Projektmengenbedingungen

Die Projektmengenbedingungen sind genau dieselben wie im Vermögensmaximierungsfall, also

$$0 \leqslant x_i \leqslant k_i \qquad i = 1, 2, \ldots, m \qquad (3a)$$

und

$$0 \leqslant y_j \leqslant l_j \qquad j = 1, 2, \ldots, n \qquad (3b)$$

Damit sind alle erforderlichen Nebenbedingungen erfaßt. Das Modell ist vollständig formuliert.

Für die folgende Illustration sollen die Zahlen des gleichen Beispiels gelten, das wir im Fall des Modells für die Vermögensmaximierung benutzt haben. Das Ziel des Investors besteht jetzt aber darin, sein Einkommensniveau Y zu maximieren und dabei gleichzeitig ein Endvermögen von $C_4 = 500$ (also identisch mit den liquiden Mitteln zu Beginn) zu erreichen.

Der Investor verfügt über dieselben Projekte (A bis N) wie im Fall der Endvermögensmaximierung. Wir können daher die Zielfunktion und die Nebenbedingungen des Problems sofort entwickeln und in Tab. 4-24 zusammenfassen.

Tab. 4-24. Basis-Tableau für ein lineares Programm bei simultaner Investitions- und Finanzplanung im Fall des Einkommensstrebens

	Investitionsprojekte								Finanzierungsprojekte						Eink.-Niveau		
	A	B	C	D	E	F	G	H	I	J	K	L	M	N			
(1)															$1Y$	=	Max!
(2)		$-800x_B$	$-700x_C$	$-300x_D$	$-100x_E$				$1000y_I$	$600y_J$	$100y_K$					=	-500
(3)	$-500x_A$	$80x_B$	$500x_C$	$700x_D$	$106x_E$	$-100x_F$			$-80y_I$		$-110y_K$	$100y_L$			$-1,00Y$	=	0
(4)	$-900x_A$	$160x_B$	$300x_C$	$350x_D$		$106x_F$	$-100x_G$		$-388y_I$			$-110y_L$	$100y_M$		$-1,05Y$	=	0
(5)	$1250x_A$	$320x_B$	$-200x_C$	$170x_D$			$106x_G$	$-100x_H$	$-388y_I$				$-110y_M$	$100y_N$	$-1,10Y$	=	0
(6)	$350x_A$	$520x_B$	$220x_C$	$-1090x_D$				$106x_H$	$-388y_I$	$-832y_J$				-110_N	$-1,15Y$	=	500
(7)	$1x_A$															$\leqq$	1
(8)		$1x_B$														$\leqq$	1
(9)			$1x_C$													$\leqq$	1
(10)				$1x_D$												$\leqq$	2
(11)										$1y_J$						$\leqq$	1

Zeile (1) enthält die Zielfunktion (Y = Max!). Die Zeilen (2) bis (6) stellen die Liquiditätsrestriktionen des Problems dar. Die Zeilen (7) bis (11) beschreiben die oberen Grenzen für die Projektmengen der Vorhaben A, B, C, D und J. Löst man das Problem nach den Rechenregeln der linearen Programmierung (Simplexmethode), so erhält man folgende Werte für die Entscheidungsvariablen und die Zielfunktion:

$$x_A = 0,6117, \quad x_B = 1,0000, \quad x_C = 1,0000, \quad x_D = 0,0000$$

$$x_E = 0,0000, \quad x_F = 1,3667, \quad x_G = 0,0000, \quad x_H = 0,0000$$

$$y_I = 1,0000, \quad y_J = 0,0000$$

$$y_K = 0,0000, \quad y_L = 0,0000, \quad y_M = 3,9400, \quad y_N = 0,0000$$

$$Y = 57,47$$

Danach ist es zum Zwecke der Einkommensmaximierung optimal, wenn man die Investitionen A (0,6117-mal), B und C (je 1-mal) und die Investition F (1,3667-mal) durchführt. Zur Finanzierung sollte man neben den liquiden Mitteln die Kredite I (1-mal) und M (3,94-mal) verwenden. Der Investor erreicht auf diese Weise ein Einkommensniveau in Höhe von Y = 57,47. Eine bessere Lösung als diese (Y > 57,47) ist bei der zu beachtenden Bedingungskonstellation nicht möglich. Der dieser Lösung entsprechende vollständige Finanzplan ist in Tab. 4-25 angegeben.

Tab. 4-25. Vollständiger Finanzplan für das optimale Investitions- und Finanzierungsprogramm im Fall des Einkommensstrebens

Zeitpunkt t	0	1	2	3	4
Basiszahlungen	500,00	0,00	0,00	0,00	0,00
Investitionen x_i Projekt Nr.					
0,6117 A		− 305,86	− 550,52	764,62	214,10
1,0000 B	− 800,00	80,00	160,00	320,00	520,00
1,0000 C	− 700,00	500,00	300,00	− 200,00	220,00
1,3667 F		− 136,67	144,87		
Finanzierungen y_j Projekt Nr.					
1,0000 I	1000,00	− 80,00	− 388,00	− 388,00	− 388,00
3,9400 M			394,00	− 433,40	
Entnahmen	0,00	57,47	60,35	63,22	66,10
Endvermögen					500,00

4.2.3.2.4 Endogene Kalkulationszinsfüße

Im Einperiodenfall des Modells der simultanen Investitions- und Finanzplanung ergab sich der endogene Kalkulationszinsfuß i* aus dem Schnittpunkt der Kapitalnachfragekurve mit der Kapitalangebotskurve (vgl. oben Abschnitt 4.2.2.3). Im

Mehrperiodenfall existieren nun solche endogenen Kalkulationszinsfüße ebenfalls. Dies gilt zumindestens dann, wenn man mit kontinuierlichen LP-Modellen arbeitet, d. h. wenn man zuläßt, daß die Entscheidungsvariablen x_i (Anzahl der Investitionsprojekte vom Typ i) und y_j (Anzahl der Finanzierungsprojekte vom Typ j) nicht-ganzzahlige Werte annehmen dürfen.

4.2.3.2.4.1 Endogene Kalkulationszinsfüße als „Abfallprodukte" der linearen Programmierung

Bei der Lösung eines linearen Programms nach der Simplexmethode entstehen immer sogenannte *Dualwerte*. Diese treten bei den Nebenbedingungen eines jeden linearen Modells auf. Sie informieren darüber, um welchen Betrag der Wert der Zielfunktion steigen würde, wenn man die rechte Seite bei den Nebenbedingungen um eine Einheit erhöhen würde. Aus ökonomischer Sicht handelt es sich dabei um Grenzgewinne (vgl. oben Abschnitt 4.2.3.2.1).

In den Modellen der simultanen Investitions- und Finanzplanung, die wir oben in Abschnitt 4.2.3.2.2 für den Fall des Vermögensstrebens und in Abschnitt 4.2.3.2.3 für den Fall des Einkommensstrebens dargestellt haben, gibt es nun zwei Arten von Nebenbedingungen: Liquiditätsbedingungen und Projektmengenbedingungen. Von besonderem Interesse für die folgenden Überlegungen sind die Dualwerte der Liquiditätsnebenbedingungen.

> Der Dualwert der Liquiditätsbedingung der t-ten Periode (d_t) gibt an, um welchen Betrag die Zielfunktion (Endvermögen, Einkommensniveau) steigen würde, wenn in diesem Zeitpunkt eine Geldeinheit mehr vorhanden wäre.

oder:

> · Der Dualwert der Liquiditätsbedingung der t-ten Periode (d_t) informiert darüber, welchen zusätzlichen Nutzen (Endvermögen, Einkommensniveau) die letzte, gerade noch in das Programm aufgenommene Einheit eines Investitions- oder Finanzierungsprojektes stiftet.

Um nun die Kapitalwertmethode auch für den Mehrperiodenfall der simultanen Investitions- und Finanzplanung nutzbar zu machen, empfiehlt sich folgende Überlegung:

Alle Projekte, die im optimalen Programm enthalten sind, stiften einen positiven Grenznutzen, während alle zu verwerfenden Projekte einen negativen Grenznutzen besitzen. Mit Grenznutzen ist dabei die relative Änderung des Endvermögens oder des Entnahmeniveaus gemeint, die bei der Aufnahme (einer einzigen Einheit) des Projektes ins Programm zu erwarten ist. Daraus folgt, daß die Dualwerte d_t größer sind als die Grenznutzen aller nicht ins optimale Programm gehörenden Projekte und daß sie gleichzeitig mindestens so groß (oder kleiner) sind wie die Grenznutzen aller aufzunehmenden Projekte.

Aufgrund des Dualitätstheorems der linearen Programmierung (vgl. dazu Müller-Merbach (1973, S. 133 ff.)) kann man nun nachweisen, daß sich die relativen Dualwerte

$$q_t^* = \frac{d_t}{d_0} = \frac{\text{Dualwert der Liquiditätsbedingung der t-ten Periode}}{\text{Dualwert der Liquiditätsbedingung der 0-ten Periode}}$$

als sinnvolle Abzinsungsfaktoren für die Zahlungen aller um die Aufnahme ins Programm konkurrierenden Projekte interpretieren lassen, denn:

> Verwendet man die relativen Dualwerte q_t^* als Abzinsungsfaktoren, so haben alle ins optimale Programm gehörigen Projekte einen nicht-negativen und alle zu verwerfenden Projekte einen negativen Kapitalwert

Die Kapitalwerte sind in diesem Fall nach der Formel

$$BKW = z_0 q_0^* + z_1 q_1^* + \ldots + z_T q_T^*$$

$$= \sum_{t=0}^{T} z_t q_t^*$$

zu berechnen. Diese Formel kann man auch anders schreiben. Dazu erweitern wir den Zähler und den Nenner des Ausdrucks q_t^* wie folgt:

$$q_t^* = \frac{d_t}{d_0}$$

$$= \frac{d_t}{d_0} \cdot \frac{d_0 d_1 d_2 \ldots d_{t-1}}{d_0 d_1 d_2 \ldots d_{t-1}}$$

$$= \frac{d_0}{d_0} \cdot \frac{d_1}{d_0} \cdot \frac{d_2}{d_1} \cdot \ldots \cdot \frac{d_t}{d_{t-1}}$$

Führt man nun weiterhin das Symbol

$$i_t^* = \frac{d_{t-1}}{d_t} - 1$$

als Kalkulationszinsfuß im Mehrperiodenfall ein, so entsteht für die Abzinsungsfaktoren

$$q_t^* = 1 \cdot (1 + i_1^*)^{-1} \cdot (1 + i_2^*)^{-1} \cdot \ldots \cdot (1 + i_t^*)^{-1}$$

$$= \prod_{\tau=0}^{t} (1 + i_\tau^*)^{-1}$$

Der große griechische Buchstabe $\prod$ steht dabei für das Produktzeichen und i_0^* ist genau null. Die Kapitalwertformel lautet daher schließlich (vgl. Abschnitt 2.3.2.3.2)

$$BKW = \sum_{t=0}^{T} z_t \prod_{\tau=0}^{t} (1 + i_\tau^*)^{-1}$$

Im Mehrperiodenfall existieren endogene Kalkulationszinsfüße, die im Zeit-ablauf variabel sein können.

In bezug auf das oben angegebene Zahlenbeispiel des Einkommensmaximierungs-falls (vgl. Abschnitt 4.2.3.2.3) erhalten wir als Nebenergebnisse der Optimierungs-rechnung folgende Dualwerte d_t

$$d_0 = -0,2825$$
$$d_1 = -0,2601$$
$$d_2 = -0,2454$$
$$d_3 = -0,2231$$
$$d_4 = -0,2059$$

Daraus lassen sich nach der oben angegebenen Formel folgende endogenen Kalkulationszinsfüße ableiten:

$$i_0^* = \qquad\qquad = 0,0000 \quad (0,00\%)$$

$$i_1^* = \frac{-0,2825}{-0,2601} - 1 = 0,0861 \quad (8,61\%)$$

$$i_2^* = \frac{-0,2601}{-0,2454} - 1 = 0,0600 \quad (6,00\%)$$

$$i_3^* = \frac{-0,2454}{-0,2231} - 1 = 0,1000 \quad (10,00\%)$$

$$i_4^* = \frac{-0,2231}{-0,2059} - 1 = 0,0835 \quad (8,35\%)$$

Der Kapitalwert für Projekt B mit der Zahlungsreihe $(-800, 80, 160, 320, 520)$ errechnet sich dann wie folgt:

$$BKW_B = -800 + \frac{80}{1,0861} + \frac{160}{1,0861 \cdot 1,06} +$$

$$+ \frac{320}{1,0861 \cdot 1,06 \cdot 1,10} + \frac{520}{1,0861 \cdot 1,06 \cdot 1,10 \cdot 1,0835}$$

$$= +44,36.$$

Berechnet man die Kapitalwerte der anderen Projekte in gleicher Weise, so erhält man die in Tab. 4-26 zusammengestellten Zahlen.

Die Tabelle zeigt deutlich, daß alle Projekte, die nicht ins optimale Programm ge-hören (D, E, G, H, J, K, L, N), negative Kapitalwerte haben. Man hätte also – eben-so wie im Einperiodenfall – die optimale Entscheidung auch mit Hilfe der (im Verhältnis zur linearen Programmierung rechnerisch viel einfacheren) Kapital-

Tab. 4-26. Kapitalwerte der Investitions- und Finanzierungsprojekte im Entnahmemaximierungsfall (Abschnitt 4.2.3.2.3)

Investitionsprojekte

	A	B	C	D	E	F	G	H
$i_0 = 0{,}0000$ $i_1 = 0{,}0861$ $i_2 = 0{,}0600$ $i_3 = 0{,}1000$ $i_4 = 0{,}0835$	0,11	44,36	23,36	$-11{,}66$	$-2{,}40$	0,00	$-3{,}16$	$-1{,}72$

Finanzierungsprojekte

	I	J	K	L	M	N
$i_0 = 0{,}0000$ $i_1 = 0{,}0861$ $i_2 = 0{,}0600$ $i_3 = 0{,}1000$ $i_4 = 0{,}0835$	0,09	$-6{,}40$	$-1{,}28$	$-3{,}48$	0,00	$-1{,}20$

wertmethode treffen können, wenn man nur die endogenen Kalkulationszinsfüße gekannt hätte. Leider kennt man die exakten Werte der endogenen Kalkulationszinsfüße aber erst, wenn man das Problem mit Hilfe der Simplexmethode bereits gelöst hat, also schon weiß, wie die optimale Lösung aussieht.

4.2.3.2.4.2 Zur praktischen Bedeutung der endogenen Kalkulationszinsfüße

Es gibt Unternehmungen, die das Problem einer mehrperiodigen simultanen Investitions- und Finanzplanung praktisch bewältigen müssen, ohne gleichzeitig bereit oder in der Lage zu sein, die Lösung ihrer Probleme mit Hilfe der linearen Programmierungsrechnung zu suchen. Die Gründe: Um Probleme mit realistischen Größenordnungen hinsichtlich der Anzahl der Projekte (Variablen) und der Anzahl der Restriktionen zu lösen, sind leistungsfähige Datenverarbeitungsanlagen, eine effiziente – und damit nicht eben billige – software für den Simplex-Algorithmus und häufig noch speziell ausgebildetes Personal notwendig. Schließlich muß man zumindest bei großen Problemen (viele Variable und viele Restriktionen) auch noch mit beachtlichen – sprich teuren – Rechenzeiten kalkulieren.
Es stellt sich daher ernsthaft die Frage, ob der Aufwand der Konstruktion und Lösung von LP-Modellen gerechtfertigt ist, ob also die einzusetzenden Kosten in einem vertretbaren Verhältnis zum zu erwartenden Nutzen stehen. Würde man die endogenen Kalkulationszinsfüße kennen, bevor man die optimale Lösung mit Hilfe der linearen Programmierung gefunden hat, so könnte man das optimale Investitions- und Finanzierungsprogramm mit Hilfe eines rechentechnisch ungleich einfacheren Verfahrens (Kapitalwertmethode) bestimmen. Es lohnt sich also ein Nachdenken darüber, ob man die endogenen Kalkulationszinsfüße finden

oder wenigstens abschätzen kann, ohne gleichzeitig die lineare Optimierungsaufgabe zu lösen.

Eine Methode, die endogenen Kalkulationszinsfüße exakt zu berechnen, ohne gleichzeitig die optimale Lösung mit Hilfe eines LP-Modells zu bestimmen, läßt sich nicht angeben. Dennoch ist das Konzept der endogenen Zinsfüße praktisch verwertbar.

Wenn der Investor neben der Möglichkeit, konkrete Investitions- und Finanzierungsprojekte durchzuführen, beliebige (d. h. mengenmäßig nicht beschränkte) Beträge auf dem Kapitalmarkt aufnehmen und anlegen vermag, und der Zinssatz s_t für solche Kreditaufnahmen in keinem Zeitpunkt kleiner ist als der Zinssatz h_t für Kapitalanlagen ($s_t \geqslant h_t$), so liegen die endogenen Kalkulationszinsfüße i_t^* immer im Intervall zwischen diesen beiden Zinsfüßen, also

$$s_t \geqslant i_t^* \geqslant h_t$$

Daß diese Behauptung unter den genannten Voraussetzungen immer richtig ist, läßt sich formal beweisen, doch wollen wir hier auf die Wiedergabe des Beweises verzichten. Er ist in der Literatur (z. B. Hax (1979: 101–105)) nachzulesen. Wir nehmen die Behauptung als gegeben und wenden uns der Frage zu, worin der praktische Vorteil dieses Sachverhalts steckt.

Normalerweise sehen die Zahlungsreihen der Investitionsprojekte so aus, daß auf Auszahlungen nur Einzahlungen folgen ($- - - + + +$). Bei den Finanzierungsprojekten ist es meistens umgekehrt ($+ + + - - -$). Zahlungsreihen mit alternierenden Vorzeichen (z. B. $- + -$ oder $- - + + + -$) sind relativ selten. Wenn es der Investor mit solchen *Normalprojekten* zu tun hat, so gilt immer:

– Der Kapitalwert einer Investition ist um so kleiner, je größer der Kalkulationszinsfuß ist;
– der Kapitalwert einer Finanzierung ist um so höher, je größer der Kalkulationszinsfuß ist.

Aus diesem Grunde und wegen der Tatsache, daß die endogenen (unbekannten) Kalkulationszinsfüße im Intervall $s_t \geqslant i_t^* \geqslant h_t$ liegen, empfiehlt sich folgendes Vorgehen:

(1) Man berechne die Kapitalwerte aller Investitionsprojekte auf der Basis der Soll-Zinsen (s_t) nach der Formel

$$BKW = \sum_{t=0}^{T} z_t^I \prod_{\tau=0}^{t} (1 + s_\tau)^{-1}$$

und aller Finanzierungsprojekte auf der Basis der Haben-Zinsen (h_t) gemäß

$$BKW = \sum_{t=0}^{T} z_t^F \prod_{\tau=0}^{t} (1 + h_\tau)^{-1}$$

Alle Projekte, deren Kapitalwert dabei nicht kleiner als Null wird, müssen *auf* *jeden Fall* in das Programm *aufgenommen* werden, denn ihr Kapitalwert wäre bei jedem denkbaren endogenen Kalkulationszinsfuß $s_t \geq i_t^* \geq h_t$ nicht kleiner als Null.

(2) Man berechne die Kapitalwerte aller übrigen Investitionsprojekte auf der Grundlage der Haben-Zinsen (h_t) nach

$$BKW = \sum_{t=0}^{T} z_t^I \prod_{\tau=0}^{t} (1 + h_t)^{-1}$$

und aller übrigen Finanzierungsprojekte auf der Basis der Soll-Zinsen (s_t) gemäß

$$BKW = \sum_{t=0}^{T} z_t^F \prod_{\tau=0}^{t} (1 + s_t)^{-1}$$

Alle Projekte, die dabei einen negativen Kapitalwert erhalten, dürfen *auf keinen Fall* in das Programm *aufgenommen* werden, denn ihr Kapitalwert wäre bei jedem möglichen endogenen Kalkulationszinsfuß im Intervall $s_t \geq i_t^* \geq h_t$ negativ.

(3) Wurden mit den Schritten 1 und 2 die Projekte ermittelt, die entweder auf jeden Fall oder aber auf keinen Fall in das optimale Programm gehören, so bleiben jetzt nur noch Projekte übrig, die *vielleicht aufgenommen* werden sollten. Dies bedeutet eine unter Umständen erhebliche *Vereinfachung des Entscheidungsproblems*, da sich die Optimierungsrechnung jetzt auf einen – ggf. beträchtlich – reduzierten Kreis von Projekten beschränken kann. Wie stark die mögliche Reduzierung des Entscheidungsproblems ist, hängt von der Breite des Zinsintervalls ($s_t - h_t$) ab. Je schmaler dieses Intervall ist, um so größer ist die Zahl der Projekte, die mit Hilfe der Schritte 1 (unbedingte Aufnahme) und 2 (unbedingte Ablehnung) herausgefiltert werden können.

4.2.3.2.5 Lösungen mit Hilfe der gemischt-ganzzahligen Programmierung

Zu den für alle bisher behandelten Modelle der simultanen Investitions- und Finanzplanung grundlegenden Prämissen zählte auch die Annahme, daß die Investitions- und Finanzierungsprojekte beliebig teilbar sind. Diese Annahme ist außerordentlich realitätsfern, denn eine Entscheidung über den Kauf von 3/16 Drehbank oder 54/127 Aluminiumpresse ist absolut sinnlos. Insbesondere für Investitionsprojekte im Sachgüterbereich einer Unternehmung muß man daher verlangen, daß ein vernünftiges Investitionsplanungsmodell nur ganzzahlige Lösungen produziert. Das gleiche gilt für zahlreiche Finanzierungsprojekte.

Da sich ganzzahlige Lösungen nicht sicherstellen lassen, wenn man das optimale Investitions- und Finanzierungsprogramm mit Hilfe der Simplexmethode bestimmt, muß man zur sogenannten gemischt-ganzzahligen linearen Programmierung übergehen. Mit ihr ist es möglich, dafür zu sorgen, daß einige Variable ganzzahlige Werte und andere Variable kontinuierliche Werte annehmen. Rein lösungstechnisch sieht das so aus: Man bestimmt zunächst das rein kontinuierliche Optimum (*Simplexmethode*) und sucht danach die gemischt-ganzzahlige Lösung (mit einem *branch and bound-Algorithmus*) (vgl. im einzelnen Müller-Merbach 1973: 366–414). Die Lösung großer gemischt-ganzzahliger Probleme verursacht heute allerdings oft noch beträchtliche rechentechnische Schwierigkeiten. Dabei kann man von „großen" Problemen bereits dann sprechen, wenn die Anzahl der ganzzahligen Entscheidungsvariablen die Zahl 100 übersteigt.

Abgesehen davon, daß die gemischt-ganzzahlige Programmierung in bezug auf die Investitionsplanung ein absolutes Muß ist, weil man Bruchteile von Investitionsprojekten nicht realisieren kann, erlaubt der gemischt-ganzzahlige Ansatz die Berücksichtigung einer Reihe von logischen Verknüpfungen, die für die Investitionsplanung von außerordentlich großem Interesse sind. Durch die Einfügung von sogenannten Binärvariablen (das sind ganzzahlige Entscheidungsvariable, die nur die Werte 0 oder 1 annehmen dürfen) und durch die Formulierung geeigneter Nebenbedingungen kann man nämlich alle wichtigen logischen Beziehungen (Konjunktion, Disjunktion, Implikation usw.) abbilden. Für die simultane Investitions- und Finanzplanung bedeutet das konkret, daß man die grundlegende Prämisse der totalen Unabhängigkeit aller Projekte voneinander weitgehend aufgeben kann. Wir wollen an dieser Stelle aber nicht die gesamte Aristotelische Logik ins Binäre übersetzen, sondern uns beispielhaft auf das logische „und" und das logische „oder" beschränken.

Mit Hilfe der gemischt-ganzzahligen Programmierung kann man erstens dafür sorgen, daß einige Entscheidungsvariable nur ganzzahlige Werte annehmen können, und zweitens logische Verknüpfungen zwischen den Entscheidungsvariablen abbilden.

Das logische „und" kommt in der Sprache der Investitionstheorie durch die Verknüpfung zweier gegebener Projekte A und B unter folgender Bedingung zum Ausdruck: Keines der Projekte darf ohne das andere realisiert werden. Diese Beziehung kann durch die Bedingungen

$$x_A - x_B = 0 \qquad x_A, x_B \text{ ganzzahlig}$$
$$x_A, x_B \leqslant 1$$

erfaßt werden. Wird A einmal realisiert ($x_A = 1$), so muß auch B durchgeführt werden ($x_B = 1$). Wird A nicht durchgeführt ($x_A = 0$), so muß auch auf B verzichtet werden ($x_B = 0$). Anderenfalls ist die Restriktion verletzt.

Das logische „oder" bedeutet, daß nur eines von zwei Projekten verwirklicht werden darf, aber gleichzeitig eines von beiden realisiert werden muß. Diese Beziehung kann durch die Bedingungen

$$x_A + x_B = 1 \qquad x_A, x_B \text{ ganzzahlig}$$
$$x_A, x_B \leqslant 1$$

erfaßt werden. Ist $x_A = 1$, so muß $x_B = 0$ sein; und nimmt x_A den Wert Null an, so muß $x_B = 1$ sein. Anderenfalls ist die Bedingung verletzt.

Will man den Fall erfassen, daß keines der beiden Projekte realisiert werden muß, so haben die Bedingungen

$$x_A + x_B \leqslant 1 \qquad x_A, x_B \text{ ganzzahlig}$$
$$x_A, x_B \leqslant 1$$

zu lauten. Hier ist die Restriktion auch dann nicht verletzt, wenn sowohl $x_A = 0$ als auch $x_B = 0$ ist. Die Bedingung verhindert nur, daß beide Projekte gemeinsam verwirklicht werden ($x_A = 1$ und $x_B = 1$).

Abschließend wollen wir ein Zahlenbeispiel vorführen, in dem die Anwendung der Methode der gemischt-ganzzahligen Programmierung notwendig wird.

Wir verwenden das gleiche Zahlenbeispiel wie im Mehrperioden-Fall bei der Zielsetzung der Vermögensmaximierung (vgl. oben Abschnitt 4.2.3.2.2). Die Investitionsprojekte A, B, C und D sowie das Finanzierungsprojekt I sind jetzt aber nicht teilbar. Die Projekte A und B sollen sich gegenseitig ausschließen. Ferner kann der Kredit I nur dann aufgenommen werden, wenn der Investor das Projekt B realisiert.

Gesucht ist das optimale Investitions- und Finanzierungsprogramm.

Das formale Modell (Zielfunktion, Liquiditätsbedingungen, Projektmengenbedingungen) entspricht genau dem oben dargestellten kontinuierlichen Ansatz. Hinzu treten

Ganzzahligkeitsbedingungen

$$x_A, x_B, x_C, x_D \qquad \text{ganzzahlig}$$
$$y_I \qquad\qquad\quad \text{ganzzahlig}$$

und

Logische Bedingungen

Wegen der Unvereinbarkeitsbeziehungen zwischen den Investitionsvorhaben A und B muß die Restriktion

$$x_A + x_B \leqslant 1$$

beachtet werden. Da schließlich die Finanzierung I nur verwirklicht werden kann ($y_I = 1$), wenn Projekt B realisiert wird ($x_B = 1$), führen wir noch die Bedingung

$$x_B - y_I \geqslant 0$$

ein. Damit wird verhindert, daß der Kredit I aufgenommen ($y_I = 1$) und gleichzeitig auf das Projekt B verzichtet wird ($x_B = 0$). Andererseits läßt die Bedingung zu, daß die Investition B verwirklicht wird ($x_B = 1$) und der Kredit I nicht in Anspruch genommen wird ($y_I = 0$). Damit ist das Problem vollständig formuliert.

Löst man die Aufgabe mit Hilfe eines geeigneten Rechenverfahrens (Simplexmethode mit zusätzlichem branch and bound), so erhält man folgende Werte für die optimale Lösung:

$x_A = 0,0000$, $x_B = 1,0000$, $x_C = 1,0000$, $x_D = 0,0000$

$x_E = 0,0000$, $x_F = 4,8000$, $x_G = 5,5980$, $x_H = 3,0339$

$y_I = 1,0000$, $y_J = 0,0000$,

$y_K = y_L = y_M = y_N = 0,0000$

$C_4^* = C_4 - M_4 + f_4 Y = 673,59$

Danach ist es optimal, die Investitionen B und C sowie die Finanzinvestitionen F, G und H durchzuführen und diese Vorhaben mit dem Kredit I zu finanzieren. Der vollständige Finanzplan für diese Lösung ist in Tab. 4-27 dargestellt.

Tab. 4-27. Vollständiger Finanzplan für das optimale Investitions- und Finanzierungsprogramm im Falle des Vermögensstrebens, gemischt-ganzzahlige Lösung

Zeitpunkt t	0	1	2	3	4
Basiszahlungen	500,00	0,00	0,00	0,00	0,00
Investitionen					
x_i *Projekt Nr.*					
1,0000 B	− 800,00	80,00	160,00	320,00	520,00
1,0000 C	− 700,00	500,00	300,00	−200,00	220,00
4,8000 F		−480,00	508,80		
5,5980 G			−559,80	593,39	
3,0339 H				−303,39	321,59
Finanzierungen					
y_j *Projekt Nr.*					
1,0000 I	1000,00	− 80,00	−388,00	−388,00	−388,00
Entnahmen	0,00	20,00	21,00	22,00	23,00
Endvermögen					650,59

Abschließend sei darauf aufmerksam gemacht, daß es bei gemischt-ganzzahliger Lösung des Problems in der Regel keine endogenen Kalkulationszinsfüße gibt. Trotzdem sind die endogenen Zinsfüße dazu geeignet, wertvolle Hilfestellung bei der Suche nach guten gemischt-ganzzahligen Lösungen zu leisten.

4.3 Simultane Investitions- und Produktionsplanung

Bei der simultanen Investitions- und Produktionsplanung kommt es darauf an, das optimale Investitions- und das optimale Produktionsprogramm gleichzeitig zu bestimmen. Der Finanzierungsbereich wird als Entscheidungsvariable ausgeblendet und stattdessen als fest vorgegeben betrachtet. Aufnahme und Tilgung von Krediten stellen jetzt kein Entscheidungsproblem mehr dar. Über diesen Planungsbereich ist bereits vorab – und möglicherweise unzweckmäßig – entschieden worden.

4.3.1 Grundsätzliches

In den Modellen der simultanen Investitions- und Finanzplanung haben wir den Produktionsbereich der Unternehmung als ein fest vorgegebenes Datum behandelt. Dort sind wird von bekannten Zahlungsreihen für die einzelnen Investitionsprojekte ausgegangen und haben unterstellt, daß die Investitionsprojekte voneinander unabhängig sind. Die Zahlungsreihen der Investitionsprojekte können uns aber nur dann bekannt sein, wenn wir bereits feste Annahmen darüber getroffen haben, welches Produktionsprogramm mit den ggf. zu realisierenden Projekten hergestellt (und verkauft) werden soll.

Jetzt geben wir die Prämisse der Unabhängigkeit der Investitionsprojekte voneinander auf. Das bedeutet, daß die Zahlungsreihen der Investitionsprojekte nicht mehr als vorab gegeben betrachtet werden können, sondern als Ergebnis des Entscheidungsprozesses gesucht werden müssen.

Immer dann, wenn es sich um Investitionen im Fertigungsbereich einer industriellen Unternehmung handelt, und besonders dann, wenn Mehrproduktmaschinen und/oder mehrstufige Herstellungsprozesse zu betrachten sind, kann man von voneinander abhängigen Investitionsprojekten sprechen. Solche Investitionen verlangen, weil ihnen isoliert keine Zahlungsreihen zugerechnet werden können (vgl. oben Abschnitt 4.1.2 dieses Kapitels), nach simultaner Bestimmung des Investitions- und Produktionsprogramms. Die Frage lautet also:

> Welche und wie viele Investitionen soll eine Unternehmung, die bestimmte finanzielle Mittel besitzt, realisieren, und welche und wie viele Produkte soll sie mit ihren (vorhandenen bzw. noch zu beschaffenden) Kapazitäten produzieren?

Derartige Entscheidungsprobleme lassen sich auf der Basis der linearen Programmierung exakt lösen. Die bekanntesten Modellkonzeptionen auf der Grundlage der linearen Programmierung zur simultanen Planung des Investitions- und Produktionsprogramms stammen von Förstner/Henn (1957), Charnes/Cooper/Miller (1959), Jacob (1964) und Swoboda (1965). Alle diese Modelle sind aus historischer Sicht von außerordentlich großer Bedeutung, weil sie die Entwicklung der Investitionstheorie auf dem hier zu erörternden Teilgebiet entscheidend beeinflußt und vorangetrieben haben. Trotzdem werden wir im folgenden keines dieser Modelle vorstellen, sondern ein eigenes entwickeln. Dieser Entschluß beruht vor allem auf zwei Gründen:

(1) Zum einen basieren alle in diesem Buch dargestellten Investitionsrechnungen – mit Ausnahme der am Anfang des zweiten Teils diskutierten statischen Verfahren – auf dem Konzept des vollständigen Finanzplans. Diese Orientierung wollen wir aus Gründen der Verständlichkeit und der Geschlossenheit des gesamten Konzepts beibehalten. Das wäre nicht oder nur mit Schwierigkeiten möglich, wenn wir die oben erwähnten „klassischen" Modelle der simultanen Investitions- und Produktionsplanung darstellen würden.

(2) Zum anderen besitzen einige dieser Modelle – wir denken insbesondere an die Vorschläge von Jacob – bereits einen so hohen Grad an Komplexität, daß der Neuling auf diesem Gebiet der Investitionsplanung beträchtliche Schwierigkeiten hätte, sie in allen ihren Einzelheiten vollständig nachzuvollziehen.

Das im folgenden darzustellende eigene Modell knüpft also erstens an das Konzept der vollständigen Finanzpläne an und zeichnet sich zweitens durch eine relativ geringe Komplexität (d. h. größere Überschaubarkeit) aus. Die Tatsache, daß es aus dem zuletzt genannten Grund von einer verhältnismäßig großen Zahl realitätsfremder Prämissen ausgeht, erscheint wegen der damit erzielbaren systematischen und didaktischen Vorzüge gerechtfertigt.

4.3.2 Einfaches Mehrperiodenmodell

Analog zur Vorgehensweise in den anderen Abschnitten dieses Buches werden wir zuerst die Prämissen des Problems vollständig aufzählen und die mathematischen Symbole definieren, welche bei der Formulierung des Modells benutzt werden. Danach werden wir das Modell auf der Grundlage einer Analyse der Struktur des vollständigen Finanzplans schrittweise entwickeln und dabei – wie gewohnt – sowohl den Fall des Vermögensstrebens als auch den des Einkommensstrebens berücksichtigen. Ein Zahlenbeispiel soll die Darstellung abschließend veranschaulichen.

4.3.2.1 Prämissen, Symbole und vollständiger Finanzplan

Grundlegende Prämissen

Die Prämissen, auf denen unser Modell beruht, sind folgende:

(1) Der Investor verfolgt das *Ziel* der langfristigen finanziellen Gewinnmaximierung; d. h. er hat entweder die Absicht, sein *Endvermögen* auf der Grundlage eines gegebenen Entnahmestroms zu *maximieren*, oder er wünscht sich ein maximales *Entnahmeniveau* bei gegebenem Endvermögen.

(2) *Der Investor kennt* endlich viele nicht-alternative, voneinander abhängige und unteilbare *Investitionsprojekte, denen lediglich ihre Anschaffungsausgaben eindeutig zurechenbar sind.*

(3) *Der Investor* betreibt eine einstufige Mehrproduktfertigung. Er kennt endlich viele (mit den bereits vorhandenen und/oder noch zu investierenden Aggregaten) herstellbare *Erzeugnisse, denen er ihre Einnahmen* (Netto-Verkaufspreise) *und variablen Produktionsausgaben eindeutig zurechnen kann.* Die Deckungsbeträge (d. h. Differenzen zwischen den Netto-Verkaufspreisen und den auf das Stück bezogenen variablen Produktionsausgaben) sind je Maschinentyp von der produzierten Menge vollkommen unabhängig.

(4) *In jedem Zeitpunkt des Planungszeitraums existieren Absatzhöchstgrenzen für jede Produktart, die der Investor nicht beeinflussen kann.* Lagerhaltung der Produkte ist nicht möglich.

(5) *Aggregate, die im Zeitpunkt t angeschafft werden, sind sofort einsatzbereit und voll leistungsfähig.*

(6) *Die Produktion der Erzeugnisse dauert genau eine Periode.*

(7) *Keine Anlage wird vor dem Ende des Planungszeitraums* ($t < T$) *desinvestiert.* Im Planungshorizont ($t = T$) werden alle Anlagen ausrangiert. Der Betrieb wird vollständig liquidiert.

(8) *Der Investor hat den Wunsch, in jedem Zeitpunkt seines Planungszeitraums zahlungsfähig zu bleiben.*

(9) *Alle Zahlungen (Einnahmen, Ausgaben) sind jeweils zu Periodenbeginn fällig.*

(10) *Der Investor rechnet in jedem Zeitpunkt seines Planungszeitraums mit fest vorgegebenen Basiszahlungen.* Seine einzige Entscheidungsvariable im Finanzierungsbereich ist die Kassenhaltung.

Die wichtigsten Prämissen des Modells sind damit beschrieben. Viele dieser Annahmen hätten durchaus weniger restriktiv formuliert werden können. Aber das Modell würde dadurch sofort komplexer und schwerer überschaubar werden. Von entscheidender Bedeutung für alle Modelle der simultanen Investitions- und Produktionsplanung sind die Prämissen (2) und (3). Selbst diese Annahmen könnten noch realitätsnäher gefaßt werden. Von zentraler Bedeutung ist die Annahme, daß den Investitionen ihre Anschaffungsausgaben und den Produkten ihre Umsatzeinnahmen zugerechnet werden können.

Verzeichnis der Symbole
Nun sind die Symbole zu definieren, die wir bei der Formulierung des Modells benutzen wollen. Hierbei ist es aufgrund der speziellen Problemstellung schlecht möglich, die gleichen oder zumindest weitgehend ähnliche Symbole zu verwenden wie in den vergangenen Kapiteln und Abschnitten. Im Verhältnis zu früheren Modellen brauchen wir nämlich verhältnismäßig viele Symbole, so daß es sich empfiehlt, zwischen Entscheidungsvariablen, Konstanten und Indizes zu unterscheiden. Für Entscheidungsvariable und Indizes werden kleine Buchstaben und für Konstante große Buchstaben verwendet werden.

Entscheidungsvariable

c_t Variable für den Umfang der Kassenhaltung im Zeitpunkt t

m_{ijt} Anzahl der Erzeugnisse vom Typ j, die im Zeitpunkt t auf Maschinen vom Typ i produziert werden

x_{it} Anzahl der Aggregate vom Typ i, die im Zeitpunkt t beschafft werden

Konstante

A_{it} Anschaffungsausgaben für eine Maschine von Typ i, die im Zeitpunkt t beschafft wird

B_i Anfangskapazität aller Maschinen vom Typ i

C_t Finanzmittelüberschuß/-defizit des Investors im Zeitpunkt t

D_{ij} Stückfertigungszeit des Produkts vom Typ j auf einer Anlage des Typs i

F_t Konstante für die relative Höhe der Entnahmen des Investors im Zeitpunkt t (Element des Einkommensstrukturvektors)

H_{jt} Maximale Absatzmenge für ein Produkt vom Typ j im Zeitpunkt t

L_{it} Liquidationserlös für eine Maschine vom Typ i, den der Investor im Zeitpunkt T erzielt, wenn er die Anlage im Zeitpunkt t gekauft hat

M_t Basiszahlungen im Zeitpunkt t

P_{jt} Netto-Verkaufspreis eines Produkts vom Typ j, das im Zeitpunkt t verkauft wird

V_{ij} Variable Produktionskosten (= -ausgaben) je Stück eines Erzeugnisses vom Typ j, das auf einer Anlage des Typs i produziert wird

Y Einkommensniveau des Investors

Z_i Periodenkapazität einer Maschine vom Typ i

Indizes

i   Index für den Maschinentyp (i = 1, 2, ..., I)
j   Index für den Erzeugnistyp (j = 1, 2, ..., J)
t   Zeitindex (t = 0, 1, 2, ..., T)

Damit sind alle Symbole definiert, die wir brauchen.

Vollständiger Finanzplan

Bevor wir die Zielfunktion und die Nebenbedingungen des Modells entwickeln, empfiehlt es sich, die Struktur des vollständigen Finanzplans zu untersuchen, die für die simultane Investitions- und Produktionsplanung unter den oben genannten Prämissen charakteristisch ist. Der vollständige Finanzplan sieht im Rahmen unseres einfachen Mehrperiodenmodells grundsätzlich so aus, wie es Tab. 4-28 beschreibt. Diese Tabelle wird es uns erleichtern, die Zielfunktion und die Liquiditätsbedingungen des Investors zu formulieren.

Unter Verwendung der oben definierten Symbole gilt für die einzelnen Positionen des vollständigen Finanzplans folgendes:

Basiszahlungen im Zeitpunkt t: $\qquad\qquad\qquad M_t$

Umsatzeinnahmen im Zeitpunkt t: $\qquad\qquad\qquad \sum_i \sum_j P_{jt} m_{ijt-1}$

Tab. 4-28. Struktur der Einnahmen und Ausgaben im vollständigen Finanzplan bei simultaner Investitions- und Produktionsplanung

t = 0	0 < t < T	t = T
Basiszahlungen	Basiszahlungen Umsatzeinnahmen Einnahmen aus Kassenhaltung	Basiszahlungen Umsatzeinnahmen Einnahmen aus Kassenhaltung Liquidationseinnahmen
Anschaffungsausgaben für Investitionen Variable Produktionsausgaben Ausgaben für Kassenhaltung	Anschaffungsausgaben für Investitionen Variable Produktionsausgaben Ausgaben für Kassenhaltung	
Entnahmen	Entnahmen	Entnahmen Endvermögen

Einnahmen aus Kassenhaltung im Zeitpunkt t: $\qquad c_{t-1}$

Liquidationseinnahmen aus im Planungszeitraum
beschafften Anlagen im Zeitpunkt T: $\qquad \sum_i \sum_t L_{it} x_{it}$

Anschaffungsausgaben für Investitionen im Zeitpunkt t: $\sum_i A_{it} x_{it}$

Variable Produktionsausgaben im Zeitpunkt t: $\qquad \sum_i \sum_j V_{ij} m_{ijt}$

Ausgaben für Kassenhaltung im Zeitpunkt t: $\qquad c_t$

Entnahmen im Zeitpunkt t: $\qquad F_t Y$

Endvermögen: $\qquad C_T$

4.3.2.2 Formulierung des Modells

4.3.2.2.1 Modell für den Fall des Vermögensstrebens

Bei der Ableitung der Zielfunktion und der Restriktionen dieses Modells wollen wir ebenso vorgehen wie bei den Mehrperiodenmodellen der simultanen Investitions- und Finanzplanung.

Wir analysieren in einem ersten Schritt, welche Zielfunktion und welche Typen von Restriktionen gebraucht werden. Sodann werden wir in einem zweiten Schritt bei der Zielfunktion und bei jedem Restriktionstyp verbal erläutern, welche Beziehungen zwischen welchen Entscheidungsvariablen und Konstanten zu berücksichtigen sind, und diese Beziehungen in mathematischer Symbolik beschreiben. Dabei entstehen formalmathematische Ausdrücke (Zielfunktionen, Gleichungen,

Ungleichungen), die wir in einem dritten Schritt so umformen werden, daß alle Entscheidungsvariablen links und alle Konstanten rechts des Funktionszeichens $(=, >, <)$ stehen.

Zielfunktion

Der Investor hat die Absicht, sein Endvermögen zu maximieren und zieht gleichzeitig fest vorgegebene Entnahmen aus dem Betrieb. Daher läßt sich aus dem strukturellen vollständigen Finanzplan (Tab. 4-28) unmittelbar ablesen, daß sich das Endvermögen auf

$$C_T = M_T + \sum_i \sum_j P_{jT} m_{ijT-1} + c_{T-1} + \sum_i \sum_t L_{it} x_{it} - F_T Y$$

beläuft. Da in diesem Ausdruck die Größen M_T und $F_T Y$ Konstanten darstellen, wird das Endvermögen des Investors maximal, wenn die Hilfsgröße $C_T^* = C_T - M_T + F_T Y$, also

$$C_T^* = \underbrace{\sum_i \sum_j P_{jT} m_{ijT-1}}_{\text{Umsatzeinnahmen}} + \underbrace{c_{T-1}}_{\substack{\text{Kassen-} \\ \text{einnahmen}}} + \underbrace{\sum_i \sum_t L_{it} x_{it}}_{\substack{\text{Liquidations-} \\ \text{einnahmen}}} = \text{Max}! \tag{1}$$

so groß wie möglich ist.

Nebenbedingungen

Bei der Maximierung dieser Zielfunktion sind drei Typen von Nebenbedingungen zu beachten, die wir als Liquiditäts-, Produktions- und als Absatzbedingungen bezeichnen.

Liquiditätsbedingungen

Der Investor ist liquide, wenn seine Einnahmen in keinem Zeitpunkt des Planungszeitraums kleiner sind als seine Ausgaben. Aus dem vollständigen Finanzplan der Tabelle 4-28 folgt daher:

$t = 0$

$$M_t - \sum_i A_{it} x_{it} - \sum_i \sum_j V_{ij} m_{ijt} - c_t = F_t Y$$

Bringt man die Konstante M_t auf die rechte Seite, so heißt es:

$$-\underbrace{\sum_i A_{it} x_{it}}_{\substack{\text{Anschaffungs-} \\ \text{ausgaben}}} - \underbrace{\sum_i \sum_j V_{ij} m_{ijt}}_{\substack{\text{Produktions-} \\ \text{ausgaben}}} - \underbrace{c_t}_{\substack{\text{Kassen-} \\ \text{ausgaben}}} = \underbrace{F_t Y - M_t}_{\substack{\text{Saldo zwischen} \\ \text{Entnahme und} \\ \text{Basiszahlung}}} \tag{2a}$$

$0 < t < T$

Für alle Zeitpunkte zwischen $t = 1$ und $t = T - 1$ gilt dagegen:

$$M_t + \sum_i \sum_j P_{jt} m_{ijt-1} + c_{t-1} - \sum_i A_{it} x_{it} - \sum_i \sum_j V_{ij} m_{ijt} - c_t = F_t Y$$

Bringt man die Konstanten wieder auf die rechte Seite, so erhält man:

$$\underbrace{\sum_i \sum_j P_{jt} m_{ijt-1}}_{\text{Umsatzeinnahmen}} + \underbrace{c_{t-1}}_{\substack{\text{Kassen-}\\\text{einnahmen}}} - \underbrace{\sum_i A_{it} x_{it}}_{\substack{\text{Anschaffungs-}\\\text{ausgaben}}} - \underbrace{\sum_i \sum_j V_{ij} m_{ijt}}_{\substack{\text{Produktions-}\\\text{ausgaben}}} - \underbrace{c_t}_{\substack{\text{Kassen-}\\\text{aus-}\\\text{gaben}}} = \underbrace{F_t Y - M_t}_{\substack{\text{Saldo zwischen}\\\text{Entnahme und}\\\text{Basiszahlung}}} \qquad (2b)$$

$t = T$

Am Ende des Planungszeitraums gilt nach Tab. 4-28:

$$M_t + \sum_i \sum_j P_{jt} m_{ijt-1} + c_{t-1} + \sum_i \sum_t L_{it} x_{it} = F_t Y + C_T$$

Dabei symbolisiert C_T das vor der Lösung des Problems unbekannte (zu maximierende) Endvermögen. Bringt man die Konstanten auf die rechte Seite und verlangt man außerdem, daß das Endvermögen nicht kleiner als Null sein darf ($C_T \geq 0$), so heißt die Liquiditätsbedingung:

$$\underbrace{\sum_i \sum_j P_{jt} m_{ijt-1}}_{\text{Umsatzeinnahmen}} + \underbrace{c_{t-1}}_{\substack{\text{Kassen-}\\\text{einnahmen}}} + \underbrace{\sum_i \sum_t L_{it} x_{it}}_{\substack{\text{Liquidations-}\\\text{einnahmen}}} \geq \underbrace{F_t Y - M_t}_{\substack{\text{Saldo zwischen}\\\text{Entnahme und}\\\text{Basiszahlung}}} \qquad (2c)$$

Produktionsbedingungen

Die Produktionsbedingungen sind das Herzstück jedes Modells der simultanen Investitions- und Produktionsplanung. Der Leser sollte ihnen daher die erforderliche Aufmerksamkeit schenken.

In keinem Zeitpunkt des Planungszeitraums können mehr Produkte hergestellt werden als es die dann gerade verfügbare Kapazität der Anlagen erlaubt. Im Gegensatz zum (klassischen) Modell der kurzfristigen Produktionsplanung sind die Kapazitäten der Anlagen jedoch nicht unveränderlich, sondern können durch Investitionen erhöht werden.

Die im Zeitpunkt t ($0 \leq t \leq T - 1$) *verfügbaren Kapazitäten* von Anlagen des Typs i belaufen sich auf

$$\underbrace{B_i}_{\text{Anfangskapazität}} + \underbrace{\sum_{\tau=0}^{t} Z_i x_{i\tau}}_{\text{zugekaufte Kapazität}}$$

Die Ausnutzung der Anlagen vom Typ i im Zeitpunkt t ($= Kapazitätsbedarf$)

$(0 \leqslant t \leqslant T - 1)$ ist dagegen abhängig von der Menge der hergestellten Erzeugnisse und der Bearbeitungszeit je Produkteinheit, also

$$\underbrace{\sum_j D_{ij} m_{ijt}}_{\text{Kapazitätsbedarf}}$$

Da die Ausnutzung der Anlagen niemals größer sein darf als die jeweils verfügbare Kapazität, muß immer

$$\sum_j D_{ij} m_{ijt} \leqslant B_i + \sum_{\tau=0}^{t} Z_i x_{i\tau}$$

gelten. Bringt man anschließend die Entscheidungsvariablen $\sum Z_i x_{i\tau}$ auf die linke Seite, so lauten die Produktionsbedingungen:

$$\underbrace{\sum_j D_{ij} m_{ijt}}_{\substack{\text{Kapazitäts-}\\\text{bedarf}}} - \underbrace{\sum_{\tau=0}^{t} Z_i x_{i\tau}}_{\substack{\text{zugekaufte}\\\text{Kapazität}}} \leqslant \underbrace{B_i}_{\substack{\text{Anfangs-}\\\text{kapazität}}} \qquad \begin{array}{l} i = 1, 2, \ldots, I \\ t = 0, 1, \ldots, T - 1 \end{array} \qquad (3)$$

Diese Restriktionen sind für alle Maschinentypen i und für alle Zeitpunkte des Planungszeitraums t zu beachten. Der Zeitpunkt $t = T$ ist außer acht zu lassen, weil dort – den Prämissen entsprechend – nichts mehr produziert wird.

Abschließend sei darauf hingewiesen, daß die verfügbaren Kapazitäten durch Investitionen erhöht und durch *Desinvestitionen* verringert werden. In unserem einfachen Modellansatz sind Desinvestitionen während des laufenden Planungszeitraums nicht zulässig und können deshalb unberücksichtigt bleiben. Mit Hilfe des hier vorgestellten Modells kann daher nicht gleichzeitig über die optimale *Nutzungsdauer* oder den *Ersatzzeitpunkt* von Anlagen entschieden werden. Rein methodisch würde es keine Schwierigkeiten bereiten, diese Erweiterung in unser Modell einzubauen. Aber andererseits würde damit – insbesondere für den Anfänger – auch wieder die Übersichtlichkeit unseres Modells leiden.

Absatzbedingungen

Den Prämissen des Modells entsprechend dauert die Produktion der Erzeugnisse genau eine Periode. Die Produkte sind nicht lagerfähig, und es existieren Absatzhöchstgrenzen. Daher müssen zusätzlich Restriktionen des Typs:

$$\underbrace{\sum_i m_{ijt}}_{\substack{\text{Produktions-}\\\text{menge}}} \leqslant \underbrace{H_{jt+1}}_{\substack{\text{Absatz-}\\\text{höchstmenge}}} \qquad \begin{array}{l} j = 1, 2, \ldots, J \\ t = 0, 1, \ldots, T - 1 \end{array} \qquad (4)$$

eingehalten werden. Dieser Typ von Nebenbedingungen ist für alle Erzeugnisarten und Zeitpunkte des Planungszeitraums zu beachten.

Ganzzahligkeitsbedingungen

Da es nicht möglich ist, Bruchteile von Anlagen zu investieren (oder zu desinvestieren), muß außerdem

$$x_{it} \text{ ganzzahlig} \qquad i = 1, 2, \dots, I$$
$$t = 0, 1, \dots, T-1$$

gefordert werden.

Das Modell ist damit vollständig beschrieben. Ein Zahlenbeispiel, das das Modell und seine Funktionsweise veranschaulichen soll, werden wir später geben (Abschnitt 4.3.2.3). Es handelt sich um ein gemischt-ganzzahliges lineares Planungsmodell, dessen Entscheidungsvariable mit Hilfe der früher erwähnten Algorithmen (Simplexmethode, branch and bound) optimiert werden können.

4.3.2.2.2 Modell für den Fall des Einkommensstrebens

Dieses Modell beruht auf den gleichen Prämissen wie das eben beschriebene. Der einzige sachliche Unterschied liegt in der veränderten Zielsetzung des Investors. Er hat jetzt die Absicht, das Niveau seiner periodischen Entnahmen in bezug auf ein fest vorgegebenes Endvermögen zu maximieren.

Zielfunktion

Die Zielfunktion lautet daher einfach

$$Y = \text{Max}! \tag{1}$$

und wir können sofort zu den Nebenbedingungen kommen.

Liquiditätsbedingungen

Die Liquiditätsbedingungen entsprechen sachlich vollkommen denen des Modells der Vermögensmaximierung und lassen sich ohne alle Schwierigkeiten aus der Struktur des vollständigen Finanzplans gemäß Tabelle 4-30 ableiten. Im Gegensatz zum Vermögensmaximierungsfall ist aber der Ausdruck F_tY jetzt keine Konstante, sondern eine Variable. Entsprechend unseren Schreibgewohnheiten für Modelle der linearen Programmierung müssen wir den Ausdruck daher auf die linke Seite der (Un-)Gleichungen bringen. Wir erhalten dann:

$$t = 0$$

$$\underbrace{-\sum_i A_{it} x_{it}}_{\substack{\text{Anschaffungs-}\\\text{ausgaben}}} - \underbrace{\sum_i \sum_j V_{ij} m_{ijt}}_{\substack{\text{Produktions-}\\\text{ausgaben}}} - \underbrace{c_t}_{\substack{\text{Kassen-}\\\text{ausgaben}}} - \underbrace{F_tY}_{\text{Entnahmen}} = \underbrace{-M_t}_{\text{Basiszahlung}} \tag{2a}$$

$0 < t < T$

$$\underbrace{\sum_i \sum_j P_{jt} m_{ijt-1}}_{} + \underbrace{c_{t-1}}_{} - \underbrace{\sum_i A_{it} x_{it}}_{} - \underbrace{\sum_i \sum_j V_{ij} m_{ijt}}_{} - \underbrace{c_t}_{} - \underbrace{F_t Y}_{} = \underbrace{-M_t}_{} \qquad (2\,b)$$

| Umsatzeinnahmen | Kassen ein- nahmen | Anschaf- fungsaus- gaben | Produktions- ausgaben | Kassen- aus- gaben | Ent- nahmen | Basiszahlung |

$t = T$

$$\underbrace{\sum_i \sum_j P_{jt} m_{ijt-1}}_{} + \underbrace{c_{t-1}}_{} + \underbrace{\sum_i \sum_t L_{it} x_{it}}_{} - \underbrace{F_t Y}_{} \geqslant \underbrace{-M_t}_{} \qquad (2\,c)$$

| Umsatz- einnahmen | Kassen- einnah- men | Liquidations- einnahmen | Ent- nahme | Basiszahlung |

Produktionsbedingungen

Sie lauten genau wie oben im Fall der Endwertmaximierung

$$\underbrace{\sum_j D_{ij} m_{ijt}}_{} - \underbrace{\sum_{\tau=0}^t Z_i x_{i\tau}}_{} \leqslant \underbrace{B_i}_{} \qquad \begin{aligned} i &= 1, 2, \ldots, I \\ t &= 0, 1, \ldots, T-1 \end{aligned} \qquad (3)$$

| Kapazitäts- bedarf | zugekaufte Kapazität | Anfangs- kapazität |

und sind für alle I Maschinentypen und für $T-1$ Zeitpunkte des Planungszeitraums aufzustellen.

Absatzbedingungen

Auch bei den Absatzbedingungen

$$\underbrace{\sum_i m_{ijt}}_{} \leqslant \underbrace{H_{jt+1}}_{} \qquad \begin{aligned} j &= 1, 2, \ldots, J \\ t &= 0, 1, \ldots, T-1 \end{aligned} \qquad (4)$$

| Produktions- menge | Absatzhöchst menge |

die für alle J Produktarten und für $T-1$ Zeitpunkte zu beachten sind, ergeben sich keine Veränderungen. Schließlich sind noch die

Ganzzahligkeitsbedingungen

x_{it} ganzzahlig $\qquad \begin{aligned} i &= 1, 2, \ldots, I \\ t &= 0, 1, \ldots, T-1 \end{aligned}$

zu berücksichtigen.

Damit ist das Modell vollständig formuliert. Es läßt sich nach den Regeln der gemischt-ganzzahligen linearen Optimierung lösen.

4.3.2.3 Konkretisierung des Modells

Wir können jetzt ein Zahlenbeispiel vorführen, das den Aufbau der Modelle veranschaulichen und die Funktionsweise der bisher nur allgemein formulierten Modellansätze klarer machen soll.

Ein Investor besitzt einen Planungszeitraum von $T = 3$ Perioden und die Absicht, sein Endvermögen in diesem Zeitpunkt zu maximieren. Außerdem hat er den Willen, vom Zeitpunkt $t = 1$ an Entnahmen auf dem Niveau von 6000 aus dem Betrieb zu ziehen, die jährlich um zehn Prozentpunkte steigen sollen, also 6000 im ersten, 6600 im zweiten und 7200 im dritten Jahr. Am Ende des dritten Jahres soll der gesamte Betrieb verkauft werden.

Zur Zeit (in $t = 0$) besitzt der Investor drei gebrauchsfähige Anlagen vom Typ I mit einer Periodenkapazität von jeweils 720 Zeiteinheiten und zwei ebenfalls gebrauchsfähige Maschinen vom Typ II mit einer Periodenkapazität von jeweils 840 Zeiteinheiten
Der Betrieb hat die Möglichkeit, in jedem der folgenden Zeitpunkte ($t = 0, 1, 2$) seine Kapazitäten zu erweitern, indem er weitere Maschinen vom Typ I oder II kauft. Es ist mit Anschaffungsausgaben für die Aggregate gemäß Tab. 4-29 zu rechnen.

Tab. 4-29

	Anschaffungsausgaben bei Erwerb in t =		
	0	1	2
Maschinentyp I	900	850	820
Maschinentyp II	700	800	850

Mit Hilfe der genannten Aggregattypen (einstufige Mehrproduktmaschinen) kann der Investor entweder Produktart A oder Produktart B herstellen. Die Herstellungszeiten je Stück und die variablen Produktionskosten je Stück sind je nach Produktart und verwendetem Maschinentyp verschieden. Sie gehen im einzelnen aus der Aufstellung in Tab. 4-30 hervor.

Tab. 4-30.

	Produkt A		Produkt B	
	hergestellt auf		hergestellt auf	
	Maschine I	Maschine II	Maschine I	Maschine II
Bearbeitungszeit je Stück	10	12	8	7
Variable Produktionskosten je Stück	18,—	16,—	10,—	13,—

Von den Netto-Verkaufspreisen und den Absatzhöchstmengen für die Produktarten A und B nimmt der Investor an, daß sie sich im Zeitablauf ändern. Er rechnet im einzelnen mit den in Tab. 4-31 genannten Zahlen.

Tab. 4-31.

Zeitpunkt t	1	2	3
Produkt A			
Netto-Verkaufspreis	40,—	37,50	35,—
Absatzhöchstmenge	200	300	400
Produkt B			
Netto-Verkaufspreis	25,—	26,—	28,—
Absatzhöchstmenge	400	420	450

Da der Investor seinen gesamten Betrieb im Zeitpunkt t = 3 zu verkaufen gedenkt, rechnet er mit den folgenden Netto-Liquidationserlösen für während des Planungszeitraums beschaffte Maschinen (Tab. 4-32).

Tab. 4-32.

Zeitpunkt t	0	1	2
Netto-Liquidationserlös je Maschine vom Typ I bei Beschaffung im Zeitpunkt t	450,—	480,—	580,—
Netto-Liquidationserlös je Maschine vom Typ II bei Beschaffung im Zeitpunkt t	350,—	450,—	600,—

Über seine finanziellen Aktivitäten (liquide Mittel, Kreditaufnahme, Kredittilgung) hat der Investor bereits vorab entschieden. Danach ist mit Basiszahlungen lt. Tab. 4-33 zu rechnen.

Tab. 4-33.

Zeitpunkt t	0	1	2	3
Basiszahlungen	9000*	−1000	0	−4000**

* einschl. Umsatzeinnahmen aus der Produktion in t = − 1
** einschl. Liquidationserlöse für die bereits vorhandenen Betriebseinrichtungen.

Gesucht ist das optimale Investitions- und Produktionsprogramm.

Für dieses Problem läßt sich das in Tab. 4-34 dokumentierte Basis-Tableau aufstellen. Es enthält 21 Variable, 1 Zielfunktion und 16 Nebenbedingungen. Die Tabelle ist folgendermaßen zu lesen.

Zielfunktion

Der Investor hat die Absicht, sein Endvermögen C_T auf der Grundlage eines gegebenen Entnahmestroms zu maximieren. Ohne Berücksichtigung der Schlußentnahme $F_T Y = 7200$ und der Basiszahlung $M_T = − 4000$, die für den Investor im vorliegenden Fall unbeeinflußbare Konstante darstellen, beläuft sich das Endvermögen auf

Tab. 4-34. Basis-Tableau für ein lineares Programm bei simultaner Investitions- und Produktionsplanung im Fall des Vermögensstrebens

Spaltengliederung:
- 1. Periode (t = 0): Erzeugnisse — A(I)=(1), B(I)=(2), A(II)=(3), B(II)=(4); Investitionen — I=(5), II=(6); Kasse=(7)
- 2. Periode (t = 1): Erzeugnisse — A(I)=(8), B(I)=(9), A(II)=(10), B(II)=(11); Investitionen — I=(12), II=(13); Kasse=(14)
- 3. Periode (t = 2): Erzeugnisse — A(i)=(15), B(I)=(16), A(II)=(17), B(II)=(18); Investitionen — I=(19), II=(20); Kasse=(21)

Nr.	(1)	(2)	(3)	(4)	(5)	(6)	(7)	(8)	(9)	(10)	(11)	(12)	(13)	(14)	(15)	(16)	(17)	(18)	(19)	(20)	(21)	Rel.	RHS	
(1)					450	350						480	450						580	600	1	=	Max!	Zielfunktion
(2)	-18	-10	-16	-13	-900	-700	-1															=	-9000	Liquiditäts-bedingungen
(3)	40	25	40	25			1	-18	-10	-16	-13	-850	-800	-1								=	7000	
(4)								37,5	26	37,5	26			1	-18	-10	-16	-13	-820	-850	-1	=	6600	
(5)					450	350						480	450		35	28	35	28	580	600	1	≧	11200	
(6)	10	8			-720																	≦	2160	Produktions-bedingungen
(7)			12	7		-840																≦	1680	
(8)					-720			10	8			-720										≦	2160	
(9)						-840				12	7		-840									≦	1680	
(10)					-720							-720			10	8			-720			≦	2160	
(11)						-840							-840				12	7		-840		≦	1680	
(12)	1		1																			≦	200	Absatz-bedingungen
(13)		1		1																		≦	400	
(14)								1		1												≦	300	
(15)									1		1											≦	420	
(16)															1		1					≦	400	
(17)																1		1				≦	450	

Variable Nr. 5, 6, 12, 13, 19, 20 ganzzahlig!

$$C_3^* = \underbrace{450x_{I0} + 350x_{II0} + 480x_{I1} + 450x_{II1} + 580x_{I2} + 600x_{II2}}_{\text{Liquidationseinnahmen}} +$$

$$+ \underbrace{35m_{IA2} + 28m_{IB2} + 35m_{IIA2} + 28m_{IIB2}}_{\text{Umsatzeinnahmen}} + \underbrace{1c_2}_{\text{Kasseneinnahmen}}$$

Diesen Ausdruck gilt es zu maximieren.

Liquiditätsbedingungen

Die Zeilen (2) bis (5) repräsentieren die Liquiditätsbedingungen für alle Zeitpunkte des Planungszeitraums, also für $0 \leqslant t \leqslant 3$. Dabei gibt Zeile (3) die Liquiditätsbedingung für den Zeitpunkt $t = 1$ wieder. In diesem Zeitpunkt hat der Investor einen Kapitalbedarf in Höhe von

Entnahmen für Konsumzwecke:	F_1Y	6000
+ Basisauszahlung	M_1	1000
Kapitalbedarf im Zeitpunkt $t = 1$		7000

Dieser Kapitalbedarf muß im Interesse der Wahrung der Liquidität genauso groß sein wie die Kapitaldeckung im Zeitpunkt $t = 1$, nämlich:

Verkaufserlöse:	$40m_{IA0} + 25m_{IB0} + 40m_{IIA0} + 25m_{IIB0}$
+ Kasseneinnahmen:	$1c_0$
− Produktionsausgaben:	$-18m_{IA1} - 10m_{IB1} - 16m_{IIA1} - 13m_{IIB1}$
− Anschaffungsausgaben:	$-850x_{I1} - 800x_{II1}$
− Kassenausgaben:	$-1c_1$
Kapitaldeckung im Zeitpunkt $t = 1$	

Die Variablen des Problems (x_{it}, m_{ijt} und c_t) dürfen nur solche Werte annehmen, bei denen tatsächlich sichergestellt ist, daß die Kapitaldeckung dem Kapitalbedarf entspricht.

Produktionsbedingungen

In den Zeilen (6) bis (11) findet man die Produktionsbedingungen, wobei Zeile (9) z. B. die Bedingung für die Erzeugung auf Anlagen vom Typ II im Zeitpunkt $t = 1$ darstellt. Der gesamte Kapazitätsbedarf in diesem Zeitpunkt abzüglich der bis zu diesem Zeitpunkt neu investierten Kapazitäten darf auf keinen Fall größer sein als die Anfangskapazität, also:

Kapazitätsbedarf:	$12m_{IIA1} + 7m_{IIB1}$
− zugekaufte Kapazitäten:	$-840x_{II0} - 840x_{II1}$
$\leqslant$ Anfangskapazität:	$2 \cdot 840 = 1680$

Absatzbedingungen

Die Absatzbedingungen schließlich sind in den Zeilen (12) bis (17) enthalten. Sie sollen sicherstellen, daß die in einem Zeitpunkt t auf Maschinen des Typs I und II produzierten Erzeugnismengen einer Produktart nicht größer sind als die im nächsten Zeitpunkt (t + 1) maximal verkäufliche Menge dieser Erzeugnisart. So gibt Zeile (15) die Absatzbedingungen für B-Erzeugnisse im Zeitpunkt t = 2 und lautet:

$$\underbrace{1\,m_{IB1} + 1\,m_{IIB1}}_{\substack{\text{Produktionsmenge} \\ \text{im Zeitpunkt } t = 1}} \leqslant \underbrace{420}_{\substack{\text{Absatzmenge} \\ \text{im Zeitpunkt } t = 2}}$$

Löst man die Tabelle 4-34 gestellte Aufgabe nach den Rechenregeln der gemischt-ganzzahligen linearen Programmierung (Simplexmethode mit branch and bound), so erhält man folgende Werte für die Entscheidungsvariablen und die Zielfunktion:

1. Periode (t = 0)

$m_{IA0} = 0, \quad m_{IB0} = 270, \quad m_{IIA0} = 200, \quad m_{IIB0} = 130$

$x_{I0} \quad = 0, \quad x_{II0} \quad = 2$

$c_0 \quad = 10$

2. Periode (t = 1)

$m_{IA1} = 20, \quad m_{IB1} = 420, \quad m_{IIA1} = 280, \quad m_{IIB1} = 0$

$x_{I1} \quad = 2, \quad x_{II1} \quad = 0$

$c_1 \quad = 270$

3. Periode (t = 2)

$m_{IA2} = 0, \quad m_{IB2} = 450, \quad m_{IIA2} = 400, \quad m_{IIB2} = 0$

$x_{I2} \quad = 0, \quad x_{II2} \quad = 2$

$c_2 \quad = 3240$

Zielfunktion: $C_3^* = 32700$

Die optimale Investitionspolitik für unseren Beispielsfall besteht also darin, im Zeitpunkt t = 0 und im Zeitpunkt t = 2 jeweils zwei Maschinen vom Typ II und im Zeitpunkt t = 1 zwei Maschinen vom Typ I zu kaufen. Die Kapazitäten der Unternehmung entwickeln sich dabei so, wie es Tab. 4-35 zeigt.

Mit Hilfe der in den einzelnen Perioden verfügbaren Produktionskapazitäten läßt sich das in Tab. 4-36 angegebene Erzeugnisprogramm verwirklichen.

Tab. 4-35. Kapazitätsentwicklung bei Realisierung des optimalen Investitionsprogramms

	Kapazität der Maschinen von Typ I	Kapazität der Maschinen von Typ II
Anfangskapazität	2160	1680
1. Periode (t = 0)	2160	3360
2. Periode (t = 1)	3600	3360
3. Periode (t = 2)	3600	5040

Tab. 4-36. Produktionsprogramm bei Realisierung des optimalen Investitionsprogramms

	Produkt A	Produkt B
1. Periode		
Produktion auf M-Typ I	0	270
Produktion auf M-Typ II	200	130
Gesamtproduktion	200	400
2. Periode		
Produktion auf M-Typ I	20	420
Produktion auf M-Typ II	280	0
Gesamtproduktion	300	420
3. Periode		
Produktion auf M-Typ I	0	450
Produktion auf M-Typ II	400	0
Gesamtproduktion	400	450

Die Maschinen vom Typ I sind danach in. der ersten und dritten Periode, die Aggregate vom Typ II nur in der zweiten Periode voll ausgelastet. In keiner Periode liegen aber nennenswerte Kapazitäten brach.

Die in den beiden vorigen Tabellen skizzierte Investitions- und Produktionspolitik schlägt sich im Finanzplan der Unternehmung so nieder, wie es Tab. 4-37 zeigt.

Der Investor erzielt ein Endvermögen in Höhe von $C_T = 21\,500$. Das entspricht dem Zielfunktionswert $C_T^* = 32\,700 - 4000$ (Basiszahlung) $- 7200$ (Schlußentnahme) $21\,500$. Ein höheres Endvermögen als dieses ist unter den Bedingungen unseres Zahlenbeispiels nicht erreichbar.

4.3.2 4 Kritik des Modells

Die hier beschriebenen Modelle zur simultanen Investitions- und Produktionsplanung beruhen, wie schon einmal erwähnt, auf einer Reihe von teilweise sehr

Tab. 4-37. Vollständiger Finanzplan bei simultaner Investitions- und Produktionsplanung
im Fall des Vermögensstrebens

Zeitpunkt t	0	1	2	3
Basiszahlungen	9000	− 1000	0	− 4000
Variable Ausgaben				
Investitionen Typ I		− 1700		
Typ II	− 1400		− 1700	
Produktion Produkt A, M-Typ I		− 360		
Produkt A, M-Typ II	− 3200	− 4480	− 6400	
Produkt B, M-Typ I	− 2700	− 4200	− 4500	
Produkt B, M-Typ II	− 1690			
Kassenhaltung	− 10	− 270	− 3240	
Variable Einnahmen				
Verkäufe Produkt A		8000	11250	14000
Produkt B		10000	10920	12600
Desinvestition				2860
Kassenhaltung		10	270	3240
Entnahmen	0	6000	6600	7200
Endvermögen				21500

realitätsfremden Prämissen, die im folgenden zu kritisieren sind. Diese Kritik ist
vor allem deshalb notwendig, weil andere Autoren Modelle mit weniger wirk-
lichkeitsfremden Annahmen formuliert haben. Die Tatsache, daß wir mit besonders rigorosen Prämissen gearbeitet haben, ist indessen auf folgende zwei Gründe
zurückzuführen:
Erstens haben wir wieder auf das seit dem 2. Kapitel bekannte Instrumentarium
des vollständigen Finanzplans mit den alternativen Zielsetzungen des Vermö-
gens- und des Einkommensstrebens zurückgegriffen. Zweitens schien es uns
sinnvoll, sich auf den Kern des Problems der simultanen Investitions- und
Produktionsplanung zu beschränken. Diesen Kern sehen wir darin, das für die
simultane Investitions- und Produktionsplanung zentrale Zahlungszurechnungsproblem durch die Formulierung geeigneter Zielfunktionen und Nebenbedingungen (hier: der Produktionsbedingungen) in den Griff zu bekommen.
Die Kritik der vorgestellten Modelle kann sich danach auf zwei Punkte konzentrieren, nämlich auf ihre *Prämissen* und auf Probleme der *Informationsbeschaffung* und *rechentechnischen Beherrschbarkeit*.

Prämissenkritik

Es ist zweckmäßig, die Kritik an den Prämissen in der Weise zu ordnen, daß man
die einzelnen Funktionsbereiche der Unternehmung (Beschaffung, Produktion,
Absatz, Finanzierung) als Gliederungsmerkmal benutzt.

(1) Im *Beschaffungs- und Produktionsbereich* wurde von uns lediglich der Fertigungstyp einer *einstufigen Mehrproduktunternehmung* abgebildet. Praktisch herrscht zumindestens in der mechanischen Industrie (z. B. Maschinenbau) meist der Typ einer *mehrstufigen Mehrproduktfertigung* vor. In bezug auf das Fertigungsverfahren haben wir uns auf den – wiederum in der mechanischen Industrie vorherrschenden – Typ der *Parallelproduktion* konzentriert. In der chemischen Industrie hat man es dagegen oft mit *Kuppelproduktionsverfahren* (bei denen aus einem Einsatzstoff zwangsläufig mehr als eine Produktart gewonnen wird) zu tun. Ferner haben wir *Ausschußquoten* zwischen den Fertigungsstufen und die Möglichkeit der *Lagerbildung* bei Halb- und Fertigfabrikaten nicht vorgesehen. Hinzu kommt, daß in unserem Modell zwar die Möglichkeit gegeben ist, die Arbeitszeit von unterschiedlich vielen Maschinen zu variieren *(selektive Anpassung)*, nicht aber auch die Arbeitsgeschwindigkeit der Aggregate (d. h. output je Zeiteinheit) zu verändern *(intensitätsmäßige Anpassung)*. Schließlich erfaßt das Modell auch nicht die Möglichkeit eines Übergangs von der *Eigenfertigung* zum *Fremdbezug* (oder umgekehrt).

(2) Im *Absatzbereich* der oben abgebildeten (Modell-)Unternehmung sind wir von fest vorgegebenen Verkaufspreisen und fest vorgegebenen Absatzhöchstgrenzen je Periode ausgegangen. Tatsächlich hat natürlich die Unternehmung in der Realität durchaus die Möglichkeit, *Preispolitik* zu betreiben und dadurch – sowie durch den Einsatz weiterer Marketing-Instrumente (vor allem *Werbung* und *Produktpolitik*) – ihre Absatzchancen zu beeinflussen.

(3) Im engeren *Investitions- und Finanzierungsbereich*, ist die Annahme realitätsfern, daß die *Maschinen* im Falle ihrer Anschaffung *sofort voll einsatzfähig* sind. Häufig nimmt die Installation der Anlagen sehr lange Zeit in Anspruch und beeinträchtigt wegen der erforderlichen baulichen Maßnahmen die Leistungsfähigkeit der bereits vorhandenen Anlagen. Selbst dann, wenn die Installation abgeschlossen ist, kann die Produktion häufig noch nicht voll aufgenommen werden. Ferner ist dem oben entwickelten Modell vorzuwerfen, daß es keine Entscheidungen über die *Nutzungsdauer* von Anlagen kennt. In diesem Zusammenhang wäre neben den Aspekten, die bereits im 3. Kapitel dieses Buches angesprochen wurden, der Einfluß von *Wartungs- und Reparaturmaßnahmen* explizit zu berücksichtigen. Abschließend bleibt die Tatsache zu bemängeln, daß das Modell keinerlei *Finanzierungspolitik* (Kapitalaufnahme, Kapitalrückzahlung) kennt.

Nun wäre es ohne weiteres möglich, Modelle zur simultanen Investitions- und Produktionsplanung zu formulieren, die die bis hierher genannte Kritik berücksichtigen, von weitaus realitätsnäheren Prämissen ausgehen und somit wesentlich weniger Angriffsflächen bieten. Solche erweiterten und damit zugleich komplexeren Modelle besitzen dann notwendigerweise kompliziertere Zielfunktionen (mit zusätzlichen Entscheidungsvariablen). Sie erfordern darüber hinaus den Ansatz von zusätzlichen Nebenbedingungen. Zu derartigen Modellerweiterungen ist im Grunde jeder fähig, der die folgenden zwei Voraussetzungen erfüllt: Er muß solide

Kenntnisse der investitionstheoretischen Grundmodelle und der Operations Research-Verfahren (hier speziell der mathematischen Programmierung) besitzen. Allerdings darf man über die formale Konstruktion solcher Optimierungsmodelle nicht den anderen wesentlichen Aspekt vergessen, nämlich die praktische Arbeit mit ihnen. Damit sind wir beim zweiten Komplex der an den simultanen Investitions- und Produktionsmodellen zu übenden Kritik.

Kritik am Informationsbedarf

Im Verhältnis zu den Modellen der simultanen Investitions- und Finanzplanung besitzen die Modelle der simultanen Investitions- und Produktionsplanung einen sehr hohen Informationsbedarf. Dabei handelt es sich – in bezug auf das oben entworfene einfache Modelle – um die Netto-Verkaufspreise der Produkte, die variablen Stückkosten bei Fertigung auf unterschiedlichen (zum Teil bisher noch unbekannten) Fertigungsanlagen, die Bearbeitungszeiten der Produkte auf diesen Aggregaten, die finanziellen Rahmenbedingungen, die Fertigungskapazitäten der vorhandenen und evtl. noch zu beschaffenden Anlagen und die mengenmäßigen Absatzmöglichkeiten bei gegebenem Einsatz des Marketing-Instrumentariums. Es handelt sich also inhaltlich um Daten, die nicht aus einer zentralen Informationsbeschaffungsquelle des Betriebes (z. B. dem Rechnungswesen) abgerufen werden können, sondern die aus den verschiedensten Abteilungen des Betriebes einzeln und mühsam zusammengetragen werden müssen. Es kommt hinzu, daß es sich nicht etwa um Zahlen aus der Vergangenheit oder Gegenwart handelt, die gegebenenfalls aus Aufzeichnungen und Statistiken abgeleitet werden könnten. Vielmehr handelt es sich (fast ausnahmslos) um Zukunftszahlen, für die *Prognosen* und *Zukunftsschätzungen* erforderlich sind. Diese wiederum sind, je weiter sie in die Zukunft hineinreichen, von einem zunehmenden Maß an Unsicherheit gekennzeichnet (vgl. dazu oben Abschnitt 1.5.1).

Von ausschlaggebender Bedeutung für die Problematik der Informationsbeschaffung ist aber die *Menge der Daten*, welche man für die simultane Investitions- und Produktionsplanung beschaffen muß. In unserem oben angegebenen Lehrbuchbeispiel (vgl. Tab. 4-34) haben wir mit einem Planungszeitraum von $T = 3$ Jahren, 2 Maschinentypen und 2 Produktarten gearbeitet. In diesem sehr einfachen Fall bestand das Basistableau aus 22 Spalten und 17 Zeilen. Das sind insgesamt $17 \cdot 22 = 374$ Matrixfelder, von denen 118 Feldern besetzt (d. h. nicht null) waren. Das ist eine Besetzungsdichte von 32%. Wenn man von einem Planungszeitraum von $T = 10$ Jahren, 10 Maschinen und 50 Produkten ausgeht, so entsteht bei dem gleichen (sehr einfachen und deswegen realitätsfremden) Modelltyp ein Basistableau mit

90	Investitionsvariablen (ganzzahlig)
4500	Produktvariablen
9	Kassenhaltungsvariablen
1	Rechte Seite (= Vektor der Restriktionen)
4600	Spalten

   1 Zielfunktion
  10 Liquiditätsbedingungen
  90 Produktionsbedingungen
  <u>90 Absatzbedingungen</u>
191 Zeilen

Das sind zusammen 878 600 Matrixfelder, von denen allerdings nicht 32%, sondern nur (!) etwa 2% besetzt sind. In absoluten Zahlen sind das aber immer noch rund 20 000 Daten, die erhoben werden müssen. Es gehört nicht viel Phantasie dazu, sich vorzustellen, welcher Datengewinnungsaufwand damit verbunden ist. Noch viel erschreckender werden die Zahlen aber dann, wenn man sich zur Arbeit mit noch wesentlich komplexeren („realitätsnäheren"?!) Modellen entschließt. Man vergleiche hierzu die entsprechenden Beispielsrechnungen bei Blohm/Lüder (1983: 259) und Kern (1974: 321f.)!
Um die Problematik des Informationsaufwandes zu bewältigen, sehen wir im Prinzip nur einen einzigen Weg, nämlich den der *Modellaggregation*. Zwei Formen sind denkbar:

(1) *Zeitliche Aggregation.* Hierunter ist die Zusammenfassung von mehreren Teilperioden des Planungszeitraums zu einer Modellperiode zu verstehen. So könnte man etwa einen zehnjährigen Planungszeitraum statt in 10 Jahre in 3 Modellperioden (Periode 1 = erstes Jahr, Periode 2 = zweites bis viertes Jahr, Periode 3 = fünftes bis zehntes Jahr) teilen. Die Folge wäre, daß man mit wesentlich gröberen und damit grundsätzlich leichter prognostizierbaren Daten arbeiten könnte.

(2) *Sachliche Aggregation.* Hierunter ist die Zusammenfassung von mehreren Entscheidungsvariablen zu einer einzigen oder die Zusammenfassung von mehreren Konstanten zu einer einzigen zu verstehen.
Ein Beispiel für eine sachliche Aggregation von Entscheidungsvariablen: Kraftfahrzeuge bestehen aus mehreren tausend Einzelteilen. Ein Investitionsmodell für eine Kraftfahrzeugunternehmung, das alle diese Teile explizit berücksichtigen würde, droht sofort zu „explodieren". Daher bietet es sich an, mit sehr wenigen groben Bausteinen zu arbeiten, z. B. Motor, Getriebe, Fahrwerk und Karosserie.
Als Beispiel für eine sachliche Aggregation von Konstanten wollen wir an die Absatzhöchstgrenzen der oben beschriebenen Modelle anknüpfen. Statt mit den Absatzmengen der verschiedenen Erzeugnisse explizit zu arbeiten und damit ggf. in die Schwierigkeit zu geraten, eine Fülle von differenzierten Marktprognosen abgeben zu müssen, könnte man Modelle konstruieren, in die stellvertretend ein pauschaler „Konjunkturentwicklungsindikator" – eventuell differenziert nach Produktfamilien – eingeht.

Bei jeder der angedeuteten Aggregationsstrategien erhebt sich allerdings die Frage nach dem *optimalen Aggregationsgrad*, denn aus „groben" Modellen kann man selbstverständlich auch nur „grobe" Entscheidungen ableiten.

Rechentechnische Schwierigkeiten

Neben dem Problem der Informationsbeschaffung entsteht bei Modellen der angedeuteten Größenordnung auch die Frage der rechentechnischen Handhabbarkeit. Hier treten sowohl bei der Speichertechnik als auch bei den Rechenzeiten Probleme auf, die man beim heutigen Stande der Technik selbst mit äußerst leistungsfähigen Rechenanlagen und bewährter software kaum in den Griff bekommt. Dies gilt insbesondere in bezug auf gemischt-ganzzahlige oder rein ganzzahlige LP-Modelle.

Gegenwärtig existieren folgende Überlegungen, um diese Probleme in den Griff zu bekommen:

Man muß sich fragen, ob es sich lohnt, Rechenverfahren anzuwenden, die garantiert optimale Lösungen hervorbringen. Bei den *exakten Rechenverfahren* (wie etwa Simplexmethode oder branch and bound) findet man nämlich häufig eine gute oder sogar die beste Lösung innerhalb sehr kurzer Zeit und verwendet (verschwendet?) den Löwenanteil der Rechenzeit darauf, entweder die Lösung marginal zu verbessern oder zu beweisen, daß es sich tatsächlich um die beste Lösung handelt. Es bietet sich daher an, *heuristische Lösungsverfahren* zu entwickeln und anzuwenden. Diese haben den Vorteil, brauchbare Lösungen in sehr kurzer Zeit zu produzieren, leiden allerdings unter dem Mangel, daß man die optimale Lösung im Einzelfall verfehlt (vgl. dazu im einzelnen Fischer 1981).

Fragen und Probleme

1. Worin besteht der Unterschied zwischen voneinander abhängigen und voneinander unabhängigen Investitionen? Bilden Sie Beispiele.
2. Nehmen Sie zu folgender Aussage kritisch Stellung: „Bei der Investitionsplanung gibt es kein Zurechnungsproblem."
3. Inwieweit bestehen Unterschiede zwischen sukzessiver und simultaner Investitionsplanung. Worin sehen Sie die Vorzüge und Nachteile beider Planungsmethoden?
4. Skizzieren Sie die formale Struktur eines vollständigen Finanzplans bei simultaner Investitions- und Finanzplanung.
5. Was versteht man unter endogenen Kalkulationszinsfüßen, und wie kann man sie ermitteln?
6. Nehmen Sie zu folgender Behauptung Stellung: „Die endogenen Kalkulationszinsfüße sind für die praktische Planung des Investitions- und Finanzierungsprogramms unbrauchbar. Erstens existieren sie nur, wenn man auf die Ganzzahligkeitsbedingung verzichtet, zweitens kennt man ihre genaue Höhe nur dann, wenn man das Entscheidungsproblem schon gelöst hat."
7. Aus welchen Gründen ist es problematisch, das optimale Investitions- und Finanzierungsprogramm im Mehrperiodenfall mit Hilfe des von Dean vorgeschlagenen Verfahrens zu bestimmen?
8. Was ist unter linearer Programmierung zu verstehen?
9. Skizzieren Sie, wie man ein LP-Problem graphisch lösen kann, wenn es nur zwei Entscheidungsvariable enthält.
10. Was sind Dualwerte, und welchen Informationswert haben sie?

11. Vergleichen Sie ein Modell der simultanen Investitions- und Produktionsplanung bezüglich seiner Vorteile und Mängel mit einem Modell der simultanen Investitions-, Produktions- und Finanzplanung.
12. Warum lassen sich aus der Lösung eines LP-Modells zur simultanen Investitions- und Produktionsplanung keine endogenen Kalkulationszinsfüße ableiten?

Aufgaben

1. Ein Investor sucht das optimale Investitionsprogramm aus einer Menge von 20 sich gegenseitig nicht ausschließenden Vorhaben. Jedes Projekt kann entweder einmal oder keinmal ins Programm aufgenommen werden.
   a) Wie viele Programmalternativen gibt es nach den Regeln der Kombinatorik?
   b) Wie lange braucht man für die Ermittlung der Zahlungsreihen aller dieser Alternativen, wenn für die Zahlungsreihe eines Programms eine Minute veranschlagt wird?
2. Jemand hat einen Planungszeitraum von $T = 1$ Periode und die Absicht, sein Endvermögen zu maximieren. Gegeben seien vier Investitionen (A bis D) mit den nachstehenden Zahlungsreihen.

Zahlungen		
t	0	1
A	-30	34
B	-11	14
C	-18	21
D	-6	8

Zur Finanzierung stehen die Kredite E, F und G mit jeweils höchstens 15 Geldeinheiten zur Verfügung. Deren Zinskosten belaufen sich auf $r_E = 7,5\%$, $r_F = 14\%$ und $r_G = 10\%$.
   a) Bestimmen Sie das optimale Investitions- und Finanzierungsprogramm sowohl rechnerisch als auch graphisch.
   b) Wie groß ist der endogene Kalkulationszinsfuß?
   c) Berechnen Sie die Kapitalwerte der Investitionen mit dem endogenen Kalkulationszinsfuß, und kommentieren Sie die Ergebnisse.
3. Im Zahlenbeispiel des Abschnitts 4.2.3.2.2 (Mehrperiodenmodell der simultanen Investitions- und Finanzplanung) belaufen sich die Dualwerte der Liquiditätsnebenbedingungen auf $d_0 = -1,3518$, $d_1 = -1,2512$, $d_2 = -1,1660$, $d_3 = -1,06$ und $d_4 = -1$.
   a) Welchen Informationswert besitzen diese Zahlen?
   b) Berechnen Sie die endogenen Kalkulationszinsfüße.
   c) Zeigen Sie, daß man das optimale Investitions- und Finanzierungsprogramm mit Hilfe der Kapitalwertmethode bestimmen kann, wenn man die endogenen Kalkulationszinsfüße kennt.
4. Ein Investor kann in beliebigem Umfang Kredit für 12% Zinsen bekommen und in beliebiger Menge Geld zu 8% anlegen. Er ist auf der Suche nach dem optimalen Investitions- und Finanzierungsprogramm, ohne bereits vollständige Klarheit zu besitzen, ob er das Endvermögen oder das Entnahmeniveau maximieren will. Zur Diskussion stehen unter anderen folgende Projekte.

Zahlungen

t	0	1	2	3
A	−100	60	30	30
B	−80	70	30	
C	−70	35	40	
D	−120	165	−30	

a) Welche Projekte sollten unbedingt ins Programm aufgenommen werden?
b) Welche Projekte sollten auf keinen Fall durchgeführt werden?
c) Welche Projekte sollten unter Umständen durchgeführt werden?
d) Konstruieren Sie die Zahlungsreihe einer Investition, die sowohl auf der Basis eines Zinssatzes von 12% als auch auf der Basis eines Zinssatzes von 8% ungünstig ist und eventuell trotzdem in das Programm aufgenommen werden sollte.

5. Jemand hat einen Planungszeitraum von $T = 5$ Jahren und wünscht, bei einem auf C_T = 1000 fixierten Endvermögen das Niveau seiner jährlichen Entnahmen zu maximieren. Die Entnahmen sollen eine gleichbleibende Höhe besitzen. Der Investor kann Geld zu 16% borgen sowie zu 5% anlegen, ohne an mengenmäßige Beschränkungen zu stoßen. Er rechnet mit festen Basiszahlungen von $M = (300, −400, −500, −200, 800, 1700)$. Zur Wahl stehen fünf beliebig teilbare Investitionsprojekte mit den nachstehenden Zahlungsreihen.

Zahlungen

t	0	1	2	3	4	5
A	−800	40	−200	700	300	300
B	−400	−300	600	150	210	100
C	−1200	1800	−200	60	−450	
D	−750	−250	120	880	300	300
E	−200	120	20	80	30	40

Der Investor kann auf drei Finanzierungsangebote mit folgenden Konditionen zurückgreifen.
Der erste Kredit hat eine Laufzeit von fünf Jahren und ist auf maximal 1000 Geldeinheiten beschränkt. Der Zinssatz ist 10%, wobei die Zahlung zwischenzeitlicher Zinsen an den Gläubiger entfällt. Vielmehr ist die gesamte Schuld einschließlich Zins und Zinseszins nach Ablauf der fünf Jahre fällig.
Der zweite Kredit hat ganz ähnliche Bedingungen. Der Zinssatz ist 7%, die Laufzeit nur drei Jahre, und der Kredit kann nur zu Beginn des nächsten Jahres (Zeitpunkt $t = 1$) aufgenommen werden.
Beim letzten Kredit handelt es sich um ein annuitätisch zu tilgendes Darlehen über eine Summe von maximal 600 Geldeinheiten. Der Zinssatz ist 8%, die Laufzeit beträgt drei Jahre.
Aus produktionstechnischen Gründen darf keine Investition mehr als einmal durchgeführt werden.

a) Stellen Sie die Zahlungsreihen der drei Finanzierungsangebote auf. Gehen Sie dabei von den verfügbaren Maximalbeträgen aus und runden Sie die Zahlen auf glatte Beträge.

b) Formulieren Sie das Entscheidungsproblem als lineare Optimierungsaufgabe, und stellen Sie das Basis-Tableau auf.

c) Wenn Sie Zugang zu einem Computer haben, auf dem Sie LP-Probleme rechnen können, so bestimmen Sie das einkommensmaximale Investitions- und Finanzierungsprogramm. Stellen Sie den vollständigen Finanzplan für die optimale Lösung auf, und berechnen Sie abschließend die endogenen Kalkulationszinsfüße.

6. Welche Nebenbedingungen sind geeignet, die nachfolgenden Beziehungen zwischen den Projekten sicherzustellen?

a) Wenn Investition A realisiert wird, muß auch Investition B durchgeführt werden.

b) Wenn Projekt C abgelehnt wird, dann muß Projekt D auf jeden Fall realisiert werden.

c) Projekt E darf nur durchgeführt werden, wenn die Projekte F und G realisiert werden.

d) Investition H darf nicht durchgeführt werden, wenn entweder Investition I oder Investition J verwirklicht werden.

7. Formulieren Sie ein Entscheidungsmodell der simultanen Investitions- und Produktionsplanung unter der Zielsetzung Vermögensstreben, das sich von dem in Abschnitt 4.3.2.2.1 dargestellten in folgendem Punkt unterscheidet: In jedem Zeitpunkt des Planungszeitraumes sind Desinvestitionen möglich.

Lösungshinweis:

– Skizzieren Sie die prinzipielle Struktur des vollständigen Finanzplans.

– Definieren Sie geeignete Symbole für Entscheidungsvariable und Konstante.

– Ergänzen Sie Zielfunktion und Nebenbedingungen des Grundmodells.

– Fügen Sie nötigenfalls zusätzliche Nebenbedingungen ein, die dafür sorgen, daß keine Maschinen desinvestiert werden, bevor sie beschafft worden sind.

Literatur

Eine äußerst sorgfältige und lesenswerte Darstellung des Zahlungszurechnungsproblems bei Programmentscheidungen findet sich bei Blumentrath (1969: 319–334).

Eine gut ausgewählte Klassifikation der historisch bedeutsamsten Ansätze zur Lösung von Programmplanungsproblemen einschließlich der jeweiligen Modellformulierung gibt Seelbach (1967: S–54). Ausführlichere Darstellungen finden sich bei Blohm/Lüder (1983: 227–259) und Kern (1974: 268–296). Der interessierte Leser sollte allerdings die oben in Abschnitt 4.1.3 genannten Quellen im Original studieren.

Für den Einperiodenfall des Problems der simultanen Investitions- und Finanzplanung sei auf das Zwei-Zeitpunkt-Modell von Hax (1985: 62–79) verwiesen.

Zur Planung des optimalen Investitions- und Finanzierungsprogramms im Mehrperiodenfall auf der Grundlage von internen Zinsfüßen empfehlen wir Dean (1959) und Hax (1985: 79–85).

Die oben dargestellten Mehrperiodenmodelle zur Planung des Investitions- und Finanzierungsprogramms beruhen auf den Vorschlägen von Hax (1964) und Weingartner (1964: 139–178). Außerdem ist das Buch von Albach (1962) für jeden unverzichtbar, der sich mit simultaner Investitions- und Finanzplanung intensiver auseinandersetzen will.

In bezug auf die endogenen Kalkulationszinsfüße im Mehrperiodenfall sei insbesondere auf die Arbeiten von Moxter (1961), Hax (1964), Baumol/Quandt (1965), Franke/Laux (1968) und Hax (1985: 97–109) aufmerksam gemacht.

Blohm/Lüder (1983: 250–253) beschreiben ein Modell zur simultanen Investitions- und Produktionsplanung, das für den Anfänger ebenso leicht zu durchschauen sein sollte, wie das von uns (oben in Abschnitt 4.3.2.2) dargestellte Konzept. Darüber hinaus sollte der interessierte Leser auf jeden Fall das von Jacob (1964) entwickelte Modell studieren.

Haberstock (1971 b), Haegert (1971) und Grundmann (1973) haben in besonders lesenswerter Weise vorgeführt, auf welche Weise man Investitionsprogramme unter Berücksichtigung von Gewinnsteuern planen kann. Ein entsprechendes Modell mit allerdings äußerst komplexer Struktur hat Rosenberg (1975) entworfen.

Die Zweckmäßigkeit von Modellen zur simultanen Investitionsplanung auf der Basis von LP-Modellen wird in der Literatur zunehmend in Frage gestellt. In diesem Zusammenhang empfehlen wir insbesondere die Lektüre von Weingartner (1977) und R. H. Schmidt (1986), S. 114–117.

Dritter Teil
Investitionsentscheidungen unter Unsicherheit

Jede Investition ist ein doppelseitiger Vorgang: Man gibt in der Gegenwart Geld aus und hofft, in der Zukunft Einnahmen zu erzielen. Während man über die Höhe der heute zu leistenden Ausgaben im allgemeinen gut Bescheid weiß, ist man über die Höhe und zeitliche Verteilung der künftigen Einnahmen immer nur unzureichend informiert. Selbst mit den besten Prognosemethoden lassen sich keine sicheren Voraussagen über künftige Entwicklungen treffen.

Im zweiten Teil dieses Buches sind wir immer von der falschen Annahme ausgegangen, daß der Investor über vollkommen sichere (einwertige) Erwartungen verfügt. Dabei haben wir festgestellt, daß die Ermittlung der optimalen Investitionsalternative bereits unter diesen Voraussetzungen außerordentlich schwierig sein kann. Jetzt geben wir die realitätsfremde Annahme der vollkommenen Voraussicht auf und fragen, wie der Investor sich bei unsicheren (mehrwertigen) Erwartungen verhalten soll.

Dabei werden wir *in zwei Schritten* vorgehen.

(1) Zunächst werden wir uns mit den Problemen der *Entscheidung unter Risiko* ganz allgemein beschäftigen. Dieses Thema besitzt deswegen generelle Gültigkeit, weil nicht nur Investitionsentscheidungen unter solchen Bedingungen zu treffen sind, sondern alle anderen Entscheidungen auch. Der Abschnitt 5.1 wird daher Grundlagen für die nachfolgenden speziellen Überlegungen liefern.

(2) Danach werden wir uns mit den besonderen Verfahren und Techniken auseinandersetzen, die zur Bewältigung des *Unsicherheitsproblems bei Investitionsentscheidungen* entwickelt worden sind (Abschnitt 5.2).

Ausklammern wollen wir bei allen unseren Überlegungen das *Problem der optimalen Informationsbeschaffung*. Dahinter verbirgt sich folgendes: Man kann das in einer bestimmten Situation bestehende Maß an Unsicherheit dadurch reduzieren, daß man sich zusätzliche Informationen verschafft. Das kostet in aller Regel Geld und auch Zeit. Wieviel Geld und wieviel Zeit dafür aufgewendet werden sollten, ist selbst ein Investitionsproblem unter Unsicherheit, da der Investor nie genau weiß, welchen Aufwand er betreiben muß, um einen bestimmten Informationsstand zu erreichen. Selbst wenn aber Maßnahmen zur Beschaffung von zusätzlichen Informationen ergriffen werden, wird der Grad an Informiertheit immer noch unvollkommen sein. Daher:

Die nachfolgenden Überlegungen gehen stets von einem gegebenen und unveränderlichen (unvollkommenen) Informationsstand des Investors aus.

Maßnahmen zur Verbesserung oder Optimierung des Informationsstandes sind nicht Gegenstand des folgenden Kapitels. Bezüglich der Verfahrensweisen zur Beschaffung zukunftsbezogener Informationen sei auf den Abschnitt über Prognosemethoden (oben 1.5.1) verwiesen.

5. Investitionsrechnungen bei unsicheren Erwartungen

Die kritische Lektüre dieses Kapitels soll Sie dazu anregen und befähigen,

- die Problematik von Entscheidungen unter Risiko zu erkennen,
- das Grundmodell der Entscheidungstheorie zu verstehen,
- die Dominanzprinzipien und ihre Bedeutung für die Lösung von Entscheidungsproblemen bei Risiko kennenzulernen,
- einfache Entscheidungsprobleme auf der Basis von Erwartungswert und auf der Basis von Erwartungswert und Streuung zu lösen,
- einfache Entscheidungsprobleme auf der Grundlage des Bernoulliprinzips zu lösen,
- die begrenzte Verwendbarkeit von Korrekturverfahren und Sensitivitätsanalysen zu beurteilen,
- das Verfahren der simulativen Risikoanalyse anzuwenden und zu beurteilen,
- das Grundproblem der sequentiellen Investitionsplanung zu verstehen und einfache sequentielle Planungsprobleme optimal zu lösen,
- den Unterschied zwischen starren und flexiblen Investitionsstrategien zu begreifen und zu begründen, daß flexible Strategien überlegen sind, wenn man vom Planungsaufwand absieht,
- die Möglichkeit zu erkennen, das Risiko von Wertpapierportefeuilles durch Diversifikation zu mindern.

Die Tatsache, daß alle (und nicht nur Investitions-) Entscheidungen unter Unsicherheit getroffen werden müssen, hat die Entscheidungstheoretiker schon seit langem dazu veranlaßt, sich intensiv mit diesem Problem auseinanderzusetzen. Leider haben sie das oft in einer Form getan, die es dem Neuling auf diesem Gebiet nicht gestattet, sich rasch und leicht Zugang zu dieser Materie zu verschaffen. Wir wollen im folgenden versuchen, die Grundelemente der Entscheidungstheorie unter Risiko in möglichst leicht verständlicher Weise darzustellen.

5.1 Entscheidungen unter Risiko

5.1.1 Grundmodell der Entscheidungstheorie

In einer Situation, die durch Unsicherheit gekennzeichnet ist, kann der Entscheidungsträger nicht genau sagen, welche Konsequenzen die von ihm in Aussicht genommenen Handlungsalternativen haben werden. Vielmehr sind verschiedene Ergebnisse möglich. Zur Beschreibung derartiger Entscheidungssituationen werden wir künftig folgende Terminologie benutzen:

Der Entscheidungsträger hat zwischen mehreren sich gegenseitig ausschließenden *Handlungsalternativen* (auch: Handlungsmöglichkeiten, Alternativen oder Aktionen) A_i (i = 1, 2, ..., n) zu wählen. Es gibt immer mindestens zwei Alternativen. Eine davon ist die Möglichkeit, nichts zu tun (Unterlassensalternative). Welche Ergebnisse oder Konsequenzen eine Handlungsalternative in der Zukunft haben wird, hängt von ereignisbestimmenden Faktoren ab, die unterschiedliche Ausprägungen annehmen können. Es gibt also verschiedene Zustände, die die Umwelt künftig annehmen kann. Diese *Umweltzustände* (auch Zukunftslagen) bezeichnen wir mit dem Symbol S_j (j = 1, 2, ..., m). In einer unsicheren Entscheidungssituation gibt es immer mindestens zwei alternative Zukunftslagen. Wenn eine bestimmte Aktion ergriffen wird (A_i) und ein bestimmter Umweltzustand eintritt (S_j), so ist dies mit einer bestimmten Konsequenz oder einem bestimmten Ergebnis Y_{ij} verbunden. Diese aktions- und zustandsabhängigen Ergebnisse werden wir im folgenden außerordentlich stark vereinfachend als „*Einkommen*" bezeichnen. Y_{ij} symbolisiert also das Einkommen, über das man verfügen kann, wenn man die i-te Alternative realisiert und der j-te Umweltzustand eintritt. Die Bezeichnung der Ergebnisse als Einkommen stellt insofern eine erhebliche Vereinfachung der Realität dar, als jede Aktion in der Regel ein ganzes Bündel von Konsequenzen nach sich ziehen kann. Zur Veranschaulichung mache man sich klar, welche Folgen der Bau eines Kraftwerks hat oder welche Konsequenzen die Entlassung von tausend Arbeitern in einem westdeutschen Stahlwerk hat. Die Verwendung des Symbols Y_{ij} für das Einkommen liegt nahe, weil wir im zweiten Teil dieses Buches das gleiche Symbol für das Entnahmeniveau verwendet hatten. Jedoch sollte klar sein, daß das, was im folgenden zu erörtern ist, selbstverständlich auch für Vermögensmaximierer gilt. Gleichgültig, wie die Konsequenzen der Alternativen gemessen werden, wir werden immer von Einkommen sprechen.
Faßt man die bisherigen Überlegungen zusammen, so läßt sich eine unsichere Entscheidungssituation formal in einer *Ergebnismatrix* entsprechend Tab. 5-1 darstellen.
Zum Verständnis der folgenden Ausführungen muß betont werden:

Tab. 5-1. Formalstruktur einer Ergebnismatrix

		Umweltzustände				
		S_1	S_2	... S_j	...	S_m
	A_1	Y_{11}	Y_{12}	... Y_{1j}	...	Y_{1m}
	A_2	Y_{21}	Y_{22}	... Y_{2j}	...	Y_{2m}
	⋮					
Alternativen	A_i	Y_{i1}	Y_{i2}	... Y_{ij}	...	Y_{im}
	⋮					
	A_n	Y_{n1}	Y_{n2}	... Y_{nj}	...	Y_{nm}

Unsicherheit herrscht einzig und allein in bezug auf den Eintritt künftiger Umweltzustände.

Mit anderen Worten, wir nehmen folgendes an: Der Entscheidungsträger weiß genau, welche Umweltzustände eintreten können. Ferner wird vorausgesetzt, daß der Entscheidungsträger keinen relevanten Umweltzustand übersieht. Damit ist der Fall ausgeschlossen, daß später eine Zukunftslage eintritt, an die der Entscheidende vorher „nicht gedacht" hat. Wenn einer diese Zustände eintritt und eine bestimmte Aktion realisiert wird, so wird mit Sicherheit ein ganz bestimmtes Einkommen erzielt. Die einzige im Zeitpunkt der Entscheidung unbekannte Größe ist die Antwort auf die Frage, welcher Umweltzustand künftig eintreten wird.

In der Literatur pflegt man verschiedene *Typen der Unsicherheit* zu unterscheiden:

(1) *Spielsituationen.* Eine solche Situation liegt vor, wenn ein rational handelnder Gegenspieler oder Konkurrent darüber entscheidet, mit welcher Zukunftslage er uns konfrontiert. Handelt es sich beispielsweise um die Wahl zwischen verschiedenen Zügen beim Schachspiel, so hängen die Konsequenzen eines Zuges von der Erwiderung unseres Schachgegners ab. Von diesem dürfen wir annehmen, daß er sich vernünftig verhält. Außerdem sind wir beim Schachspiel in der glücklichen Lage zu wissen, was unser Gegner erreichen will. Somit kennen wir zumindest im Prinzip seine Absichten. Auch ist völlig klar, welche Handlungsmöglichkeiten unser Gegner hat. In der Welt der Wirtschaft sind die Pläne und möglichen Strategien der Konkurrenz durchaus nicht so berechenbar.

(2) *Unsicherheitssituationen.* Sehr viele Entscheidungssituationen sind so gelagert, daß die Konsequenzen unserer eigenen Aktionen weniger von gegnerischen Aktionen als vom „Zufall" abhängen. Angenommen, es geht um die Errichtung und Vermietung einer Feriensiedlung an der Nordsee. Ob Ferienwohnungen an der Nordsee gefragt sind oder ob es die Urlauber mehr nach Süden zieht, wird nicht von einem rationalen Gegenspieler gesteuert, sondern von einer „Laune der Natur" oder dem „Zufall". Man nennt daher solche Unsicherheitssituationen mitunter auch Spiele gegen die Natur.

Zwei *Unterfälle* der Unsicherheitssituationen sind zu unterscheiden:
(21) *Ungewißheitssituationen.* Diese liegen vor, wenn der Entscheidungsträger nicht dazu imstande ist, Eintrittswahrscheinlichkeiten der Umweltzustände anzugeben.
(22) *Risikosituationen.* Von solchen Situationen spricht man, wenn die Eintrittswahrscheinlichkeiten p_j $(j = 1, 2, \ldots, m)$ der alternativen Umweltzustände bekannt sind, wobei aufgrund der obigen Ausführungen die Summe der Wahrscheinlichkeiten eins sein muß. $\sum p_j = 1$.
Es gibt verschiedene miteinander konkurrierende *Wahrscheinlichkeitsinterpretationen.* Vor allem sind zu nennen:
Objektive Wahrscheinlichkeit. Die objektive Schule definiert den Begriff der Wahrscheinlichkeit als Grenzwert einer relativen Häufigkeit in einer gegen unendlich

gehenden Anzahl von Fällen. Wird ein nicht-idealer Würfel genügend oft geworfen, so kann man die Wahrscheinlichkeit, mit der die Zahl 6 erscheint, als Grenzwert der relativen Häufigkeit dieses Ereignisses bestimmen. Man bezeichnet die
objektive Wahrscheinlichkeit aus den beschriebenen Gründen mitunter auch als
frequentistische oder statistische.

Subjektive Wahrscheinlichkeit. Von den Subjektivisten wird Wahrscheinlichkeit
als Grad der Überzeugung einer Person interpretiert. Allerdings wird vorausgesetzt, daß diese Person sich konsistent verhält, gewisse Regeln des logischen Den-
kens akzeptiert und zufließende Informationen verarbeitet.

Die in Tabelle 5-2 angegebene Entscheidungssituation ist ein Beispiel für eine
Risikoentscheidungssituation.

Tab. 5-2. Ergebnismatrix einer Risikoentscheidungssituation

	S_1 $p_1 = 0,3$	S_2 $p_2 = 0,6$	S_3 $p_3 = 0,1$
A_1	70	80	30
A_2	50	90	20

Das Problem besteht darin, die optimale Alternative zu bestimmen. Offensichtlich
ist dies im Fall der Tabelle 5-2 nicht ohne weiteres möglich.

5.1.2 Dominanzprinzipien

Um diejenige Alternative bestimmen zu können, die in einer Risikosituation optimal ist, muß man die Risikoeinstellung des Entscheidungsträgers kennen. Man
muß wissen, ob er risikoscheu oder risikofreudig ist, wobei es meist nicht aus-
reicht, die Risikoeinstellung derart allgemein zu kennzeichnen. Vielmehr ist es
häufig notwendig, den Grad der Risikoabneigung oder -freude sehr genau zu
kennen.

Allerdings gibt es auch Entscheidungssituationen, in denen man bereits mit sehr
wenig Kenntnissen über die Risikoeinstellung weiterkommt, weil bestimmte Prinzipien des Entscheidens unter Risiko sozusagen von jedermann akzeptiert werden.

Wenn es auch nur selten gelingt, mit Hilfe dieser Prinzipien die beste der Alternativen zu bestimmen, so sind sie doch häufiger geeignet, die Menge der betrachtungs-
würdigen Alternativen zu reduzieren und damit das Entscheidungsproblem zu
vereinfachen. Drei solche Dominanzprinzipien sind zu unterscheiden.

Absolute Dominanz

Eine Alternative A_i dominiert eine Alternative A_k absolut, wenn das geringstmögliche Einkommen von A_i nicht kleiner ist als das größtmögliche Einkommen von A_k, wenn also gilt

$$\min_j (Y_{ij}) \geqslant \max_j (Y_{kj}).$$

In der Tab. 5-3 dominiert also A_2 die Alternative A_3 absolut.

Tab. 5-3. Entscheidungssituation mit absoluter Dominanz

	S_1	S_2	S_3
A_1	70	80	10
A_2	50	90	20
A_3	20	10	20

Zur Anwendung des Prinzips der absoluten Dominanz werden Eintrittswahrscheinlichkeiten der Umweltzustände nicht benötigt.

Zustandsdominanz

In dieser Ausprägung des Prinzips dominiert die Alternative A_i die Aktion A_k, wenn bei paarweisem Vergleich die Einkommen von A_i in keinem Umweltzustand schlechter als die von A_k sind und in bezug auf mindestens einen Zustand A_i zu einem besseren Ergebnis führt. Zustandsdominanz liegt also vor, wenn gilt

$$Y_{ij} \geqslant Y_{kj} \quad \text{für } j = 1, 2, \ldots, m \quad \text{und}$$
$$Y_{ij} > Y_{kj} \quad \text{für mindestens ein } j.$$

Im Beispiel der Tab. 5-4 besteht Zustandsdominanz von A_2 gegenüber A_3.

Auch für das Prinzip der Zustandsdominanz benötigt man die Eintrittswahrscheinlichkeiten der Umweltzustände nicht.

Tab. 5-4. Entscheidungssituation mit Zustandsdominanz

	S_1	S_2	S_3
A_1	70	80	30
A_2	50	90	20
A_3	50	85	20

Wahrscheinlichkeitsdominanz

Hiernach ist eine Alternative A_i dann günstiger als eine Alternative A_k, wenn für jedes Einkommen Y^* die Wahrscheinlichkeit, dieses Einkommen mit A_i zu erzie-

len, nicht kleiner als bei A_k ist und wenn es mindestens ein Einkommen Y^* gibt, das von A_i mit größerer Wahrscheinlichkeit als von A_k erzielt wird.
Nach der Wahrscheinlichkeitsdominanz ist also A_i vorteilhafter als A_k, wenn gilt

$$p(Y_i \geqslant Y^*) \geqslant p(Y_k \geqslant Y^*) \quad \text{für alle } Y^* \quad \text{und}$$
$$p(Y_i \geqslant Y^*) > p(Y_k \geqslant Y^*) \quad \text{für mindestens ein } Y^*$$

Zur Verdeutlichung betrachten wir das Beispiel in Tab. 5-5.

Tab. 5-5. Entscheidungssituation mit Wahrscheinlichkeitsdominanz

	S_1 $p_1 = 0{,}3$	S_2 $p_2 = 0{,}5$	S_3 $p_3 = 0{,}2$
A_1	50	90	20
A_2	50	85	20

Hieraus läßt sich Tab. 5-6 entwickeln, aus der abgelesen werden kann, daß A_1 die Alternative bezüglich der Wahrscheinlichkeit dominiert, ein Einkommen von 90 zu erzielen.

Tab. 5-6. Transformation der in Tab. 5-5 angegebenen Werte

Y^*	20	50	85	90
$p(Y_1 = Y^*)$	0,2	0,3	–	0,5
$p(Y_2 = Y^*)$	0,2	0,3	0,5	–
$p(Y_1 \geqslant Y^*)$	1,0	0,8	0,5	0,5
$p(Y_2 \geqslant Y^*)$	1,0	0,8	0,5	0,0

5.1.3 Klassische Entscheidungsprinzipien

Mit Hilfe der in Abschnitt 5.1.2 beschriebenen Dominanzprinzipien kann nicht unbedingt die optimale Alternative ermittelt werden. Beispielsweise liegt das in Tabelle 5-2 genannte Entscheidungsproblem so, daß keine Alternative die andere dominiert. In solchen Situationen muß versucht werden, für jede Alternative Werte zu bestimmen, die die Präferenz des Entscheidungsträgers gegenüber dieser Alternative repräsentieren (*Präferenzwerte*).

Bei klassischen Entscheidungsprinzipien werden *Kennzahlen* berechnet, die die *Wahrscheinlichkeitsverteilungen des Einkommens* beschreiben. Diese Kennzahlen werden ihrerseits zur Berechnung der *Präferenzwerte* herangezogen oder dienen ohne weitere Umformung unmittelbar als solche Präferenzwerte.

5.1.3.1 Entscheidungen auf der Grundlage des Erwartungswerts (oder: das μ-Prinzip)

Besonders naheliegend ist es, den *Erwartungswert* einer Einkommensverteilung nach der Formel

$$\mu_i = \sum_j p_j Y_{ij}$$

zu berechnen und diesen als Präferenzwert zu benutzen, d. h. die Auswahl der Alternative mit dem höchsten Erwartungswert zu fordern.

Tab. 5-7. Entscheidungssituation zur Veranschaulichung der Erwartungswertregel

	S_1 $p_1 = 0,3$	S_2 $p_2 = 0,6$	S_3 $p_3 = 0,1$	μ_i
A_1	70	80	30	72
A_2	50	90	20	71

Im Beispiel der Tab. 5-7 erhält man dann

$$\mu_1 = 0,3 \cdot 70 + 0,6 \cdot 80 + 0,1 \cdot 30 = 72$$
$$\mu_2 = 0,3 \cdot 50 + 0,6 \cdot 90 + 0,1 \cdot 20 = 71$$

Wendet man die *Erwartungswertregel* (auch μ-Prinzip) auf das Entscheidungsproblem an, so müßte man die Handlungsalternative A_1 wählen.

Von einem Entscheidungssubjekt, das sich in der vorliegenden Entscheidungssituation nicht für A_1 entscheidet, wird man kaum behaupten können, daß es irrational handele. Sonst müßte man jeden, der eine Versicherung abschließt, und jeden, der ein Lotterielos kauft oder auf dem Pferderennplatz eine Wette abschließt, für unvernünftig halten. Vielmehr ist die Schlußfolgerung angebracht, daß die Erwartungswertregel nicht immer eine vernünftige Handlungsempfehlung repräsentiert.

5.1.3.2 Entscheidungen auf der Grundlage von Erwartungswert und Streuung (oder: das μ-σ-Prinzip)

Nach der Erwartungswertregel sind die beiden in Tab. 5-8 beschriebenen Handlungsalternativen äquivalent. Betrachtet man die Tabelle mit Aufmerksamkeit,

Tab. 5-8.

	S_1 $p_1 = 0,5$	S_2 $p_2 = 0,5$	μ_i
A_1	100	100	100
A_2	-1000	1200	100

so liegt es nahe zu behaupten, daß sich nur ein Entscheidungsträger „mit einer gewissen Risikofreude" für Alternative 2 entscheiden kann. Es gibt eine 50 %-Chance, wesentlich mehr als den Erwartungswert von 100 zu erhalten. Dieser Chance steht eine 50 %-Chance gegenüber, einen nennenswerten Verlust einstekken zu müssen. Der Erwartungswert informiert nicht über Risiken und Chancen einer Handlungsalternative. Deswegen ist es notwendig, neben dem Erwartungswert ein zweites Kriterium zu berücksichtigen, daß Risiken bzw. Chancen mißt. Sowohl in der entscheidungstheoretischen Literatur als auch in der Investitions- und Finanzierungstheorie spielt das μ-σ-Prinzip eine beachtliche Rolle. Präferenzwerte in risikobehafteten Situationen werden dabei auf der Grundlage von Erwartungswert (μ) und Streuung (σ) bzw. Varianz (σ^2) ermittelt. Unter Benutzung der hier verwandten Symbole ergibt sich die *Varianz* aus

$$\sigma_i^2 = \sum_j p_j \cdot (Y_{ij} - \mu_i)^2 .$$

Um die *Streuung* zu berechnen, braucht man nur noch die Quadratwurzel zu ziehen.
Benutzen wir wieder die Zahlen der Tab. 5-7, so ergibt sich

$$\sigma_1^2 = 0,3 \cdot (70 - 72)^2 + 0,6 \cdot (80 - 72)^2 + 0,1 \cdot (30 - 72)^2 = 216$$

$$\sigma_1 = \sqrt{216} = 14,697$$

$$\sigma_2^2 = 0,3 \cdot (50 - 71)^2 + 0,6 \cdot (90 - 71)^2 + 0,1 \cdot (20 - 71)^2 = 609$$

$$\sigma_2 = \sqrt{609} = 24,678$$

Tab. 5-9. Entscheidungssituation zur Veranschaulichung des Erwartungswert-Streuung-Prinzips

	S_1 $p_1 = 0,3$	S_2 $p_2 = 0,6$	S_3 $p_3 = 0,1$	μ_i	σ_i
A_1	70	80	30	72	14,697
A_2	50	90	20	71	24,678

Ob nun die Alternative A_1 oder die Alternative A_2 als vorteilhafter anzusehen ist, hängt von der Risikoeinstellung des Entscheidungsträgers ab.
Bei einem risikoscheuen Entscheidungsträger muß man erwarten, daß dieser nur dann bereit ist, ein höheres Risiko (σ) einzugehen, wenn ihm dies durch einen höheren Gewinnerwartungswert (μ) schmackhaft gemacht wird. Die *Indifferenzkurven* (Kurven aller μ-σ-Kombinationen mit gleicher Wertschätzung durch den Entscheidungsträger) eines risikoscheuen Individuums haben daher in einem μ-σ-Koordinatensystem grundsätzlich die in Abb. 5/1 wiedergegebene Form.
Umgekehrt ist ein risikofreudiger Entscheidungsträger dazu bereit, eine höhere Chance (σ) mit einem gewissen Verzicht auf Gewinnerwartung (μ) zu bezahlen. Daher haben die Indifferenzkurven eines risikofreudigen Entscheiders im μ-σ-Koordinatensystem einen fallenden Verlauf wie in Abb. 5/2.

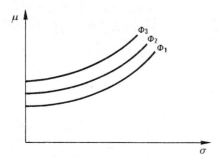

Abb. 5/1. Indifferenzkurven eines risikoscheuen Entscheidungsträgers beim μ-σ-Prinzip

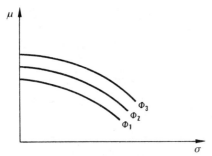

Abb. 5/2. Indifferenzkurven eines risikofreudigen Entscheidungsträgers beim μ-σ-Prinzip

Ein besonders einfaches Konzept zur Bestimmung von Präferenzwerten nach dem μ-σ-Prinzip sind die Ansätze

$$\Phi(\mu, \sigma) = \mu + \alpha\sigma \qquad \text{und}$$
$$\Phi(\mu, \sigma) = \mu + \alpha\sigma^2$$

für die Präferenzfunktion $\Phi(\mu, \sigma)$.

Der Präferenzwert einer Alternative wird dabei als Summe aus dem Erwartungswert und der mit dem Faktor α gewichteten Streuung bzw. Varianz ermittelt. Hier ist α eine Größe, die den Grad der Risikoscheu oder Risikofreude erfassen soll. Im Falle der Risikoscheu ist $\alpha < 0$, im Falle der Risikofreude dagegen $\alpha > 0$.

Gelegentlich wird auch die Präferenzfunktion

$$\Phi(\mu, \sigma) = \mu + \alpha(\mu^2 + \sigma^2)$$

benutzt. Diese Funktion werden wir später im Zusammenhang mit dem Bernoulliprinzip wieder aufgreifen.

Geht man davon aus, daß die Präferenzfunktion im Fall der Tab. 5-9

$$\Phi(\mu, \sigma) = \mu + 0{,}2 \cdot \sigma$$

lautet, so erhält man für Alternative A_1

$$\Phi(\mu_1, \sigma_1) = 72 + 0,2 \cdot 14,697 = 74,94$$

und für Alternative A_2

$$\Phi(\mu_2, \sigma_2) = 71 + 0,2 \cdot 24,678 = 75,94.$$

Hier ist Alternative A_2 der Vorzug zu geben.

Interessant ist die Tatsache, daß Entscheidungen, die auf der Grundlage des μ-σ-Prinzips getroffen werden, gegen das Dominanzprinzip verstoßen können. Betrachten wir zum Zweck der Illustration das Beispiel aus Tab. 5-5 und verwenden die μ-σ-Präferenzfunktion

$$\Phi(\mu, \sigma) = \mu - 1,1\sigma,$$

dann erhalten wir das in Tab. 5-10 dargestellte Ergebnis.

Tab. 5-10. Entscheidungssituation zur Demonstration einer Unvereinbarkeit von Dominanzprinzip und μ-σ-Regel

	S_1 $p_1 = 0,3$	S_2 $p_2 = 0,5$	S_3 $p_3 = 0,2$	μ_i	σ_i	$\Phi(\mu, \sigma)$
A_1	50	90	20	64	28	33,2
A_2	50	85	20	61,5	25,7	33,24

Man kann zeigen, daß es im vorliegenden Beispielsfall nur dann zu einem Widerspruch zwischen Dominanzprinzip und μ-σ-Regel kommt, wenn $\alpha < 1,087$ ist. Hieraus läßt sich die allgemeine These ableiten, daß das μ-σ-Prinzip mit dem Dominanzprinzip nicht ohne Einschränkungen verträglich ist.

5.1.4 Bernoulliprinzip

Das Bernoulliprinzip wurde im Jahre 1738 von dem Schweizer Mathematiker Daniel *Bernoulli* formuliert. Sein Konzept geriet in Vergessenheit, bis es 1944 von John von *Neumann* und Oskar *Morgenstern* wiederentdeckt wurde. Die nachfolgende Beschreibung lehnt sich eng an die entsprechende Darstellung bei *Bitz* (1981) an.

In der Zeit vor Bernoulli hatte man die Erwartungswertregel (das μ-Prinzip) allgemein akzeptiert. Bei der Beschäftigung mit dem *Petersburger Spiel* war aber erkannt worden, daß es quasi niemanden gibt, der dieses Spiel anhand der Erwartungswertregel bewerten würde. Das Spiel wird nach folgender Regel gespielt: Eine Münze mit den Seiten Kopf und Zahl wird so lange geworfen, bis zum erstenmal Kopf erscheint. Geschieht dies beim n-ten Wurf, so erhält der Spielteilnehmer 2^n DM ausgezahlt. Zur Erläuterung: Erscheint Kopf bereits im ersten Wurf, so werden 2 DM ausgezahlt und das Spiel ist beendet. Fällt die Münze dagegen viermal hintereinander so, daß Zahl erscheint, und erscheint Kopf erst beim fünften Wurf, so erhält der Spieler $2^5 = 32$ DM und das Spiel ist beendet. Natürlich muß man einen Einsatz leisten, um an diesem Spiel teilzunehmen. Das Entscheidungsproblem besteht darin, die Höhe dieses Einsatzes festzulegen.

Es dürfte sich kaum jemand finden lassen, der bereit ist, die Teilnahmeberechtigung an diesem Spiel für mehr als 20 DM zu kaufen.

Analysiert man das Petersburger Spiel jedoch genauer, so zeigt sich, daß der Gewinnerwartungswert unendlich ist. Folglich müßte jemand, der die Erwartungswertregel akzeptiert, bereit sein, mit einem Einsatz von 1 Million DM am Spiel teilzunehmen. Daß der Gewinnerwartungswert des Petersburger Spiels tatsächlich unendlich groß ist, läßt sich leicht zeigen.

Die Wahrscheinlichkeit, daß die (ideale) Münze beim ersten Wurf Kopf zeigt, ist $0,5 (= 2^{-1})$. Die Wahrscheinlichkeit, daß dies beim zweiten Wurf eintritt, beträgt $0,25 (= 2^{-2})$ und so weiter. Es ist denkbar, daß eine beliebig lange Serie gespielt werden kann, bei der nicht Kopf erscheint. Die Wahrscheinlichkeit dafür ist allerdings sehr klein. Allgemein gilt der in Tab. 5-11 angegebene Zusammenhang.

Tab. 5-11. Ergebnisse und deren Wahrscheinlichkeiten beim Petersburger Spiel

Y	2^1	2^2	2^3	...	2^n	...
p(Y)	2^{-1}	2^{-2}	2^{-3}	...	2^{-n}	...

Der Erwartungswert der Einnahmen eines Spielers beläuft sich also auf

$$\mu = 2^1 \cdot 2^{-1} + 2^2 \cdot 2^{-2} + \ldots + 2^n \cdot 2^{-n} + \ldots = \sum_{j=1}^{\infty} 1 = \infty$$

Um das Petersburger Paradoxon zu lösen, hat Bernoulli vorgeschlagen, nicht vom Erwartungswert der Gewinne auszugehen, sondern sich am erwarteten Nutzen der Gewinne zu orientieren.

5.1.4.1 Beschreibung des Prinzips

Das Bernoulliprinzip sieht vor, daß ein Entscheidungsproblem unter Risiko in folgenden Schritten gelöst wird:

(1) Den Ergebniswerten jeder Alternative Y_{ij} ist mit Hilfe einer Nutzenfunktion $u(Y)$ ein Nutzenwert $u(Y_{ij})$ zuzuordnen.

(2) Es ist der Erwartungswert der Nutzenwerte zu berechnen. Dieser stellt den für die Entscheidung relevanten Präferenzwert dar:

$$\varphi_i = \sum_{j=1}^{m} p_j u(Y_{ij}).$$

Zur Veranschaulichung der formalen Funktionsweise verwenden wir die in Tab. 5-12 angegebene Entscheidungssituation.

Tab. 5-12. Entscheidungssituation zur Veranschaulichung des Bernoulliprinzips

	S_1 $p_1 = 0{,}4$	S_2 $p_2 = 0{,}1$	S_3 $p_3 = 0{,}2$	S_4 $p_4 = 0{,}3$
A_1	80	70	100	90
A_2	60	90	150	80

Gilt nun die Nutzenfunktion (mit der Ermittlung solcher Nutzenfunktionen werden wir uns in Abschnitt 5.1.4.2 beschäftigen)

$$u(Y) = \ln Y,$$

so kann man die transformierte Nutzenmatrix gemäß Tab. 5-13 aufstellen und die Erwartungswerte des Nutzens berechnen.

Tab. 5-13. Transformierte Entscheidungsmatrix zur Veranschaulichung des Bernoulli-Prinzips

	S_1 $p_1 = 0{,}4$	S_2 $p_2 = 0{,}1$	S_3 $p_3 = 0{,}2$	S_4 $p_4 = 0{,}3$	φ_i
A_1	4,38	4,25	4,61	4,50	4,449
A_2	4,09	4,50	5,01	4,38	4,402

Im Beispiel hat A_1 damit einen höheren Präferenzwert als A_2 und ist vorzuziehen.

Der entscheidende Unterschied zwischen den klassischen Entscheidungsregeln und dem Bernoulliprinzip ist also die Verwendung einer Nutzenfunktion. Den dieser Funktion zugrundeliegenden Nutzenbegriff nennen wir *Risiko-Nutzen*. In der Literatur spricht man auch von Bernoulli-Nutzen oder von Neumann-Morgenstern-Nutzen.

5.1.4.2 Bestimmung der Risikonutzenfunktion

In Abschnitt 5.1.4.1 haben wir eine Risikonutzenfunktion (RNF) vom Typ $u(Y) = \ln Y$ benutzt, ohne uns darum zu kümmern, wie diese RNF bei einem konkreten Entscheidungsträger zu bestimmen ist. Offensichtlich kommt in der RNF die individuelle Risikoeinstellung eines Entscheidungsträgers zum Ausdruck, so daß ihrer Ermittlung größte Bedeutung zuzumessen ist.

Bevor wir uns der Frage zuwenden, wie die RNF eines Individuums festgestellt werden kann, müssen wir uns mit zwei technischen Vorbemerkungen beschäftigen.
Die erste Vorbemerkung bezieht sich auf die *Normierung der Skala*, mit der der Risikonutzen gemessen werden soll.
Um eine solche Skalennormierung zu vereinbaren, werfen wir die Frage auf, wie sich Entscheidungen auf der Grundlage des Bernoulliprinzips ändern, wenn man die Nutzenfunktion durch eine *positiv-lineare Transformation* ersetzt. Wir bezeichnen die transformierte RNF mit u*(Y) und es gilt

$$u^*(Y) = \alpha + \beta u(Y) \quad \text{mit} \quad \beta > 0 \,.$$

Man kann zeigen, daß sich durch eine derartige Transformation nichts an der Entscheidung ändert. Angenommen, der erwartete Risikonutzen der Alternative 1 sei größer als der von Alternative 2, also

$$\varphi_1 > \varphi_2 \qquad \text{oder}$$
$$\sum p_j u(Y_{1j}) > \sum p_j u(Y_{2j})$$

Multipliziert man beide Seiten der Ungleichung mit der positiven Zahl β und addiert ferner auf beiden Seiten den Ausdruck $\sum p_j \alpha$, so entsteht

$$\sum p_j \alpha + \sum p_j \beta u(Y_{1j}) \, 1 > \sum p_j \alpha + \sum p_j \beta u(Y_{2j}) \qquad \text{oder}$$
$$\sum p_j (\alpha + \beta u(Y_{1j})) \qquad > \sum p_j (\alpha + \beta u(Y_{2j})) \qquad \text{oder}$$
$$\sum p_j u^*(Y_{1j}) \qquad\qquad > \sum p_j u^*(Y_{2j})$$

Man erkennt also, daß bei positiv-linearer Transformation der RNF die Rangfolge der Präferenz zweier Alternativen erhalten bleibt.
Bei dem in Abschnitt 5.1.4.1 präsentierten Beispiel hätte man also an Stelle der RNF $u(Y) = \ln Y$ auch mit der transformierten RNF $u^*(Y) = 123{,}456 + 0{,}789 \ln Y$ arbeiten können, ohne daß dies auf die Rangfolge der Alternativen (A_1 war günstiger als A_2) irgendeinen Einfluß gehabt hätte.

In einer zweiten Vorbemerkung ist der Begriff der *einfachen Chance* (oder auch einfachen Lotterie) einzuführen. Als einfache Chance

$$\{Y', Y'' : p'\}$$

bezeichnet man eine Alternative, bei der es genau zwei verschiedene Ergebnisgrößen Y' und Y'' mit $Y' > Y''$ gibt, wobei das Ergebnis Y' mit der Wahrscheinlichkeit p' erzielt wird und das Ergebnis Y'' mit der Restwahrscheinlichkeit $(1 - p')$. Ein Lotterielos, das mit 1% Wahrscheinlichkeit einen Gewinn von 5000 DM bringt und mit 99% Wahrscheinlichkeit eine Niete ist, kann bei Benutzung der obigen Schreibkonvention dargestellt werden als $\{5000{,}0 : 0{,}01\}$.

Nach diesen Vorbereitungen wenden wir uns der Ermittlung der RNF eines Entscheidungsträgers zu. Diese Ermittlung erfolgt mit Hilfe eines Verfahrens, das man als *Bernoulli-Befragung* bezeichnen kann. Das Verfahren läuft in *vier Phasen* ab, die am Beispiel der Tab. 5-12 erläutert werden.

Phase 1. Normierung der RNF. Es werden zwei Ergebniswerte Y' und Y'' (mit Y' > Y'') ausgewählt, denen zwei beliebige Nutzenwerte u' = u(Y') und u'' = u(Y'') zugeordnet werden. Aus Gründen der Bequemlichkeit wählen wir den maximalen relevanten Ergebniswert (hier $Y_{23} = 150$) als Y' und den minimalen Ergebniswert (hier $Y_{21} = 60$) als Y''. Wiederum aus Gründen der Bequemlichkeit ordnen wir diesen Ergebniswerten die Nutzenwerte

$$u' = u(Y') = 1 \qquad \text{und}$$
$$u'' = u(Y'') = 0$$

zu. Im Beispiel der Tab. 5-12 gilt also bei diesen Konventionen

$$u(150) = 1$$
$$u\ (60) = 0$$

Phase 2. Hypothetische Wahlakte. In der zweiten Phase wird der verantwortliche Entscheidungsträger aufgefordert, zwischen einer

– einfachen Chance {Y', Y'' : p'} und einer
– Alternative mit dem sicheren Einkommen $\bar{Y}$ (mit Y' $\geqslant \bar{Y} \geqslant$ Y'')

zu wählen. Es wird unterstellt, daß der Entscheidungsträger bereit und dazu imstande ist, eine eindeutige Wahl zu treffen.
Im Beispiel der Tab. 5-12 wäre also die Frage zu stellen, ob der Entscheidungsträger die einfache Chance {150,60 : 0,4} einem sicheren Einkommen von 70 vorzieht. Drei Antworten sind möglich:

{150,60 : 0,4} ≻ 70	Der Entscheidungsträger findet die einfache Chance attraktiver als das sichere Einkommen.
{150,60 : 0,4} ∼ 70	Der Entscheidungsträger findet beide Alternativen äquivalent.
{150,60 : 0,4} ≺ 70	Der Entscheidungsträger zieht die sichere Alternative der einfachen Chance vor.

Phase 3. Bestimmung der Präferenzwahrscheinlichkeiten. Ziel dieses Schrittes ist es, für alternative Ausprägungen von $\bar{Y}$ Wahrscheinlichkeiten $p^*(\bar{Y})$ so zu bestimmen, daß einfache Chance und sichere Alternative aus der Sicht des Entscheidungsträgers äquivalent sind, in formaler Schreibweise also

$$\{Y', Y'' : p^*(\bar{Y})\} \sim \bar{Y}.$$

Angenommen, ein Entscheidungsträger teilt mit, daß aus seiner Sicht

$\{150,60 : 0,1\} \prec 70$

$\{150,60 : 0,2\} \succ 70$,

so ist anzunehmen, daß es eine Wahrscheinlichkeit zwischen 10 % und 20 % gibt, mit der ihm die einfache Lotterie versprochen werden müßte, damit er bereit ist, auf sichere Einnahmen in Höhe von 70 zu verzichten, also etwa

$\{150,60 : 0,15\} \sim 70$.

Ist dies bei 15 % der Fall, so ist die gesuchte Präferenzwahrscheinlichkeit $p^*(70)$ = 0,15.

Im Zusammenhang mit der Ausgangstabelle 5-12 sei unterstellt, daß ein Entscheidungsträger die in Tab. 5-14 aufgeführten Präferenzwahrscheinlichkeiten nennt.

Tab. 5-14. Hypothetische Präferenzwahrscheinlichkeiten eines Entscheidungsträgers als Ergebnis einer Bernoullibefragung

$\bar{Y}$	60	70	80	90	100	150
$p^*(\bar{Y})$	0	0,15	0,30	0,45	0,60	1

Phase 4. Ermittlung der Nutzenwerte. Abschließend ist für alle Ergebnisgrößen der Ausgangsmatrix der zugehörige Nutzenwert zu bestimmen. Wegen der in Phase 1 erfolgten Art der Normierung ist dies nicht schwer.
Aus

$$\bar{Y} \sim \{Y', Y'' : p^*(\bar{Y})\}$$

folgt

$$u(\bar{Y}) = u\{Y', Y'' : p^*(\bar{Y})\}$$
$$= p^*(\bar{Y}) \cdot u(Y') + [1 - p^*(\bar{Y})] \cdot u(Y'').$$

Wegen der in Phase 1 angegebenen Normierung auf $u(Y') = 1$ und $u(Y'') = 0$ vereinfacht sich dieser Ausdruck zu

$$u(\bar{Y}) = p^*(\bar{Y}).$$

Mit anderen Worten: Die in Phase 3 ermittelten Präferenzwahrscheinlichkeiten können unmittelbar als Nutzenwerte verwendet werden.

Wendet man dies auf Tab. 5-12 an, so entsteht die transformierte Entscheidungsmatrix in Tab. 5-17.

Stellt man die Nutzenwerte $u(Y)$ oder die Präferenzwahrscheinlichkeiten $p^*(Y)$ in Abhängigkeit vom Einkommen Y graphisch dar, so erhält man die in Abbil-

Tab. 5-15. Transformierte Entscheidungsmatrix

	S_1 $p_1 = 0,4$	S_2 $p_2 = 0,1$	S_3 $p_3 = 0,2$	S_4 $p_4 = 0,3$	φ_i
A_1	0,30	0,15	0,60	0,45	0,390
A_2	0,00	0,45	1,00	0,30	0,335

dung 5/3 wiedergegebenen Punkte, die sich recht gut durch die RNF $u(Y)$ $= 1,1133 \cdot \ln Y - 4,5636$ annähern lassen. Diese Kurve repräsentiert die RNF des in unserem Beispiel unterstellten Entscheidungsträgers.

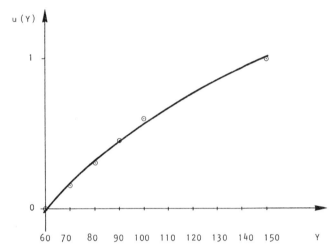

Abb. 5/3. Risikonutzenfunktion

5.1.4.3 Typen der Risikoeinstellung

Man unterscheidet drei Typen der Risikoeinstellung: Risikofreude (auch Risikosympathie), Risikoneutralität und Risikoscheu (auch Risikoaversion). Risikofreude und Risikoscheu können unterschiedlich intensiv sein. Über den Typ der Risikoeinstellung und den Grad der Intensität informiert die RNF.

Risikofreude. Von einer risikofreudigen Einstellung spricht man im Zusammenhang mit dem Bernoulliprinzip dann, wenn der Erwartungswert einer einfachen Chance kleiner ist als das *Sicherheitsäquivalent.*

Zur Veranschaulichung und zur Erläuterung des Begriffs Sicherheitsäquivalent betrachten wir eine Person, die bereit ist, 5 DM für ein Lotterielos zu zahlen, das mit 99 % Wahrscheinlichkeit eine Niete ist und mit 1 % Wahrscheinlichkeit einen Gewinn von 100 DM verspricht. In formaler Schreibweise: $\{100,0 : 0,01\} \sim 5$.

Das Sicherheitsäquivalent S ist die sichere Zahlung in Höhe von 5 DM, auf die der Loskäufer verzichtet, um sich die Chance zu kaufen, mit einer Wahrscheinlichkeit von 1% 100 DM zu bekommen. Der Erwartungswert dieser Lotterie ist 1 DM. Wir haben also

$$p'Y' + (1-p') \cdot Y'' < S$$
$$0{,}01 \cdot 100 + 0{,}99 \cdot 0 < 5$$
$$1 < 5$$

Die Person ist risikofreudig. Ein Entscheidungsträger ist durchgängig risikofreudig, wenn seine RNF konvex zum Nullpunkt verläuft.

Risikoneutralität. Risikoneutralität ist gegeben, wenn der Erwartungswert einer einfachen Chance dem Sicherheitsäquivalent entspricht, also

$$p'Y' + (1-p') \cdot Y'' = S.$$

Im Beispiel des Loskaufs wäre dies dann der Fall, wenn der Lospreis bei 1 DM läge.

Risikoscheu. Risikoscheu liegt vor, wenn das Sicherheitsäquivalent kleiner ist als der Erwartungswert einer einfachen Chance, wenn also gilt

$$p'Y' + (1-p') \cdot Y'' > S.$$

Um das Beispiel mit dem Lotterielos fortzusetzen: Jemand, der für das Los {100,0 : 0,01} nur fünfzig Pfennig bezahlen will, ist risikoavers. Von durchgängiger Risikoscheu spricht man dann, wenn die RNF konkav zum Ursprung verläuft (so wie in Abb. 5/3).

5.1.4.4 Axiomatik des Bernoulliprinzips

Das Bernoulliprinzip läßt sich auf fünf Axiome zurückführen. Wer die nachfolgenden fünf Axiome anerkennt, der muß auch das Bernoulliprinzip akzeptieren. Sonst verhält er sich nicht konsistent.

(1) *Ordinalprinzip*
Das Prinzip besagt: Der Entscheidungsträger ist dazu imstande, Alternativen miteinander zu vergleichen. Wenn zwei Alternativen A_1 und A_2 gegeben sind, so soll entweder der Fall $A_1 \succ A_2$ oder der Fall $A_1 \prec A_2$ oder der Fall $A_1 \sim A_2$ erfüllt sein. Unvergleichbarkeit ist ausgeschlossen.

(2) *Transitivitätsprinzip*
Sind drei Alternativen A_1, A_2 und A_3 gegeben und es gilt sowohl $A_1 \succ A_2$ als auch $A_2 \succ A_3$, dann muß auch $A_1 \succ A_3$ gelten.

(3) *Stetigkeitsprinzip*
Wenn es eine sichere Alternative mit dem Ergebnis $\bar{Y}$ und eine unsichere Alternati-

ve mit der Ergebnisverteilung $\{Y', Y'' : p'\}$ gibt und kann weiter vorausgesetzt werden, daß $Y' \geq \bar{Y} \geq Y''$ ist, so existiert eine kritische Wahrscheinlichkeit p^* mit $1 \geq p^* \geq 0$, so daß beide Alternativen als äquivalent angesehen werden.

(4) *Dominanzprinzip*

Gibt es eine Alternative A_1 mit der Ergebnisverteilung $\{Y', Y'' : p_1\}$ und eine Alternative A_2 mit der Verteilung $\{Y', Y'' : p_2\}$ und ist $p_1 > p_2$, dann wird A_1 der Alternative A_2 vorgezogen, $A_1 \succ A_2$.

(5) *Substitutionsprinzip*

Angenommen, eine sichere Alternative A_1 sei mit dem Ergebnis Y_1 verbunden und eine ebenfalls sichere Alternative mit dem Ergebnis Y_2. A_1 sei günstiger als $A_2 (A_1 \succ A_2)$. Betrachtet man nun zwei weitere Alternativen A_3 und A_4, für die $A_3 \equiv \{Y_1, Y'' : p\}$ und $A_4 \equiv \{Y_2, Y'' : p\}$ gelten soll, dann muß auch $A_3 \succ A_4$ gelten.

5.1.4.5 Zur Verträglichkeit des Bernoulliprinzips mit klassischen Entscheidungsregeln

Ob das Bernoulliprinzip mit klassischen Entscheidungsregeln verträglich ist, hängt von der Form der RNF ab. Zwei Fälle werden betrachtet.

Lineare RNF

Ist die RNF linear mit

$$u(Y) = \alpha + \beta Y \qquad (\beta > 0),$$

so ist das Bernoulliprinzip mit dem μ-Prinzip identisch.
Der Präferenzwert einer Alternative A_i ergibt sich bei Bewertung nach dem Bernoulliprinzip zu

$$\begin{aligned}
\varphi_i &= \sum p_j (\alpha + \beta Y_{ij}) \\
&= \alpha \sum p_j + \beta \sum p_j Y_{ij} \\
&= \alpha + \beta \mu_i.
\end{aligned}$$

Daher gilt immer

$$\varphi_1 > \varphi_2 \qquad \text{wenn} \quad \mu_1 > \mu_2$$
$$\varphi_1 = \varphi_2 \qquad \text{wenn} \quad \mu_1 = \mu_2$$

Ein Entscheidungsträger mit einer linearen RNF ist durchgehend risikoneutral. Das gleiche gilt für ein Individuum, welches sich Bernoulli-rational verhalten möchte und das μ-Prinzip anwendet.

Quadratische RNF

Bei quadratischer RNF mit

$$u(Y) = \alpha + \beta Y + \gamma Y^2$$

liegt Übereinstimmung des Bernoulliprinzips mit dem μ-σ-Prinzip vor. Nach dem Bernoulliprinzip ergibt sich für den Präferenzwert einer Alternative A_i bei quadratischer RNF

$$\varphi_i = \sum p_j [\alpha + \beta Y_{ij} + \gamma Y_{ij}^2]$$
$$= \alpha + \beta \mu_i + \gamma \sum p_j Y_{ij}^2$$

Da nun die Varianz der Ergebnisverteilung definiert ist als

$$\sigma_i^2 = \sum p_j (Y_{ij} - \mu_i)^2$$
$$= \sum p_j (Y_{ij}^2 - 2 Y_{ij}\mu_i + \mu_i^2)$$
$$= \sum p_j Y_{ij}^2 - 2\sum p_j Y_{ij}\mu_i + \mu_i^2 \sum p_j$$
$$= \sum p_j Y_{ij}^2 - 2\mu_i^2 + \mu_i^2$$
$$= \sum p_j Y_{ij}^2 - \mu_i^2 ,$$

kann man für den Präferenzwert der Alternative A_i

$$\varphi_i = \alpha + \beta \mu_i + \gamma (\mu_i^2 + \sigma_i^2)$$

schreiben. Eine ähnliche Präferenzfunktion war oben in Abschnitt 5.1.3.2 angegeben worden.

Eine quadratische Risikonutzenfunktion hat die Form einer nach oben ($\gamma > 0$) oder nach unten ($\gamma < 0$) geöffneten Parabel, vgl. Abb. 5/4. Es ist nicht sinnvoll anzunehmen, daß beide Parabeläste gemeinsam die RNF eines Entscheidungsträgers repräsentieren. Vielmehr kann immer nur der ansteigende Ast benutzt werden, also der rechte Ast der nach oben geöffneten oder der linke Ast der nach unten geöffneten Parabel.

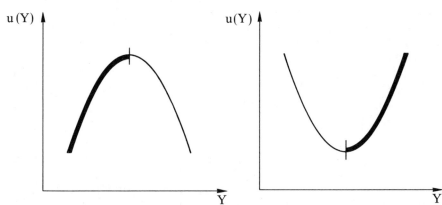

Abb. 5/4. Quadratische Risikonutzenfunktionen

Ein Beispiel soll die Problematik einer solchen quadratischen RNF verdeutlichen. Die Nutzenfunktion laute

$$u(Y) = 200 - 3Y + 0{,}02\,Y^2$$

und es sei eine Alternative mit der Ergebnisverteilung

Y	190	110	80	60
p(Y)	0,2	0,3	0,1	0,4

zu bewerten. Unter Verwendung obiger RNF ist die Nutzenverteilung der gleichen Alternative

u(Y)	352	112	88	92
p(Y)	0,2	0,3	0,1	0,4.

Der Risikonutzen von $Y = 60$ ist höher (!) als der von $Y = 80$. Dies ist mit der Vorstellung einer in Y steigenden RNF nicht vereinbar und widerspricht der Vorstellung, daß höhere Einkommen als attraktiver empfunden werden als niedrigere. Die Erklärung für das „rätselhafte" Verhalten der RNF findet man in der Tatsache, daß das Minimum der Funktion $u(Y) = 200 - 3Y + 0{,}02\,Y^2$ bei $Y_{krit} = 75$ liegt und die Ergebnisverteilung der Alternative Einkommensbeträge enthält, die kleiner *und* größer als dieser kritische Wert sind. Die Verwendung quadratischer RNF und die Benutzung der μ-σ-Regel $\Phi(\mu, \sigma) = \mu + \alpha(\mu^2 + \sigma^2)$ sind daher nicht unproblematisch.

5.2 Spezielle Verfahren zur Investitionsbeurteilung bei Unsicherheit

In Abschnitt 5.1 dieses Buches haben wir grundlegende Konzepte diskutiert, mit denen Entscheidungen unter Risiko getroffen werden können. Wenn diese Konzepte wirklich grundlegend waren, so stellt sich die Frage, warum wir uns noch mit speziellen Verfahren zur Bewältigung der Unsicherheit bei Investitionsentscheidungen befassen sollen. Man könnte davon ausgehen, die oben entwickelten Regeln seien ohne weiteres übertragbar. Wenn wir trotzdem spezielle Verfahren darstellen, so hat das im wesentlichen folgende Gründe:

(1) Die Übertragung des in Abschnitt 5.1 beschriebenen Instrumentariums auf Investitionsentscheidungen führt oft zu einem nicht unerheblichen Arbeitsaufwand. Die damit verbundenen Planungskosten lassen es gerechtfertigt erscheinen, nach einfacheren – womöglich primitiveren – Verfahren Ausschau zu halten. Hier ist insbesondere an das *Korrekturverfahren* zu denken, mit dem wir uns in Abschnitt 5.2.1 auseinandersetzen werden.

(2) Die Anwendung des Instrumentariums der Entscheidungstheorie unter Risiko lohnt sich im Grunde nur dann, wenn die Unsicherheit des Investors für die Entscheidung überhaupt bedeutsam ist. So mag ein Investor beispielsweise darüber

nachdenken, ob sich ein Projekt für ihn lohnt, und unsicher über den zukünftigen Verkaufspreis der Produkte sein, die er auf dieser Anlage herstellen kann. In diesem Zusammenhang könnte es sich empfehlen, zunächst einmal zu testen, welchen Einfluß die als unsicher erachtete Größe „Verkaufspreis" überhaupt auf die Entscheidung hat. Möglicherweise ist dieser Einfluß so gering, daß man ihn vernachlässigen kann. Dies ist die Fragestellung sogenannter *Sensitivitätsanalysen*, denen wir uns in Abschnitt 5.2.2 zuwenden werden.

(3) Viele Investitionsentscheidungen machen es notwendig, eine außerordentlich große Anzahl alternativer Zukunftslagen zu berücksichtigen. In die Symbolik des Grundmodells der Entscheidungstheorie übersetzt, heißt das: die Ergebnismatrizen bestehen aus außerordentlich vielen Spalten. Daher lohnt es sich, über Verfahren nachzudenken, mit denen man besonders „breite" Ergebnismatrizen handhaben kann. In diesem Zusammenhang werden wir auf die *Risikoanalyse* (unten Abschnitt 5.2.3) eingehen.

(4) Sieht man von Kapitel 3 dieses Buches (über Investitionsdauerentscheidungen) ab, so haben wir einen bestimmten Aspekt der Investitionshandlungen immer vernachlässigt, nämlich den Aspekt der zeitlichen Abfolge von Investitionshandlungen. Im Grunde haben wir meist folgendes Bild vor Augen gehabt: Der Investor handelt heute (in t = 0) und wird dann sofort passiv. Statt seiner handelt danach die Umwelt und erzeugt dadurch (mehr oder weniger attraktive und mehr oder weniger sichere) Rückflüsse. Tatsächlich handelt der Investor natürlich auch später (in t > 0).

Abfolgen von Investitionshandlungen im Zeitablauf heißen Investitionssequenzen oder *Investitionsstrategien*. Entscheidungen über solche Strategien bezeichnet man als *sequentielle Investitionsentscheidungen*.

Solange wir (im zweiten Teil des Buches) mit der Annahme arbeiteten, daß es keine Unsicherheit gibt, war es nicht weiter wichtig, den Tatbestand der sequentiellen Investitionsentscheidungen besonders hervorzuheben. Zur Begründung: Letztlich ging es immer um die Wahl zwischen sich gegenseitig ausschließenden Zahlungsreihen, gleichgültig, ob sich dahinter nun einmalige Investitionshandlungen oder Investitionssequenzen verbergen. Läßt man aber die Annahme fallen, daß Investitionsentscheidungen unter Sicherheit getroffen werden, so muß man sequentielle Investitionsentscheidungen mit größerer Sorgfalt betrachten. Dies wird in Abschnitt 5.2.4 geschehen.

(5) Im Rahmen unserer grundlegenden Darstellungen über Entscheidungen bei Risiko in Abschnitt 5.1 sind wir von sich gegenseitig ausschließenden Alternativen ausgegangen. Die dort dargestellten Konzepte sind nicht ohne weiteres auf *Investitionsprogrammentscheidungen* übertragbar. So wäre es falsch zu glauben, es sei notwendigerweise eine riskante Investition, wenn man die Hälfte seines Vermögens in das riskante Projekt A und die andere Hälfte in das riskante Projekt B steckt. Die Risiken beider Projekte brauchen nämlich nicht gleichläufig zu sein,

wie folgendes Beispiel zeigt: Projekt A sei die Beteiligung an einem Unternehmen, das Regenschirme importiert, Projekt B die Beteiligung an einem Unternehmen für Badebekleidung. Da der kommende Sommer entweder sonnenscheinreich oder verregnet sein kann, sollte man im ersten Fall auf Badebekleidung, im zweiten auf Regenschirme setzen. Die Entscheidung muß aber vorab getroffen werden; und wer Sicherheit schätzt, legt nicht alle Eier in denselben Korb, sondern investiert einen Teil seines Geldes hier und den anderen dort. Die Grundzüge von Entscheidungsproblemen dieses Typs werden wir unter dem Stichwort *Portfolio Selection (Theorie der Wertpapiermischung)* in Abschnitt 5.2.5 erörtern.

5.2.1 Korrekturverfahren

Mit diesem Verfahren wollen wir uns nur sehr kurz beschäftigen. Es ist zwar in der Praxis recht beliebt, theoretisch aber dennoch höchst bedenklich.

Oben (Abschnitt 5.1) hatten wir gesehen, daß eine sorgfältige Analyse und Lösung des Unsicherheitsproblems mit beträchtlichem Aufwand verbunden ist. Der Investor muß nicht nur die alternativen Zukunftslagen erkennen, die für ihn relevant werden können und sich darüber Klarheit verschaffen, wie groß die Eintrittswahrscheinlichkeiten dieser Umweltzustände sind; er muß sich auch darüber klar werden, wie es mit seiner eigenen Bereitschaft zum Risiko bestellt ist. Nur, wenn diese genau bekannt ist, kann man „ausrechnen", welche Alternative unter Unsicherheit optimal ist.

Manch einer ist der Meinung, daß im Rahmen dieses letzten Schrittes zuviel vom Entscheidungsträger verlangt wird, daß die Betriebsleitung einer Unternehmung hoffnungslos überfordert ist, wenn man sie nach ihrer Bereitschaft zum Risiko befragt. Erschwerend kommt hinzu, daß weitreichende Investitionsentscheidungen kaum je von einer einzigen Person allein getroffen werden, sondern meist von einem ganzen Gremium (Vorstand, Investitionsausschuß), und daß die Risikoneigung der beteiligten Personen kaum jemals übereinstimmen wird. Indessen läßt sich jede (auch die unvernünftigste!) Entscheidung im nachhinein als vernünftig rechtfertigen, wenn man sich vor der Entscheidung weigert, die Risikobereitschaft offenzulegen, mit der man an ein Entscheidungsproblem heranzugehen gedenkt.

Allerdings trifft es zu, daß sich der mit einer Ableitung von optimalen Entscheidungen unter Unsicherheit verbundene Aufwand nicht in jedem Fall lohnen mag. Bei zahlreichen kleinen und für das Gesamtwohl der Unternehmung weniger bedeutungsvollen Entscheidungen wird man nicht immer die entsprechenden Planungskosten in Kauf nehmen können. Vor diesem Hintergrund ist es zu verstehen, daß man in der betrieblichen Praxis gern und oft zu den sogenannten Korrekturverfahren Zuflucht nimmt. Sie sind einfach zu handhaben.

5.2.1.1 Darstellung der Konzeption

Der Ablauf der Korrekturverfahren läßt sich grundsätzlich folgendermaßen beschreiben:

(1) An sämtlichen Schätzwerten, die in die Investitionsrechnung einfließen, werden nach dem „Prinzip der kaufmännischen Vorsicht" (oder dem, was man dafür hält) Risikozuschläge oder Risikoabschläge vorgenommen. Sicherheitshalber rechnet man anstelle

– der ursprünglich geschätzten Umsatzeinnahmen mit leicht verminderten Zahlen.
– der ursprünglich geschätzten laufenden Betriebsausgaben der Anlagen mit leicht erhöhten Zahlen.
– der ursprünglich geschätzten Nutzungsdauer einer Anlage mit einer gekürzten Lebensdauer.
– des ursprünglich festgelegten Kalkulationszinssatzes mit einem erhöhten Zinssatz.

(2) Sodann wird in einem zweiten Schritt eine einzige Investitionsrechnung mit „quasi-sicheren" Eingabedaten durchgeführt.

(3) Nur Investitionsprojekte, die dieses Netz von Hürden überwinden und trotzdem zufriedenstellende Rechnungsergebnisse ausweisen, werden realisiert.

Die Vorgehensweise sei an einem Zahlenbeispiel illustriert. Ein Investor besitze einen Planungszeitraum von $T = 5$ Jahren und operiere an einem vollkommenen Kapitalmarkt. Er überlege, ob er eine Investition durchführen soll, deren Zahlungsreihe auf der Basis der ursprünglichen Schätzungen

(− 1000, 600, 500, 400, 300, 200)

lautet, wobei der Investor von einem Kalkulationszinssatz von $i = 15\%$ ausgeht. Der Kapitalwert beläuft sich hier auf

$$BKW = -1000 + \frac{600}{1,15} + \frac{500}{1,15^2} + \frac{400}{1,15^3} + \frac{300}{1,15^4} + \frac{200}{1,15^5} =$$

$$= -1000 + 522 + 378 + 263 + 172 + 99 = 434$$

Es scheint sich um eine recht attraktive Investition zu handeln.
Nun „korrigiert" der Investor seine Schätzwerte so, daß die neue Zahlungsreihe

(− 1000, 500, 400, 300, 200)

heißt. Aus Sicherheitsgründen rechnet er mit dem erhöhten Kalkulationszinssatz von $i = 20\%$. Der Kapitalwert beläuft sich jetzt nur noch auf

$$BKW = -1000 + \frac{500}{1,2} + \frac{400}{1,2^2} + \frac{300}{1,2^3} + \frac{200}{1,2^4} =$$

$$= -1000 + 417 + 278 + 174 + 96 = -35$$

Aus einem ehemals attraktiven Projekt ist damit eine Investition geworden, die sich aufgrund ihres negativen Kapitalwerts nicht mehr zu lohnen scheint.

Es leuchtet unmittelbar ein, daß man auf diese Weise viele Investitionen „totrechnen" kann.

5.2.1.2 Kritik

(1) Das Korrekturverfahren orientiert sich in keiner Weise am Grundmodell der Entscheidungstheorie: Von allen Zukunftslagen, denen der Investor später gegenüberstehen könnte, wird prinzipiell nur die denkbar schlechteste als relevant unterstellt. Informationen über positive Zukunftsentwicklungen und deren vermutliche Eintrittswahrscheinlichkeiten bleiben unberücksichtigt.

(2) Über die Risikoneigung des Investors wird eine pauschale Vorab-Entscheidung getroffen, die völlige Risikoscheu impliziert.

(3) Die Daten, die in eine Investitionsrechnung einfließen, kommen in der Regel aus verschiedenen Stellen der Unternehmung zusammen. Einige Zahlen (Verkaufspreise, Absatzmengen) stammen aus der Vertriebsabteilung, andere Daten kommen aus dem technischen Bereich, wieder andere Daten (z. B. Rohstoffpreise) werden von der Einkaufsabteilung genannt. Wenn nun jeder dieser „Datenlieferanten" nach eigenem Geschmack Risikozu- oder -abschläge vornimmt, so ist es für ein zentrales Entscheidungsgremium unmöglich, rational begründbare Entscheidungen zu treffen. In diesem Fall muß „unter Unsicherheit über die Unsicherheit" entschieden werden.

Unsicherheit läßt sich nicht dadurch bewältigen, daß man alle Zahlen um x% erhöht oder senkt und daran glaubt, danach „sichere" Zahlen vor sich zu haben. Der bessere Weg besteht darin, die Unsicherheit transparent zu machen.

Es kann daher nicht erwartet werden, daß das Korrekturverfahren eine besonders erfolgreiche und der Risikoneigung des Investors entsprechende Investitionspolitik garantiert. Dennoch mag das Verfahren bei verständiger und behutsamer Handhabung dazu geeignet sein, in grober Form die Spreu vom Weizen zu trennen, also besonders risikoreiche Investitionen auszusondern.

5.2.2 Sensitivitätsanalysen

Bei jeder Investitionsrechnung, die sich auf Einzelentscheidungen richtet (vgl. hierzu oben 2. und 3. Kapitel), hängt das Ergebnis der Rechnung (= Outputgröße) von mehreren Eingabedaten (= Inputgrößen) ab.

Outputgröße (z. B. Endvermögen, Entnahmeniveau, Kapitalwert)

ist abhängig von

Inputgrößen (z. B. Zahlungsreihe der Investition, Soll-Zins, Haben-Zins, Kalkulationszinsfuß, Basiszahlungen, vorgegebene Entnahmen, vorgegebenes Endvermögen).

Die hier genannten Inputgrößen hängen ihrerseits von weiteren Variablen ab, die man als abgeleitete Inputgrößen bezeichnen könnte. So wird z. B. die Zahlungsreihe einer Investition von den erwarteten Absatzmengen, den Netto-Verkaufspreisen, den Lohnsätzen, den Rohstoffpreisen usw. bestimmt.

Sind nun einige oder alle diese Eingabedaten unsicher, so liegt die Frage nahe, wie empfindlich das Rechnungsergebnis (also Endvermögen, Einkommensniveau u. a.) auf Veränderungen der Inputgrößen reagiert. Dies ist die Fragestellung der Sensitivitätsanalyse (auch Sensibilitäts- oder Empfindlichkeitsanalyse).

Sensitivitätsanalysen fragen danach, wie empfindlich Outputgrößen der Investitionsrechnungen auf Veränderungen einer oder mehrerer Inputgrößen reagieren.

5.2.2.1 Darstellung der Konzeption

Sensitivitätsanalysen können entweder in bezug auf eine oder auf mehrere Inputgrößen durchgeführt werden.

5.2.2.1.1 Sensitivitätsanalysen in bezug auf eine Inputgröße

Wenn insgesamt n Eingabedaten für die Berechnung der interessierenden Zielgröße relevant sind, werden bei dieser Form der Sensitivitätsanalyse n-1 Inputgrößen als sicher und genau eine einzige als unsicher betrachtet. Dabei geht man in folgenden *vier Schritten* vor:

(1) Auswahl der als unsicher angesehenen Inputgröße (z. B. Absatzmengen, Verkaufspreise, Lebensdauer des Projektes, Preise für Produktionsfaktoren u. a.),

(2) Formulierung eines Investitionsmodells zur Berechnung der interessierenden Outputgröße in Abhängigkeit von der zu betrachtenden Inputgröße,

(3) Vorgabe eines Schwankungsintervalls der Outputgröße durch Angabe der Grenzen, die die Zielwerte nicht über- oder unterschreiten sollen,

(4) analytische oder numerische Bestimmung des sich daraus ergebenden zulässigen Schwankungsintervalls für die betrachtete Inputgröße.

Ein Investor besitze liquide Mittel in Höhe von $M_0 = 800$, habe einen Planungszeitraum von $T = 3$ Jahren und sehe sich einem unvollkommenen Kapitalmarkt mit einem konstanten Haben-Zins von $h = 0,1$ und einem konstanten Soll-Zins von $s = 0,2$ gegenüber. Sein Ziel sei die Maximierung der Breite seines Entnahmestroms Y bei gleichbleibender zeitlicher Struktur und einem vorgegebenen Endvermögen von $C_T = M_0 = 800$. Der Investor betrachte nun eine Investition, die heute sichere Ausgaben in Höhe von $z_0 = -1000$ verursacht. In den kommenden drei Jahren rechnet der Investor ferner mit sicheren Absatzmengen von $x_1 = 120$, $x_2 = 100$, $x_3 = 80$. Die laufenden Betriebsausgaben je Stück erwartet er sicher mit $k = 5$ Geldeinheiten. Das Mindesteinkommen, das er zur Befriedigung seiner Konsumbedürfnisse braucht, beträgt $Y_{min} = 50$. Höchstens verlangt er $Y_{max} = 200$. Die Frage lautet: Innerhalb welchen Intervalls darf der Produktpreis p schwanken, damit Y_{max} nicht überschritten und Y_{min} nicht unterschritten wird?

An die Beantwortung der Frage kann man wie folgt herangehen:

(1) Die als unsicher anzusehende Inputgröße ist der Produktpreis p.

(2) Die Zahlungsreihe der Investition in Abhängigkeit vom Produktpreis ergibt sich aus:

$$z_0$$
$$z_1 = x_1 \, (p - k)$$
$$z_2 = x_2 \, (p - k)$$
$$z_3 = x_3 \, (p - k)$$

Alle übrigen Daten zur Berechnung des Einkommensniveaus, nämlich $\bar{M}$, T, s, h, $\bar{f}$ und C_T, sind gegeben.

(3) Das Schwankungsintervall der Outputgröße Y ist mit Y_{max} und Y_{min} gegeben. Gesucht ist nach dem zulässigen Schwankungsintervall für p, das ein Entnahmeniveau zwischen 50 und 200 garantiert ($50 \leqslant Y \leqslant 200$).

(4) Da sich für das Entnahmeniveau einer Investition unter den Bedingungen eines unvollkommenen Kapitalmarktes keine explizite Formel entwickeln läßt (vgl. oben Abschnitt 2.3.3), kann die Sensitivitätsanalyse nicht analytisch durchgeführt werden. Man muß mit numerischen Methoden arbeiten. Das gesuchte Schwankungsintervall der Inputgröße liegt zwischen p_{max} und p_{min}, wobei bei p_{max} ein Einkommensniveau von $Y_{max} = 200$ erreicht wird und p_{min} das Einkommensniveau auf $Y_{min} = 50$ sinken läßt. p_{max} und p_{min} müssen entweder analog zu den oben beschriebenen Einkommensmodellen mit Hilfe eines manuellen Suchverfahrens oder mit einem eigens dafür entwickelten EDV-Suchprogramm bestimmt werden.

Im vorliegenden Fall ergibt sich: $p_{max} = 11{,}09$ und $p_{min} = 8{,}96$.

$p_{max} = 11{,}09$: Hier lautet die Zahlungsreihe der Investition:

$$z_0 = -1000, \quad z_1 = 731{,}32, \quad z_2 = 609{,}43, \quad z_3 = 487{,}54$$

und der Investor kommt auf ein Einkommensniveau von $Y_{max} = 200$, wie folgende Rechnung beweist:

$$C_0 = 800 - 1000 - 200 = -400$$
$$C_1 = 731{,}32 - 200 - 1{,}2 \cdot 400 = 51{,}32$$

$$C_2 = 609{,}43 - 200 + 1{,}1 \cdot 51{,}32 = 465{,}88$$
$$C_3 = 487{,}54 - 200 + 1{,}1 \cdot 465{,}88 = 800$$

$p_{min} = 8{,}96$. In diesem Fall lautet die Zahlungsreihe

$$z_0 = -1000, \ z_1 = 475{,}60, \ z_2 = 396{,}33, \ z_3 = 317{,}06$$

und der Investor erhält gerade noch ein Einkommen von $Y_{min} = 50$, wie nachstehende Rechnung zeigt:

$$C_0 = 800 - 1000 - 50 = -250$$
$$C_1 = 475{,}60 - 50 - 1{,}2 \cdot 250 = 125{,}60$$
$$C_2 = 396{,}33 - 50 + 1{,}1 \cdot 125{,}60 = 484{,}49$$
$$C_3 = 317{,}06 - 50 + 1{,}1 \cdot 484{,}49 = 800$$

Die Inputgröße „Verkaufspreis" darf also im vorliegenden Fall nicht kleiner als 8,96 und nicht größer als 11,09 sein, wenn das Einkommen des Investors zwischen $Y_{max} = 200$ und $Y_{min} = 50$ liegen soll.

Wichtige andere Inputgrößen, von denen das Rechnungsergebnis entscheidend beeinflußt werden kann, sind neben dem Verkaufspreis die Absatzmengen und die Lebensdauer des Betriebsmittels. Bei der Frage nach der kritischen Lebensdauer handelt es sich darum herauszubekommen, wie lange eine Investition mindestens genutzt werden muß, damit ein bestimmtes Ergebnis erzielt wird. Dieses Problem wurde oben bereits bei der Darstellung der *Amortisationsrechnung* angesprochen (vgl. oben Abschnitt 2.2.2).

5.2.2.1.2 Sensitivitätsanalysen in bezug auf mehrere Inputgrößen

In der Regel wird man davon ausgehen müssen, daß nicht nur eine, sondern mehrere Inputgrößen unsicher sind. In diesen Fällen reichen Sensitivitätsanalysen in bezug auf eine einzige Eingabegröße nicht mehr aus. An der formalen Vorgehensweise der Sensitivitätsanalyse ändert sich aber durch den Übergang auf mehrere Inputgrößen gar nichts. Es ist wiederum in vier Schritten vorzugehen:

(1) Auswahl der als unsicher angesehenen Inputgrößen (z. B. Absatzmengen und Verkaufspreise),

(2) Formulierung des Investitionsmodells zur Berechnung der interessierenden Zielgröße in Abhängigkeit von den unter (1) festgelegten Inputgrößen,

(3) Vorgabe des Schwankungsintervalls der Outputgröße durch Angabe seiner Ober- und Untergrenze,

(4) analytische oder numerische Bestimmung des sich daraus ergebenden zulässigen Schwankungsintervalls für die Inputgrößen.

Das Vorgehen sei wiederum an einem einfachen Zahlenbeispiel demonstriert. Ein Investor mit einem Planungszeitraum von $T = 2$ Jahren operiere an einem vollkommenen Kapitalmarkt, für den ein Kalkulationszinsfuß von $i = 7\%$ gelte. Er betrachte den Kapitalwert einer Investition, deren Anschaffungsausgabe er sicher mit $z_0 = -800$ und deren laufende Betriebsausgaben je Stück der produzierten Erzeugnisse k er ebenfalls sicher mit 4,– DM erwarte. Der Produktpreis p und die Absatzmenge x seien unabhängig voneinander und unsichere Größen.

Die Frage lautet: Welche Kombinationen von p und x garantieren dem Investor einen Kapitalwert von mindestens Null. (Dabei sei von im Zeitablauf konstanten Absatzmengen ausgegangen.)

Die Kapitalwertformel lautet allgemein

$$BKW = \sum_{t=0}^{T} z_t (1 + i)^{-t}$$

und im speziellen Fall

$$BKW = z_0 + (p - k)x(1 + i)^{-1} + (p - k)x(1 + i)^{-2}$$

Die Größen BKW, z_0, k und i sind gegeben. Gesucht sind die zulässigen Kombinationen für x und p, die die vorstehende Gleichung mit $BKW = 0$ erfüllen. Daraus ergibt sich:

$$0 = -800 + (p - 4)x \cdot 1{,}07^{-1} + (p - 4)x \cdot 1{,}07^{-2}$$
$$915{,}92 = 1{,}07 x (p - 4) + x (p - 4)$$
$$= 2{,}07 xp - 8{,}28 x$$

$$x = \frac{442.47}{p - 4}$$

Leitet man aus dieser Formel eine Wertetabelle ab und trägt die entsprechenden Zahlen in ein p-x-Koordinatensystem ein, so ergibt sich die in Abb. 5/5 gezeichnete Kurve. Im schraffierten Bereich der Abbildung liegen alle Preis-Absatzmengen-Kombinationen, bei denen der Investor im vorstehenden Beispielsfall einen positiven Kapitalwert erzielen würde.

Falls mehr als zwei Inputgrößen untersucht werden sollen, so lassen sich die Ergebnisse von Sensitivitätsanalysen nicht mehr im zweidimensionalen Raum veranschaulichen. In solchen Fällen empfiehlt es sich, Schwankungsintervalle der Inputgrößen vorzugeben und die Auswirkungen dieser Variationen auf die Outputgröße in tabellarischer Form zu studieren (vgl. dazu Blohm/Lüder 1983: 192–194).

5.2.2.2 Kritik

Sensitivitätsanalysen sind nicht dazu geeignet, Entscheidungsprobleme unter Unsicherheit zu lösen. Trotzdem kann man sie als nützlich bezeichnen. Sie liefern nämlich Informationen darüber, ob die Unsicherheit für die Lösung des anstehenden Entscheidungsproblems bedeutungsvoll ist oder nicht.

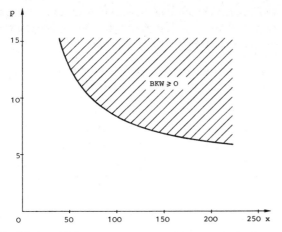

Abb. 5/5. Sensitivitätsanalyse des Kapitalwertes einer Investition in bezug auf Verkaufspreis und Absatzmenge

Stellt man fest, daß der Schwankungsbereich der Outputgrößen so gering ist, daß
die Entscheidung für die eine oder andere Investitionsalternative davon nicht
betroffen wird, so kann man die Lösung des Entscheidungsproblems offenbar mit
Methoden in Angriff nehmen, die von sicheren Erwartungen ausgehen. Stellt man
umgekehrt fest, daß die Unsicherheit nicht ohne Bedeutung ist, so informiert
die Methode der Sensitivitätsanalysen nicht darüber, wie weiter zu verfahren ist.
Man kann sich dann aber offenbar darauf beschränken, die weiteren Überlegungen auf diejenigen Inputgrößen zu konzentrieren, die für das Entscheidungsproblem ausschlaggebend sind.

5.2.3 Risikoanalysen

Das Ziel der Risikoanalysen besteht darin, eine Wahrscheinlichkeitsverteilung
für die Outputgröße einer Investitionsrechnung (z. B. Endvermögen, Entnahmeniveau, Kapitalwert usw.) aus sicheren und unsicheren Informationen über die
relevanten Inputgrößen abzuleiten.

5.2.3.1 Darstellung der Konzeption

Risikoanalysen können entweder mit Hilfe von *analytischen Methoden* oder
mit Hilfe von *Computersimulationen* erfolgen. Wir beschränken uns im folgenden
auf die Darstellung des zweiten Weges, weil die Anwendung analytischer Verfahren (etwa der Ansatz von Hillier 1963) an besondere und recht restriktive Voraussetzungen gebunden ist (vgl. hierzu etwa Blohm/Lüder 1983: 210ff.). Die
Verwendung des Simulationsverfahrens mit Hilfe von EDV-Anlagen beruht da-

gegen auf weit weniger rigorosen Annahmen. Die Methode geht auf einen Vorschlag von David B. Hertz (1964) zurück und hat inzwischen auch in der Praxis viele Anhänger gefunden. Das Verfahren besteht aus folgenden *sechs Schritten*:

(1) *Auswahl der als unsicher angesehenen Inputgrößen* (z. B. Absatzmenge, Verkaufspreise, Personalausgaben, andere laufende Betriebsausgaben, projektfixe Ausgaben, Liquidationserlöse usw.)

(2) *Schätzung der Wahrscheinlichkeitsverteilungen für die unsicheren Inputgrößen.* Dabei ist zwischen diskret und kontinuierlich verteilten Variablen zu unterscheiden. Methodisch verlangt die Risikoanalyse hierbei vom Entscheidungsträger die Angabe von *Glaubwürdigkeitsgewichten* g_i für die einzelnen Klassen der Verteilung:

– Bei *diskreten Inputgrößen* (z. B. der Lebensdauer) eines Projekts lassen sich die Wahrscheinlichkeiten dann nach der Formel

$$w_i = \frac{g_i}{\sum g_i}$$

direkt ermitteln. Für den Fall

Lebensdauer (i) (Perioden)	2	3	4	5	6
Gewicht (g_i)	1	3	5	4	2
Wahrscheinlichkeit (w_i)	0,067	0,200	0,333	0,267	0,133

– Bei *kontinuierlich verteilten Inputgrößen* (z. B. Verkaufspreise) lassen sich die Wahrscheinlichkeiten der nicht angegebenen Werte durch lineare Interpolation gewinnen. Eine andere Möglichkeit besteht darin, Intervallklassen zu bilden und für diese Gewichte anzugeben. Beispielsweise werde vermutet, daß der Preis eines Produktes im 3. Jahr zwischen 2,50 DM und 4.50 DM liege. Dann könnte man mit folgender Verteilung arbeiten:

Intervall	Gewicht	Wahrscheinlichkeit
2,50 bis 3,20	1	0,167
3,20 bis 4,00	3	0,500
4,00 bis 4,50	2	0,333

Graphisch ist diese Verteilung in Abb. 5/6 dargestellt.

(3) *Generierung der Eingabedaten.* In dieser Phase der Risikoanalyse wird aus den sicheren und den unsicheren Inputgrößen mit Hilfe der Monte-Carlo-Simulation ein Satz von Eingabedaten erzeugt, mit dem sich die den Investor interessierende Zielgröße (z. B. Kapitalwert, Endvermögen, Einkommensniveau) berechnen läßt.
Die Erzeugung der unsicheren Inputgrößen geht dabei folgendermaßen vor sich: In einem ersten Schritt erzeugt man gleichverteilte *Pseudo-Zufallszahlen* r zwi-

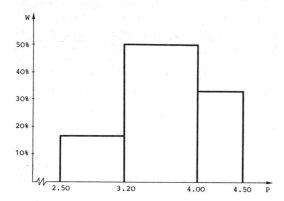

Abb. 5/6. Wahrscheinlichkeitsverteilung einer kontinuierlichen Inputgröße (Verkaufspreise).

schen 0 und 1, also $0 \leqslant r \leqslant 1$. In einem zweiten Schritt wandelt man diese Zufallszahlen entsprechend der Wahrscheinlichkeitsverteilung jeder Inputgröße mit Hilfe einer geeigneten Formel in die benötigte Inputgröße um. Braucht man also etwa 100 Verkaufspreise, die der in Abb. 5/6 angegebenen Wahrscheinlichkeitsverteilung entsprechen, so zieht man 100 Zufallszahlen r_i und wandelt davon

17 nach der Formel $p_i = 2{,}50 + 0{,}7\,r_i$

50 nach der Formel $p_i = 3{,}20 + 0{,}8\,r_i$

33 nach der Formel $p_i = 4{,}00 + 0{,}5\,r_i$

in zufällig verteilte Absatzpreise um.

Alle großen Datenverarbeitungsanlagen sind heute mit Zufallszahlengeneratoren ausgestattet, die sehr gute statistische Eigenschaften (vor allem große Periode und geringe Reihenkorrelation) besitzen.

(4) *Berechnung der den Investor interessierenden Outputgröße* (z. B. Kapitalwert usw.) auf der Grundlage der in Schritt (3) generierten Eingabedaten.

(5) *Fortsetzung der Schritte (3) und (4), bis sich die Wahrscheinlichkeitsverteilung der Zielgröße stabilisiert hat.* Man gewinnt auf diese Weise eine Häufigkeitsverteilung der Outputgröße und bricht die Simulation dann ab, wenn sich das arithmetische Mittel der Zielgröße und die relativen Häufigkeiten aufgrund von weiteren Simulationen nur noch unwesentlich ändern.

(6) *Ermittlung der relativen Häufigkeiten für die Outputgröße.* Diese relativen Häufigkeiten entsprechen näherungsweise der Wahrscheinlichkeitsverteilung der Zielgröße.

5.2.3.2 Konkretisierung des Verfahrens

Nachfolgend wird das Verfahren der simulativen Risikoanalyse an einem Zahlenbeispiel illustriert.

Rahmenbedingungen, sichere Inputgrößen

Ein Investor verfügt im Zeitpunkt $t = 0$ über liquide Mittel in Höhe von $M_0 = 14\,000$. Weitere Basiszahlungen fallen nicht an. Er hat einen Planungszeitraum von $T = 5$ Perioden und die Absicht, das Niveau seiner jährlichen Entnahmen Y bei einem angestrebten Endvermögen von $C_T = 14\,000$ zu maximieren. Die Entnahmen sollen in jedem Jahr linear um 5 Prozentpunkte steigen. Im Zeitpunkt $t = 0$ werden keine Entnahmen gewünscht. Der Kapitalmarkt ist unvollkommen, wobei die Haben-Zinsen gleichbleibend mit 5 % und die Soll-Zinsen gleichbleibend mit 8 % angenommen werden. Der Investor hat die Wahl zwischen zwei Alternativen (Projekt A und Projekt B), deren Anschaffungsausgaben (z_0) sich auf $-22\,000$ und $-26\,500$ belaufen.

Unsichere Inputgrößen

Die Rückflüsse der Investitionen ($z_1, z_2, \ldots, z_5$) sind nicht mit Sicherheit bekannt. Der Rückfluß im Zeitpunkt t hängt aber immer von folgenden sechs Inputgrößen ab:

(1) c_t: produktionsfixe Ausgaben im Zeitpunkt t

(2) l_t: Ausgaben für Löhne je Erzeugnis im Zeitpunkt t

(3) m_t: Ausgaben für Fertigungsmaterial je Erzeugnis im Zeitpunkt t

(4) n: Nutzungsdauer der Investition

(5) p_t: Verkaufspreis des Produktes im Zeitpunkt t

(6) x_t: Absatzmenge des Produktes im Zeitpunkt t

Über alle diese Inputgrößen existieren nur unsichere Informationen (Einzelheiten siehe weiter unten). Formal gilt aber immer der Zusammenhang:

$$z_t = \begin{cases} (p_t - l_t - m_t) x_t - c_t \\ 0 \end{cases} \quad \begin{array}{l} \text{wenn } t \leq n \\ \text{wenn } t > n \end{array}$$

oder verbal: Rückfluß gleich Deckungsbeitrag je Erzeugnis mal Absatzmenge minus produktionsfixe Ausgaben, solange das Projekt genutzt werden kann. Im einzelnen glaubt der Investor über die unsicheren Inputgrößen folgendes zu wissen:

(1) Produktionsfixe Ausgaben (c_t)

Die von der Produktionsmenge unabhängigen Ausgaben für die Investitionen werden im Laufe der Jahre mit Sicherheit steigen. Der Investor ist dazu in der Lage, die Bandbreiten anzugeben, innerhalb derer diese Ausgaben in den einzelnen Jahren liegen werden (Tab. 5-16). Welcher Bereich dieser Bandbreiten wie wahrscheinlich ist, kann er nicht sagen. Demnach ist jeder Wert innerhalb der angegebenen Intervalle gleich wahrscheinlich.

Tab. 5-16. Verteilung der produktionsfixen Ausgaben

Zeitpunkt t	Projekt A	Projekt B
1	2800 bis 3200	1600 bis 1900
2	2900 bis 3200	1700 bis 2000
3	3000 bis 3400	1700 bis 2000
4	3300 bis 3700	1800 bis 2200
5	3900 bis 4600	2200 bis 2500

(2) *Lohnkosten je Stück* (l_t)

In bezug auf die Lohnkosten je Stück verfügt der Investor über differenzierte Informationen. Er kann die relevanten Bandbreiten in drei Bereiche einteilen und deren Wahrscheinlichkeiten schätzen (vgl. Tab. 5-17).

Tab. 5-17. Verteilung der Lohnkosten je Stück

t		Projekt A			Projekt B		
1	DM	20 bis 25	25 bis 28	28 bis 32	25 bis 28	28 bis 30	30 bis 34
	w_i	0,2	0,4	0,4	0,3	0,3	0,4
2	DM	27 bis 29	29 bis 32	32 bis 36	19 bis 23	23 bis 27	27 bis 32
	w_i	0,3	0,4	0,3	0,3	0,4	0,3
3	DM	20 bis 25	25 bis 28	28 bis 32	25 bis 28	28 bis 30	30 bis 34
	w_i	0,2	0,4	0,4	0,3	0,3	0,4
4	DM	20 bis 23	23 bis 26	26 bis 28	19 bis 23	23 bis 27	27 bis 32
	w_i	0,5	0,4	0,1	0,3	0,4	0,3
5	DM	20 bis 25	25 bis 28	28 bis 32	20 bis 25	25 bis 28	28 bis 32
	w_i	0,5	0,4	0,1	0,1	0,4	0,5

(3) *Materialkosten je Stück* (m_t)

Hinsichtlich der Ausgaben für das Material je Erzeugnis gelten die in Tab. 5-18 angegebenen Daten.

Tab. 5-18. Verteilung der Materialkosten je Stück

t		Projekt A			Projekt B		
1	DM	15 bis 18	18 bis 22	22 bis 26	22 bis 24	24 bis 26	26 bis 27
	w_i	0,3	0,4	0,3	0,5	0,3	0,2
2	DM	24 bis 26	26 bis 28	28 bis 30	15 bis 18	18 bis 22	22 bis 25
	w_i	0,3	0,4	0,3	0,3	0,4	0,3
3	DM	17 bis 18	18 bis 22	22 bis 26	22 bis 24	24 bis 26	26 bis 27
	w_i	0,3	0,4	0,3	0,4	0,3	0,3
4	DM	20 bis 22	22 bis 25	25 bis 27	15 bis 18	18 bis 22	22 bis 25
	w_i	0,4	0,4	0,2	0,3	0,4	0,3
5	DM	15 bis 18	18 bis 22	22 bis 26	15 bis 18	18 bis 22	22 bis 26
	w_i	0,4	0,4	0,2	0,1	0,4	0,5

(4) *Nutzungsdauer der Investitionen* (n)

Für Projekt A wird eine wirtschaftliche Nutzungsdauer zwischen 3 und 5 Jahren erwartet. Projekt B glaubt man dagegen mindestens 4 Jahre einsetzen zu können. Im einzelnen werden folgende Wahrscheinlichkeiten angegeben:

	Projekt A	Projekt B
$n = 3$	$w_n = 10\%$	–
$n = 4$	$w_n = 30\%$	$w_n = 30\%$
$n = 5$	$w_n = 60\%$	$w_n = 70\%$

(5) *Verkaufspreis des Produktes* (p_t)

Auf beiden Aggregaten wird ein aus der Sicht des Verbrauchers einheitliches Produkt hergestellt, für dessen Verkaufspreise in den einzelnen Zeitpunkten des Planungszeitraums die in Tab. 5-19 angegebenen Wahrscheinlichkeitsverteilungen gelten.

Tab. 5-19. Verteilung der Produktpreise

t				
1	DM	75 bis 90	90 bis 105	105 bis 120
	w_i	0,3	0,5	0,2
2	DM	75 bis 85	85 bis 95	95 bis 110
	w_i	0,2	0,4	0,3
3	DM	75 bis 82	82 bis 90	90 bis 100
	w_i	0,2	0,5	0,3
4	DM	70 bis 75	75 bis 85	85 bis 100
	w_i	0,2	0,5	0,3
5	DM	70 bis 75	75 bis 85	85 bis 100
	w_i	0,2	0,5	0,3

(6) *Absatzmengen des Produktes* (x_t)

Es wird angenommen, daß Produktpreise und Absatzmengen nicht unabhängig voneinander sind. Bisherige Marktuntersuchungen lassen vermuten, daß sich der Absatz erhöhen läßt, wenn man die Preise senkt. Der genaue funktionale Zusammenhang zwischen Preis und Absatzmenge ist aber nicht bekannt.

In der Absatztheorie beschreibt man den funktionalen Zusammenhang zwischen beiden Größen mit Hilfe der Preis-Absatz-Funktion ($=$ PAF). Abb. 5/7 zeigt eine solche Beziehung graphisch. Je höher der Preis ist, um so kleiner ist der Absatz.
Geht man davon aus, daß die PAF eine lineare Funktion ist, so läßt sie sich allgemein durch die Formel

$$p = a - bx$$

beschreiben. Dabei ist a der Achsenabschnitt, in dem die PAF die p-Achse schneidet und b

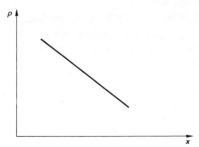

Abb. 5/7. Preis-Absatz-Funktion (PAF) eines Produktes

die Steigung der Funktion. a und b sind für den Investor unseres Zahlenbeispiels unsichere Größen.

Der Investor ist dazu in der Lage, folgende Informationen zur Verfügung zu stellen (vgl. Abb. 5/8).

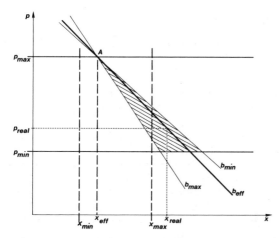

Abb. 5/8. Abhängigkeit der Absatzmenge vom Verkaufspreis im Rahmen einer Risikoanalyse.

Der Investor kann Bandbreiten für die Absatzmengen nennen, die dann zu erwarten sind, wenn er in einem konkreten Zeitpunkt des Planungszeitraums den entsprechend Tab. 5-19 maximalen Preis (p_{max}) durchsetzen kann. Diese Bandbreiten liegen zwischen x_{min} und x_{max} in Abb. 5/8. Ihre konkreten Werte sind in Tab. 5-20 zusammengestellt.

Wie wahrscheinlich welche Werte in diesen Intervallen sind, vermag der Investor nicht zu sagen. Folglich sind alle Werte gleich wahrscheinlich.
Der Investor kann außerdem Angaben darüber machen, welche Steigung seine PAF in etwa hat. Auch hier vermag er aber nur Bandbreiten zu nennen, ohne angeben zu können, welche Intervalle der Bandbreiten wie wahrscheinlich sind (vgl. Tab. 5-21).

Tab. 5-20. Verteilung der Absatzmengen bei Durchsetzung des Höchstpreises (p_{max})

Zeitpunkt t	Absatzmenge
1	180 bis 250
2	180 bis 250
3	200 bis 250
4	200 bis 250
5	200 bis 250

Tab. 5-21. Verteilung der Steigungen der PAF im relevanten Bereich

Zeitpunkt t	Steigungen der PAF
1	−0,15 bis −0,22
2	−0,20 bis −0,25
3	−0,20 bis −0,25
4	−0,22 bis −0,25
5	−0,22 bis −0,25

Aus der Summe dieser Informationen kann man im vorliegenden Beispielsfall in jedem Simulationsdurchlauf eine konkrete Reihe von Absatzmengen ableiten. Dabei ist in folgenden Schritten vorzugehen:

- Generierung eines zufälligen Wertes zwischen x_{min} und x_{max}. Dadurch gewinnt man x_{eff}, die effektive Absatzmenge bei Durchsetzung des Höchstpreises p_{max} dieser Periode (Punkt A in Abb. 5/8).
- Generierung eines zufälligen Wertes zwischen b_{min} und b_{max}. Dadurch erhält man b_{eff}, die effektive Steigung der PAF für die betrachtete Periode,
- Konstruktion der effektiven PAF als lineare Funktion mit der Steigung b_{eff} durch den Punkt A in Abb. 5/8 mit Hilfe der Punkt-Steigungs-Formel.
- Generierung eines zufälligen Wertes für den Preis zwischen p_{min} und p_{max} entsprechend der in Tab. 5-19 angegebenen Wahrscheinlichkeitsverteilung (p_{real}).
- Ableitung der dementsprechenden Absatzmenge (x_{real}) mit Hilfe der effektiven PAF.

Die Vorgehensweise zeigt, daß es im Rahmen der Risikoanalyse möglich ist, nicht nur voneinander unabhängige Inputgrößen (wie etwa l_t und m_t), sondern auch voneinander abhängige Eingabedaten (hier: p_t und x_t) als unsicher zu unterstellen.

Ergebnisse

Als Ergebnisse der Simulationen wurden die in Tab. 5-22 dargestellten Häufigkeitsverteilungen für die Entnahmeniveaus beider Projekte ermittelt.

500 Simulationen erwiesen sich im vorliegenden Beispielsfall als völlig ausreichend, da sich die relativen Häufigkeiten bei einer Erhöhung dieser Zahl nur noch unwesentlich änderten.

Auswertung der Ergebnisse

Aus Tab. 5-22 können ohne jede Schwierigkeit folgende Informationen für jedes Investitionsprojekt abgeleitet werden:

(1) *Erwartungswert des Einkommensniveaus* (μ)

Bezeichnet man die Klassenmitten mit Y_j und die relativen Häufigkeiten je Klasse mit p_j, so ergeben sich die Erwartungswerte μ aus

$$\mu = \sum p_j Y_j$$

Dabei erhält man für Projekt A einen Wert von $\mu_A = 2005,10$ und für Projekt B die Zahl $\mu_B = 2401,65$.

(2) *Streuung des Einkommensniveaus* (σ)

Die Standardabweichung des Einkommensniveaus ergibt sich aus

$$\sigma = \sqrt{\sum p_j (Y_j - \mu)^2}$$

Im vorliegenden Fall erhält man für Projekt A den Wert $\sigma_A = 772,16$ und für Investition B die Zahl $\sigma_B = 810,13$.

Diese Informationen erlauben es, zwischen den beiden Alternativen eine Auswahl

Tab. 5-22. Häufigkeitsverteilungen der Einkommensniveaus bei 500 Simulationen je Projekt

Einkommensniveau Y			Projekt A		Projekt B	
Klassen-untergrenze	Klassen-obergrenze	Klassen-mitte	absolute Häufigkeit	relative Häufigkeit	absolute Häufigkeit	relative Häufigkeit
− 1083,11 bis − 713,88		− 898,50	0	0,0%	1	0,2%
− 713,88 bis − 344,65		− 529,27	2	0,4%	1	0,2%
− 344,65 bis 24,57		− 160,04	2	0,4%	1	0,2%
24,57 bis 393,80		209,18	9	1,8%	5	1,0%
393,80 bis 763,02		578,41	17	3,4%	6	1,2%
763,02 bis 1132,25		947,64	38	7,6%	14	2,8%
1132,25 bis 1501,48		1316,86	55	11,0%	41	8,2%
1501,48 bis 1870,70		1686,09	83	16,6%	57	11,4%
1870,70 bis 2239,93		2055,32	91	18,2%	61	12,2%
2239,93 bis 2609,16		2424,54	91	18,2%	103	20,6%
2609,16 bis 2978,38		2793,77	63	12,6%	85	17,0%
2978,38 bis 3347,61		3162,99	36	7,2%	75	15,0%
3347,61 bis 3716,83		3532,22	12	2,4%	34	6,8%
3716,83 bis 4086,06		3901,45	1	0,2%	11	2,2%
4086,06 bis 4455,29		4270,67	0	0,0%	4	0,8%
4455,29 bis 4824,51		4639,90	0	0,0%	1	0,2%
			500	100,0%	500	100,0%

zu treffen, die den in Abschnitt 5.1 beschriebenen grundlegenden entscheidungstheoretischen Konzepten entspricht. Tab. 5-22 ist nichts anderes als eine „verdich-
tete" Ergebnismatrix.

5.2.3.3 Kritik

Das Verfahren der Risikoanalyse besitzt die folgenden Vor- und Nachteile:

(1) Das Verfahren orientiert sich am Grundmodell der Entscheidungstheorie. Es
erlaubt die Berücksichtigung einer sehr großen Anzahl von alternativen Zukunftslagen, ohne daß es notwendig wäre, alle relevanten Zukunftsentwicklungen im
Rahmen entsprechend aufwendiger Ergebnismatrizen explizit zu entwickeln.

(2) Aus den Ergebnissen der Risikoanalysen lassen sich Informationen ableiten,
die Entscheidungen auf der Basis klassischer Entscheidungsprinzipien oder des
Bernoulliprinzips gestatten.

(3) Das Verfahren der Risikoanalyse gestattet es, sowohl unsichere Informationen in bezug auf voneinander unabhängige als auch in bezug auf voneinander
abhängige Inputgrößen zu verarbeiten.

(4) Die Methode der Risikoanalyse läßt sich – wenn sie als Simulationsverfahren
eingesetzt wird – nur mit Hilfe von Computern bewerkstelligen. Es sei in diesem
Zusammenhang darauf aufmerksam gemacht, daß die Rechenzeiten für Risikoanalysen verhältnismäßig gering sind. Das obige Zahlenbeispiel (Abschnitt 5.2.3.2)
wurde auf einer CDC-Anlage mit Hilfe eines selbstgeschriebenen FORTRAN-
Programms durchgerechnet. Die Ausführungszeit betrug weniger als 10 Sekunden.

Aufgrund der überwiegend positiven Eigenschaften des Verfahrens der Risikoanalyse setzt sich die Methode insbesondere bei der Beurteilung von Großprojek-
ten auch in der Praxis immer mehr durch (Lüder 1976b: 512).

5.2.4 Sequentielle Investitionsentscheidungen

Bei sequentiellen Investitionsentscheidungen geht es darum, eine im Zeitablauf
optimale Folge von Investitionen auszuwählen. Hierzu ein klassisches Beispiel:
Soll ein Investor heute eine große Anlage kaufen oder soll er zunächst eine kleine
Anlage aufbauen und diese gegebenenfalls später erweitern?
Um die grundlegenden Probleme sequentieller Investitionsentscheidungen unter
Risiko und die Verfahren zu ihrer Lösung darstellen zu können, ist es zweckmä-
ßig, mit einem Beispiel zu beginnen. Das Beispiel ist bewußt einfach gehalten.

5.2.4.1 Ein Zahlenbeispiel als Argumentationsgrundlage

Wir betrachten einen Investor mit einem Planungszeitraum von $T = 2$ Jahren, dessen Basiszahlungsreihe $\overline{M} = \{65, -10, 90\}$ ist. Dieser Investor strebt nach maximalen konstanten Entnahmen Y bei einem Endvermögen von $C_T = 140$. Der Kapitalmarkt ist unvollkommen mit einem Soll-Zins von $s = 12\%$ und einem Haben-Zins von $h = 6\%$.

Investitions- und Desinvestitionsmöglichkeiten

Der Investor kann im Zeitpunkt $t = 0$ entweder eine kleine Anlage bauen (K) oder eine große Anlage errichten (G). Im Zeitpunkt $t = 1$ kann er entweder die kleine Anlage vergrößern (KG) oder die große Anlage verkleinern (GK) oder überhaupt nichts tun (NT). Die Durchführung dieser Investitions- und Desinvestitionsmaßnahmen löst in den Zeitpunkten $t = 0$ bzw. $t = 1$ die in Tab. 5-23 aufgeführten Zahlungen aus.

Tab. 5-23.

		Zahlung im Zeitpunkt	
		$t = 0$	$t = 1$
Kleine Anlage	K	-50	
Große Anlage	G	-90	
Kleine Anlage vergrößern	KG		-25
Große Anlage verkleinern	GK		$+20$
Nichts tun	NT		0

Unsichere Rückflüsse

Die Höhe der künftigen Rückflüsse ist unsicher. Sie hängt einerseits von der Entwicklung der Nachfrage und andererseits von den Entscheidungen des Investors über seine Anlagenpolitik ab. Die Rückflüsse, mit denen zu den Zeitpunkten $t = 1$ und $t = 2$ in Abhängigkeit von Nachfrageentwicklung und Anlagengröße zu rechnen ist, gehen aus Tab. 5-24 hervor.

Tab. 5-24.

Nachfrage \ Anlage	klein	groß
niedrig	50	50
hoch	50	100

Die Wahrscheinlichkeit, daß die Nachfrage in der ersten Periode niedrig sein wird, beträgt $p(N) = 60\%$. Die Wahrscheinlichkeit, daß sie in der ersten Periode hoch sein wird, liegt entsprechend bei $p(H) = 40\%$.

Fragt man den Investor, wie er die Wahrscheinlichkeiten für günstige oder ungünstige Nachfrageentwicklung in der zweiten Periode einschätzt, so macht er sein Urteil davon abhängig, welche Entwicklung in der ersten Periode eingetreten ist. Er nennt also *bedingte Wahrscheinlichkeiten* (Tab. 5-25). Zur Erläuterung der Symbolik: p(N, H) ist die Wahrscheinlichkeit für das Eintreten einer niedrigen Nachfrage in der zweiten Periode, wenn die Nachfrage in der ersten Periode hoch war.

Tab. 5-25.

Nachfrage in der 1. Periode	Nachfrage in der 2. Periode		
niedrig p(N) = 60%	niedrig	p(N, N)	= 50%
	hoch	p(H, N)	= 50%
hoch p(H) = 40%	niedrig	p(N, H)	= 20%
	hoch	p(H, H)	= 80%

Die Zahlen der Tab. 5-25 lassen sich anschaulich mit Hilfe eines *Zustandsbaums* entsprechend Abb. 5/9 darstellen.

Die eingerahmten Zahlen am rechten Rand dieser Abbildung geben die Wahrscheinlichkeiten an, mit denen die vier möglichen Endzustände

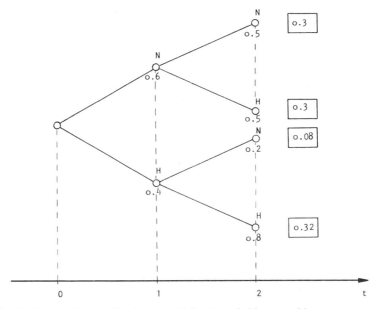

Abb. 5/9. Zustandsbaum für ein sequentielles Entscheidungsproblem

S_1: Nachfrage ist immer niedrig
S_2: Nachfrage ist erst niedrig, dann hoch
S_3: Nachfrage ist erst hoch, dann niedrig
S_4: Nachfrage ist immer hoch

erwartet werden. Es handelt sich hier um *unbedingte Wahrscheinlichkeiten*, die man aus den Wahrscheinlichkeitsschätzungen des Investors dadurch erhält, daß man „an den Kanten entlang" multipliziert. Die unbedingte Wahrscheinlichkeit, daß die Nachfrage zuerst hoch und danach niedrig ist, beträgt danach $p(H) \cdot p(N, H) = 0,4 \cdot 0,2 = 0,08$.
Das Entscheidungsproblem ist damit vollständig beschrieben.

5.2.4.2 Problemlösung bei starrer Planung

Bei starrer Planung beschränkt man sich auf einen Teil der Handlungsalternativen, die der Investor insgesamt hat. Einige Investitionsstrategien werden also bei dieser Form der Planung bewußt vernachlässigt. Deshalb kann es sein, daß man die wirklich günstigste Handlungsalternative nicht findet. Welche Alternativen werden nun bei der starren Planung in die Überlegungen einbezogen?

Starre Planung heißt: Es werden bei einem sequentiellen Entscheidungsproblem unter Risiko nur diejenigen Alternativen betrachtet, die es auch dann gibt, wenn Sicherheit herrscht.

Machen wir uns das an unserem Zahlenbeispiel klar. Wenn es keine Unsicherheit bezüglich der Nachfrage in den Zeitpunkten $t = 1$ und $t = 2$ gäbe, könnte der Investor zwischen folgenden vier Alternativen (Investitionsstrategien) wählen:

A_1 (K + NT): Bau der kleinen Anlage in $t = 0$
            ohne Vergrößerung in $t = 1$

A_2 (K + KG): Bau der kleinen Anlage in $t = 0$
            mit anschließender Vergrößerung in $t = 1$

A_3 (G + NT): Errichtung der großen Anlage in $t = 0$
            ohne Reduzierung der Kapazität in $t = 1$

A_4 (G + GK): Errichtung der großen Anlage in $t = 0$
            mit Kapazitätsabbau in $t = 1$

Diese Alternativen existieren natürlich auch, wenn bezüglich der Nachfrageentwicklung Unsicherheit herrscht, jedoch gibt es dann noch weitere bisher nicht aufgeführte Handlungsmöglichkeiten (siehe unten Abschnitt 5.2.4.3).
Die optimale Alternative in unserem Zahlenbeispiel zu finden, gelingt wegen der wenig komplexen Struktur mit Hilfe einer Entscheidungsmatrix. Diese besteht bei vier Alternativen und vier Zukunftslagen aus 16 Feldern. Zunächst sind die Zahlungsreihen zu entwickeln. Daraus ist unter Berücksichtigung der in Abschnitt 5.2.4.1 sonst noch genannten Daten das Entnahmeniveau Y zu berechnen (zur

Berechnungsweise vgl. im einzelnen Abschnitt 2.3.3.1). Es ergeben sich die nachstehenden Werte.

Alternative 1

S_1: -50, 50, 50 $Y = 18,54$
S_2: -50, 50, 50 $Y = 18,54$
S_3: -50, 50, 50 $Y = 18,54$
S_4: -50, 50, 50 $Y = 18,54$

Alternative 2

S_1: -50, $50-25$, 50 $Y = 10,29$
S_2: -50, $50-25$, 100 $Y = 25,37$
S_3: -50, $50-25$, 50 $Y = 10,29$
S_4: -50, $50-25$, 100 $Y = 25,37$

Alternative 3

S_1: -90, 50, 50 $Y = 3,92$
S_2: -90, 50, 100 $Y = 18,80$
S_3: -90, 100, 50 $Y = 20,24$
S_4: -90, 100, 100 $Y = 35,40$

Alternative 4

S_1: -90, $50 + 20$, 50 $Y = 10,45$
S_2: -90, $50 + 20$, 50 $Y = 10,45$
S_3: -90, $100 + 20$, 50 $Y = 26,77$
S_4: -90, $100 + 20$, 50 $Y = 26,77$

Jetzt können wir die Entscheidungsmatrix (Tab. 5-26) aufstellen.

Tab. 5-26. Entscheidungsmatrix bei starrer Planung

	S_1 $p_1 = 0,3$	S_2 $p_2 = 0,3$	S_3 $p_3 = 0,08$	S_4 $p_4 = 0,32$
$A_1 (K + NT)$	18,54	18,54	18,54	18,54
$A_2 (K + KG)$	10,29	25,37	10,29	25,37
$A_3 (G + NT)$	3,92	18,80	20,24	35,40
$A_4 (G + GK)$	10,45	10,45	26,77	26,77

Welche von den vier Alternativen aus der Sicht des Investors optimal ist, hängt
von dessen Einstellung zum Risiko ab. Man könnte auf die vorstehende Entscheidungsmatrix sowohl klassische Entscheidungsprinzipien (μ-Prinzip, μ-σ-Prinzip)

als auch das Bernoulliprinzip anwenden. Wegen Einzelheiten sei auf die Abschnitte 5.1.3 und 5.1.4 verwiesen.

Wenn angenommen wird, daß sich der Entscheidungsträger am Erwartungswert des Entnahmeniveaus orientiert (μ-Prinzip), so fällt die Entscheidung zugunsten von Alternative A_3 (vgl. Tab. 5-27).

Tab. 5-27.

	$\mu = \sum p_j Y_j$
$A_1 (K + NT)$	18,54
$A_2 (K + KG)$	19,64
$A_3 (G + NT)$	19,76
$A_4 (G + GK)$	16,98

Der Investor entscheidet sich demnach bei starrer Planung (*und* Anwendung des Erwartungswertprinzips) in unserem Zahlenbeispiel für den Bau der *großen* Anlage.

5.2.4.3 Problemlösung bei flexibler Planung

Im Gegensatz zur starren Planung bleibt bei flexibler Planung keine Alternative des Investors unberücksichtigt.

Flexible Planung bedeutet: Es werden bei einem sequentiellen Entscheidungsproblem unter Risiko alle Handlungsalternativen betrachtet, besonders auch diejenigen, bei denen man auf unterschiedliche Zukunftsentwicklungen unterschiedlich reagiert.

Von diesen *zusätzlichen* Handlungsmöglichkeiten gibt es in bezug auf unser Zahlenbeispiel die folgenden vier:

$A_5 (K + NT,$ wenn Nachfrage in der 1. Periode hoch,
$K + KG,$ wenn Nachfrage in der 1. Periode niedrig)

$A_6 (K + KG,$ wenn Nachfrage in der 1. Periode hoch,
$K + NT,$ wenn Nachfrage in der 1. Periode niedrig)

$A_7 (G + NT,$ wenn Nachfrage in der 1. Periode hoch,
$G + GK,$ wenn Nachfrage in der 1. Periode niedrig)

$A_8 (G + GK,$ wenn Nachfrage in der 1. Periode hoch,
$G + NT,$ wenn Nachfrage in der 1. Periode niedrig)

Diese vier Alternativen, bei denen die Folgemaßnahmen davon abhängen, wie sich die Nachfrage in der ersten Periode entwickelt, waren bei starrer Planung unter den Tisch gefallen. Beim Suchen nach der günstigsten der insgesamt acht Alternativen kann man nun zwei verschiedene Wege gehen. Entweder man verfährt ebenso wie oben bei der Darstellung der starren Planung beschrieben und entwickelt die vollständige Entscheidungsmatrix. Oder man verwendet eine *rekursive Optimierungstechnik* wie etwa das rollback-Verfahren (Magee 1964a, 1964b), das im folgenden beschrieben wird. In jedem Fall wird sich herausstellen, daß A_6 von allen Alternativen die beste ist (vgl. Tab. 5-28).

Tab. 5-28.

	..., wenn Nachfrage in der 1. Periode		$\mu = \sum p_j Y_j$
	hoch	niedrig	
A_5(K + ...	NT	KG)	18,11
A_6(K + ...	KG	NT)	20,06
A_7(G + ...	NT	GK)	19,21
A_8(G + ...	GK	NT)	17,52

Daraus folgt im Zusammenhang mit Tab. 5-27, daß der Investor sich für die Alternative A_6 entscheiden sollte. Das heißt: Er sollte heute die *kleine* Anlage errichten und diese ausbauen, wenn sich die Nachfrage günstig entwickelt, auf den Ausbau aber verzichten, wenn die Nachfrage in der ersten Periode gering ist. Die Entscheidung zugunsten der großen Anlage bei starrer Planung ist also suboptimal.

Abb. 5/10 beschreibt unser Zahlenbeispiel in Form eines *Entscheidungsbaums*. An der Wurzel des Baums beginnen die beiden Entscheidungskanten K und G. In den Enden beider Entscheidungskanten befinden sich (rund gezeichnete) Zufallsknoten, die das Auftreten von Zufallsereignissen symbolisieren, in unserem Fall Änderungen der Nachfrage. In den Zufallsknoten beginnen die unterbrochen gezeichneten Zufallskanten H und N der ersten Periode, die das Eintreten hoher beziehungsweise niedriger Nachfrage mit den dazugehörigen Wahrscheinlichkeiten anzeigen. In den Enden dieser Zufallskanten sind (viereckig gezeichnete) Entscheidungsknoten, in denen die Entscheidungskanten NT, KG und GK der nächsten Periode beginnen. Im Anschluß daran handelt wieder der Zufall und konfrontiert den Investor mit niedriger beziehungsweise hoher Nachfrage für die zweite Periode.

Der Entscheidungsbaum hat insgesamt 16 Endknoten. Jeder Kantenzug von der Wurzel des Baums bis zu einem Endknoten stellt zwei Züge in einem Schachspiel dar, bei dem der eine Schachspieler Investor und der andere Schachspieler Zufall heißt; und jeder dieser Kantenzüge führt zu einer bestimmten Zahlungsreihe. Beispielsweise ist der Kantenzug „K-H-KG-N" mit der Zahlungsreihe ($-50, 50$ $-25, 50$) und der Kantenzug „K-H-KG-H" mit der Zahlungsreihe ($-50, 50$ $-25, 100$) verbunden. Jede Zahlungsreihe eines der 16 Kantenzüge entspricht somit einem bestimmten Entnahmeniveau Y, das als Ergebnis der jeweiligen „Fol-

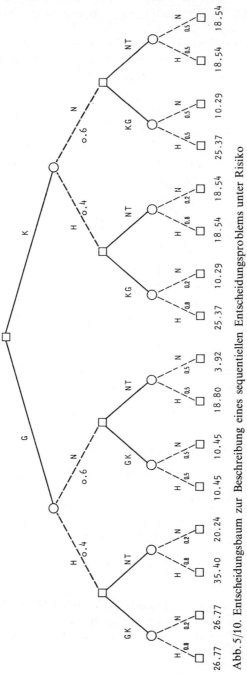

Abb. 5/10. Entscheidungsbaum zur Beschreibung eines sequentiellen Entscheidungsproblems unter Risiko

ge von Schachzügen" bei den Endknoten angeschrieben ist. Das Entscheidungsproblem des Investors besteht darin, herauszubekommen, ob K oder G der bessere Eröffnungszug ist.

Um die beste Anfangs-Investition zu finden, wenden wir nun das *rollback-Verfahren* an, das auf demselben Grundprinzip beruht wie die dynamische Programmierung:

Schritt 1.

Es wird bei den zeitlich zuletzt liegenden Entscheidungen begonnen und gefragt, welche Entscheidungen im Zeitpunkt t = 1 am günstigsten sind, falls sich in diesem Zeitpunkt eine bestimmte Nachfrage eingestellt hat. Die folgenden Berechnungen beginnen im Entscheidungsbaum der Abb. 5/11 rechts unten und gehen anschließend nach links hinüber:

(1) Zustand: Nachfrage niedrig

$$\mu(NT) = 0,5 \cdot 18,54 + 0,5 \cdot 18,54 = 18,54$$
$$\mu(KG) = 0,5 \cdot 25,37 + 0,5 \cdot 10,29 = 17,83$$

Also ist „Nichts tun" günstig und „Vergrößerung der kleinen Anlage" ungünstig. Die Entscheidungskante KG wird daher gestrichen.

(2) Zustand: Nachfrage hoch

$$\mu(NT) = 0,8 \cdot 18,54 + 0,2 \cdot 18,54 = 18,54$$
$$\mu(KG) = 0,8 \cdot 25,37 + 0,2 \cdot 10,29 = 22,35$$

Also ist „Ausbau der kleinen Anlage" besser als „Nichts tun". Folglich wird die Entscheidungskante NT gesperrt.

(3) Zustand: Nachfrage niedrig

$$\mu(NT) = 0,5 \cdot 18,80 + 0,5 \cdot \ 3,92 = 11,36$$
$$\mu(GK) = 0,5 \cdot 10,45 + 0,5 \cdot 10,45 = 10,45$$

Die Entscheidungskante GK ist zu streichen.

(4) Zustand: Nachfrage hoch

$$\mu(NT) = 0,8 \cdot 35,40 + 0,2 \cdot 20,24 = 32,37$$
$$\mu(GK) = 0,8 \cdot 26,77 + 0,2 \cdot 26,77 = 26,77$$

Wieder ist die Entscheidungskante GK zu streichen.

Schritt 2.

Nun werden die zeitlich eine Periode früher zu treffenden Entscheidungen betrachtet. Dabei wird bezüglich der Anschlußentscheidungen angenommen, daß die jeweils besten Pläne zum Zuge kommen. Die gestrichenen Entscheidungskanten bleiben unberücksichtigt. Daher:

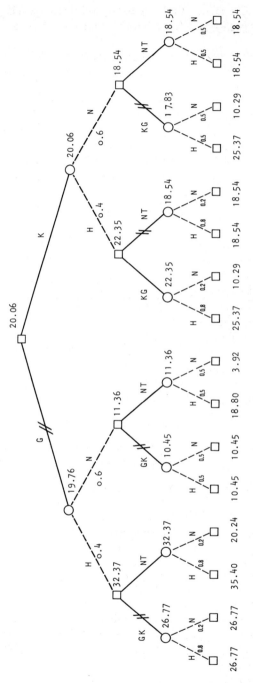

Abb. 5/11. Rekursive Ermittlung der optimalen Anfangsinvestition (rollback-Verfahren)

$$\mu(K) = 0,4 \cdot 22,35 + 0,6 \cdot 18,54 = 20,06$$
$$\mu(G) = 0,4 \cdot 32,37 + 0,6 \cdot 11,36 = 19,76$$

Eine Entscheidung zugunsten der kleinen Anlage ist optimal. Die Entscheidungskante G wird gestrichen.

Der Investor sollte sich also für die kleine Anlage entscheiden und diese vergrößern (Entscheidungskante KG), wenn die Nachfrage in der ersten Periode hoch ist, und nichts tun (Entscheidungskante NT), wenn die Nachfrage niedrig ist.

5.2.4.4 Kritik am Konzept der flexiblen Planung

Wir hatten festgestellt, daß bei starrer Planung die Alternativen des Investors nicht erschöpfend betrachtet werden, weil kein vollständiges System von Eventualentscheidungen aufgestellt wird. Insoweit ist flexible Planung dem Prinzip der starren Planung konzeptionell unbedingt überlegen.

Uneingeschränkt kann man von einer solchen Überlegenheit aber nur dann sprechen, wenn man den *Planungsaufwand* vernachlässigt, und der Planungsaufwand kann bei flexibler Planung sehr schnell beträchtliche Größenordnungen annehmen. Begründung: Gegenüber unserem einfachen Zahlenbeispiel haben Investoren in der Realität in jedem Entscheidungszeitpunkt nicht nur je zwei, sondern wesentlich mehr Entscheidungsmöglichkeiten. Im Gegensatz zu unserem Zahlenbeispiel kann ferner eine stochastische Größe wie die Nachfrage nicht nur die Zustände „hoch" und „niedrig", sondern viele weitere Zwischenzustände annehmen. Es kommt hinzu, daß in praktischen Entscheidungssituationen nicht nur die Nachfrage unsicher ist, sondern zahllose weitere Größen, so daß mit außerordentlich stark verästelten Zustandsbäumen gearbeitet werden müßte.

Welche *Lösungsverfahren* stehen nun prinzipiell zur Verfügung?

(1) Die *vollständige Enumeration* aller Handlungsalternativen sei nur der Vollständigkeit wegen genannt. In praxisnahen Entscheidungssituationen kommt sie mit Sicherheit nicht in Betracht.

(2) Das *rollback-Verfahren* auf der Grundlage von Entscheidungsbäumen ist sicher effizienter, jedoch ist seine Leistungsfähigkeit nicht unbegrenzt. Gegenüber der Totalenumeration besitzt das Verfahren einen weiteren Nachteil: Die Optimalität späterer Folgeentscheidungen wird auf der Grundlage von Erwartungswerten definiert. Das bedeutet:

> Entweder muß angenommen werden, daß der Investor risikoneutral ist und sich das μ-Prinzip zu eigen macht, oder es muß unterstellt werden, daß der Investor das Bernoulliprinzip anzuwenden bereit ist.

Zwei weitere Lösungstechniken kommen in Betracht, die ebenfalls voraussetzen, daß der Investor entweder das μ-Prinzip oder das Bernoulliprinzip akzeptiert.

(3) Die *Dynamische Programmierung* (DP) ist eine ebenfalls rekursiv arbeitende

dem rollback-Verfahren verwandte Lösungstechnik, die im Einzelfall leistungsfähig sein kann, aber nicht muß.

(4) Als allen Lösungstechniken überlegen gilt gegenwärtig die *gemischt-ganzzahlige lineare Programmierung* auf der Basis von Zustandsbäumen (auch *Zustandsbaumverfahren*), obwohl auch dieses Verfahren Grenzen hat, wenn relativ viele Umweltzustände pro Teilperiode zu berücksichtigen sind (Hax 1979: 182, Inderfurth 1982: 75).
Wenn alle Lösungsverfahren Schwierigkeiten haben, die optimale Lösung mit vertretbarem Planungsaufwand zu finden, so liegt es nahe, die Ansprüche zu reduzieren und nach vertretbaren *Vereinfachungen der Planungsprobleme* zu suchen. Inderfurth (1982) hat gezeigt, daß starre Planungstechniken und heuristische Lösungsverfahren als solche Vereinfachungsstrategien in Frage kommen.

5.2.5 Theorie der Portefeuille-Auswahl (Portfolio Selection)

Die Theorie der Portefeuille-Auswahl ist in den 50er Jahren von Markowitz entwickelt worden. Er hatte die Absicht, eine Methode bereitzustellen, mit der man unter Risiko die optimale Zusammensetzung eines Wertpapierbestandes (Wertpapier-Portefeuilles) bestimmen kann. Später wurde diese Technik insbesondere von Sharpe (1963) und Tobin (1965) weiter verbessert. Heute kann man sagen, daß die Portfolio Selection zu den grundlegenden Konzepten der Investitionsplanung bei Risiko gehört. Sie bildet ferner ein wesentliches Fundament für die sogenannte Kapitalmarkttheorie, insbesondere für die Kapitalmarkttheorie in Form des Capital Asset Pricing Models (CAPM). Wir können auf diese Entwicklungen in unserem Buch jedoch nicht eingehen und beschränken uns daher auf die Grundversion der Portefeuille-Auswahl im Sinne von Markowitz.

5.2.5.1 Klassische Problemstellung

Markowitz betrachtete folgende Entscheidungssituation: Ein Investor verfügt heute (in $t = 0$) über liquide Mittel in Höhe von M_0, beispielsweise 60000 DM. Sein Planungszeitraum beträgt $T = 1$ Jahr. Das Startvermögen ist restlos auszugeben, und zwar für Wertpapiere („Aktien") vom Typ i, deren Anschaffungspreise (z_{0i}) dem Investor sicher bekannt sind. Die Rückflüsse („Dividenden plus Kurse") lassen sich dagegen nicht sicher prognostizieren. Vielmehr sind nur Wahrscheinlichkeitsverteilungen bekannt, etwa so wie in Tabelle 5-29 für drei Aktienarten. Gesucht ist das optimale Aktienportefeuille für einen risikoscheuen Investor, der seine Entscheidungen auf der Grundlage von Erwartungswert und Streuung trifft, sich also am μ-σ-Prinzip orientiert (vgl. dazu oben Abschnitt 5.1.3.2).
Könnte der Investor unter Sicherheit entscheiden, so wäre die Bestimmung der optimalen „Mischung" ein Kinderspiel. Man brauchte nur die Renditen der Ak-

Tab. 5-29. Ausgangsdaten für ein Portfolio Selection-Problem

	Preis in t = 0 $(-z_{0i})$	Rückfluß in t = 1 (z_{1ij})			
		S_1 $p_1 = 0,3$	S_2 $p_2 = 0,4$	S_3 $p_3 = 0,1$	S_4 $p_4 = 0,2$
Aktie 1	200	206	230	238	224
Aktie 2	150	165	165	169,5	150
Aktie 3	100	108	112	102	111

tien zu berechnen und das gesamte Geldvermögen in die rentabelste Aktie zu investieren. Unter Risiko dagegen entstehen beträchtliche Schwierigkeiten, die optimale Entscheidung zu finden.

5.2.5.2 Rendite und Risiko eines Wertpapiers

Renditen und Risiken lassen sich in sehr unterschiedlicher Weise definieren. Im Konzept der Portfolio Selection wird hier folgendermaßen verfahren:

Die *Rendite* eines Wertpapiers wird durch den *Erwartungswert* der Rendite

$$\bar{r}_i = \sum_j p_j r_{ij}$$

gemessen, wobei sich die *zustandsabhängige Rendite* r_{ij} aus der Formel

$$r_{ij} = -\frac{z_{1ij}}{z_{0i}} - 1$$

ergibt. Wendet man diese Gleichungen auf die Beispielszahlen der Tab. 5-29 an, so erhält man die in Tab. 5-30 zusammengestellten Renditen.

Tab. 5-30. Renditeverteilungen dreier Wertpapiere

	S_1 $p_1 = 0,3$	S_2 $p_2 = 0,4$	S_3 $p_3 = 0,1$	S_4 $p_4 = 0,2$	$\bar{r}_i$
Aktie 1	3 %	15 %	19 %	12 %	11,2 %
Aktie 2	10 %	10 %	13 %	0 %	8,3 %
Aktie 3	8 %	12 %	2 %	11 %	9,6 %

Tab. 5-30 ist wie folgt zu lesen: Wenn Situation S_1 eintritt, dann erzielt man mit Aktie 1 eine Rendite von nur 3 %, mit Aktie 2 10 % und mit Aktie 3 8 % usw.

Das *Risiko* eines Wertpapiers wird in Form der *Standardabweichung* (Quadratwurzel der Varianz) seiner Renditeverteilung erfaßt, also

$$\sigma_i = \sqrt{\sum_j p_j (r_{ij} - \bar{r}_i)^2}.$$

Man erhält für Aktie 1

$$\sigma_1^2 = 0,3 \cdot (3 - 11,2)^2 + 0,4 \cdot (15 - 11,2)^2 + 0,1 \cdot (19 - 11,2)^2 + 0,2 \cdot (12 - 11,2)^2$$
$$= 32,16$$
$$\sigma_1 = 5,67$$

und für Aktie 2

$$\sigma_2^2 = 0,3 \cdot (10 - 8,3)^2 + 0,4 \cdot (10 - 8,3)^2 + 0,1 \cdot (13 - 8,3)^2 + 0,2 \cdot (0 - 8,3)^2$$
$$= 18,01$$
$$\sigma_2 = 4,24$$

und für Aktie 3 entsprechend

$$\sigma_3^2 = 0,3 \cdot (8 - 9,6)^2 + 0,4 \cdot (12 - 9,6)^2 + 0,1 \cdot (2 - 9,6)^2 + 0,2 \cdot (11 - 9,6)^2$$
$$= 9,24$$
$$\sigma_3 = 3,04.$$

5.2.5.3 *Rendite und Risiko eines Portefeuilles aus zwei Wertpapieren*

Im folgenden betrachten wir Portefeuilles, die aus maximal zwei Wertpapierarten bestehen. Dazu benutzen wir aus Tab. 5-29 und 5-30 die Aktien Nr. 1 und Nr. 2. Stellt man in einem μ-σ-Koordinatensystem (in unserer jetzigen Notation: $\bar{r}$-σ-Koordinatensystem) dar, welche Rendite-Risiko-Positionen man erreichen kann, wenn man sein Vermögen *vollständig* in Aktie 1 oder in Aktie 2 investiert, so erhält man das in Abb. 5/12 gezeichnete Bild. Punkt A repräsentiert den Fall, daß die gesamten 60000 DM in Aktien vom Typ Nr. 1 investiert werden. Punkt B kennzeichnet den Fall der vollständigen Anlage in Aktien vom Typ Nr. 2.

Welche Rendite-Risiko-Positionen kann man nun erreichen, wenn man nicht sein gesamtes Vermögen in eine einzige Aktienart investiert, sondern einen Anteil w_1 in Aktien vom Typ Nr. 1 und den Rest $w_2 = 1 - w_1$ in Aktien vom Typ Nr. 2? Angenommen, wir geben $w_1 = 20\%$ der liquiden Mittel für Aktien vom Typ Nr. 1 und $w_2 = 80\%$ für Aktien vom Typ Nr. 2 aus. Anders ausgedrückt: wir kaufen 60 Aktien vom Typ Nr. 1 und 320 Aktien vom Typ Nr. 2. Die zustandsabhängigen Rückflüsse und Renditen, mit denen der Investor dann zu rechnen hat, lassen sich aus Tab. 5-29 sehr leicht ableiten. Sie sind in Tab. 5-31 zusammengestellt.

Rendite und Risiko des Portefeuilles ergeben sich dann zu

$$\bar{r}_P = 0,3 \cdot 8,6 + 0,4 \cdot 11,0 + 0,1 \cdot 14,2 + 0,2 \cdot 2,4$$
$$= 8,88 \qquad \text{sowie}$$

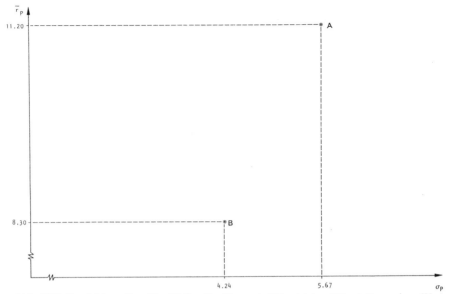

Abb. 5/12. Erreichbare Rendite-Risiko-Positionen bei Verzicht auf Herstellung einer Wertpapiermischung

Tab. 5-31. Rückfluß- und Renditeverteilung eines aus zwei Aktienarten bestehenden Portefeuilles ($w_1 = 0{,}2$, $w_2 = 0{,}8$)

	Preis in t = 0	Rückfluß in t = 1			
		S_1 $p_1 = 0{,}3$	S_2 $p_2 = 0{,}4$	S_3 $p_3 = 0{,}1$	S_4 $p_4 = 0{,}2$
60 Aktien 1	12 000	12 360	13 800	14 280	13 440
320 Aktien 2	48 000	52 800	52 800	54 240	48 000
Portefeuille	60 000	65 160	66 600	68 520	61 440
Renditen		8,6	11,0	14,2	2,4

$$\sigma_P^2 = 0{,}3 \cdot (8{,}6 - 8{,}88)^2 + 0{,}4 \cdot (11 - 8{,}88)^2 + 0{,}1 \cdot (14{,}2 - 8{,}88)^2 +$$
$$+ \, 0{,}2 \cdot (2{,}4 - 8{,}88)^2$$
$$= 13{,}05$$
$$\sigma_P = 3{,}61$$

Man kann also mit Hilfe des Portefeuilles ($w_1 = 0{,}2$, $w_2 = 0{,}8$) eine Rendite-
Risiko-Position einnehmen, die sich in Abb. 5/13 durch den Punkt C repräsentieren läßt. Dieses Portefeuille besitzt eine bemerkenswerte Eigenschaft: sein Risiko
ist kleiner als das Risiko des risikoärmsten in diesem Portefeuille enthaltenen
Papiers.

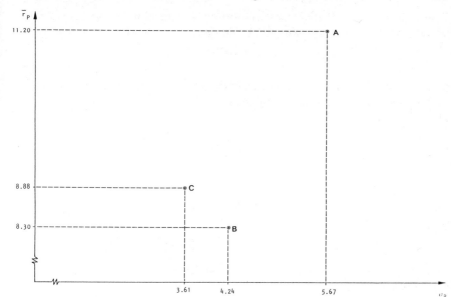

Abb. 5/13. Erreichbare Rendite-Risiko-Positionen bei vollständigem Engagement in einer der beiden Aktien und Herstellung einer Mischung im Verhältnis $w_1 = 0,2$, $w_2 = 0,8$

Dieses Ergebnis veranlaßt uns, nach einer allgemeinen Formel zu suchen, die das Risiko eines Portefeuilles in Abhängigkeit von seiner Struktur $\{w_1, w_2\}$ und in Abhängigkeit von den Renditeverteilungen der in ihm enthaltenen Aktien beschreibt. Dazu gehen wir folgenden Weg:

Die *zustandsabhängigen Renditen des Portefeuilles* (vgl. Tab. 5-31, letzte Zeile) ergeben sich zu

$$r_{Pj} = w_1 r_{1j} + w_2 r_{2j}.$$

Daher erhält man für den *Erwartungswert der Portefeuillerendite*

$$\begin{aligned}
\bar{r}_P &= \sum_j p_j r_{Pj} \\
&= \sum_j p_j (w_1 r_{1j} + w_2 r_{2j}) \\
&= \sum_j p_j w_1 r_{1j} + \sum_j p_j w_2 r_{2j} \\
&= w_1 \sum_j p_j r_{1j} + w_2 \sum_j p_j r_{2j} \\
&= w_1 \bar{r}_1 + w_2 \bar{r}_2.
\end{aligned}$$

Die Rendite des Portefeuilles entspricht dem gewogenen arithmetischen Mittel aus den Renditen der im Portefeuille enthaltenen Aktien.

Nun zum *Risiko des Portefeuilles*. Betrachten wir zunächst die Varianz (Quadrat der Standardabweichung). Für die *Varianz* gilt ex definitione

$$\sigma_P^2 = \sum_j p_j (r_{Pj} - \bar{r}_P)^2 \, .$$

Unter Benutzung der eben hergeleiteten Gleichung für den Erwartungswert der Portefeuillerendite kann man dafür schreiben:

$$\sigma_P^2 = \sum_j p_j \cdot [w_1 r_{1j} + w_2 r_{2j} - (w_1 \bar{r}_1 + w_2 \bar{r}_2)]^2$$

$$= \sum_j p_j \cdot [w_1 (r_{1j} - \bar{r}_1) + w_2 (r_{2j} - \bar{r}_2)]^2 \, .$$

Ausmultiplizieren und Umformen ergibt

$$\sigma_P^2 = \sum_j p_j [w_1^2 (r_{1j} - \bar{r}_1)^2 + w_2^2 (r_{2j} - \bar{r}_2)^2 + 2w_1 w_2 (r_{1j} - \bar{r}_1)(r_{2j} - \bar{r}_2)]$$

$$= w_1^2 \sum_j p_j (r_{1j} - \bar{r}_1)^2 + w_2^2 \sum_j p_j (r_{2j} - \bar{r}_2)^2 + 2w_1 w_2 \sum_j p_j (r_{1j} - \bar{r}_1)(r_{2j} - \bar{r}_2).$$

Dieser Ausdruck läßt sich übersichtlicher darstellen, wenn man die *Varianzen* der Aktienrenditen

$$\sigma_1^2 = \sum_j p_j (r_{1j} - \bar{r}_1)^2 \qquad \text{und}$$

$$\sigma_2^2 = \sum_j p_j (r_{2j} - \bar{r}_2)^2$$

sowie die *Kovarianz* der Rendite von Papier 1 mit der Rendite von Aktie 2

$$\sigma_{12} = \sum_j p_j (r_{1j} - \bar{r}_1)(r_{2j} - \bar{r}_2)$$

einführt. Nimmt man die entsprechenden Substitutionen vor, so heißt es schließlich für die Varianz der Portefeuillerendite

$$\sigma_P^2 = w_1^2 \sigma_1^2 + w_2^2 \sigma_2^2 + 2w_1 w_2 \sigma_{12} \, .$$

Eine äquivalente, für bestimmte Betrachtungen aber recht nützliche Schreibweise dieser Gleichung erhält man, wenn man den *Korrelationskoeffizienten*

$$\varrho_{12} = \frac{\sigma_{12}}{\sigma_1 \sigma_2}$$

benutzt. Diesen errechnet man, indem man die Kovarianz durch die Standardabweichung von Aktie 1 und die Standardabweichung von Aktie 2 dividiert. Der Korrelationskoeffizient ist ebenso wie die Kovarianz ein Maß für die Abhängigkeit zweier Zufallsvariabler voneinander. Jedoch ist der Korrelationskoeffizient anschaulicher als die Kovarianz, weil er auf das Intervall $-1 \leqslant \varrho_{12} \leqslant +1$ normiert ist. Je näher ϱ_{12} bei $+1$ oder -1 liegt, um so größer ist die Abhängigkeit der Renditen beider Papiere voneinander. Ist der Korrelationskoeffizient positiv, so sind die Renditen der Aktie 1 hoch, wenn die Renditen von Aktie 2 auch hoch sind; und sie sind niedrig, wenn auch die Renditen von Papier 2 niedrig sind. Beide

Variable verhalten sich also gleichläufig. Bei negativer Korreliertheit liegen dagegen gegenläufige Entwicklungen vor. Kleine Renditen bei der Aktie 1 gehen mit hohen Renditen bei Aktie 2 einher und umgekehrt. Ein Korrelationskoeffizient von $\varrho_{12} = 0$ zeigt schließlich vollkommene Unabhängigkeit an.

Je nachdem, ob man nun die Schreibweise mit der Kovarianz oder diejenige mit dem Korrelationskoeffizienten bevorzugt, lautet die Formel für das Risiko der Portefeuillerendite im Zwei-Wertpapier-Fall

$$\sigma_P = \sqrt{w_1^2 \sigma_1^2 + w_2^2 \sigma_2^2 + 2 w_1 w_2 \sigma_{12}} \qquad \text{oder}$$

$$\sigma_P = \sqrt{w_1^2 \sigma_1^2 + w_2^2 \sigma_2^2 + 2 w_1 w_2 \varrho_{12} \sigma_1 \sigma_2}.$$

Diese Formel ist von zentraler Bedeutung und wird uns noch weiter beschäftigen.

Zunächst einmal sei überprüft, ob unsere neu gewonnene Formel im Fall des obigen Beispiel-Portefeuilles mit $w_1 = 0,2$ und $w_2 = 0,8$ auf das gleiche Ergebnis führt wie die ursprüngliche Berechnungsform, die ein Resultat von $\sigma_P = 3,61$ erbracht hatte. Zu diesem Zweck muß die Kovarianz ermittelt werden. Man erhält (vgl. dazu Tab. 5-30):

$$
\begin{aligned}
\sigma_{12} = \quad & 0,3 \cdot (3 - 11,2)(10 - 8,3) \\
& + 0,4 \cdot (15 - 11,2)(10 - 8,3) \\
& + 0,1 \cdot (19 - 11,2)(13 - 8,3) \\
& + 0,2 \cdot (12 - 11,2)(0 - 8,3) \\
= \; & 0,74.
\end{aligned}
$$

Für den Korrelationskoeffizienten ergibt sich daraus

$$
\begin{aligned}
\varrho_{12} &= \frac{0,74}{5,67 \cdot 4,24} \\
&= 0,0307.
\end{aligned}
$$

Ein derartiger Korrelationskoeffizient deutet darauf hin, daß die Renditen von Aktie 1 und Aktie 2 so gut wie unabhängig voneinander sind. Setzt man alle Zahlen in die Formel für das Portefeuillerisiko ein, so erhält man das bereits bekannte Ergebnis

$$
\begin{aligned}
\sigma_P &= \sqrt{0,2^2 \cdot 32,16 + 0,8^2 \cdot 18,01 + 2 \cdot 0,2 \cdot 0,8 \cdot 0,74} \\
&= 3,61.
\end{aligned}
$$

5.2.5.3.1 Systematische Variation der Anteilsprozentsätze

Interessant ist nun zu untersuchen, welche Rendite-Risiko-Positionen man mit Aktie 1 und Aktie 2 erreichen kann, wenn man die Anteilsprozentsätze w_1 und w_2 systematisch variiert. Tab. 5-32 zeigt die Ergebnisse. In Abb. 5/14 sind die gleichen Zusammenhänge graphisch dargestellt.

Tab. 5-32. Rendite-Risiko-Positionen für alternative Portefeuille-Strukturen bei zwei Aktien mit $\varrho_{12} = 0{,}0307$

Portefeuille-Struktur		Portefeuille-Rendite	Portefeuille-Risiko
w_1	w_2	$\bar{r}_P$	σ_P
0,0	1,0	8,30	4,24
0,1	0,9	8,59	3,88
0,2	0,8	8,88	3,61
0,3	0,7	9,17	3,47
0,4	0,6	9,46	3,46
0,5	0,5	9,75	3,59
0,6	0,4	10,04	3,85
0,7	0,3	10,33	4,21
0,8	0,2	10,62	4,64
0,9	0,1	10,91	5,13
1,0	0,0	11,20	5,67

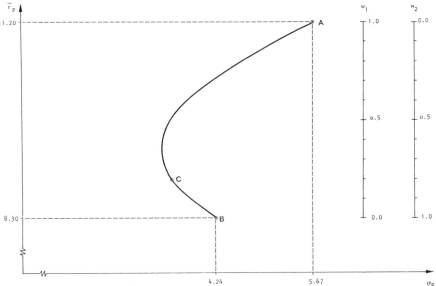

Abb. 5/14. Erreichbare Rendite-Risiko-Positionen bei systematischer Variation der Portefeuille-Struktur bei zwei Aktien mit $\varrho_{12} = 0{,}0307$

In unserem Zahlenbeispiel haben wir es nun gerade mit einem Korrelationskoeffizienten zu tun, der etwa in der Mitte zwischen den beiden möglichen Extremwerten $\varrho_{12} = +1$ (vollkommen positive Abhängigkeit) und $\varrho_{12} = -1$ (vollkommen negative Abhängigkeit) liegt. Tab. 5-33 zeigt, welche Portefeuillerenditen und -risiken erreicht werden könnten, wenn die Korrelationskoeffizienten diese Extremwerte besitzen würden. Abb. 5/15 macht das gleiche wieder graphisch klar.

Tab. 5-33. Rendite-Risiko-Positionen für alternative Portefeuille-Strukturen bei zwei Aktien mit $\varrho_{12} = +1$ und $\varrho_{12} = -1$

Portefeuille-Struktur		Portefeuille-Rendite	Portefeuille-Risiko	
w_1	w_2	$\bar{r}_P$	$\sigma_P(\varrho = +1)$	$\sigma_P(\varrho = -1)$
0,0	1,0	8,30	4,24	4,24
0,1	0,9	8,59	4,39	3,25
0,2	0,8	8,88	4,53	2,26
0,3	0,7	9,17	4,67	1,27
0,4	0,6	9,46	4,81	0,28
0,5	0,5	9,75	4,96	0,71
0,6	0,4	10,04	5,10	1,71
0,7	0,3	10,33	5,24	2,70
0,8	0,2	10,62	5,39	3,69
0,9	0,1	10,91	5,53	4,68
1,0	0,0	11,20	5,67	5,67

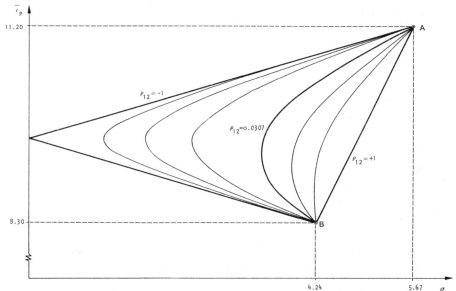

Abb. 5/15. Rendite-Risiko-Positionen bei systematischer Variation der Portefeuille-Struktur und alternativen Korrelationskoeffizienten

Bei der Betrachtung dieser Abbildung wird deutlich:

Korrelieren die Renditen zweier Aktien vollkommen positiv ($\varrho_{12} = +1$), dann entspricht das Portefeuillerisiko dem gewogenen Durchschnitt der Einzelrisiken. Sonst ist es notwendigerweise kleiner. Korrelieren die Renditen dagegen in vollkommener Weise negativ ($\varrho_{12} = -1$), so läßt sich eine völlig risikolose Mischung der beiden Aktien vornehmen.

In bezug auf reale Wertpapiere hat man es im allgemeinen weder mit dem einen noch mit dem anderen Extremfall zu tun. Abb. 5/15 und unsere bisherigen Überlegungen zeigen aber klar:

> Durch Mischung riskanter Investitionen, die nicht in vollkommener Weise positiv miteinander korrelieren, kann Risiko in nennenswerter Weise vernichtet („weg-diversifiziert") werden.

5.2.5.3.2 Risikominimales Portefeuille

Offensichtlich gibt es, wenn der Korrelationskoeffizient kleiner als $+1$ ist, ein Portefeuille, das das niedrigste Risiko von allen möglichen Portefeuilles besitzt. Es handelt sich um das Portefeuille, dessen Rendite-Risiko-Position in dem Kurvenzug ACB der Abb. 5/14 am weitesten links liegt. Wie läßt sich die Struktur des *risikominimalen Portefeuilles* bestimmen?

Für den hier betrachteten Fall, daß das Portefeuille aus nur zwei Aktienarten besteht, kann man das bequem mit Hilfe der Differentialrechnung ermitteln. Zu diesem Zweck betrachten wir die Varianz der Portefeuillerendite als Funktion des Anteils w_1 und setzen $w_2 = (1 - w_1)$. Für die Varianz kann dann geschrieben werden:

$$\sigma_P^2 = w_1^2 \sigma_1^2 + w_2^2 \sigma_2^2 + 2 w_1 w_2 \sigma_{12}$$
$$= w_1^2 \sigma_1^2 + (1 - w_1)^2 \sigma_2^2 + 2 w_1 (1 - w_1) \sigma_{12}$$
$$= w_1^2 \sigma_1^2 + \sigma_2^2 - 2 w_1 \sigma_2^2 + w_1^2 \sigma_2^2 + 2 w_1 \sigma_{12} - 2 w_1^2 \sigma_{12}.$$

Nun bilden wir die erste Ableitung der Varianz nach w_1 und erhalten

$$\frac{d\sigma_P^2}{dw_1} = 2 w_1 \sigma_1^2 - 2 \sigma_2^2 + 2 w_1 \sigma_2^2 + 2 \sigma_{12} - 4 w_1 \sigma_{12}.$$

Um das Minimum der Funktion zu berechnen, ist die erste Ableitung null zu setzen. Auflösen der Gleichung nach w_1 ergibt

$$w_1 = \frac{\sigma_2^2 - \sigma_{12}}{\sigma_1^2 + \sigma_2^2 - 2 \sigma_{12}}.$$

Mit den Zahlen unseres Beispiels erhält man

$$w_1 = \frac{18{,}01 - 0{,}74}{32{,}16 + 18{,}01 - 2 \cdot 0{,}74}$$
$$= 0{,}355.$$

Das Portefeuille mit der Struktur $w_1 = 0{,}355$, $w_2 = 0{,}645$ hat ein (minimales) Risiko von $\sigma_P = 3{,}45$ und eine Rendite von $\bar{r}_P = 9{,}33$ (vgl. Abb. 5/16, Punkt E).

5.2.5.3.3 Effiziente Portefeuilles und optimales Portefeuille

Betrachtet man in Abb. 5/16 die beiden durch die Punkte D und F repräsentierten

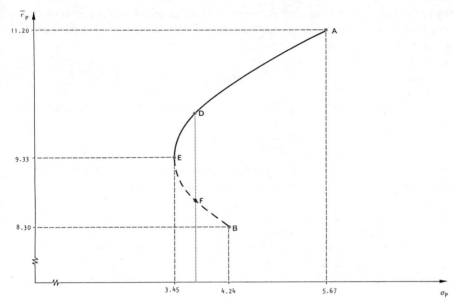

Abb. 5/16. Risikominimale, effiziente und ineffiziente Positionen

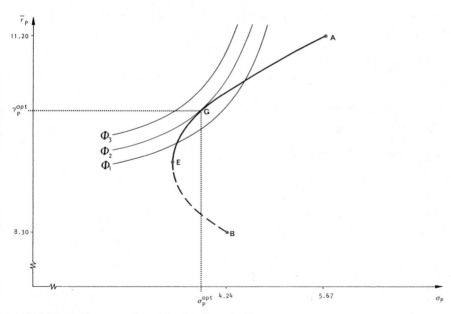

Abb. 5/17. Bestimmung des optimalen Portefeuilles

Portefeuilles, so kann man folgende Feststellung treffen: Beide besitzen das gleiche Risiko, aber D hat eine höhere Rendite als F. Die Mischung D dominiert also das Portefeuille F und wird deswegen von *jedem* Investor vorgezogen, gleichgültig, welche Einstellung zum Risiko er besitzt. Offensichtlich werden nun alle Portefeuilles, die auf dem unterbrochen gezeichneten Kurvenzug BFE liegen, von solchen übertroffen, die auf dem durchgehend gezeichneten Kurvenzug EDA liegen. Die dominierenden Portefeuilles werden auch als *effiziente Positionen* bezeichnet. Für sie gilt

$$\bar{r}_P^{eff} > \bar{r}_P^{ineff} \qquad \text{wenn} \qquad \sigma_P^{eff} = \sigma_P^{ineff}.$$

Bei der Suche nach dem optimalen Portefeuille kann man also die ineffizienten Positionen sofort aussondern, ohne genaueres über die Risikoeinstellung des Investors wissen zu müssen.

Die Indifferenzkurven eines risikoscheuen Investors, der seine Entscheidungen auf der Grundlage von Erwartungswert und Streuung trifft, haben grundsätzlich die in Abb. 5/1 wiedergegebene Form. Daher läßt sich das *optimale Portefeuille* finden, indem man diejenige *Indifferenzkurve* bestimmt, welche die *Kurve der effizienten Positionen* gerade tangiert. Das ist in Abb. 5/17 im Punkte G der Fall.

5.2.5.4 *Rendite und Risiko eines Portefeuilles aus mehr als zwei Wertpapieren*

Bisher haben wir nur Portefeuilles betrachtet, die aus maximal zwei Wertpapierarten bestanden. Jetzt wollen wir kompliziertere Portefeuilles analysieren. Beispielhaft werden wir uns auf n = 3 Papiere konzentrieren und dabei auf die Daten des Ausgangsproblems (vgl. Tab. 5-29) zurückgreifen. Damit sind folgende Daten als gegeben anzusehen:

Vektor der Wertpapierrenditen
Dieser lautet allgemein

$$R = \{\bar{r}_1, \bar{r}_2, \dots, \bar{r}_n\}$$

und in unserem Zahlenbeispiel

$$R = \{11,2 \quad 8,3 \quad 9,6\}.$$

Matrix der Varianzen und Kovarianzen
Diese hat allgemein die Form

$$\Sigma = \begin{pmatrix} \sigma_1^2 & \sigma_{12} & \sigma_{13} & \cdots & \sigma_{1n} \\ \sigma_{21} & \sigma_2^2 & \sigma_{23} & \cdots & \sigma_{2n} \\ \vdots & & & & \\ \sigma_{n1} & \sigma_{n2} & \sigma_{n3} & \cdots & \sigma_n^2 \end{pmatrix}$$

und in unserem Zahlenbeispiel

$$\sum = \begin{pmatrix} 32{,}16 & 0{,}74 & 1{,}88 \\ 0{,}74 & 18{,}01 & -5{,}08 \\ 1{,}88 & -5{,}08 & 9{,}24 \end{pmatrix}.$$

Betrachten wir nun zunächst in Abb. 5/18, welche Rendite-Risiko-Positionen sich erreichen lassen, wenn man die Aktie 3 einbezieht, aber dennoch nur Portefeuilles bildet, in denen höchstens zwei Aktienarten enthalten sind. Mischt man nur Aktie 1 und Aktie 2, so bewegt man sich auf dem uns bereits vertrauten Kurvenzug BA.

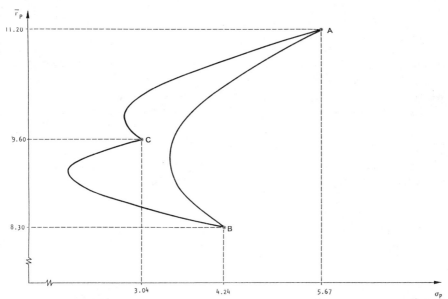

Abb. 5/18. Erreichbare Rendite-Risiko-Positionen bei Portefeuillebildung aus höchstens je zwei von drei Wertpapieren

Stellt man dagegen Portefeuilles zusammen, in denen nur Aktie 1 und Aktie 3 enthalten sind, so bewegt man sich auf dem Kurvenstück CA. Bildet man schließlich Mischungen, die ausschließlich aus Aktie 2 und Aktie 3 bestehen, so kann man die Rendite-Risiko-Positionen des Kurvenzuges CB erreichen.

Der Handlungsbereich des Investors ist damit aber nur sehr unvollkommen beschrieben, denn der Fall, daß tatsächlich alle drei Aktien im Portefeuille vertreten sind, wurde bisher ja noch gar nicht betrachtet. Ein wichtiger Schritt, um dies zu tun, ist die *Ableitung der Formeln für die Portefeuillerendite $\bar{r}_P$ und das Portefeuillerisiko σ_P im n-Wertpapier-Fall*. Dies wird jetzt geschehen.

Für die Rendite des Portefeuilles bei Eintritt der j-ten Zukunftslage gilt immer

$$r_{Pj} = w_1 r_{1j} + w_2 r_{2j} + \ldots + w_n r_{nj}$$

$$= \sum_{i=1}^{n} w_i r_{ij} \,.$$

Daraus ergibt sich der *Erwartungswert der Portefeuillerendite*

$$\bar{r}_P = \sum_j p_j r_{Pj}$$

$$= \sum_j p_j \sum_{i=1}^{n} w_i r_{ij}$$

$$= \sum_{i=1}^{n} w_i \sum_j p_j r_{ij}$$

$$= \sum_{i=1}^{n} w_i \bar{r}_i \,.$$

Die Portefeuillerendite ist also ebenso wie im Zwei-Wertpapier-Fall das gewogene arithmetische Mittel der Aktienrenditen.

Wie hoch ist nun das *Risiko* eines aus n Papieren bestehenden Portefeuilles? Berechnen wir zunächst die *Varianz der Portefeuillerendite*. Sie ist definiert als

$$\sigma_P^2 = \sum_j p_j (r_{Pj} - \bar{r}_P)^2 \,.$$

Setzt man die Formeln für die zustandsabhängige Rendite r_{Pj} und den Erwartungswert der Portefeuillerendite $\bar{r}_P$ ein, so ergibt sich

$$\sigma_P^2 = \sum_j p_j \cdot [\sum_{i=1}^{n} w_i r_{ij} - \sum_{i=1}^{n} w_i \bar{r}_i]^2$$

$$= \sum_j p_j \cdot [\sum_{i=1}^{n} w_i (r_{ij} - \bar{r}_i)]^2$$

$$= \sum_j p_j \sum_{i=1}^{n} w_i \sum_{k=1}^{n} w_k (r_{ij} - \bar{r}_i)(r_{kj} - \bar{r}_k)$$

$$= \sum_{i=1}^{n} \sum_{k=1}^{n} w_i w_k \sum_j p_j (r_{ij} - \bar{r}_i)(r_{kj} - \bar{r}_k) \,.$$

Unter Verwendung der *Kovarianz*

$$\sigma_{ik} = \sum_j p_j (r_{ij} - \bar{r}_i)(r_{kj} - \bar{r}_k)$$

kommt man für die Varianz der Portefeuillerendite zu der Kurzschreibweise

$$\sigma_P^2 = \sum_{i=1}^{n} \sum_{k=1}^{n} w_i w_k \sigma_{ik} \,.$$

Dabei ist die Kovarianz der Rendite des i-ten Papiers mit der Rendite desselben Papiers dessen Varianz,

$$\sigma_{ii} = \sigma_i^2 = \sum_j p_j (r_{ij} - \bar{r}_i)^2 \,,$$

und es gilt außerdem

$$\sigma_{ik} = \sigma_{ki}\,.$$

Als *allgemeine Formel für das Risiko eines Portefeuilles* (Streuung der Portefeuillerendite) ergibt sich somit schließlich

$$\sigma_P = \sqrt{\sum_{i=1}^{n} \sum_{k=1}^{n} w_i w_k \sigma_{ik}}\,.$$

Zur *Veranschaulichung der Berechnungsweise* benutzen wir nun ein Portefeuille mit der Struktur $w_1 = 0{,}48$, $w_2 = 0{,}44$, $w_3 = 0{,}08$. Für die Portefeuillerendite ergibt sich

$$\bar{r}_P = 0{,}48 \cdot 11{,}2 + 0{,}44 \cdot 8{,}3 + 0{,}08 \cdot 9{,}6$$
$$= 9{,}796$$

und für das Risiko des Portefeuilles entsprechend der zuletzt angegebenen Formel

$$\begin{aligned}
\sigma_P^2 &= 0{,}48 \cdot 0{,}48 \cdot 32{,}16 + 0{,}48 \cdot 0{,}44 \cdot 0{,}74 + 0{,}48 \cdot 0{,}08 \cdot 1{,}88 + \\
& + 0{,}44 \cdot 0{,}48 \cdot 0{,}74 + 0{,}44 \cdot 0{,}44 \cdot 18{,}01 + 0{,}44 \cdot 0{,}08 \cdot (-5{,}08) + \\
& + 0{,}08 \cdot 0{,}48 \cdot 1{,}88 + 0{,}08 \cdot 0{,}44 \cdot (-5{,}08) + 0{,}08 \cdot 0{,}08 \cdot 9{,}24 \\
&= 11{,}0549 \\
\sigma_P &= 3{,}32\,.
\end{aligned}$$

Muß man solche Berechnungen häufiger vornehmen, so empfiehlt sich der Einsatz eines programmierbaren Rechners. Das nachstehend angegebene BASIC-Programm ist für die Durchführung derartiger Berechnungen geeignet.

```
10        INPUT "N"; N
20        DIM R(N), COV(N,N), W(N)
30        FOR I = 1 TO N
40        PRINT "R(" I ")"; : INPUT R(I)
50        NEXT I
60        FOR I = 1 TO N
70        FOR K = I TO N
80        PRINT "COV(" I ; K ")"; : INPUT COV(I,K)
90        NEXT K
100       NEXT I
110       FOR I = 1 TO N
120       PRINT "W(" I ")"; : INPUT W(I)
130       NEXT I

140       RP = 0
150       SP = 0
160       FOR I = 1 TO N
170       RP = RP + W(I)*R(I)
```

```
180        SP = SP + W(I)^2*COV(I,I)
190        FOR K = I + 1 TO N
200        SP = SP + 2*W(I)*W(K)*COV(I,K)
210        NEXT K
220        NEXT I
230        SP = SQR(SP)

240        PRINT "RP ="; RP
250        PRINT "SP = "; SP
260        END
```

Trägt man die mit dem Portefeuille ($w_1 = 0,48, w_2 = 0,44, w_3 = 0,08$) erreichbare Position in ein Rendite-Risiko-Diagramm ein, so erhält man Punkt E in Abb. 5/19. Die Lage dieses Punktes gibt zu der Vermutung Anlaß, daß man durch Herstellung geeigneter Portefeuilles sämtliche Positionen *innerhalb* der Fläche ABC einnehmen kann. Tatsächlich ist es aber sogar möglich, diese Fläche zu *verlassen*, beispielsweise mit den letzten beiden in Tab. 5-34 beschriebenen Portefeuilles, vgl. auch Abb. 5/19.

Tab. 5-34. Alternative Portefeuilles mit einer Rendite von $\bar{r}_P = 9,8$

Position	Portefeuille-Struktur			Portefeuille-Rendite	Portefeuille-Risiko
	w_1	w_2	w_3	$\bar{r}_P$	σ_P
D	0,517	0,483	0,000	9,80	3,63
E	0,480	0,440	0,080	9,80	3,32
F	0,125	0,000	0,875	9,80	2,83
G	0,400	0,338	0,262	9,80	2,74
H	0,269	0,177	0,554	9,80	2,32

Betrachtet man Tab. 5-34 und Abb. 5/19 genauer, so zeigt sich folgendes:

> Bei mehr als zwei Wertpapieren kann man durch Veränderungen der Portefeuillestruktur das Portefeuillerisiko bei gleichbleibender Portefeuillerendite variieren.

Ein *risikoscheuer* Investor präferiert nun bei gegebener Portefeuillerendite immer das risikoärmste Portefeuille, und zwar gleichgültig, wie stark seine Risikoabneigung ist. Alle risikoscheuen Investoren ziehen das Portefeuille H den Portefeuilles G, F, E und D aus Dominanzüberlegungen vor.

Wie bestimmt man nun die *Struktur des in bezug auf eine bestimmte Rendite risikominimalen Portefeuilles*? Zwei Fälle sind zu unterscheiden.

Fall 1. Leerverkäufe sind unzulässig.

Was sind *Leerverkäufe*? Man versteht darunter die Möglichkeit, daß der Investor

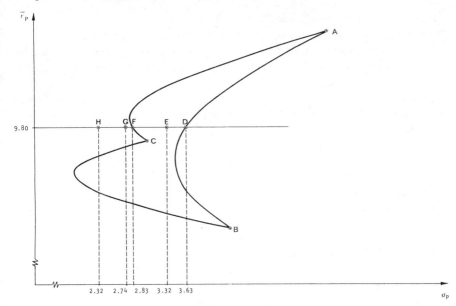

Abb. 5/19. Alternative Portefeuilles mit gleicher Rendite

Aktien verkauft, die er nicht besitzt. Vor dem Hintergrund von Tab. 5-29 und in bezug auf Aktie 1 hätte man sich dabei vorzustellen: Der Investor nimmt heute eine Einnahme von 200 entgegen und muß am Ende der Periode zustandsabhängig entweder 206 oder 230 oder 238 oder 224 auszahlen. Bei den meisten Investoren ist davon auszugehen, daß sie Wertpapiere nicht leer verkaufen können. In diesem Fall ist die *Zielfunktion*

$$\sigma_P^2 = \sum_{i=1}^{n} \sum_{k=1}^{n} w_i w_k \sigma_{ik} = \text{Min!}$$

unter den *Nebenbedingungen*

$$\sum_{i=1}^{n} w_i = 1,$$

$$\sum_{i=1}^{n} w_i \bar{r}_i = \bar{r}_P \quad \text{und}$$

$$w_i \geqslant 0 \qquad \text{für alle i}$$

zu minimieren. Formal handelt es sich hier um eine quadratische Zielfunktion, die für verschiedene Werte von $\bar{r}_P$ unter linearen Nebenbedingungen und Nicht-Negativitätsbedingungen zu lösen ist. Leistungsfähige software, mit der solche *quadratischen Optimierungsprobleme* gelöst werden können, ist verfügbar. Allerdings braucht man bei großen Problemen (d.h. bei vielen Wertpapieren) auch leistungsfähige Rechenanlagen.

Fall 2. Leerverkäufe sind zulässig.

Wenn Leerverkäufe zugelassen sind, so entfallen in der eben angegebenen quadratischen Optimierungsaufgabe die Nicht-Negativitätsbedingungen. Läßt man diese weg, so kann man das Minimierungsproblem über einen *Lagrangeansatz* lösen. Zu diesem Zweck sind die verbleibenden Nebenbedingungen durch Umstellung null zu setzen, mit den entsprechenden Lagrangefaktoren zu gewichten und in die zu minimierende Zielfunktion einzubeziehen. Die Lagrangefunktion lautet dann allgemein

$$L = \sum_{i=1}^{n} \sum_{k=1}^{n} w_i w_k \sigma_{ik} + \lambda_1 \cdot [\bar{r}_P - \sum_{i=1}^{n} w_i \cdot \bar{r}_i] + \lambda_2 \cdot [1 - \sum_{i=1}^{n} w_i] = \text{Min!}$$

Zu Ermittlung der risikominimierenden Anteilsprozentsätze w_i sind alle partiellen Ableitungen der Lagrangefunktion nach w_i ($i = 1, \ldots, n$), nach λ_1 und nach λ_2 null zu setzen. Auf diese Weise entsteht ein System von $n + 2$ linearen Gleichungen mit $n + 2$ Unbekannten, das regelmäßig lösbar ist. In Matrizenschreibweise hat dieses Gleichungssystem allgemein die nachstehende Struktur.

$$
\begin{pmatrix}
1 & 1 & \ldots & 1 & 0 & 0 \\
\bar{r}_1 & \bar{r}_2 & \ldots & \bar{r}_n & 0 & 0 \\
2\sigma_{11} & 2\sigma_{12} & \ldots & 2\sigma_{1n} & -\bar{r}_1 & -1 \\
2\sigma_{21} & 2\sigma_{22} & \ldots & 2\sigma_{2n} & -\bar{r}_2 & -1 \\
\vdots & & & & & \\
2\sigma_{n1} & 2\sigma_{n2} & \ldots & 2\sigma_{nn} & -\bar{r}_n & -1
\end{pmatrix}
\cdot
\begin{pmatrix}
w_1 \\ w_2 \\ \vdots \\ \vdots \\ \lambda_1 \\ \lambda_2
\end{pmatrix}
=
\begin{pmatrix}
1 \\ \bar{r}_P \\ 0 \\ 0 \\ \vdots \\ 0
\end{pmatrix}
$$

Für drei Wertpapiere ergibt sich demnach

$$1w_1 + 1w_2 + 1w_3 + 0\lambda_1 + 0\lambda_2 = 1$$
$$\bar{r}_1 w_1 + \bar{r}_2 w_2 + \bar{r}_3 w_3 + 0\lambda_1 + 0\lambda_2 = \bar{r}_P$$
$$2\sigma_{11}w_1 + 2\sigma_{12}w_2 + 2\sigma_{13}w_3 - \bar{r}_1\lambda_1 - 1\lambda_2 = 0$$
$$2\sigma_{21}w_1 + 2\sigma_{22}w_2 + 2\sigma_{23}w_3 - \bar{r}_2\lambda_1 - 1\lambda_2 = 0$$
$$2\sigma_{31}w_1 + 2\sigma_{32}w_2 + 2\sigma_{33}w_3 - \bar{r}_3\lambda_1 - 1\lambda_2 = 0$$

und mit den Zahlen unseres Beispielsfalls

$$w_1 + w_2 + w_3 = 1$$
$$11{,}20w_1 + 8{,}30w_2 + 9{,}60w_3 = \bar{r}_P$$
$$64{,}32w_1 + 1{,}48w_2 + 3{,}76w_3 - 11{,}20\lambda_1 - \lambda_2 = 0$$
$$1{,}48w_1 + 36{,}02w_2 - 10{,}16w_3 - 8{,}30\lambda_1 - \lambda_2 = 0$$
$$3{,}76w_1 - 10{,}16w_2 + 18{,}48w_3 - 9{,}60\lambda_1 - \lambda_2 = 0$$

Löst man dieses Gleichungssystem für verschiedene Werte von $\bar{r}_P$, so erhält man die in Tab. 5-35 zusammengestellten risikominimierenden Portefeuille-Strukturen, aus der sich die ebenfalls hier wiedergegebenen Portefeuille-Risiken berechnen lassen.

Tab. 5-35. Risikominimale Portefeuille-Strukturen für ausgewählte Portefeuille-Renditen unter der Annahme, daß Leerverkäufe zulässig sind

Portefeuille-Rendite $\bar{r}_P$	Portefeuille-Struktur			Portefeuille-Risiko σ_P
	w_1	w_2	w_3	
9,00	−0,019	0,439	0,580	1,99
9,052	0,000	0,422	0,578	1,95
9,20	0,053	0,373	0,573	1,90
9,40	0,125	0,308	0,567	1,93
9,60	0,197	0,243	0,560	2,08
9,80	0,269	0,177	0,554	2,32
10,00	0,341	0,112	0,547	2,62
10,20	0,413	0,046	0,541	2,97
10,342	0,464	0,000	0,536	3,24
10,40	0,485	−0,019	0,534	3,36

Jede Zeile in Tab. 5-35 erfordert die Lösung von fünf Gleichungen mit fünf Unbekannten. Die Lösung größerer linearer Gleichungssysteme ist mühevoll, wenn sie manuell durchgeführt werden muß. Daher ist auch hier der Einsatz eines programmierbaren Rechners geboten. Das nachstehende BASIC-Programm ist zur Durchführung solcher Rechnungen geeignet. Ein kurzer technischer Hinweis zum Programm erscheint erforderlich: mit GOSUB 320 wird ein (wenig anspruchsvolles) Unterprogramm aufgerufen, das ein lineares Gleichungssystem der Größe $(n + 2) \times (n + 2)$ mit Hilfe des Gaußschen Eliminationsverfahrens löst.

```
10      INPUT "N"; N
20      DIM R(N), COV(N,N), A(N + 2, N + 2), B(N + 2), W(N + 2)
30      FOR I = 1 TO N
40      PRINT "R("I")"; : INPUT R(I)
50      NEXT I
60      FOR I = 1 TO N
70      FOR K = I TO N
80      PRINT "COV("I;K")"; : INPUT COV(I,K)
90      COV(K,I) = COV(I,K)
100     NEXT K
110     NEXT I

120     FOR K = 1 TO N
130     A(1,K) = 1
140     A(2,K) = R(K)
150     NEXT K
160     FOR I = 1 TO N
170     FOR K = 1 TO N
180     A(I + 2,K) = 2*COV(I,K)
190     NEXT K
```

```
200     A(I+2,N+1) = -R(I)
210     A(I+2,N+2) = -1
220     B(I+2) = 0
230     NEXT I
240     B(1) = 1
250     INPUT "RP"; RP
260     B(2) = RP

270     GOSUB 320
280     FOR I = 1 TO N
290     PRINT "W("I")"; W(I)
300     NEXT I
310     END

320     FOR I = 1 TO N+1
330     FOR K = I+1 TO N+2
340     FAK = -A(K,I)/A(I,I)
350     FOR J = 1 TO N+2
360     A(K,J) = A(K,J) + FAK*A(I,J)
370     NEXT J
380     B(K) = B(K) + FAK*B(I)
390     NEXT K
400     NEXT I
410     FOR I = N+2 TO 1 STEP -1
420     W(I) = B(I)/A(I,I)
430     IF I = 1 THEN 470
440     FOR K = I-1 TO 1 STEP -1
450     B(K) = B(K) - A(K,I)*W(I)
460     NEXT K
470     NEXT I
480     RETURN
```

Beim Studium der Ergebnisse in Tab. 5-35 erkennt man, daß $\bar{r}_P = 9{,}052$ und $\bar{r}_P = 10{,}342$ kritische Portefeuillerenditen sind. Nur dann, wenn Renditen analysiert werden, die zwischen diesen beiden Werten liegen, treten keine Leerverkäufe auf. Verläßt man das Renditeintervall nach oben oder unten, so wird entweder w_2 oder w_1 negativ.

Sind Leerverkäufe zugelassen, so kann man mit der hier beschriebenen Technik alle Punkte auf der Kurve B'DEA' in Abb. 5/20 errechnen. Position D repräsentiert das absolut risikominimale Portefeuille mit $\bar{r}_P = 9{,}25$ und $\sigma_P = 1{,}90$.

Wenn aber nun keine Leerverkäufe zugelassen sind, weil der Investor diese Handlungsmöglichkeit nicht besitzt, kann man nun offenbar auch mit dem Lagrangeansatz weiterkommen. Unterhalb von $\bar{r}_P = 9{,}052$ ist aber Aktie 1 aus dem linearen Gleichungssystem herauszunehmen und oberhalb von $\bar{r}_P = 10{,}342$ ist Aktie 2 zu streichen. Tab. 5-36 enthält die risikominimalen Portefeuille-Strukturen, wenn entsprechend verfahren wird.

Tab. 5-36. Risikominimale Portefeuille-Strukturen im unteren und oberen Renditebereich unter der Annahme, daß Leerverkäufe unzulässig sind

Portefeuille-Rendite $\bar{r}_P$	Portefeuille-Struktur			Portefeuille-Risiko σ_P
	w_1	w_2	w_3	
8,30	0,000	1,000	0,000	4,24
8,40	0,000	0,923	0,077	3,83
8,60	0,000	0,769	0,231	3,06
8,80	0,000	0,615	0,385	2,40
9,00	0,000	0,462	0,538	2,00
10,40	0,500	0,000	0,500	3,36
10,60	0,625	0,000	0,375	3,84
10,80	0,750	0,000	0,250	4,40
11,00	0,875	0,000	0,125	5,02
11,20	1,000	0,000	0,000	5,67

Die stark gezeichnete Kurve BDEA in Abb. 5/20 zeigt die risikominimalen Rendite-Risiko-Positionen, die unter der Annahme erreicht werden können, daß keine Leerverkäufe zulässig sind. Diese Kurve ist oberhalb des absoluten Risikomini-

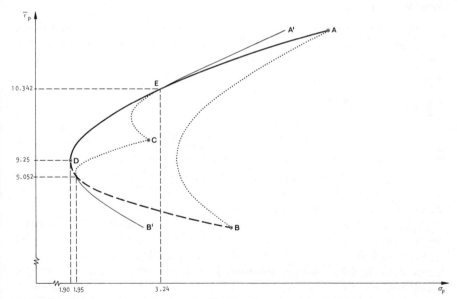

Abb. 5/20. Effizienter Rand des Portefeuille-Handlungsbereichs (mit und ohne Leerverkäufe)

mums (bei $\bar{r}_P = 9{,}25$ und $\sigma_P = 1{,}90$) durchgezeichnet und unterhalb dieses Punktes unterbrochen gezeichnet. Der untere Bereich BD ist nicht-effizient (vgl. oben Abschnitt 5.2.5.3). Die obere durchgezeichnete Kurve DEA wird der *effiziente Rand* des Portefeuille-Handlungsbereichs genannt.

Das optimale Portefeuille muß auf dem effizienten Rand liegen. Daher kann man den effizienten Rand auch als die „Kurve der guten Handlungsmöglichkeiten" bezeichnen. Wo die optimale Mischung auf dieser Kurve zu finden ist, hängt vom Grad der Risikoabneigung und damit von der Gestalt der Indifferenzkurven des Investors ab. Der graphische Weg zur Bestimmung des Optimums wurde bereits in Abb. 5/17 gewiesen.

5.2.5.5 Kritik der Theorie der Portefeuilleauswahl

Die Theorie der Portefeuille-Auswahl ist ein Anwendungsfall des μ-σ-Prinzips. Sie besagt im wesentlichen folgendes:

Die Rendite eines Portefeuilles entspricht dem gewogenen Mittel der Renditen aller Papiere, die in ihm enthalten sind. Jedoch ist das Risiko des Portefeuilles *höchstens* so hoch wie das gewogene Mittel der Risiken aller darin vertretenen Papiere. Wenn die Renditen der Aktien nicht vollständig positiv miteinander korrelieren ($\varrho_{ik} < +1$), so lassen sich durch Diversifikation Risiken vernichten.

Diese Erkenntnis ist wichtig und scheint praktisch nützlich zu sein. Allerdings sind einer praktischen Anwendung der Theorie der Wertpapiermischung dennoch enge Grenzen gesetzt.

(1) *Datengewinnung.* Ein ausgesprochen heikles Problem ist neben der Vorausschätzung der Renditeerwartungen für die einzelnen Wertpapiere ($\bar{r}_i$) die Ermittlung der Varianzen (σ_i^2) und Kovarianzen bzw. Korrelationskoeffizienten (σ_{ik} bzw. ϱ_{ik}). Bei n Wertpapieren benötigt man

n	Renditen,
n	Varianzen und
$\frac{n(n-1)}{2}$	Kovarianzen (oder Korrelationskoeffizienten).

Das sind bei n = 500 Aktien 125750 Daten. Und damit kein Mißverständnis entsteht: es handelt sich durchweg um zukunftsbezogene Größen, also bezüglich der Kovarianzen um Aussagen darüber, in welchem Maße die Rendite der einen Aktie von der Rendite einer anderen Kapitalanlage abhängen wird. Mag es bei Wertpapieren noch möglich sein, die erforderlichen Korrelationskoeffizienten auf der Grundlage statistischer Analysen von Zeitreihen (hier Börsenkursentwicklungen und Dividendeninformationen) abzuschätzen, so stößt ihre Ermittlung bei Sachinvestitionen auf unlösbare Probleme. Denn für Realinvestitionen, man denke etwa an Investitionen in Grundstücke, Maschinen, die Ausbildung von Lehrlingen oder an Investitionen in Forschungs- und Entwicklungsmaßnahmen, liegen entsprechende Zeitreihen nicht vor. Da die direkte Schätzung der

Korrelationskoeffizienten praktisch nicht möglich ist, erscheint es aussichtslos, die Konzeption der Portefeuille-Auswahl auf riskante Investitionen zu übertragen, die keine Wertpapiere sind.

(2) *Optimumbestimmung.* Die eben genannten Informationen über Renditeerwartungen ($\bar{r}_i$), Varianzen (σ_i^2) und Korrelationskoeffizienten (ϱ_{ik}) reichen lediglich dazu aus, die Menge der *effizienten*, d. h. eindeutig überlegenen Investitionsprogramme zu bestimmen. Dabei ist es, wenn man von Leerverkäufen absieht, auch noch erforderlich, das nicht überall verfügbare Instrumentarium der quadratischen Programmierung einzusetzen.

(3) *Annahmen bezüglich der Risikoeinstellung des Investors.* Entscheidungen auf der Grundlage von Erwartungswert und Streuung zu treffen, ist nicht unproblematisch. Zwei Fälle sollen dabei unterschieden werden.
Im ersten Fall betrachten wir einen Investor, der das Bernoulliprinzip akzeptiert. Für einen solchen Entscheidungsträger ist die Orientierung an Erwartungswert und Streuung nur dann vernünftig, wenn seine Risikonutzenfunktion quadratisch sein sollte (vgl. oben Abschnitt 5.1.4.5).
Im zweiten Fall sei davon ausgegangen, daß der Entscheidungsträger sich nicht nach dem Bernoulliprinzip richtet, sondern das μ-σ-Prinzip als klassisches Entscheidungsprinzip benutzt (siehe dazu oben Abschnitt 5.1.3.2). Abgesehen davon, daß die Anwendung des μ-σ-Prinzips zu einem Verstoß gegen Dominanzprinzipien führen kann, ist darauf hinzuweisen, daß Erwartungswert und Streuung eine Einkommensverteilung nur dann vollständig charakterisieren, wenn es sich um eine Normalverteilung handelt. Wird das μ-σ-Prinzip unabhängig vom Typ der Verteilung benutzt, so sind Entscheidungsalternativen dann als gleich günstig anzusehen, wenn sie gleichen Erwartungswert und gleiche Streuung besitzen. Ein Beispiel für eine solche Situation haben wir in Tab. 5-37 vor uns.

Tab. 5-37. Beispiel für zwei Einkommensverteilungen mit gleichem Erwartungswert und gleicher Streuung

	S_1 $p_1 = 0{,}1$	S_2 $p_2 = 0{,}1$	S_3 $p_3 = 0{,}3$	S_4 $p_4 = 0{,}2$	S_5 $p_5 = 0{,}2$	S_6 $p_6 = 0{,}1$	μ	σ
A_1	150	150	210	270	150	330	210	60
A_2	90	150	210	270	270	150	210	60

Ob ein risikoscheuer Investor beide Alternativen tatsächlich als gleich günstig beurteilt, ist durchaus fraglich. Beispielsweise könnte es sein, daß das Existenzminimum des Investors bei 100 liegt. Dann sollte er A_2 vernünftigerweise ablehnen, denn diese Alternative bedeutet mit 10 % Wahrscheinlichkeit den Ruin.

Fragen und Probleme

1. Beschreiben Sie das Grundmodell der Entscheidungstheorie.
2. Was versteht man unter Ungewißheit, was unter Risiko?
3. Beschreiben Sie die drei Dominanzprinzipien.
4. Wie berechnet man den Erwartungswert, die Varianz und die Streuung einer (Einkommens-)Verteilung?
5. Beschreiben Sie das Petersburger Spiel, und zeigen Sie, daß der Gewinnerwartungswert dieses Spiels unendlich groß ist.
6. Welchen Einfluß hat eine positiv-lineare Transformation der Risikonutzenfunktion eines Entscheidungsträgers auf dessen Entscheidungen?
7. Was ist der Unterschied zwischen Eintrittswahrscheinlichkeit und Präferenzwahrscheinlichkeit?
8. Wie kann man die Risikonutzenfunktion eines Entscheidungsträgers bestimmen?
9. Kann man sagen, daß ein im Sinne des Bernoulliprinzips risikoscheuer Entscheidungsträger sich rational verhält, wenn er Entscheidungen auf der Grundlage von Erwartungswert und Streuung trifft?
10. Was versteht man unter Risikonutzen, was unter Sicherheitsäquivalent?
11. Beschreiben Sie das Korrekturverfahren. Nennen Sie seine Vor- und Nachteile.
12. Skizzieren Sie, in welchen Schritten man vorgehen muß, um eine Risikoanalyse durchzuführen.
13. Beschreiben Sie den Unterschied zwischen starrer und flexibler Planung.
14. Wie berechnet man die Kovarianz der Renditeverteilungen zweier Wertpapiere?
15. Die Rendite eines Portefeuilles aus zwei Wertpapieren entspricht dem gewogenen arithmetischen Mittel der Renditen beider in ihm enthaltener Papiere. Unter welcher Voraussetzung kann man das gleiche über das Risiko des Portefeuilles sagen?
16. Was versteht man unter einem effizienten Portefeuille?
17. Was sind Leerverkäufe?
18. Welche und wie viele Daten muß man erheben, um die effizienten Portefeuilles zu bestimmen, die man aus 100 Aktien bilden kann, wenn man die Technik der Portefeuilleauswahl in der ursprünglich von Markowitz vorgelegten Form verwendet?

Aufgaben

1. Gegeben sei nachstehende Entscheidungsmatrix:

	S_1 $p_1 = 0,4$	S_2 $p_2 = 0,3$	S_3 $p_3 = 0,3$
A_1	60	90	20
A_2	70	70	30

a) Berechnen Sie die Erwartungswerte der Einkommensverteilungen.
b) Berechnen Sie die Streuungen der Verteilungen.
c) Welche Alternative ist optimal, wenn der Entscheidungsträger die Präferenzfunktion $\phi(\mu, \sigma) = \mu - 0,4\,\sigma$ besitzt?

2. Zeigen Sie an einem selbstgewählten Beispiel, daß es zu einem Widerspruch zwischen einer μ-σ-Regel und dem Dominanzprinzip kommen kann.

3. Bei der Befragung eines Entscheidungsträgers zum Zweck der Ermittlung seiner Risikonutzenfunktion werden unter anderem folgende Urteile abgegeben:
   $(200, 30 : 0,4) \sim 110$
   $(200, 30 : 0,6) \sim 130$
   $(200, 30 : 0,9) \sim 160$
   a) Was bedeuten diese Urteile im einzelnen?
   b) Ist der Entscheidungsträger risikoscheu oder risikofreudig?
   c) Verstoßen diese Urteile des Entscheidungsträgers gegen eines der fünf Axiome, auf
      denen das Bernoulliprinzip beruht?
   d) Welche Alternative ist für den Entscheidungsträger optimal, wenn er es mit nachste-
      hender Entscheidungssituation zu tun hat?

	S_1 $p_1 = 0,4$	S_2 $p_2 = 0,3$	S_3 $p_3 = 0,3$
A_1	200	30	110
A_2	130	200	30
A_3	30	160	200

4. Ein Entscheidungsträger hat eine Risikonutzenfunktion der Form $u(Y) = \ln Y$. Von diesem Entscheidungsträger wissen wir, daß er die beiden Lotterien A und B gleichwertig
   findet.

Lotterie A		Lotterie B	
Wahrscheinlichkeit	Y	Wahrscheinlichkeit	Y
60 %	180 DM	p %	150 DM
40 %	20 DM	$(1 - p)$ %	60 DM

Wie groß ist p?

5. Betrachten Sie die nachstehende Entscheidungssituation.

	S_1 $p_1 = 0,2$	S_2 $p_2 = 0,5$	S_3 $p_3 = 0,3$
A_1	70	80	40
A_2	30	120	0

Welche Alternative sollte der Entscheidungsträger wählen, wenn er sich
a) ausschließlich am Erwartungswert orientiert,
b) risikoscheu verhält und die μ-σ-Regel $\phi(\mu, \sigma) = \mu - 0,05\,\sigma$ benutzt?

6. Die Risikonutzenfunktion eines Investors hat die Form $u(Y) = 150 + 12,7\,Y - 0,004\,Y^2$. Aufgrund einer Risikoanalyse für zwei Projekte sind die in nachfolgender
   Tabelle angegebenen Informationen gewonnen worden:
   a) Welches Projekt ist optimal?
   b) Handelt es sich um einen risikoscheuen oder um einen risikofreudigen Investor?

Y	relative Häufigkeiten	
	Investition A	Investition B
200 bis 400	0,5 %	0,0 %
400 bis 600	3,5 %	9,6 %
600 bis 800	26,5 %	24,7 %
800 bis 1 000	34,3 %	39,2 %
1 000 bis 1 200	28,7 %	24,3 %
1 200 bis 1 400	6,5 %	2,2 %

7. Ein Investor besitzt liquide Mittel in Höhe von $M_0 = 800$. Weitere Basiszahlungen sind
   nicht zu berücksichtigen. Der Planungszeitraum beträgt T = 3 Jahre. Ziel des Investors
   ist Maximierung des Endvermögens C_T bei gleichbleibenden Entnahmen in Höhe von Y
   = 100. Der Soll-Zinssatz beträgt gleichbleibend s = 10 %, der Haben-Zinssatz wird mit
   h = 5 % veranschlagt. Der Investor strebt ein Mindest-Endvermögen von $C_T = 800$ an.
   Die zu beurteilende Investition verursacht sichere Ausgaben von $z_0 = -1 000$. Die laufenden Betriebsausgaben je Erzeugnis, dessen Herstellung mit dieser Investition ermög-
   licht wird, werden sich auf k = 5 belaufen.
   Führen Sie eine Sensitivitätsanalyse in bezug auf Verkaufspreis p und Absatzmengen x
   durch. Gehen Sie dabei von der Annahme aus, daß die Absatzzahlen in jedem Jahr um
   4 % gegenüber dem Vorjahr steigen.
   Für realistisch hält der Investor Verkaufspreise zwischen 8 DM und 9 DM.

8. Ein Investor hat einen Planungszeitraum von T = 10 Jahren. Es geht darum, eine Investition zu beurteilen, die im Zeitpunkt t = 0 sichere Ausgaben in Höhe von 150 verursacht. In den Zeitpunkten t = 1 bis t = 5 wird mit Rückflüssen gerechnet, die zwischen
   15 und 45 Geldeinheiten (gleichverteilt) liegen. Für die Zeitpunkte t = 6 bis t = 10
   glaubt der Investor mit 70 % Wahrscheinlichkeit an jährliche Rückflüsse zwischen 10
   und 30 Geldeinheiten, sowie mit 30 % Wahrscheinlichkeit an jährliche Rückflüsse zwischen 30 und 40 Geldeinheiten. Es ist davon auszugehen, daß die Rückflüsse der einzelnen Jahre statistisch voneinander unabhängig sind.
   a) Man berechne auf der Basis von 1 000 Simulationen und mit Hilfe eines Kalkulations-
      zinsfußes von i = 10 % den Erwartungswert des Kapitalwerts dieser Investition.
   b) Wie groß ist die Standardabweichung des Kapitalwerts?
   c) Berechnen Sie die Wahrscheinlichkeit, mit der die Investition einen positiven Kapital-
      wert verspricht.
   Hinweis: Aufgrund der Vielzahl von erforderlichen Berechnungen ist zur Lösung dieser
   Aufgabe der Einsatz eines Computers erforderlich. Die Lösung ist im übrigen nicht
   eindeutig, weil sie von den Eigenschaften des verwendeten Zufallszahlengenerators abhängig ist.

9. Eine Ölgesellschaft besitzt die Bohrrechte für ein Gelände, dessen geologische Beschaf-
   fenheit ihre Fachleute nicht sehr gut beurteilen können. Nun ist folgendes Entscheidungsproblem zu lösen:
   Man könnte die Bohrrechte zum Preis von 36 Mio. DM verkaufen. Man könnte aber
   auch mit Kosten von 42 Mio. DM selbst bohren und würde für den Fall, daß man fündig
   wird, Einnahmen in Höhe von 150 Mio. DM erzielen. Schließlich könnte man aber noch
   ein Geologen-Team mit der Durchführung eines seismischen Tests beauftragen und die
   Entscheidung über das Niederbringen der Bohrung oder den Verkauf der Rechte bis zur

Vorlage des Gutachtens vertagen. Die seismischen Untersuchungen würden 12 Mio. DM kosten.

Die Chancen, daß der geologische Test positiv ausfällt, stehen 50 : 50. Aber selbst wenn das Gutachten vorliegt, kann man nicht sicher sein, ob man wirklich Öl findet. Bei positivem Testergebnis kann man sich darauf mit 90 % Wahrscheinlichkeit verlassen; im entgegengesetzten Fall gibt es aber immer noch eine Chance von 20 %, doch fündig zu werden.

Wenn die Ölgesellschaft ihre Bohrrechte erst nach Durchführung der seismischen Untersuchungen verkauft, so hängt der Preis vom Ergebnis der Expertise ab. Bei positivem Gutachten wird ein Preis von 60 Mio. DM erzielt. Im entgegengesetzten Fall würde man nur 18 Mio. DM erhalten.

Gehen Sie bei Ihren Überlegungen davon aus, daß alle im Aufgabentext genannten Preise, Einnahmen und Ausgaben auf den Zeitpunkt t = 0 abgezinste Barwerte sind.

a) Angenommen, die Gesellschaft entschließt sich zu bohren, ohne die Ergebnisse des seismischen Tests abzuwarten, mit welcher Wahrscheinlichkeit kann dann damit gerechnet werden, fündig zu werden?

b) Beschreiben Sie das vorstehende Entscheidungsproblem mit Hilfe eines Entscheidungsbaums.

c) Ermitteln Sie, welche Strategie für die Ölgesellschaft optimal ist, wenn diese sich risikoneutral verhält.

d) Welche Strategie wäre die beste, wenn man das Konzept der starren Planung anwenden würde?

10. Gegeben sind die Renditeverteilungen zweier Wertpapiere A und B.

p_j	r_{Aj}	r_{Bj}
0,5	0,07	0,22
0,4	0,11	0,11
0,1	0,21	0,06

Man berechne die Kovarianz und den Korrelationskoeffizienten der beiden Renditen.

11. Es gibt zwei Wertpapiere A und B mit den nachstehenden Eigenschaften in bezug auf Rendite und Risiko.

	A	B
$\bar{r}_i$	0,12	0,08
σ_i	0,05	0,03

Der Korrelationskoeffizient beider Renditen ist $\varrho_{AB} = 0,2$.

a) Berechnen Sie Rendite und Risiko folgender Portefeuilles:

	w_A	w_B
Portefeuille 1	1,00	0,00
Portefeuille 2	0,75	0,25
Portefeuille 3	0,50	0,50
Portefeuille 4	0,25	0,75
Portefeuille 5	0,00	1,00

b) Jemand hat 70 000 DM und die Absicht, sein Geld so für die Papiere A und B so auszugeben, daß das damit verbundene Risiko minimiert wird. Wieviel Geld sollte er dann in Papier A investieren?

12. Gegeben sind die drei Wertpapiere A, B und C mit den nachstehenden Eigenschaften:

	A	B	C
$\bar{r}_i$	0,15	0,20	0,25
σ_i	0,20	0,30	0,40

Die Korrelationskoeffizienten zwischen den Renditen aller Paare von Wertpapieren sind null.

a) Berechnen Sie die zu erwartenden Renditen und Risiken (Streuungen) folgender drei Portefeuilles

	w_A	w_B	w_C
Portefeuille 1	0,0	0,5	0,5
Portefeuille 2	0,4	0,0	0,6
Portefeuille 3	0,7	0,3	0,0

b) Ermitteln Sie diejenigen Portefeuilles, welche die gleichen Renditen besitzen wie die unter a) genannten, aber ein minimales Risiko aufweisen.

13. Jemand bietet Ihnen eine Verzinsung Ihres Vermögens von 10 % ohne jedes Risiko. Ist das ein faires Angebot, wenn Sie auch die riskanten Wertpapiere A und B mit

	A	B
$\bar{r}_i$	0,15	0,09
σ_i	0,4	0,2

kaufen können und die Kovarianz $\sigma_{AB} = -0,08$ ist?

14. Gegeben seien die Renditeverteilungen zweier Aktien gemäß nachstehender Tabelle.

	S_1 $p_1 = 0,4$	S_2 $p_2 = 0,2$	S_3 $p_3 = 0,4$
A	0,14	0,02	0,09
B	0,10	0,12	0,06

Berechnen Sie
a) den Erwartungswert der Rendite beider Wertpapiere,
b) das Risiko beider Wertpapiere,
c) die Kovarianz und den Korrelationskoeffizienten zwischen den beiden Verteilungen,
d) den Erwartungswert der Rendite eines Portefeuilles, das je zur Hälfte aus den beiden Papieren besteht,
e) die Streuung der Rendite dieses Portefeuilles.

15. Zeigen Sie, daß unter den Bedingungen der Aufgabe 14 ein Portefeuille nicht optimal sein kann, wenn es zu 20 % aus Aktie A und zu 80 % aus Aktie B besteht.

Literatur

Gute Einführungen in die Entscheidungstheorie unter Unsicherheit geben Bamberg/ Coenenberg (1985), Bitz (1981) und Laux (1982).

In bezug auf Sensitivitätsanalysen empfehlen wir als grundlegendes Buch Dinkelbach (1969). Darüber hinaus sind speziell aus der Sicht der Anwendung solcher Analysen auf die Investitionsplanung Kilger (1965a) und Hax (1985: 122–133) zu empfehlen.

Bei der Risikoanalyse sind zwei Varianten zu unterscheiden. Zur analytischen Version sei in erster Linie auf Hillier (1963) und Hillier/Heebink (1965) verwiesen. Die andere Version, nämlich die Risikoanalyse mit Hilfe von Simulationsexperimenten, geht auf Hertz (1964) zurück. Eine Kritik der Risikoanalyse aus theoretischer Sicht findet man bei Kruschwitz (1980).

Wer sich über Probleme sequentieller Investitionsentscheidungen und Verfahren zu ihrer Lösung informieren will, dem seien insbesondere die Schriften von Laux (1971), Hax (1985: 165–195) und Inderfurth (1982) empfohlen. Kritik an der flexiblen Planung wurde vor allem von D. Schneider (1971, 1972) geübt.

Für die Portfolio-Analyse ist das Buch von Markowitz (1970) grundlegend. Sehr zu empfehlen ist ferner das Werk von Sharpe (1970: 1–73). Wer gut verständliche Darstellungen in deutscher Sprache sucht, der sollte zu den Schriften von Bitz (1981: 105–151) und R. H. Schmidt (1986: 143–167) greifen.

Literaturverzeichnis

Abkürzungen

BFuP	Betriebswirtschaftliche Forschung und Praxis
CMR	California Management Review
EJ	The Economic Journal
DB	Der Betrieb
DBW	Die Betriebswirtschaft
FM	Financial Management
HBR	Harvard Business Review
HWB	Handwörterbuch der Betriebswirtschaft (3 Bände). Hrsg. v. E. Grochla und W. Wittmann, 4. Aufl., Stuttgart 1974–1976.
HWF	Handwörterbuch der Finanzwirtschaft. Hrsg. v. H.E. Büschgen, Stuttgart 1976.
HWR	Handwörterbuch des Rechnungswesens. Hrsg. v. E. Kosiol, K. Chmielewicz und M. Schweitzer, 2. Aufl., Stuttgart 1981.
JAR	Journal of Accounting Research
JBFA	Journal of Business Finance and Accounting
JFQA	Journal of Financial and Quantitative Analysis
JoB	The Journal of Business
JoF	The Journal of Finance
MS	Management Science
OR	Operations Research
QJE	The Quarterly Journal of Economics
TEE	The Engineering Economist
WiSt	Wirtschaftswissenschaftliches Studium
WWA	Weltwirtschaftliches Archiv
ZfB	Zeitschrift für Betriebwirtschaft
ZfbF	Schmalenbachs Zeitschrift für betriebswirtschaftliche Forschung
ZfhF	Zeitschrift für handelswissenschaftliche Forschung

Adam, D. (1966): Das Interdependenzproblem in der Investitionsrechnung und die Möglichkeiten einer Zurechnung von Erträgen auf einzelne Investitionsprojekte. *DB*, 19. Jg., S. 989–993.

– (1979): Äquivalente Zielfunktionen in Modellen zur simultanen Investitions- und Finanzplanung. *Das Wirtschaftsstudium* (wisu), 8. Jg., S. 179–183, 233–237 und 285–287.

Adelberger, O. L., und H. Günther (1982): *Fall- und Projektstudien zur Investitionsrechnung*. München.

Albach, H. (1959): *Wirtschaftlichkeitsrechnung bei unsicheren Erwartungen*. Köln, Opladen.

– (1960a): Lineare Programmierung als Hilfsmittel betrieblicher Investitionsplanung. *ZfhF*, 12. Jg., S. 526–549.

- (1960b): Rentabilität und Sicherheit als Kriterien betrieblicher Investitionsentscheidungen. *ZfB*, 30. Jg., S. 583–599 und 673–682.
- (1962): *Investition und Liquidität*. Die Planung des optimalen Investitionsbudgets. Wiesbaden.
- (1963): Investitionsentscheidungen in Mehrproduktunternehmen. *Betriebsführung und Operations Research*. Hrsg. v. A. Angermann. Frankfurt. S. 24–48.
- (1964): Das optimale Investitionsbudget. Eine Erwiderung. *ZfbF*, 16. Jg., S. 456–470.
- (1967): Das optimale Investitionsbudget bei Unsicherheit. *ZfB*, 37. Jg., S. 503–518.
- (1970): *Steuersystem und unternehmerische Investitionspolitik*. Wiesbaden.
- (1975) (Hrsg.): *Investitionstheorie*. Köln.
- (1976): Investitionsrechnungen bei Unsicherheit. *HWF*, Sp. 893–908.
- (1977): Capital Budgeting and Risk Management. *Quantitative Wirtschaftsforschung*. Festschrift zum 60. Geburtstag von W. Krelle. Hrsg. v. H. Albach, E. Helmstädter und R. Henn, Tübingen 1977, S. 7–24.
- , and W. Schüler (1970): On a Method of Capital Budgeting under Uncertainty. *Journal of Mathematical and Physical Sciences*. Vol. 4, S. 208–226 (deutsche Übers.: Zur Theorie des Investitionsbudgets bei Unsicherheit. *Investitionstheorie*. Hrsg. v. H. Albach, Köln 1975, S. 396–410).
Altrogge, G. (1973): Zur Beurteilung einzelner Investitionen durch Rentabilitätskennziffern und Volumenangaben. *ZfB*, 43. Jg., S. 663–680.
Arrow, K. J., and D. Levhari (1969): Uniqueness of the Internal Rate of Return with Variable Life of Investment. *EJ*, Vol. 79, S. 560–566.
Ashton, D. J., and D. R. Atkins (1979): Rules of Thumb and the Impact of Debt in Capital Budgeting Models. *Journal of the Operational Research Society*, Vol. 30, S. 55–61.
Atkins, D. R., and D. J. Ashton (1976): Discount Rates in Capital Budgeting. A Re-Examination of the Baumol and Quandt Paradox. *TEE*, Vol. 21, S. 159–171.
Axmann, N. J. (1966): *Flexible Investitions- und Finanzierungspolitik*. Wiesbaden.

Baldwin, R. H. (1959): How to Assess Investment Proposals. *HBR*, Vol. 37, Nr. 3, S. 98–104.
Bamberg, G., und A. G. Coenenberg (1985): *Betriebswirtschaftliche Entscheidungslehre*. 4. Aufl., München.
Bäuerle, P. (1987): Finanzielle Planung mit Hilfe heuristischer Kalküle. Frankfurt am Main, Bern, New York, Paris.
Baumol, W. J., and R. E. Quandt (1965): Investment and Discount Rates under Capital Rationing. A Programming Approach. *EJ*, Vol. 75, S. 317–329.
Beenhakker, H. L. (1973): Discounting Indices Proposed for Capital Evaluation. A Further Examination. *TEE*, Vol. 18, S. 149–169.
Bellmann, R. (1957): *Dynamic Programming*. Princeton, N. J.
Bernardo, J. J., and H. P. Lanser (1977): A Capital Budgeting Decision Model with Subjective Criteria. *JFQA*, Vol. 12, S. 261–275.
Bernhard, R. H. (1969): Mathematical Programming Models for Capital Budgeting Decisions. A Survey, Generalization, and Critique. *JFQA*, Vol. 4, S. 111–158.
- (1971): A Comprehensive Comparison and Critique of Discounting Indices Proposed for Capital Investment Evaluation. *TEE*, Vol. 16, S. 157–186.
Biergans, E. (1973a): *Investitionsrechnung*. Verfahren der Investitionsrechnung und ihre Anwendung in der Praxis. Nürnberg.
- (1973b): Die Beurteilung von Investitionsalternativen. Kapitalwert, Annuität und interner Zinsfuß. *DB*, 26. Jg., S. 389–394.

– (1973c): Kritische Bemerkungen zur Kritik am internen Zinsfuß. *BFuP*, 25. Jg., S. 241 bis 261.

Bierman, H. jr., and S. Smidt (1984): *The Capital Budgeting Decision*. Economic Analysis and Financing, 6th ed., New York.

Biethahn, J., und H.-P. Liebmann (1972): Die numerische Behandlung eines gemischtganzzahligen Investitionsproblems mit exakten und heuristischen Methoden. *ZfB*, 42. Jg., S. 401–420.

Bitz, M. (1976): Äquivalente Zielkonzepte für Modelle der simultanen Investitions- und Finanzplanung. *ZfbF*, 28. Jg., S. 485–501.

– (1977): Der interne Zinsfuß in Modellen zur simultanen Investitions- und Finanzplanung, *ZfbF*, 29. Jg., S. 146–162.

– (1981): *Entscheidungstheorie*. München.

– (1984): Investition. *Vahlens Kompendium der Betriebswirtschaftslehre*. Hrsg. v. J. Baetge et al., Bd. 1, S. 423–481.

Bloech, J. (1966): *Untersuchung der Aussagefähigkeit mathematisch formulierter Investitionsmodelle mit Hilfe einer Fehlerrechnung*. Diss. Göttingen.

Blohm, H., und K. Lüder (1983): *Investition*. Schwachstellen im Investitionsbereich des Industriebetriebes und Wege zu ihrer Beseitigung. 5. Aufl., München.

Blumentrath, U. (1969): *Investitions- und Finanzplanung mit dem Ziel der Endwertmaximierung*. Wiesbaden.

Böhm-Bawerk, E. von (1921): *Kapital und Kapitalzins*. 2. Abt.: Positive Theorie des Kapitales. 4. Aufl., Jena.

Borch, K. H. (1969): *Wirtschaftliches Verhalten bei Unsicherheit*. Wien, München.

Born, A. (1976): *Entscheidungsmodelle zur Investitionsplanung*. Ein Beitrag zur Konzeption der „flexiblen" Planung. Wiesbaden.

Boulding, K. E. (1935): The Theory of a Single Investment. *QJE*. Vol. 49, S. 475–495.

– (1936a): Time and Investment. *Economica*, Vol. 3, S. 196–220.

– (1936b): Time and Investment. A Reply. *Economica*, Vol. 3, S. 440–442.

Brandt, H. (1970): *Investitionspolitik des Industriebetriebs*. 3. Aufl., Wiesbaden.

– (1976): Wirtschaftlichkeitsrechnung, statische. In: *HWF*, Sp. 1852–1862.

Brealey, R., and S. Myers (1984): *Principles of Corporate Finance*. 2nd ed., New York.

Brown, E. C. (1948): Business-Income Taxation and Investment Incentives. *Income, Employment, and Public Policy*. Essays in Honour of A. H. Hansen. New York, S. 300–316.

Buchner, R. (1967): Das Problem des zieladäquaten Entscheidungskriteriums bei Bestimmung der optimalen Investitionsdauer. *ZfB*, 37. Jg., S. 244–267.

– (1968): Anmerkungen zum Fisher-Hirshleifer Ansatz der simultanen Bestimmung von Gewinnausschüttungs-, Finanzierungs- und Investitionsentscheidungen. *ZfbF*, 20. Jg., S. 30–47.

– (1969): Zur Bedeutung des Fisher-Hirshleifer-Ansatzes für die betriebswirtschaftliche Theorie der Kapitalwirtschaft. *ZfbF*, 21. Jg., S. 706–727.

– (1970): Die Problematik kapitalwertorientierter Investitionsentscheidungen in kapitaltheoretischen dynamischen Planungsmodellen. Ein Beitrag zur Frage der Endwertmaximierung. *ZfB*, 40. Jg., S. 283–312.

– (1973a): Die Problematik des internen Zinsfußes als zielkonformes Auswahlkriterium zur Bestimmung des optimalen Produktionsprogrammes. *ZfB*, 43. Jg., S. 237–264.

– (1973b): Zur Frage der Zweckmäßigkeit des internen Zinsfußes als investitionsrechnerisches Auswahlkriterium. *ZfB*. 43. Jg., S. 693–710.

– (1981): *Grundzüge der Finanzanalyse*. München.

Busse von Colbe, W., und G. Laßmann (1986): *Betriebswirtschaftstheorie*. Bd. 3: Investitionstheorie. 2. Aufl., Berlin, Heidelberg, New York, Tokyo.

Carleton, W. T., G. Kendall and S. Tandon (1974): Application of the Decomposition Principle to the Capital Budgeting Problems in a Decentralized Firm. *JoF*, Vol. 29, S. 815 bis 839.

Carter, E. E. (1971): A Simulation Approach to Investment Decision. *CMR*, Vol. 13, No. 4, S. 18–26.

Charnes, A., W. W. Cooper and H. M. Miller (1959): Application of Linear Programming to Financial Budgeting and the Costing of Funds. *JoB*, Vol. 32, S. 20–46.

Coenenberg, A. G., unter Mitarb. von E. Brandi, G. Eifler u. F. Schmidt (1984): *Jahresabschluß und Jahresabschlußanalyse*. Betriebswirtschaftliche, handels- und steuerrechtliche Grundlagen. 7. Aufl., Landsberg a. Lech.

Cohen, K. J., and E. J. Elton (1967): Inter-Temporal Portfolio-Analysis Based on Simulation of Joint Returns. *MS*, Vol. 14, S. 5–18.

Cooley, P. L., R. L. Roenfeldt and I. Chew (1975): Capital Budgeting Procedures under Inflation. *FM*, S. 18–27.

Copeland, T. E., and J. F. Weston (1983): *Financial Theory and Corporate Policy*. 2nd ed., Reading, Mass.

Dahmen, K. (1975): *Die wirtschaftliche Nutzungsdauer von Anlagen unter Berücksichtigung von Instandhaltungsmaßnahmen*. Meisenheim a. Glan.

D'Ambrosio, C. A. (1976): *Principles of Modern Investments*. Chicago usw.

Dantzig, G. B. (1966): *Lineare Programmierung und Erweiterungen*. Berlin, Heidelberg, New York.

Dean, J. (1959): *Capital Budgeting*. Top-Management Policy on Plant Equipment and Product Development. 4th printing. New York.

Dellmann, K., und L. Haberstock (1971): Nutzungsdauer und Ersetzungszeitpunkt von Anlagen. Ihre praktische Berechnung, unter Berücksichtigung von Umlaufvermögen und gewinnabhängigen Steuern. *DB*, 24. Jg., S. 1729–1733.

Deppe, H.-D. (1975): *Grundriß einer analytischen Finanzplanung*. Göttingen.

Dinkelbach, W. (1969): *Sensitivitätsanalyse und parametrische Programmierung*. Berlin, Heidelberg, New York.

– (1982): Entscheidungstheoretische Aspekte zur Beurteilung voneinander unabhängiger Investitionsobjekte. *Neuere Entwicklungen in der Unternehmenstheorie*. Hrsg. v. H. Koch. Wiesbaden, S. 23–48.

Diruf, G. (1972): Die quantitative Risikoanalyse. Ein OR-Verfahren zur Beurteilung von Investitionsprojekten. *ZfB*, 42. Jg., S. 821–832.

Domsch, M. (1970): *Simultane Personal- und Investitionsplanung im Produktionsbereich*. Bielefeld.

Drukarczyk, J. (1970): *Investitionstheorie und Konsumpräferenz*. Ein Beitrag zur expliziten Berücksichtigung der Entnahmen (Konsumausgaben) im optimalen mehrperiodigen Investitionsprogramm des Unternehmers. Berlin.

– (1975): *Probleme individueller Entscheidungsrechnung*. Kritik ausgewählter normativer Aussagen über individuelle Entscheidungen in der Investitions- und Finanzierungstheorie. Wiesbaden.

– (1978): Maßgrößen (Kriterien) zur Beurteilung von mehrperiodigen Handlungsmöglichkeiten. *Betriebswirtschaftslehre*. Eine Einführung in die Theorie der Unternehmung. Band 1. Hrsg. v. J. Drukarczyk und L. Müller-Hagedorn. Wiesbaden, S. 45–105.

– (1980): *Finanzierungstheorie*. München.

Dyckhoff, H. (1987): *Zeitpräferenz*. Diskussionsbeitrag Nr. 123 des Fachbereichs Wirtschaftswissenschaft der Fernuniversität Hagen.

Dyl, E. A., and H. W. Long (1969): Abandonment Value and Capital Budgeting. Comment. *JoF*, Vol. 24, S. 88–95.

Eisele, W. (1985): Die Amortisationsdauer als Entscheidungskriterium für Investitionsmaßnahmen. *WiSt*, 14. Jg., S. 373–381.

Eisenführ, F. (1978): *Beurteilung einzelner Investitionsprojekte bei unterschiedlichem Soll- und Habenzins*. Arbeitsbericht Nr. 78/07 des Instituts f. Wirtschaftswissenschaften d. Rheinisch-Westfäl. Technischen Hochschule Aachen.

– (1979): Beurteilung einzelner Investitionsprojekte bei unterschiedlichem Soll- und Habenzins. *OR-Spektrum*, Bd. 1, S. 89–102.

Elton, E. J. (1970): Capital Rationing and External Discount Rates. *JoF*, Vol. 25, S. 573 bis 584.

–, and M. J. Gruber (1987): *Modern Portfolio Theory and Investment Analysis*. 3rd. ed., New York.

Emmert, P. H. (1974): *Die Planung und Beurteilung von Investitionsvorhaben in einem Mensch-Maschinen-Kommunikationssystem*. Diss. Erlangen-Nürnberg.

Engels, W. (1962): *Betriebswirtschaftliche Bewertungslehre im Licht der Entscheidungstheorie*. Köln, Opladen.

Farrar, D. E. (1962): *The Investment Decision under Uncertainty*. Englewood Cliffs, N. J.

Findlay, M. C., A. W. Frankle, P. L. Cooley, R. L. Roenfeldt and I. Chew (1976): Capital Budgeting Procedures under Inflation: Cooley, Roenfeldt, and Chew vs. Findlay and Frankle. *FM*, S. 83–90.

Fischer, J. (1981): *Heuristische Investitionsplanung*. Entscheidungshilfen für die Praxis. Berlin.

Fischer, L. (1975): Besteuerung und optimaler Ersatzzeitpunkt. *DB*, 28. Jg., S. 1572–1575.

Fisher, I. (1930): *The Theory of Interest*. As Determined by Impatience to Spend Income and Opportunity to Invest it. New York.

Fleig, W. (1965): *Investitionsmodelle als Grundlage der Investitionsentscheidungen*. Diss. Frankfurt.

Flemming, J. S., and J. F. Wright (1971): Uniqueness of the Internal Rate of Return. A Generalisation. *EJ*, Vol. 81, S. 256–263.

Förstner, K., und R. Henn (1957): *Dynamische Produktionstheorie und lineare Programmierung*. Meisenheim a. Glan.

Fogler, R. H. (1972a): Overkill in Capital Budgeting Technique. *FM*, S. 92–96.

– (1972b): Ranking Techniques and Capital Budgeting. *Accounting Review*, Vol. 47, S. 134 bis 143.

Fotilas, P. (1981): Die Berücksichtigung von Imponderabilien im Rahmen eines integralen entscheidungsorientierten Investitionskalküls. *BFuP*, 33. Jg., S. 190–204.

Franke, G. (1974): Ganzzahligkeitseigenschaften linearer Investitionsprogramme. *ZfbF*, 26. Jg., S. 409–422.

– (1975): Investitionspolitik, betriebliche. In: *HWB*, Sp. 1996–2004.

– (1978): Mittelbarer Parametervergleich als Entscheidungskalkül. Illusionen durch konventionsbedingte Rangordnungen. *ZfbF*, 30. Jg., S. 431–452.

–, und H. Laux (1968): Die Ermittlung der Kalkulationszinsfüße für investitionstheoretische Partialmodelle. *ZfbF*, 20. Jg., S. 740–759.

Frischmuth, G. (1969): *Daten als Grundlage für Investitionsentscheidungen*. Theoretische Anforderungen und praktische Möglichkeiten der Datenermittlung im Rahmen des investitionspolitischen Entscheidungsprozesses. Berlin.

Gans, B., W. Looss und D. Zickler (1977): *Investitions- und Finanzierungstheorie*. Lehr- und Übungsbuch für das Grundstudium. 3. Aufl. München.

Ganske, H. (1966): Investitionstheorie und ökonomische Realität. *ZfB*, 36. Jg., S. 381–402.

Georgi, A. A. (1985): Analyse der Notwendigkeit einer Berücksichtigung von Steuern in der Investitionsplanung. *ZfbF*, 37. Jg., S. 891–911.

– (1986): *Steuern in der Investitionsplanung*. Eine Analyse der Entscheidungsrelevanz von Ertrag- und Substanzsteuern. Hamburg.

Göppl, H., und K. Hellwig (1973): „Vermögensrentabilität – ein einfaches dynamisches Investitionskalkül". Kritische Anmerkungen zu einem gleichnamigen Aufsatz von M. Henke. *ZfB*, 43. Jg., S. 747–752.

Gordon, M. J. (1955): The Payoff Period and the Rate of Profit. *JoB*, Vol. 28, S. 253–260.

– (1962): *The Investment, Financing, and Valuation of the Corporation*. Homewood, Ill.

– (1963): Optimal Investment and Financing Policy. *JoF*, Vol. 18, S. 264–272.

Grabbe, H.-W. (1976): *Investitionsrechnung in der Praxis*. Ergebnisse einer Unternehmensbefragung. Köln.

Grob, H. L. (1982): Periodenspezifische Mischzinsfüße als theoretisch richtige Kalkulationszinsfüße. *ZfB*, 52. Jg., S. 381–395.

Grundmann, H.-R. (1973): *Optimale Investitions- und Finanzplanung unter Berücksichtigung der Steuern*. Diss. Hamburg.

Gutenberg, E. (1952): Zur neueren Entwicklung in der Wirtschaftlichkeitsrechnung. *Zeitschrift für die gesamte Staatswissenschaft*. 108. Bd., S. 630–645.

– (1954): Der Stand der wissenschaftlichen Forschung auf dem Gebiet der Investitionsplanung. *ZfhF*, 6. Jg., S. 557–574.

– (1959): *Untersuchungen über die Investitionsentscheidungen industrieller Unternehmen*. Köln, Opladen.

– (1980): *Grundlagen der Betriebswirtschaftslehre*. Band III: Die Finanzen. 8. Aufl., Berlin, Heidelberg, New York.

Haberstock, L. (1970): Zum Ansatz des Kalkulationszinsfußes vor und nach Steuern in investitionstheoretischen Partialmodellen. *ZfbF*, 22. Jg., S. 510–516.

– (1971a): Einige kritische Bemerkungen zur Kapitalwert-Methode. Stellungnahme zu dem gleichnamigen Aufsatz von E. Hosterbach. *ZfB*, 41. Jg., S. 285–288.

– (1971b): *Zur Integrierung der Ertragsbesteuerung in die simultane Produktions-, Investitions- und Finanzplanung mit Hilfe der linearen Programmierung*. Köln, Berlin, Bonn, München.

– (1972): Kapitalwert oder Interner Zinsfuß? Stellungnahme zu dem Aufsatz von E. Hosterbach. *ZfB*, 42. Jg., S. 216–218.

–, und K. Dellmann (1971): Kapitalwert und Interner Zinsfuß als Kriterien zur Beurteilung der Vorteilhaftigkeit von Investitionsprojekten. *Kostenrechnungs-Praxis*, S. 195–206.

Haegert, L. (1970): Die Aussagefähigkeit der Dualvariablen und die wirtschaftliche Deutung der Optimalitätsbedingungen beim Chance-Constrained Programming. *Entschei-*

dungen bei unsicheren Erwartungen. Beiträge zur Theorie der Unternehmung. Hrsg. v. H. Hax. Köln, Opladen 1970, S. 101–128.

- (1971): *Der Einfluß der Steuern auf das optimale Investitions- und Finanzierungsprogramm.* Wiesbaden.

- (1975): Eine Analyse der Kuhn-Tucker-Bedingungen unter dem Gesichtspunkt der Schätzung von Kalkulationszinsfüßen und Risikoabschlägen. *Unternehmensplanung.* Hrsg. v. H. Ulrich. Wiesbaden. S. 241–257.

-, und R. Kramm (1975): Der Einfluß von Ertragsteuern auf die Vorteilhaftigkeit von Investitionen mit unterschiedlichem Risiko. *ZfbF*, 27. Jg., S. 69–83.

-, - (1977): Die Bedeutung des steuerlichen Verlustrücktrags für die Rentabilität und das Risiko von Investitionen. *ZfbF*, 29. Jg., S. 203–210.

-, und F. Wittmann (1977): Zur Eignung der Amortisationsdauer als Kriterium für Investitionsentscheidungen bei unsicheren Erwartungen. *ZfbF*, 29. Jg., 475–489.

Hahn, O. (1983): *Finanzwirtschaft*, 2. Aufl., München.

Hållsten, B. (1966): *Investment and Financing Decisions.* On Goal Formulation and Model Building. Stockholm.

Hansmann, K.-W. (1980): *Dynamische Aktienanlageplanung.* Wiesbaden.

- (1983): *Kurzlehrbuch Prognoseverfahren.* Wiesbaden.

Hanssmann, F. (1968): *Operations Research Techniques for Capital Investment.* New York, London, Sydney.

Harrmann, A. (1966): Zur Anwendung des Kapitalwertverfahrens bei Investitionsrechnungen. *DB*, 19. Jg., S. 1061–1066.

Hartner, G. (1968): *Die Determinanten der Investitionsentscheidung und ihre Wertigkeit im Entscheidungsprozeß.* Wien.

Haugen, R. A. (1986): *Modern Investment Theory.* Englewood Cliffs, N. J.

Haumer, H. (1983): *Sequentielle stochastische Investitionsplanung.* Wiesbaden.

Hax, H. (1963): Rentabilitätsmaximierung als unternehmerische Zielsetzung. *ZfhF*, 15. Jg., S. 337–344.

- (1964): Investitions- und Finanzplanung mit Hilfe der linearen Programmierung. *ZfbF*, 16. Jg., S. 430–446.

- (1967): Bewertungsprobleme bei der Formulierung von Zielfunktionen. *ZfbF*, 19. Jg., S. 749–761.

- (1970): Investitionsentscheidungen bei unsicheren Erwartungen. *Entscheidungen bei unsicheren Erwartungen.* Beiträge zur Theorie der Unternehmung. Hrsg. v. H. Hax. Köln, Opladen 1970, S. 129–140.

- (1976a): *Investitionstheorie*, 3. Aufl., Würzburg, Wien.

- (1976b): Zur Verbindung von Entscheidungsbaumverfahren und Chance-Constraint-Programming in Entscheidungsmodellen der Kapitalbudgetierung. *Investitionstheorie und Investitionspolitik privater und öffentlicher Unternehmen.* Hrsg. v. H. Albach und H. Simon. Wiesbaden 1976, S. 123–144.

- (1981a): Offene Probleme der Investitions- und Finanzplanung. *Investitions- und Finanzplanung im Wechsel der Konjunktur.* 2. Saarbrücker Arbeitstagung. Hrsg. v. W. Kilger und A.-W. Scheer. Würzburg, Wien, S. 9–22.

- (1981b): Unternehmungspolitik und betriebliche Finanzpolitik. *Unternehmungsführung aus finanz- und bankwirtschaftlicher Sicht.* Hrsg. v. E. Rühli und J. P. Thommen. Stuttgart, S. S. 7–22.

- (1982): Finanzierungs- und Investitionstheorie. *Neuere Entwicklungen in der Unternehmenstheorie.* Hrsg. v. H. Koch. Wiesbaden, S. 49–68.

– (1985): *Investitionstheorie.* 5. Aufl., Würzburg, Wien.

–, und H. Laux (1969): Investitionstheorie. *Beiträge zur Unternehmensforschung.* Gegenwärtiger Stand und Entwicklungstendenzen. Hrsg. v. G. Menges. Würzburg, Wien 1969, S. 227–284.

–, – (1972a): Flexible Planung. Verfahrensregeln und Entscheidungsmodelle für die Planung bei Ungewißheit. *ZfbF*, 24. Jg., S. 318–340.

–, – (1972b): Zur Diskussion um die flexible Planung. *ZfbF*, 24. Jg., S. 477–479.

Heckmann, N., und W. Plein (1968): Investition und Risiko. Ein Simulationsmodell zur Investitionsanalyse auf der Basis trendartig formulierter Erwartungen. *ZfbF*, 20. Jg., S. 760–786.

Hederer, G. (1971): *Die Motivation von Investitionsentscheidungen in der Unternehmung.* Eine verhaltenswissenschaftliche Studie. Meisenheim a. Glan.

Heider, M. (1969): *Simulationsmodell zur Risikoanalyse für Investitionsplanungen.* Diss. Bonn.

Heinen, E. (1957): Zum Begriff und Wesen der betriebswirtschaftlichen Investition. *BFuP*, 9. Jg., S. 16–31 und 85–98.

Heinhold, M. (1980): *Arbeitsbuch zur Investitionsrechnung.* München.

Heister, M. (1962): *Rentabilitätsanalyse von Investitionen.* Ein Beitrag zur Wirtschaftlichkeitsrechnung. Köln, Opladen.

Hellwig, K. (1973): *Die Lösung ganzzahliger investitionstheoretischer Totalmodelle durch Partialmodelle.* Meisenheim a. Glan.

– (1974): Die Theoreme von Everett und die Lösung ganzzahliger Investitionsprogramme. *Proceedings in Operations Research* 3. Hrsg. v. P. Gessner u. a. Würzburg, Wien 1974, S. 373–377.

– (1976): Die approximative Bestimmung optimaler Investitionsprogramme. *ZfbF*, 28. Jg., S. 166–171.

Henke, M. (1973): Vermögensrentabilität – ein einfaches dynamisches Investitionskalkül. *ZfB*, 43. Jg., S. 177–198.

– (1974): Vermögensrentabilität – ein einfaches dynamisches Investitionskalkül. (Zugl. Erwid. auf e. Beitr. v. Göppl, Hellwig i. d. ZfB). *ZfB*, 44. Jg., S. 593–602.

Herbst, A. F. (1982): *Capital Budgeting.* Theory, Quantitative Methods, and Applications. New York.

–; und L. Kruschwitz (1975): Ein systematisches Verfahren zur Bestimmung der optimalen Nutzungsdauer von Investitionsprojekten. *Kostenrechnungs-Praxis*, S. 162–170.

Hertz, D. B. (1964): Risk Analysis in Capital Investment. *HBR*, Vol. 42, Nr. 1, S. 95–106 (deutsche Übers.: Die Analyse des Risikos bei Investitionsvorhaben. *Investitionstheorie.* Hrsg. v. H. Albach. Köln 1975, S. 211–228).

– (1968): Investment Policies that Pay off. *HBR*, Vol. 46, Nr. 1, S. 96–108.

Hespos, R. F., and P. A. Strassmann (1965): Stochastic Decision Trees for the Analysis of Investment Decisions. *MS*, Vol. 11, S. B-244–259 (deutsche Übers.: Die Anwendung stochastischer Entscheidungsbäume bei der Analyse von Investitionsentscheidungen. *Investitionstheorie.* Hrsg. v. H. Albach. Köln 1975, S. 229–247).

Hilgert, S. (1966): Zur Berücksichtigung von Erträgen in Investitionsrechnungen. *DB*, 19. Jg., S. 81–84.

Hillier, F. S. (1963): The Derivation of Probabilistic Information for the Evaluation of Risky Investments. *MS*, Vol. 9, S. 443–457 (deutsche Übers.: Die Ermittlung von Informationen über die Wahrscheinlichkeitsverteilungen zur Beurteilung riskanter Investitionen. *Investitionstheorie*, Hrsg. v. H. Albach. Köln 1975, S. 195–210).

–, and D. V. Heebink (1965): Evaluating Risky Capital Investments. *CMR*, Vol. 8, Nr. 2, S. 71–80.

Hirshleifer, J. (1958): On the Theory of Optimal Investment Decision. *The Journal of Political Economy*, Vol. 66, S. 329–352.

– (1965): Investment Decision under Uncertainty: Choice-Theoretic Approaches. *QJE*, Vol. 79, S. 509–536.

– (1966): Investment Decision under Uncertainty: Applications of the State-Preference Approach. *QJE*, Vol. 80, S. 252–277.

– (1970): *Investment, Interest, and Capital*. Englewood Cliffs, N. J.

Hoberg, P. (1984): Entwicklung eines allgemein gültigen Ansatzes für partielle Investitionsentscheidungen. *ZfB*, 54. Jg., S. 1048–1064.

Honko, J. (1966): *On Investment Decisions in Finnish Industry*. Helsinki.

– (1967): Investitionsentscheidungen und ihre Verbindung mit dem Planungs- und Kontrollprozeß. Eine empirische Untersuchung finnischer Unternehmungen. *ZfB*, 37. Jg., S. 423–436.

Hosterbach, E. (1970): Einige kritische Bemerkungen zur Kapitalwert-Methode. *ZfB*, 40. Jg., S. 613–620.

– (1972a): Kapitalwert oder Interner Zinsfuß? Gleichzeitig eine Entgegnung an Dr. L. Haberstock. *ZfB*, 42. Jg., S. 201–216.

– (1972b): Noch einmal: „Kapitalwert oder Interner Zinsfuß?" Ein Schlußwort. *ZfB*, 42. Jg., S. 376–377.

–, und O. Seifert (1971): Zur Mehrdeutigkeit des Internen Zinsfußes. *ZfB*, 41. Jg., S. 867 bis 880.

Hotelling, H. A. (1925): A General Mathematical Theory of Depreciation. *The Journal of the American Statistical Association*, Vol. 20, S. 340–353.

Huber, P. (1977): *Zur Problematik der Formulierung entnahmestromorientierter Zielfunktionen von integrierten Investitions-, Finanzierungs- und Produktionsplanungsmodellen*. Wien.

Hudges, J. S., and W. G. Lewellen (1974): Programming Solutions to Capital Rationing Problems. *JBFA*, Vol. 1, S. 55–74.

Inderfurth, K. (1979): Starre und flexible Investitionsplanung bei laufender Planrevision. *ZfbF*, 31. Jg., S. 440–467.

– (1982): *Starre und flexible Investitionsplanung*. Eine Untersuchung starrer und flexibler Planungsverfahren bei sequentieller Investitionsprogrammplanung bei Unsicherheit. Wiesbaden.

Jaap, C. (1986): *Möglichkeiten betriebswirtschaftlicher Beurteilung privater Kapitalanlagen*. Dargestellt am Beispiel des Bauherrenmodells. Berlin.

Jääskeläinen, V. (1966): *Optimal Financing and Tax Policy of the Corporation*. Helsinki.

Jacob, H. (1962): Investitionsplanung auf der Grundlage linearer Optimierung. *ZfB*, 32. Jg., S. 651–655.

– (1964): Neuere Entwicklungen in der Investitionsrechnung. *ZfB*, 34. Jg., S. 487–507 und 551–594.

– (1967a): Flexibilitätsüberlegungen in der Investitionsrechnung. *ZfB*, 37. Jg., S. 1–34.

– (1967b): Zum Problem der Unsicherheit bei Investitionsentscheidungen. *ZfB*, 37. Jg., S. 153–187.

– (1968a) (Hrsg.): *Optimale Investitionspolitik*. Schriften zur Unternehmensführung, Band 4, Wiesbaden.

- (1968b): Investitionsplanung mit Hilfe der Optimierungsrechnung. *Optimale Investitionspolitik*. Schriften zur Unternehmensführung, Band 4. Hrsg. v. H. Jacob. Wiesbaden 1968, S. 93–115.
- (1969): Investitionsrechnung. *Allgemeine Betriebswirtschaftslehre in programmierter Form*. Hrsg. v. H. Jacob. Wiesbaden 1969, S. 599–677.
- (1974): Unsicherheit und Flexibilität. *ZfB*, 44. Jg., S. 299–326, 403–448 und 505–526.
- (1975): Investitionsplanung. In: *HWB*, Sp. 1978–1996.
- (1979): *Kurzlehrbuch Investitionsrechnung*. 2. Aufl., Wiesbaden.

Jacobs, O. H., R. Rupp, W. Scheffler und U. Schreiber (1984): *Ein computergestütztes Modell zur Steuerplanung und Analyse von Steuerrechtsnormen*. Dargestellt am Beispiel von Immobilieninvestitionen. Diskussionspapier d. Lehrstuhls u. Seminars f. Allgemeine Betriebswirtschaftslehre, Treuhandwesen u. Betriebswirtschaftliche Steuerlehre II d. Universität Mannheim.

Jaensch, G. (1966): Ein einfaches Modell der Unternehmensbewertung ohne Kalkulationszinsfuß. *ZfbF*, 18. Jg., S. 660–679.
- (1967): Betriebswirtschaftliche Investitionsmodelle und praktische Investitionsrechnung. *ZfbF*, 19. Jg., S. 48–57.

Janocha, P. (1976): Wirtschaftlichkeitsrechnung, dynamische. In: *HWF*, Sp. 1839–1852.

Jobmann, W. (1974): Die optimale Nutzungsdauerentscheidung bei identischer Wiederholung mehrerer unabhängiger Anlagen und begrenzter Finanzierbarkeit. *ZfbF*, 26. Jg., S. 110–119.

Jochum, H. (1969): *Flexible Planung als Grundlage unternehmerischer Investitionsentscheidungen*. Diss. Saarbrücken.

Jöckel, K.-H., und P. Pflaumer (1981): Stochastische Investitionsrechnung. Ein analytisches Verfahren zur Risikoanalyse. *Zeitschrift für Operations Research*, 25. Jg., S. B39–47.

Johnson, R. W. (1970): *Capital Budgeting*, Belmont.

Jonas, H. (1961): Zur Methode der Rentabilitätsrechnung beim Investitionsvergleich. *ZfB*, 31. Jg., S. 1–11.
- (1964): *Investitionsrechnung*. Berlin.

Käfer, K. (1974): *Investitionsrechnungen*. Einführung in die Theorie. Beispiele und Aufgaben. 4. Aufl., Zürich.

Kahl, H.-P. (1968): Die Methoden der Wirtschaftlichkeitsrechnung und ihre Bedeutung für die praktische Investitionspolitik. *Optimale Investitionspolitik*. Schriften zur Unternehmensführung, Band 4. Hrsg. v. H. Jacob. Wiesbaden 1968, S. 7–32.

Kaplan, S. (1966): Solution of the Lorie-Savage and Similar Integer Programming Problems by the Generalized Lagrange Multiplier Method. *OR*, Vol. 14, S. 1130–1136.

Kaufmann, A. E. (1967): *Die Zinsempfindlichkeit der Investitionen*. Diss. Zürich.

Keifer, R. (1970): *Der Kalkulationszinsfuß und investitionstheoretische Entscheidungsmodelle*. Diss. Mannheim.

Kelpe, R. (1980): *Steuerorientierte Investitionsrechnung*. Ein Beitrag zur Integration der Steuerplanung in die Investitionsplanung. München.

Kemper, D. H. (1980): *Imponderabilien im Investitionskalkül*. Möglichkeiten ihrer Berücksichtigung durch Cost-Efficiency-Analysis. Düsseldorf.

Kern, W. (1974): *Investitionsrechnung*. Stuttgart.
- (1976): *Grundzüge der Investitionsrechnung*. Stuttgart.
- (1985): Analyse von Steuerwirkungen in investitionstheoretischen Kalkülen. *ZfbF*, 37. Jg., S. 867–881.

Kilger, W. (1965a): Kritische Werte in der Investitions- und Wirtschaftlichkeitsrechnung. *ZfB*, 35. Jg., S. 338–353.

– (1965b): Zur Kritik am internen Zinsfuß. *ZfB*, 35. Jg., S. 765–798.

Klammer, T. (1972): Empirical Evidence of the Adoption of Sophisticated Capital Budgeting Techniques. *JoB*, Vol. 45, S. 387–397.

Kleineidam, H.-J., und K. Seutter (1977): Der optimale Ersatzzeitpunkt von Investitionsobjekten unter dem Einfluß der Ertragsbesteuerung. *DB*, 30. Jg., S. 361–365 und 409–411.

Klinger, K. (1964): Das Schwächebild der Investitionsrechnungen. *DB*, 17. Jg., S. 1821 bis 1824.

Kloock, J. (1981): Mehrperiodige Investitionsrechnungen auf der Basis kalkulatorischer und handelsrechtlicher Erfolgsrechnungen. *ZfbF*, 33. Jg., S. 873–890.

Knight, F. H. (1921): *Risk, Uncertainty, and Profit*. Boston, New York.

– (1934): Capital, Time, and the Interest Rate. *Economica*, Vol. 1, S. 257–286.

Knoop, P. (1975): *Voraussetzungen für die Eindeutigkeit des internen Zinssatzes und für seine Anwendung als kritischer Beschaffungszinssatz*. Arbeitspapier Nr. 5 d. Seminars f. Allgemeine Betriebswirtschaftslehre d. Universität Hamburg.

Koch, H. (1961): *Betriebliche Planung*. Grundlagen und Grundfragen der Unternehmungspolitik. Wiesbaden.

– (1968): Der Begriff des ökonomischen Gewinns. Zur Frage des Optimalitätskriteriums in der Wirtschaftlichkeitsrechnung. *ZfbF*, 20. Jg., S. 389–441.

– (1969): Probleme der Investitionsplanung. *ZfB*, 39. Jg., S. 761–778.

– (1970): *Grundlagen der Wirtschaftlichkeitsrechnung*. Probleme der betriebswirtschaftlichen Entscheidungslehre. Wiesbaden.

Krause, W. (1973): *Investitionsrechnungen und unternehmerische Entscheidungen*. Berlin.

Kruschwitz, L. (1974): Kapitalwert und Annuität. *Die Unternehmung*, 28. Jg., S. 241–260.

– (1975): Der interne Zinsfuß bei identischen Investitionsketten. *ZfB*, 45. Jg., S. 205–207.

– (1976a): *Vermögensstreben und Einkommensstreben bei sich gegenseitig ausschließenden Investitionsalternativen*. Diskussionspapier 19, hrsg. v. Institut f. Wirtschaftswissenschaften d. Technischen Universität Berlin.

– (1976b): Finanzmathematische Endwert- und Zinsfußmodelle. *ZfB*, 46. Jg., S. 245–262.

– (1977a): Zur heuristischen Planung des Investitionsprogramms. *ZfB*, 47. Jg., S. 209–224.

– (1977b): Kapitalwert und interner Zinsfuß. Stellungnahme zu einigen investitionstheoretischen Arbeiten von H. Meyer. *DB*, 30. Jg., S. 1061–1063.

– (1978): Endwert- und Entnahmemaximierung bei alternativen Investitionsprojekten. *DB*, 31. Jg., S. 549–554 und 597–600.

– (1980): Bemerkungen zur Risikoanalyse aus theoretischer Sicht. *ZfB*, 50. Jg., S. 800–808.

– (1981a): Investitionsrechnungen, statische. *HWR*, Sp. 818–828.

– (1981b): Investitionsrechnung auf der Basis von Periodengewinnen? Anmerkungen zum Beitrag v. J. Steiner. *DBW*, 41. Jg., S. 665–670.

– (1987): Berechnung der Effektivverzinsung. *WiSt*, 16. Jg., S. 192–194.

–, und J. Fischer (1978): Konflikte zwischen Endwert- und Entnahmemaximierung. *ZfbF*, 30. Jg., S. 752–782.

–, – (1979): Entscheidungen über Investitionsalternativen bei detaillierter Berücksichtigung von Gewinnsteuern. *DBW*, 39. Jg., S. 443–457.

–, – (1980a): Solving Capital Budgeting Problems by Rules of Thumb. A Comment. *Journal of the Operational Research Society*, Vol. 31, S. 359–361.

–, – (1980b): Die Planung des Kapitalbudgets mit Hilfe von Kapitalnachfrage- und Kapitalangebotskurven. *ZfbF*, 32. Jg., S. 393–418.

–, und R. Kammerdiener (1979): *Modifizierte Algorithmen zur Beurteilung alternativer Investitionsprojekte bei Endwert- und Entnahmemaximierung*. Diskussionspapier 46, hrsg. v. d. Wirtschaftswissenschaftlichen Dokumentation d. Technischen Universität Berlin.

–, und R. Schöbel (1987): Die Beurteilung riskanter Investitionen und das Capital Asset Pricing Model (CAPM). *WiSt*, 16. Jg., S. 67–71.

Kryzanowski, L., P. Lusztig und B. Schwab (1972): Monte Carlo Simulation and Capital Expenditure Decisions. A Case Study. *TEE*, Vol. 18, S. 31–48.

Kuh, E. (1960): Capital Theory and Capital Budgeting. *Metroeconomica*, Vol. 12, S. 64–80.

Laux, H. (1969a): *Kapitalkosten und Ertragsteuern*. Köln, Berlin, Bonn, München.

– (1969b): Flexible Planung des Kapitalbudgets mit Hilfe der linearen Programmierung. *ZfbF*, 21. Jg., S. 728–742.

– (1971): *Flexible Investitionsplanung*. Einführung in die Theorie der sequentiellen Entscheidungen bei Unsicherheit. Opladen.

– (1982): *Entscheidungstheorie*. Band 1, Grundlagen. Berlin, Heidelberg, New York.

–, und G. Franke (1969): Investitions- und Finanzplanung mit Hilfe von Kapitalwerten. *ZfbF*, 21. Jg., S. 43–56.

–, – (1970): Das Versagen der Kapitalwertmethode bei Ganzzahligkeitsbedingungen. *ZfbF*, 22. Jg., S. 517–527.

Layer, M. (1975): *Optimale Kapazitätsausnutzung und Kapazitätsbereitstellung*. Sequentielle Produktions- und Investitionsplanung mit Hilfe der Dynamischen Programmierung. Würzburg, Wien.

Leffson, U. (1973): *Programmiertes Lehrbuch der Investitionsrechnung*. Wiesbaden.

Lehmann, M. (1975): *Zur Theorie der Zeitpräferenz*. Berlin.

Lehner, U. (1976): *Modelle für das Finanzmanagement*. Darmstadt.

Levy, H. (1968): A Note on the Payback Method. *JFQA*, Vol. 3, S. 433–443.

–, and M. Sarnat (1986): *Capital Investment and Financial Decisions*. 3rd ed., Englewood Cliffs, N. J.

Liebmann, H.-P., und J. Biethahn (1973): Zur Anwendung von heuristischen Methoden bei der Optimierung eines gemischt-ganzzahligen und separierbaren Investitionsproblems. *ZfB*, 43. Jg., S. 351–371.

Lin, S. A. Y. (1976): The Modified Internal Rate of Return and Investment Criterion. *TEE*, Vol. 21, S. 237–248.

Lindahl, E. (1933): The Concept of Income. *Economic Essays in Honour of G. Cassel*. London 1933, S. 399–407.

Litzenberger, R. H., und O. M. Joy (1975): Decentralized Capital Budgeting Decisions and Shareholder Wealth Maximization. *JoF*, Vol. 30, S. 993–1002.

Lohmann, K. (1978): *Finanzmathematische Wertpapieranalyse*. Göttingen.

Loistl, O. (1971): *Optimales Investitionsprogramm und die Technik der Dekomposition*. Diss. Technische Universität Berlin.

– (1980): *Unternehmensbesteuerung*. Stuttgart, Berlin, Köln, Mainz.

– (1986): *Grundzüge der betrieblichen Kapitalwirtschaft*. Berlin, Heidelberg, New York, Tokyo.

Loitlsberger, E. (1976): Steuern in der Investitionsrechnung. *Investitionstheorie und Investitionspolitik*. Hrsg. v. H. Albach und H. Simon. Wiesbaden, S. 303–333.

Lorie, J. H., and L. J. Savage (1955): Three Problems in Rationing Capital. *JoB*, Vol. 28, S. 229–239.

Luce, D. R., and H. Raiffa (1957): *Games and Decisions*. Introduction and Critical Survey. New York, London.

Lücke, W. (1955): Investitionsrechnungen auf der Grundlage von Ausgaben oder Kosten? *ZfhF*, 7. Jg., S. 310–324.

– (1972): Bemerkungen zum Investitionstypus und zum Problem der Zwischenanlage. *Beiträge zur Unternehmensführung und Unternehmensforschung*. Festschrift zum 70. Geburtstag von W. F. Riester. Hrsg. v. R. Schwinn. Würzburg, Wien 1972, S. 165–184.

– (1975) (Hrsg.): *Investitionslexikon*. München.

Lüder, K. (1966): Zur dynamischen Amortisationsrechnung. *DB*, 19. Jg., S. 117–119.

– (1969): *Investitionskontrolle*. Die Kontrolle des wirtschaftlichen Ergebnisses von Investitionen. Wiesbaden.

– (1976a): Die Beurteilung von Einzelinvestitionen unter Berücksichtigung von Ertragsteuern. *ZfB*, 46. Jg., S. 539–570.

– (1976b): Zur Investitionsplanung und Investitionsrechnung in der betrieblichen Praxis. *WiSt*, 5. Jg., S. 509–514.

– (1976c): Investitionskontrolle. In: *HWF*, Sp. 867–872.

– (1977) (Hrsg.): *Investitionsplanung*. München.

Lütticken, F., und K. Würtemberger (1969): Die Berücksichtigung der Steuern in ausgewählten Verfahren der Investitionsrechnung. *Kostenrechnungs-Praxis* 1969, S. 115–128, 175–184 und 227–233.

Lutz, F. A. (1967): *Zinstheorie*. 2. Aufl., Tübingen, Zürich.

Lutz, F., und V. Lutz (1951): *The Theory of Investment of the Firm*. Princeton.

Magee, J. F. (1964a): Decision Trees for Decision Making, *HBR*, Vol. 42, Nr. 4, S. 126–138.

– (1964b): How to Use Decision Trees in Capital Investment. *HBR*, Vol. 42, Nr. 5, S. 79–96.

Maier, S. F., und J. H. Varĺder Weide (1976): Capital Budgeting in the Decentralized Firm. *MS*, Vol. 23, S. 433–443.

Mao, J. C. T. (1966): The Internal Rate of Return as a Ranking Criterion. *TEE*, Vol. 11, Nr. 4, S. 1–13.

– (1968): Decision Trees and Sequential Investment Decisions. *Cost and Management*. Vol. 4, S. 18–23. (wieder abgedr. in: *Investitionsplanung*. Hrsg. v. K. Lüder, München 1977, S. 192–201).

– (1969): *Quantitative Analysis of Financial Decisions*. London.

– (1970): Survey of Capital Budgeting. Theory and Practice. *JoF*, Vol. 25, S. 349–360.

– (1976): *Corporate Financial Decisions*. Palo Alto.

Markowitz, H. M. (1952): Portfolio Selection. *JoF*, Vol. 7, S. 77–91.

– (1970): *Portfolio Selection*. Efficient Diversification of Investments. 2nd printing, New Haven, London.

Massé, P. (1959): *Le choix des investissements*. Critères et methodes. Paris (deutsche Übers.: *Investitionskriterien*. Probleme der Investitionsplanung. München 1968).

–, and R. Gibrat (1957): Application of Linear Programming to Investments in the Electric Power Industry. *MS*, Vol. 3, S. 149–166 (deutsche Übers.: Die Anwendung der linearen Programmierung auf Investitionsentscheidungen in der Elektrizitätswirtschaft. *Investitionstheorie*. Hrsg. v. H. Albach. Köln 1975, S. 290–305).

Mellwig, W. (1980): Sensitivitätsanalyse des Steuereinflusses in der Investitionsplanung. Überlegungen zur praktischen Relevanz einer Berücksichtigung der Steuern bei der Investitionsentscheidung. *ZfbF*, 32. Jg., S. 16–39.

– (1981): Die Berücksichtigung der Steuern in der Investitionsplanung. Modellprämissen und Ausmaß des Steuereinflusses. *ZfbF*, 33. Jg., S. 53–55.

– (1982): Wirken Substanzsteuern investitionshemmend? *DB*, 35. Jg., S. 501–507, 553–556.

– (1985): *Investition und Besteuerung*. Ein Lehrbuch zum Einfluß der Steuern auf die Investitionsentscheidung. Wiesbaden.

Mentzel, K., und M. Scholz (1971): Integrierte Verkaufs-, Produktions- und Investitionsplanung. *Ablauf- und Planungsforschung*, 12. Jg., S. 1–15.

Mertens, P. (1962): Ertragsteuerwirkungen auf die Investitionsfinanzierung. Ihre Berücksichtigung in der Investitionsrechnung. *ZfhF*, 14. Jg., S. 570–588.

– (1969): *Simulation*. Stuttgart.

– (1981) (Hrsg.): *Prognoserechnung*. 4. Aufl., Würzburg, Wien.

Meyer, H. (1974a): Die interne Verzinsung. *Plus*, 8. Jg., Heft 7, S. 49–56; Heft 8, S. 55–61; Heft 9, S. 49–61.

– (1974b): Interne Verzinsung oder Kapitalwert? Welches finanzmathematische Kriterium sollte bei der Zusammenstellung von Investitionsbudgets verwendet werden? *DB*, 27. Jg., S. 2416–2422.

– (1975): Systematische Zusammenhänge zwischen Entscheidungskriterien der Investitionsrechnung. *DB*, 28. Jg., S. 1373–1379.

– (1977): *Zur allgemeinen Theorie der Investitionsrechnung*. Düsseldorf.

– (1978): Die Fragwürdigkeit der Einwände gegen die interne Verzinsung. *ZfbF*, 30. Jg., S. 39–62.

Meyer, J. R., and E. Kuh (1957): *The Investment Decision*. Cambridge.

Mirani, A., und H. Schmidt (1969): Investitionsrechnung bei unsicheren Erwartungen. *Das Rechnungswesen als Instrument der Unternehmensführung*. Hrsg. v. W. Busse von Colbe. Bielefeld 1969, S. 123–136.

Moxter, A. (1959): Der Einfluß der Amortisationsgeschwindigkeit auf die unternehmerische Investitionsentscheidung. *ZfhF*, 11. Jg., S. 541–562.

– (1961): Die Bestimmung des Kalkulationszinsfußes bei Investitionsentscheidungen. *ZfhF*, 13. Jg., S. 186–200.

– (1963): Lineares Programmieren und betriebswirtschaftliche Kapitaltheorie. *ZfhF*, 15. Jg., S. 285–309.

– (1964a): Präferenzstruktur und Aktivitätsfunktion des Unternehmers. *ZfbF*, 16. Jg., S. 6 bis 35.

– (1964b): Das optimale Investitionsbudget. Stellungnahme. *ZfbF*, 16. Jg., S. 470–473.

– (1965): Offene Probleme der Investitions- und Finanzierungstheorie. *ZfbF*, 17. Jg., S. 1 bis 10.

– (1966): Zur Bestimmung der optimalen Nutzungsdauer von Anlagegegenständen. *Produktionstheorie und Produktionsplanung*. Festschrift für K. Hax zum 65. Geburtstag. Hrsg. v. A. Moxter, D. Schneider und W. Wittmann. Köln, Opladen, S. 75–105.

Mozer, K. (1972): *Der Kalkulationszinsfuß unter Berücksichtigung der Erfolgsteuern bei Publikumskapitalgesellschaften, insbesondere im deutschen und amerikanischen Steuersystem*. Diss. Technische Universität Berlin.

Müller-Merbach, H. (1973): *Operations Research*. Methoden und Modelle der Optimalplanung. 3. Aufl., München.

– (1974): Heuristische Verfahren und Entscheidungsbaumverfahren. *HWB*, Sp. 1812–1826.

Munz, M. (1974): *Investitionsrechnung*. 2. Aufl., Wiesbaden.

Myers, S. C. (1965): *Optimal Financing Decisions*. Englewood Cliffs, N. J.

Näslund, B. (1966): A Model of Capital Budgeting under Risk. *JoB*, Vol. 39, S. 257–271.

–, and A. Whinston (1962): A Model of Multi-Period Investment under Uncertainty. *MS*, Vol. 8, S. 184–200.

Niemeyer, G. (1966): *Die Anwendbarkeit der linearen Planungsrechnung für die betriebliche Investitionsentscheidung*. Die Entwicklung und Lösung eines linearen Investitions- und Finanzplanungsmodells für Betriebe mit mehrstufiger Produktion. Diss. Technische Universität Berlin.

– (1970): *Investitionsentscheidungen mit Hilfe der elektronischen Datenverarbeitung*. Berlin.

Orth, L. (1961): *Die kurzfristige Finanzplanung industrieller Unternehmungen*. Köln, Opladen.

Oursin, T. (1962): *Probleme industrieller Investitionsentscheidungen*. Ergebnisse schriftlicher und mündlicher Befragungen des Ifo-Instituts für Wirtschaftsforschung München. Berlin, München.

Pack, L. (1959): *Betriebliche Investition*. Begriff-Funktion-Bedeutung-Arten. Wiesbaden.

Parra-Vasquez, A. S., and R. V. Oakford (1976): Simulation as a Technique for Comparing Decision Procedures. *TEE*. Vol. 21, S. 221–236.

Perridon, L., und M. Steiner (1986): *Finanzwirtschaft der Unternehmung*. 4. Aufl., München.

Peters, G. (1971): Ziele und Methoden der dynamischen Investitionsrechnung. *ZfB*, 41. Jg., S. 335–352.

– (1972): Die Rentabilität von Realinvestitionen. *Kostenrechnungs-Praxis*, S. 13–18.

Peters, L. (1971): *Simultane Produktions-Investitionsplanung mit Hilfe der Portfolio Selection*. Diversifikation des Produktionsprogramms industrieller Unternehmungen als Mittel zur Streuung des Risikos im Investitionsprogramm. Berlin.

Petersen, C. C. (1974): A Capital Budgeting Heuristic Algorithm Using Exchange Operations. *AIIE Transactions*, Vol. 6, S. 143–150.

Pfohl, H.-C., und G. E. Braun (1981): *Entscheidungstheorie*. Normative und deskriptive Grundlagen des Entscheidens. Landsberg a. Lech.

Philipp, F. (1960): Unterschiedliche Rechnungselemente in der Investitionsrechnung. *ZfB*, 30. Jg., S. 26–36.

Poensgen, O., und H. Staub (1974): Inflation und Investitionsentscheidung. *ZfB*, 44. Jg., S. 785–810.

Porterfield, J. T. S. (1965): *Investment Decisions and Capital Costs*. Englewood Cliffs, N. J.

Preinreich, G. A. D. (1940): The Economic Life of Industrial Equipment. *Econometrica*, Vol. 8, S. 12–44.

– (1953): Replacement in the Theory of the Firm. *Metroeconomica*, Vol. 5, S. 68–86.

Preiser, E. (1958): Investition und Zins. *Jahrbücher für Nationalökonomie und Statistik*, Band 170, S. 100–135.

– (1959): Nochmals: Investition und Zins. Eine Revision. *Jahrbücher für Nationalökonomie und Statistik*, Band 171, S. 241–250.

Priewasser, E. (1972): *Betriebliche Investitionsentscheidungen*. Berlin, New York.

Pye, G. (1966): Present Values for Imperfect Capital Markets. *JoB*, Vol. 39, S. 45–51.

Renshaw, E. (1957): A Note on the Arithmetic of Capital Budgeting Decisions. *JoB*, Vol. 30, S. 193–201.

Robichek, A. A., and S. C. Myers (1965): *Optimal Financing Decisions*. Englewood Cliffs, N. J.

–, and J. C. Van Horne (1967): Abandonment Value and Capital Budgeting. *JoF*, Vol. 22, S. 577–589.

–, – (1969): Abandonment Value and Capital Budgeting. Reply. *JoF*, Vol. 24, S. 96–97.

Rose, G. (1984a): *Betrieb und Steuern.* Band 1. Die Ertragsteuern. 8. Aufl., Wiesbaden.

– (1984b): *Betrieb und Steuern.* Band 2. Die Verkehrsteuern. 7. Aufl., Wiesbaden.

– (1984c): *Betrieb und Steuern.* Band 3. Die Substanzsteuern. 5. Aufl., Wiesbaden.

Rosenberg, O. (1975): *Investitionsplanung im Rahmen einer simultanen Gesamtplanung.* Köln, Berlin, Bonn, München.

– (1977): Der Einfluß der Finanzierung auf die optimale Nutzungsdauer von Investitionsobjekten. *ZfB*, 47. Jg., S. 167–182.

Rudolph, B. (1986a): Klassische Kapitalkostenkonzepte zur Bestimmung des Kalkulationszinsfußes für die Investitionsrechnung. *ZfbF*, 38. Jg., S. 608–617.

– (1986b): Neuere Kapitalkostenkonzepte auf der Grundlage der Kapitalmarkttheorie. *ZfbF*, 38. Jg., S. 892–898.

Rückle, D. (1970): Zielfunktion und Rechengrößen der Investitionsrechnung. *Der österreichische Betriebswirt*, 20. Jg., S. 39–76.

Rühli, E. (1970): Methodische Verfeinerungen der traditionellen Verfahren der Investitionsrechnung und Übergang zu den mathematischen Modellen. *Die Unternehmung*, 24. Jg., S. 161–190.

– (1975): Investitionsrechnung. In: HWB, Sp. 2004–2018.

Rummel, K. (1936): Wirtschaftlichkeitsrechnung. *Archiv für das Eisenhüttenwesen*, 10. Jg., S. 73–84.

Sabel, H. (1965): *Die Grundlagen der Wirtschaftlichkeitsrechnungen.* Berlin.

Saelzle, R. (1976): *Investitionsentscheidungen und Kapitalmarkttheorie.* Wiesbaden.

Salazar, R. C., and S. K. Sen (1968): A Simulation Model of Capital Budgeting under Uncertainty. *MS*, Vol. 15, S. B-161–179.

Sarnat, M., and H. Levy (1969): The Relationship of Rules of Thumb to the Internal Rate of Return. *JoF*, Vol. 24, S. 479–490.

Sauvain, H. C. (1973): *Investment Management.* 4th ed., Englewood Cliffs, N. J.

Schaub, G. (1968): *Die Bestimmung des Kalkulationszinsfußes bei Investitionsentscheidungen auf Grund der Kapitalbeschaffungsmöglichkeiten der Unternehmer.* Köln.

Scheer, A.-W. (1969): *Die industrielle Investitionsentscheidung.* Eine theoretische und empirische Untersuchung zum Investitionsverhalten in Industriebetrieben. Wiesbaden.

Scheffler, H. E. (1961): *Investitionen und ihre Wirtschaftlichkeit.* Die Wirtschaftlichkeit der betrieblichen Investitionstätigkeit und ihre Prüfung. Bremen.

– (1965): Zur Investitionsrechnung in der Praxis. Eine Erwiderung. *DB*, 18. Jg., S. 228–230.

– (1968): *Prüfung von Investitionen.* Wegweiser für Prüfungen im Betrieb. Herne, Berlin.

Schierenbeck, H. (1976a): Methodik und Aussagewert statischer Investitionskalküle. *WiSt*, 5. Jg., S. 217–223.

– (1976b): Methodik und Aussagewert dynamischer Investitionskalküle. *WiSt*, 5. Jg., S. 263–272.

Schindel, V. (1978): *Risikoanalyse.* Darstellung und Bewertung von Risikorechnungen am Beispiel von Investitionsentscheidungen. 2. Aufl., München.

Schindler, H. (1956): Investitionsrechnungen auf der Basis neuer theoretischer Erkenntnisse. *ZfhF*, 8. Jg., S. 462–486.

– (1966): *Investitionsrechnungen in Theorie und Praxis.* 3. Aufl., Meisenheim a. Glan.

Schmidt, R. (1976): Mehrperiodige Portefeuilleplanung. *Investitionstheorie und Investitions-*

politik privater und öffentlicher Unternehmen. Hrsg. v. H. Albach und H. Simon. Wiesbaden 1976, S. 167–193.

Schmidt, R.-B., u. Mitw. von J. Berthel (1975) (Hrsg.): *Unternehmungsinvestitionen*. Reader und Abstracts. Reinbek bei Hamburg.

– (1984): *Unternehmungsinvestitionen*. Strukturen, Entscheidungen, Kalküle. 4. Aufl., Opladen.

Schmidt, R. H. (1986): *Grundzüge der Investitions- und Finanzierungstheorie*. 2. Aufl., Wiesbaden.

Schneeloch, D. W. (1971): *Besteuerung und Investitionsfinanzierung*. Eine Analyse bei geplanten Realinvestitionen von Kapitalgesellschaften. Diss. Freie Universität Berlin.

– (1986): *Besteuerung und betriebliche Steuerpolitik*. Band 1: Besteuerung. München.

Schneeweiß, H. (1967): *Entscheidungskriterien bei Risiko*. Berlin, Heidelberg, New York.

Schneider, D. (1961): *Die wirtschaftliche Nutzungsdauer von Anlagegütern*. Köln, Opladen.

– (1962): Der Einfluß von Ertragsteuern auf die Vorteilhaftigkeit von Investitionen. *ZfhF*, 14. Jg., S. 539–570.

– (1968a): Zur Frage des Optimalitätskriteriums in der Wirtschaftlichkeitsrechnung. *ZfbF*, 20. Jg., S. 389–441.

– (1968b): Der Einfluß der Besteuerung auf die Investitionspolitik der Unternehmungen. *Optimale Investitionspolitik*. Schriften zur Unternehmensführung, Band 4. Hrsg. v. H. Jacob. Wiesbaden 1968, S. 33–62.

– (1969): Korrektur zum Einfluß der Besteuerung auf die Investitionen. *ZfbF*, 21. Jg., S. 297–325.

– (1971): Flexible Planung als Lösung der Entscheidungsprobleme unter Ungewißheit. *ZfbF*, 23. Jg., S. 831–851.

– (1972): „Flexible Planung als Lösung der Entscheidungsprobleme unter Ungewißheit?" in der Diskussion. *ZfbF*, 24. Jg., S. 456–476.

– (1975): *Investition und Finanzierung*. Lehrbuch der Investitions-, Finanzierungs- und Ungewißheitstheorie. 4. Aufl., Wiesbaden.

– (1980): *Investition und Finanzierung*. Lehrbuch der Investitions-, Finanzierungs- und Ungewißheitstheorie. 5. Aufl., Wiesbaden.

– (1983): *Steuerbilanzen*. Rechnungslegung als Messung steuerlicher Leistungsfähigkeit. 2. Aufl., Wiesbaden.

– (1985): *Grundzüge der Unternehmensbesteuerung*. 4. Aufl., Wiesbaden.

Schneider, E. (1942): Die wirtschaftliche Lebensdauer industrieller Anlagen (Grundlagen einer wirtschaftlichen Theorie der Investition). *WWA*, Band 55, S. 90–128.

– (1967): Kritisches und Positives zur Theorie der Investition. *WWA*, Band 98, S. 314–348.

– (1973): *Wirtschaftlichkeitsrechnung. Theorie der Investition*. 8. Aufl., Tübingen, Zürich.

Schulte, K.-W. (1975): *Optimale Nutzungsdauer und optimaler Ersatzzeitpunkt bei Entnahmemaximierung*. Meisenheim a. Glan.

– (1978): „Adverse Minimum" und Gewinnannuität – eine vergleichende Analyse der Kriterien. *ZfB*, 48. Jg., S. 291–304.

– (1981): Zehn Thesen zur Annuität. *ZfB*, 51. Jg., S. 33–49.

– (1986): *Wirtschaftlichkeitsrechnung*. 4. Aufl., Würzburg, Wien.

Schütz, W. (1975): *Methoden der mittel- und langfristigen Prognose*. Eine Einführung. München.

Schwantag, K. (1967): Investition und Finanzierung – Produktion und Absatz. *ZfB*, 37. Jg., S. 617–628.

Schwarz, H. (1960): Zur Bedeutung und Berücksichtigung nicht oder schwer quantifizierbarer Faktoren im Rahmen des investitionspolitischen Entscheidungsprozesses. *BFuP*, 12. Jg., S. 686–698.

– (1962): Zur Berücksichtigung erfolgssteuerlicher Gesichtspunkte bei Investitionsentscheidungen. *BFuP*, 14. Jg., S. 135–153 und 199–211.

– (1963): Ungewißheitstheorien und ihre Bedeutung für Ertragsschätzungen im Rahmen von Investitionsrechnungen. *BFuP*, 15. Jg., S. 551–572.

– (1967): *Optimale Investitionsentscheidungen*. München.

– (1975): Investition. *HWB*, Sp. 1974–1978.

Schweim, J. (1969): *Integrierte Unternehmungsplanung*. Bielefeld.

Schwerna, W. (1971): *Untersuchungen zur Theorie der Investition*. Tübingen.

Seelbach, H. (1965): Entscheidungskriterien der Wirtschaftlichkeitsrechnung. *ZfB*, 35. Jg., S. 302–315.

– (1967): *Planungsmodelle in der Investitionsrechnung*. Würzburg, Wien.

– (1981): Investitionsrechnungen, dynamische (nicht-simultan). *HWR*, Sp. 782–802.

Sehmer, E. (1967): Kritik und Weiterentwicklung der betrieblichen Investitionsrechnung im Hinblick auf den Kalkulationszinsfuß. *BFuP*, 19. Jg., S. 8–27 und 99–106.

Seicht, G. (1983): *Investitionsentscheidungen richtig treffen*. 4. Aufl., Wien.

Serfling, K. (1974): *Endwert-, Einkommens- und Aktienwertmaximierung als Konkretisierung der Zielsetzung „Langfristige Gewinnmaximierung" im Kapitalbereich von Unternehmungen*. Diss. Technische Universität Berlin.

Sharpe, W. F. (1963): A Simplified Model for Portfolio Analyses. *MS*, Vol. 9, S. 277–293.

– (1964): Capital Asset Prices. A Theory of Market Equilibrium under Conditions of Risk. *JoF*, Vol. 19, S. 425–442.

– (1970): *Portfolio Theory and Capital Markets*. New York usw.

– (1981): *Investments*. 2nd ed., Englewood Cliffs, N. J.

Sieben, G. (1967): Bewertungs- und Investitionsmodelle mit und ohne Kapitalisierungszinsfuß. Ein Beitrag zur Theorie der Bewertung von Erfolgseinheiten. *ZfB*, 37. Jg., S. 126–147.

–, und T. Schildbach (1980): *Betriebswirtschaftliche Entscheidungstheorie*. 2. Aufl., Düsseldorf.

Siegel, T. (1975): *Der kontroverse Kalkulationszinsfuß*. Zur Klärung seiner Funktion und seiner Quantifizierung. Diskussionspapier 17. Hrsg. v. Institut f. Wirtschaftswissenschaften d. Technischen Universität Berlin.

– (1976): *Zur Anwendbarkeit von Rangfolgekriterien bei der Aufstellung von Investitionsprogrammen*. Diskussionspapier 24. Hrsg. v. Institut f. Wirtschaftswissenschaften d. Technischen Universität Berlin.

– (1982): *Steuerwirkungen und Steuerpolitik in der Unternehmung*. Würzburg, Wien.

Solomon, E. (1956): The Arithmetic of Capital-Budgeting Decisions. *JoB*, Vol. 29, S. 124 bis 129.

– (1959) (Hrsg.): *The Management of Corporate Capital*. Glencoe.

– (1963): *The Theory of Financial Management*. New York, London.

Steiner, J. (1977): Zeitzentrum und Typenkonzept. Ballast der Investitionstheorie. *ZfbF*, 29. Jg., S. 490–505.

– (1980): *Gewinnsteuern in Partialmodellen für Investitionsentscheidungen*. Barwert und Endwert als Instrumente der Steuerwirkungsanalyse. Berlin.

– (1981a): Investitionsrechnung auf der Basis von Periodengewinnen: Eine Alternative zu klassischen Modellen. *DBW*, 41. Jg., S. 91–102.

– (1981b): Investitionsrechnung auf der Basis von Periodengewinnen! *DBW*, 41. Jg., S. 671 bis 678.

– (1983): Ertragsteuern in der Investitionsplanung. Zur Frage der Entscheidungsstabilität bei der Vorteilhaftigkeitsanalyse von Einzelobjekten. *ZfbF*, 35. Jg., S. 280–291.

Stöber, K. (1975): *Optimale Nutzungsdauer und steuerliche Investitionsbegünstigungen.* Berlin.

Streim, H. (1971): *Die Bedeutung der Simulation für die Investitionsplanung.* Diss. München.

Strobel, W. (1970): Der Einfluß der Gewinnsteuer auf Investitionsentscheidungen. *ZfB*, 40. Jg., S. 375–398.

– (1977): Investitionsanalyse und Unternehmungsplanung. *ZfB*, 47. Jg., S. 385–408.

Süchting, J. (1984): *Finanzmanagement.* Theorie und Politik der Unternehmensfinanzierung. 4. Aufl., Wiesbaden.

Sundem, G. L. (1975): Evaluating Capital Budgeting Models in Simulated Environments. *JoF*, Vol. 30, S. 977–992.

Swoboda, P. (1961): Die Ermittlung optimaler Investitionsentscheidungen durch Methoden des Operations Research. Eine Stellungnahme zum Aufsatz von Horst Albach „Rentabilität und Sicherheit als Kriterien betrieblicher Investitionsentscheidungen." *ZfB*, 31. Jg., S. 96–103.

– (1964): Der Einfluß der steuerlichen Abschreibungspolitik auf betriebliche Investitionsentscheidungen. *ZfbF*, 16. Jg., S. 414–429.

– (1965): Die simultane Planung von Rationalisierungs- und Erweiterungsinvestitionen und von Produktionsprogrammen. *ZfB*, 35. Jg., S. 148–163.

– (1967): Einflüsse der Besteuerung auf die Ausschüttungs- und Investitionspolitik von Kapitalgesellschaften. *ZfbF*, 19. Jg., S. 1–16.

– (1970): Die Wirkungen von steuerlichen Abschreibungen auf den Kapitalwert von Investitionsprojekten bei unterschiedlichen Finanzierungsformen. *ZfbF*, 22. Jg., S. 77–86.

– (1977): *Investition und Finanzierung.* 2. Aufl. Göttingen.

– (1981a): Investitionsrechnungen, dynamische (simultan). *HWR*, Sp. 803–818.

– (1981b): *Betriebliche Finanzierung.* Würzburg, Wien.

Teichmann, H. (1970): *Die Investitionsentscheidung bei Unsicherheit.* Berlin.

Teichroew, D., A. A. Robichek and M. Montalbano (1965): Mathematical Analysis of Rates of Return under Certainty. *MS*, Vol. 11, S. 395–403.

–, –, – (1966): An Analysis of Criteria for Investment and Financing Decisions under Certainty. *MS*, Vol. 12, S. 151–179.

Terborgh, G. (1949): *Dynamic Equipment Policy.* New York, Toronto, London.

– (1950): *MAPI Replacement Manual.* Chicago.

– (1958): *Business Investment Policy.* Washington, D. C.

– (1962): Leitfaden der betrieblichen Investitionspolitik. Deutsche Übers. u. Bearb. v. H. Albach (Titel d. Orig.-Ausg.: *Business Investment Policy.* Washington, D. C. 1958). Wiesbaden.

– (1967): *Business Investment Management.* Washington, D. C.

Thuesen, G. J. (1967): *Decision Techniques for Capital Budgeting Problems.* Unpublished Ph. D. Thesis. Stanford University.

Tipke, K. (1985): *Steuerrecht.* Ein systematischer Grundriß. 10. Aufl., Köln.

Tobin, J. (1965): The Theory of Portfolio Selection. *The Theory of Interest Rates.* Ed. by F. H. Hahn and F. P. R. Brechling, London, S. 3–51.

Trechsel, F. (1973): *Investitionsplanung und Investitionsrechnung.* Umfassendes theoretisches und praktisches Konzept mit Anleitungen und Beispielen. 2. Aufl., Bern, Stuttgart.

Van Horne, J.C. (1966): Capital-Budgeting Decisions Involving Combinations of Risky Investments. *MS*, Vol. 13, S. B-84–92.

- (1969): The Analysis of Uncertainty Resolution in Capital Budgeting for New Products. *MS*, Vol. 15, S. B-376–386.

- (1971): A Note on Biases in Capital Budgeting Introduced by Inflation. *JFQA*, Vol. 6, S. 653–658.

- (1986): *Financial Management and Policy*. 7th ed., Englewood Cliffs, N.J.

Veit, T., und W. Straub (1978): *Investitions- und Finanzplanung*. Eine Einführung in finanzwirtschaftliche Entscheidungen unter Sicherheit. Heidelberg.

Wagner, F.W. (1977): Zum Maßgutproblem in Investitionskalkülen bei Preis- und Geldwertänderung. *ZfbF*, 29. Jg., S. 190–202.

- (1981): Der Steuereinfluß in der Investitionsplanung. Eine Quantité négligeable? *ZfbF*, 33. Jg., S. 47–52.

–, und H. Dirrigl (1980): *Die Steuerplanung der Unternehmung*. Stuttgart, New York.

Wagner, H. (1967): Simultane Planung von Investition, Beschäftigung und Finanzierung mit Hilfe der dynamischen Programmierung. *ZfB*, 37. Jg., S. 709–728.

Wegener, H. (1981): *Datenkontrolle in der dynamischen Investitionsplanung*. Göttingen.

Weingartner, H.M. (1963): The Excess Present Value Index. A Theoretical Basis and Critique. *JAR*, Vol. 1, S. 213–224.

- (1964): *Mathematical Programming and the Analysis of Capital Budgeting Problems*. 2nd printing. Englewood Cliffs, N.J.

- (1966a): The Generalized Rate of Return. *JFQA*, Vol. 1, Sept., S. 1–29.

- (1966b): Capital Budgeting of Interrelated Projects: Survey and Synthesis. *MS*, Vol. 12, S. 485–516 (deutsche Übers.: Investitionsrechnung für voneinander abhängige Projekte. *Investitionstheorie*. Hrsg. v. H. Albach. Köln 1975, S. 326–357).

- (1969): Some New Views on the Payback Period and Capital Budgeting Decisions. *MS*, Vol. 15, S. 594–607.

- (1977): Capital Rationing: n Authors in Search of a Plot. *JoF*, Vol. 32, S. 1403–1431.

Wentz, R. (1977): *Steuerorientierte Investitionsplanung und Inflation*. Berlin.

Weston, J. F., and T. E. Copeland (1986): *Managerial Finance*. 8th ed., New York.

Wilkes, F. M. (1983a): *Capital Budgeting Techniques*. 2nd ed., Chichester, New York, Brisbane, Toronto.

- (1983b): Dominance Criteria for the Ranking of Projects with an Imperfect Capital Market. *JBFA*, Vol. 10, S. 105–126.

Witten, P., und H.-G. Zimmermann (1977): Zur Eindeutigkeit des internen Zinssatzes und seiner numerischen Bestimmung. *ZfB*, 47. Jg., S. 99–114.

Wöhe, G. (1983): *Die Steuern des Unternehmens*. 5. Aufl., München.

–, und H. Bieg (1984): *Grundzüge der Betriebswirtschaftlichen Steuerlehre*. 2. Aufl., München.

Wright, C.A. (1936): A Note on „Time and Investment". *Economica*, Vol. 3, S. 436–440.

Zangemeister, C. (1973): *Nutzwertanalyse in der Systemtechnik*. Eine Methodik zur multidimensionalen Bewertung und Auswahl von Projektalternativen. 3. Aufl., München.

Zurmühl, R. (1965): *Praktische Mathematik für Ingenieure und Physiker*. 5. Aufl., Berlin, Heidelberg, New York.

Zwehl, W. von, und W. Schmidt-Ewig (1981): *Wirtschaftlichkeitsrechnung bei öffentlichen Investitionen*. Wiesbaden.

Stichwortverzeichnis

Absatzbedingung 223, 225, 230
Abschreibungen 33 ff., 40, 42, 109, 113 ff.,
  125 ff., 130 ff.
Algorithmus 22, 190 ff.
Amortisationsdauer 37 ff., 269
Anhaltewert 113 f.
Annuität 84, 157 f., 163 ff.
Annuitätenfaktor 84
Anpassung, intensitätsmäßige und selekti-
  ve 233
Anrechnungsverfahren 100 f.

Bardividende 99 ff.
Bar-Kapitalwert s. Kapitalwert
BASIC-Programm (Endwert) 60, 117 ff.
– (Entnahmeniveau) 76 f.
– (Ersatztermin) 165 f.
– (Erwartungswert und Streuung von
  Portefeuillerenditen) 305 f.
– (Interne Zinsfüße) 91 ff.
– (Kapitalwert) 68, 69, 129, 134
– (Nutzungsdauer) 150, 158 f.
– (Rentenfaktoren) 74
– (Risikominimale Portefeuillestrukturen)
  309 f.
– (Standardmodell) 129, 134
– (Steuern) 117 ff., 129, 134
Basisbemessungsgrundlage 106, 125, 131
Basis-Tableau 194, 201, 205, 228
Basiszahlungen 56, 105 f.
Befragung 18 f.
Betriebsvermögensvergleich 95
Bemessungsgrundlage 95, 97 f., 101 ff.,
  125, 130
Bernoulliprinzip 252 ff., 280, 285, 290, 313
Bewertung von Alternativen 4, 9, 21 f.,
  29 ff.
– von Vermögensgegenständen 3 f., 14 f.,
  30 f., 32
Binärvariable 213
branch and bound 156, 213, 230, 236

Chance, einfache 255
cut-off-rate 186

Dauerschulden 101 ff.
Desinvestitionen 223
Disjunktion 213
Dominanz 246 ff., 252, 260, 302
Dualitätstheorem 207
Dualwerte 195 f., 207 f.
Durchschnittsmethode der Amortisations-
  rechnung 39

Ehegattenbesteuerung 96 f.
Eigenfertigung und Fremdbezug 233
Eigenkapital, verwendbares 98 f.
Einheitswert 103
Einkommen, zu versteuerndes 95 f., 98 ff.
Einkommensstreben s. Entnahmemaxi-
  mierung
Einkommensteuergrundtabelle 96
Einperiodenfall s. Zwei-Zeitpunkt-Modell
Einzelentscheidungen 6 f.
Endwertmaximierung 14
Endwertmodell für Programmentschei-
  dungen 180 ff., 196 ff., 220 ff., 226 ff.
– für Wahlentscheidungen 57 ff., 104 ff.
Entnahmemaximierung 13
Entnahmemodell für Programmentschei-
  dungen 203 ff., 224 ff.,
– für Wahlentscheidungen 74 ff.
Entscheidungsbaum 286 f.
Entscheidungsmatrix 244, 279 f., 284
–, transformierte 254, 258
Entscheidungsprozeß 7 ff.
Enumeration, vollständige 290
Ergebnismatrix s. Entscheidungsmatrix
Ersatzproblem 159 ff., 223
Erwartungswert 249, 279, 292, 295, 304
Erwartungswertregel s. μ-Prinzip
Exponentielle Glättung 19

Finanzierung, Begriff 4

–, Beschränkung 53, 60, 62 ff., 85
–, Ergänzungs- 49, 51 ff., 108
Finanzmathematik 68
Finanzplan, unvollständiger 47 f.
–, vollständiger 46 ff., 64, 84, 121, 179,
    197, 202, 206, 215, 220, 232
Finanzplanung, Investitions- und 174 f.,
    176 ff.

Gesetz der Ersatzinvestition 152
Gewerbebetrieb 101
Gewinn, Begriff 12 ff.
Gewinnsteuer, allgemeine 124 f.
Grenzgewinn, zeitlicher 148 ff., 162 ff.

Haben-Zins 53 f.
Häufigkeitsverteilung 273, 278 f.
Hebesatz 102 f.
Heuristik 236

Imponderabilien 22 ff.
Indifferenzkurven 250 f.
Informationsbedarf 234 f.
Informationsbeschaffung 17 ff., 241 f.
Interner Zinsfuß 85 ff., 180 ff., 187 ff.
Interpolation, lineare 77
Investition, Begriff 4 f.
–, Ergänzungs- 49, 51 ff., 108 f.
–, Ersatz- 16 f., 35
–, Erweiterungs- 16 f., 35
–, Finanz- 16
–, Normal- 90
–, Null- 57
–, Rationalisierungs- 16 f., 35
–, Sach- 16 f.
–, Vergleichs- 57
Investitionsdauerentscheidungen 6 f.,
    143 ff.
Investitionskette 145, 151 ff., 160 ff.
–, identische 151
–, nicht-identische 151
Investitionsprojekte, voneinander abhän-
    gige 172 f.
–, voneinander unabhängige 171 f.
Investitionsrechnung, Aufgabe der 1, 9, 11
Isomorphie 21

Kalkül 23
Kalkulationszinsfuß, Begriff 65

–, endogener 186 ff., 207 ff.
–, versteuerter 127, 132
Kapitalangebotsfunktion 181, 187
Kapitalmarkt, beschränkter 55, 62, 85
–, unbeschränkter 55, 64, 77, 80
–, unvollkommener 55, 62, 77
–, vollkommener 55, 64, 80
Kapitalnachfragefunktion 181, 187
Kapitalwert, Begriff 66
Kapitalwertformel bei konstantem Kalku-
    lationszinsfuß 66
– bei proportionaler Gewinnsteuer 128
– bei proportionaler Gewinn- und Sub-
    stanzsteuer 133
– bei variablem Kalkulationszinsfuß 69
Kapitalwertmethode bei Ersatzentschei-
    dungen 160 ff.
– bei Nutzungsdauerentscheidungen
    147 f., 156 f.
– bei Programmentscheidungen 186 f.,
    207 ff.
– bei Wahlentscheidungen 64 ff., 80 ff.,
    126 ff., 131 ff.
Ketteneffekt 152
Klassifikation 16
Konjunktion 213
Korrekturverfahren 262, 264 ff.
Korrelationskoeffizient 296
Kovarianz 296, 302 f.
Kumulationsmethode der Amortisations-
    rechnung 38 f.

Lagrangefunktion 308
Leerverkauf 306 f.
Liquidität 177, 188
Liquiditätsbedingung 198, 203 f., 221 f.,
    224 f.
Lösungsraum 193 f.
Lotterie, einfache 255

Modell 21
Modellaggregation 235
μ-Prinzip 249, 252, 284, 290
μ-σ-Prinzip 284, 291, 313

Nebenbedingungen 191, 198 f., 203 f.,
    213 f., 221 ff., 224 ff., 307
Nettomethode s. Standardmodell

Neumann-Morgenstern-Nutzen 254
Newton-Verfahren 90 ff.
Nutzungsdauerproblem 223
Nutzwertanalyse 20, 24

Operationalität 10
Optimalität 10
Ordinalprinzip 259

Petersburger Spiel 252 f.
Planung, flexible 285 ff.
–, simultane 174 ff.
–, starre 283 ff.
–, sukzessive 173 f.
Polynomgleichung 89 f., 92
Preis-Absatz-Funktion 276 f.
Preispolitik 233
Prinzip der relevanten Kosten 33 f.
Produktionsbedingung 222 f., 225
Produktionsplanung, Investitions- und
    175 f., 215 ff.
Produktpolitik 230
Prognosemethoden, qualitative 18 f.
–, quantitative 19 f.
Programmalternativen 170 f.
Programmierung, dynamische 156, 286,
    290 f.
–, ganzzahlige 192
–, gemischt-ganzzahlige 192, 212 ff., 230,
    236
–, lineare 175, 190 ff., 291
–, quadratische 307, 313
Projektmengenbedingung 199, 204

Rangordnungsverfahren 175, 180 ff.,
    187 ff.
Rechenregeln, allgemeine 58 ff., 75 ff.,
    109 ff.
Regressionsanalyse 20
Rendite, zustandsabhängige 292, 295,
    303 f.
– eines Portefeuilles 295, 304
– eines Wertpapiers 292
Rentabilität 15 f., 36 f., 85 ff.
Rente, ewige 72
–, nachschüssige 70, 84
–, vorschüssige 70
Rentenbarwertfaktor 72 ff., 84

Rentenendwertfaktor 72 ff.
Risiko eines Portefeuilles 296 f., 304 f.
– eines Wertpapiers 292 f.
Risikoabschlag 265
Risikoanalyse 263, 271 ff.
Risikofreude 258 f.
Risikoneutralität 259
Risikonutzen 254
Risikonutzenfunktion 254 ff., 260 f.
Risikoscheu 259
Risikosituation 245
Risikozuschlag 265
rollback-Verfahren 288 ff.
Rückfluß 41, 107, 125

Satisfizierung 12
Sensitivitätsanalyse 41, 262 f., 266 ff.
Sicherheitsäquivalent 258
Simplexalgorithmus 192
Simulation 272 f.
Soll-Zins 53 f.
Spielsituation 245
Splittingverfahren 96 f.
Standardabweichung 250, 279, 292 f., 297,
    305
Standardmodell 123 ff.
– mit Substanzsteuern 129 ff.
Stetigkeitsprinzip 259 f.
Steuerarteninterdependenz 111 f.
Steuer
–, Differenz- 105 f.
–, Einkommen- 94 ff., 99 ff., 116
–, Gewerbeertrag- 101 f., 115 f.
–, Gewerbekapital- 102 f., 114 f.
–, allgemeine Gewinn- 124 f., 130
–, Kirchen- 97
–, Körperschaft- 97 ff.
–, Maßstab- 97
–, Substanz- 130 f.
–, Vermögen- 98, 103, 113 f.
Steuerbescheinigungen 100
Steuerbilanz 95, 98, 101
Steuermeßzahl 102 f.
Streuung s. Standardabweichung
Substitutionsprinzip 260

Transitivitätsprinzip 259
Trendextrapolation 19
Typisierung 16

Umweltzustand 244
Ungewißheitssituation 245
Unsicherheitssituation 245
Unternehmung auf Dauer 14, 152
– auf Zeit 14, 152

Varianz 250, 261, 292f., 294, 296f., 300,
    304f., 307
Verlustausgleich 104, 125
Vermögensstreben s. Endwertmaximierung
Vorteilhaftigkeit 10

Wahrscheinlichkeit, bedingte 282
–, Eintritts- 245f.
–, Präferenz- 256f.
–, unbedingte 283
Wahrscheinlichkeitsinterpretationen 245f.
Wartung und Reparatur 233
Werbung 233
Wertpapiermischung 263f., 291ff.

Wiedergewinnungsfaktor 84, 157
Wirtschaftsgüter, abnutzbare 107, 131
Wohlstandsmaximierung 13

Zielbeziehungen 11
Zielerreichungsvorschrift 12
Zielfunktion 197, 203, 221, 224
Zielkomplementarität 11, 82
Zielkonflikt 11, 79f.
Zins, Haben- 53f.
–, interner 85ff., 180ff.
–, Kalkulations- 65, 127, 132, 186f., 207ff.
–, Soll- 53f.
Zufallszahlen 272f.
Zukunftslage 244
Zurechnungsproblem 30f., 171ff.
Zusammenveranlagung 96f.
Zusatzentnahme 81ff.
Zustandsbaum 282, 291
Zwei-Zeitpunkt-Modell 86f., 180ff.

Walter de Gruyter
Berlin · New York

de Gruyter Lehrbuch (Auswahl)

A. Kieser H. Kubicek	**Organisation** 2., neubearbeitete und erweiterte Auflage. 15,5 x 23 cm. XVI, 545 Seiten. Mit 86 Abbildungen und 15 Tabellen. 1983. Kartoniert DM 48,– ISBN 3 11 009641 2
Ch. Reichard	**Betriebswirtschaftslehre der öffentlichen Verwaltung** 2., völlig neu bearbeitete und erweiterte Auflage. 15,5 x 23 cm. XIV, 411 Seiten. Mit 66 Abbildungen. 1987. Kartoniert DM 49,50 ISBN 3 11 011358 9
H. H. Hinterhuber	**Strategische Unternehmungsführung** 3., verbesserte und erweiterte Auflage. 15,5 x 23 cm. 366 Seiten. Mit 106 Abbildungen und 29 Tabellen 1984. Kartoniert DM 52,– ISBN 3 11 009862 8
R. Wunderer W. Grunwald	**Führungslehre** Unter Mitarbeit von Peter Moldenhauer **Band I: Grundlagen der Führung** 17 x 24 cm. XX, 526 Seiten. Mit 160 Abbildungen. 1980. Gebunden DM 98,– ISBN 3 11 007885 6 Kartoniert DM 48,– ISBN 3 11 010284 6 **Band II: Kooperative Führung** 17 x 24 cm. XXX, 590 Seiten. Mit 175 Abbildungen. 1980. Gebunden DM 98,– ISBN 3 11 007886 4 Kartoniert DM 48,– ISBN 3 11 010285 4
R. Baumgarten	**Führungsstile und Führungstechniken** 15,5 x 23 cm. 256 Seiten. Mit 66 Abbildungen und 5 Fragebögen. 1977. Kartoniert DM 38,– ISBN 3 11 006541 X
G. Zäpfel	**Produktionswirtschaft** **Operatives Produktions-Management** 15,5 x 23 cm. XII, 367 Seiten. Mit 133 Abbildungen. 1982. Kartoniert DM 49,50 ISBN 3 11 008817 7 Gebunden DM 88,– ISBN 3 11 007450 8

Preisänderungen vorbehalten

Walter de Gruyter
Berlin · New York

Wetzel / Skarabis / Naeve / Büning	**Mathematische Propädeutik für Wirtschaftswissenschaftler** 4., völlig neu bearbeitete und erweiterte Auflage 15,5 x 23 cm. 289 Seiten. Mit zahlreichen Abbildungen. 1981. Kartoniert DM 32,80 ISBN 3 11 008502 X
W. Dinkelbach	**Entscheidungsmodelle** 15,5 x 23 cm. XVI, 285 Seiten. 1982. Kartoniert DM 32,– ISBN 3 11 004206 1 Gebunden DM 62,– ISBN 3 11 008931 9
T. Gal H. G. Gehring	**Betriebswirtschaftliche Planungs- und Entscheidungstechniken** 15,5 x 23 cm. X, 228 Seiten. Mit 116 Abbildungen und 68 Tabellen. 1981. Kartoniert DM 48,– ISBN 3 11 008315 9
W. Wetzel	**Statistische Grundausbildung für Wirtschaftswissenschaftler** 2 Bände. 15,5 x 23 cm. Kartoniert **I: Beschreibende Statistik** 172 Seiten. Mit 40 Abbildungen und 54 Tabellen. 1971. DM 26,– ISBN 3 11 003747 5 **II: Schließende Statistik** 278 Seiten. Mit 77 Abbildungen und 79 Tabellen. 1973. DM 32,– ISBN 3 11 003748 3
H. Büning G. Trenkler	**Nichtparametrische statistische Methoden** 15,5 x 23 cm. 435 Seiten. Mit mehreren Abbildungen, Tabellen und einem Tabellenanhang. 1978. Kartoniert DM 48,– ISBN 3 11 008134 2
S. Krüger	**Simulation** **Grundlagen, Techniken, Anwendungen** 15,5 x 23 cm. 223 Seiten. 1975. Kartoniert DM 38,– ISBN 3 11 004210 X

Preisänderungen vorbehalten